Gerd Langguth

Horst Köhler

Biografie

Deutscher Taschenbuch Verlag

FSC
Mix
Produktgruppe aus vorbildlich
bewirtschafteten Wäldern und
anderen kontrollierten Herkünften

Zert.-Nr. GFA-COC-1298
www.fsc.org
© 1996 Forest Stewardship Council

Der Inhalt dieses Buches wurde auf einem nach den
Richtlinien des Forest Stewardship Council zertifizierten
Papier der Papierfabrik Munkedal gedruckt.

Originalausgabe
April 2007
Deutscher Taschenbuch Verlag GmbH & Co. KG,
München
www.dtv.de
© 2007 Deutscher Taschenbuch Verlag GmbH & Co. KG,
München
Dieses Werk wurde vermittelt durch die Literarische Agentur
Thomas Schlück GmbH, D-30827 Garbsen
Umschlagkonzept: Balk & Brumshagen
Umschlagfoto: Eduard N. Fiegel
Satz: Greiner & Reichel, Köln
Gesetzt aus der Minion 10/13˙
Druck und Bindung: Kösel, Krugzell
Gedruckt auf säurefreiem, chlorfrei gebleichtem Papier
Printed in Germany
ISBN 978-3-423-24589-0

Inhalt

1. Einleitung:
Wer ist Horst Köhler?

»Ich will auch mal Präsident werden«, sagte einst der kleine Horst.[1] Da war er noch Schüler in der Grundschule in Markkleeberg bei Leipzig und schaute auf ein Bild des damaligen DDR-Staatspräsidenten Wilhelm Pieck. Weit mehr als fünfzig Jahre später wurde Horst Köhler tatsächlich erster Mann im Staate – wenngleich im wiedervereinigten Deutschland und nicht in der DDR. Schon vor seiner Wahl zum Bundespräsidenten trug sein Lebenslauf Spuren der deutschen Geschichte: Köhler wurde im von Nazi-Deutschland besetzten Polen geboren, verbrachte seine ersten Kindheitsjahre in der DDR und wuchs dann in der Bundesrepublik Deutschland auf, genauer: im Schwäbischen. Nach einer Karriere als Beamter, später als Lobbyist, verschlug es ihn nach London und Washington. Kehrte von dort ein »Weltbürger« als Präsident der Deutschen zurück?

»Horst … Wer?« titelte die ›Bild-Zeitung‹ im März 2004[2] – und brachte damit auf den Punkt, wie unbekannt Köhler zum Zeitpunkt seiner Benennung als Präsidentschaftskandidat in der deutschen Öffentlichkeit war. Köhler ist der erste Nicht-Politiker, der das protokollarisch höchste Amt der Bundesrepublik Deutschland bekleidet. Viel ist über das Leben Köhlers nicht bekannt. Sein Gesicht und seine Stimme waren vor seiner Amtsübernahme nicht aus Presse und Fernsehen vertraut. Die Deutungshoheit über seine Biografie lag bislang allein bei ihm. Er sagte klipp und klar, »dass die Medien jetzt genug Privates über uns wissen«[3] – über ihn und seine Familie. Aber aufgrund seines besonderen Amtes geht von jedem Bundespräsidenten eine Faszination aus, auch von Horst Köhler. Es gibt ein berechtigtes Interesse, mehr über diesen Mann zu wissen. Köhler ist nicht mehr »nur« ein Spitzenbeamter, jetzt ist er »Deutschland« und als dessen Präsident vertritt er uns Deutsche in aller Welt. Keine andere staatliche Aufgabe in Deutschland hängt so sehr von der Kraft des Wortes, von der Prägewirkung symbolhaften Handelns ab wie das Bundespräsidentenamt. Der Amtsinhaber ist in der Verfassungspraxis der Bundesrepublik Deutschland so etwas wie ein Ersatz-Monarch. Seine Kompetenzen im Verfassungsgefüge sind überschaubar. Umso mehr kommt es hinsichtlich der Wirkungskraft auf die Persönlichkeit an. Als einer nationalen »Identifikationsfigur« wird dem Bundespräsidenten gegenüber ein besonderer Respekt gezollt, nimmt er doch nicht am täglichen politischen Kampf teil.

Viele Fragen drängen sich auf: Wie hat es das Flüchtlingskind aus einer armen Bauern- und Arbeiterfamilie zu dieser einmaligen Karriere bis ins Schloss Bellevue gebracht? Woher nahm Köhler seine Antriebskräfte? Aufgrund welcher Faktoren kam er so weit »nach oben«? Wer waren die Schlüsselfiguren seines Lebens? Und nicht zu vergessen: Ist er in seinem Amt angekommen? Vergleicht man ihn mit so prägenden und meinungsstarken Persönlichkeiten wie Theodor Heuss, Gustav Heinemann, Karl Carstens, Richard von Weizsäcker oder Roman Herzog, stellt sich auch die Frage: Welches spezifische Profil hat Köhler? Wie unterscheidet er sich von seinem unmittelbaren Vorgänger Johannes Rau, dessen menschliche Art in der Bevölkerung sehr beliebt war?

Der Verfasser lernte alle Bundespräsidenten seit Gustav Heinemann in persönlichen Gesprächen kennen, weiß aus eigener Anschauung um ihre unterschiedlichen Charaktere. Den gegenwärtigen Bundespräsidenten kennt er aus der Zeit, als Horst Köhler noch Staatssekretär im Bundesministerium der Finanzen war.[4] Für ein möglichst objektives Bild stützt sich dieses Buch auf eine breite, bisher nie erschlossene Quellenlage. 138 Personen, darunter Köhlers Schwester Ursula Bauer, Freunde der Familie, Schulkameraden und Lehrer, Vorgesetzte und ehemalige Mitarbeiter, gaben in zum Teil mehrstündigen, intensiven Interviews aufschlussreiche Auskünfte. Alle Lebensstationen Köhlers wurden aufgesucht: der Geburtsort Skierbieszów in Polen, Markkleeberg bei Leipzig, Weinsberg, Backnang und Ludwigsburg sowie Tübingen und Herrenberg, Bonn und Berlin, aber auch London und Washington. Es wird das Bild eines Mannes gezeichnet, dessen Weg »nach oben« von vielen Hindernissen begleitet war. Zahlreiche Archive wurden in Anspruch genommen, so das Ludwigsburger und Backnanger Kreisarchiv, das Staatsarchiv Sachsen, das Politische Archiv des Auswärtigen Amtes und das Bundesarchiv, außerdem die National Archives bei Washington und schließlich die Pressearchive der Konrad-Adenauer-Stiftung und des Deutschen Bundestages.

Am Leben Horst Köhlers lassen sich deutsche Stationen der vergangenen 60 Jahre nachzeichnen: die Herkunft der Köhler'schen Familie als Bessarabiendeutsche, die vom Nazi-Regime zur – wie das menschenverachtend hieß – »Germanisierung« nach Polen geschickt wurde, die Flucht nach Leipzig, von dort die Flucht vor dem Kommunismus nach Westdeutschland, die Aufbaujahre in den Fünfzigern und Sechzigern, schließlich die Ära Helmut Kohl, in der Köhler Karriere machte und auch Teil des Kohl'schen Machtgefüges wurde. All das sind wichtige und höchst interessante Stationen. Und schließlich nicht zu vergessen: die Gegenwart, als Köhler als Kandidat von Union und FDP Bundespräsident wurde. Seine Amtszeit stellte ihn über, neben und gegen eine rot-grüne Bundesregierung und nach nur wenig mehr als einem Jahr vor eine politische Konstellation, mit der er selber wohl am wenigsten gerechnet hatte: die große Koalition.

Bonn/Berlin, im November 2006

2. Horst Köhler: Bessarabiendeutscher, in Polen geborener Deutscher oder Schwabe? Ein deutsches Schicksal

Horst Köhler hatte Tränen in den Augen, als er im September 1999 als Chef der Osteuropabank eine Dienstreise nach Rumänien unternahm und auch Braşov, das frühere Kronstadt, besuchte, wo seine Eltern zeitweilig gewohnt hatten. Mitarbeiter, die ihn damals begleiteten, erinnern sich noch heute an seine Rührung während dieser Reise in die Vergangenheit seiner Vorfahren, die lange Zeit nach ihrer Auswanderung aus Deutschland zunächst in Galizien und dann in Bessarabien lebten. Horst Köhler wurde zwar am 22. Februar 1943 im polnischen Skierbieszów, im Kreis Zamość nahe der Grenze zur Ukraine, geboren. Doch seine Eltern kamen aus Bessarabien, was in der Publizistik immer wieder für Verwirrung gesorgt hat. Der frühere Herausgeber der ›Frankfurter Allgemeinen Zeitung‹ und heutige ›Bild‹-Kolumnist Hugo Müller-Vogg beispielsweise führte in einem als Buch erschienenen Gespräch mit dem Bundespräsidenten an, dass Köhlers »deutschstämmige Eltern (…) aus Rumänien vertrieben«[5] wurden. Streng genommen wurden sie nicht vertrieben, sondern »umgesiedelt«, und zwar nicht aus Rumänien, sondern aus dem früheren Bessarabien, der heutigen »Republik Moldau« (Republik Moldawa, Moldawien). Im März 2004 war in der ›Frankfurter Allgemeinen Zeitung‹ nachzulesen, die Eltern seien »Siebenbürger Sachsen aus Rumänien«[6] gewesen. Dies trifft so nicht zu, aber nicht nur deshalb lohnt es sich, den historischen Hintergrund genauer zu betrachten.

10

»Bessarabien« klingt heute recht exotisch, die wenigsten wissen, wo diese Gegend überhaupt liegt oder kennen die spezifische Geschichte der Bessarabiendeutschen. Die Landschaft Bessarabien, deren Name sich von dem walachischen Fürstenhaus Basarab ableitet, wird im Westen vom Fluss Pruth, im Osten vom Fluss Dnjestr, im Norden von der früher österreichischen Bukowina (deren Nordteil heute in der Ukraine liegt, der Südteil in Rumänien) und im Süden vom Schwarzen Meer begrenzt. Ein Großteil der rund 45.000 Quadratkilometer großen Fläche gehört heute zur Republik Moldau, dem »ärmsten Land Europas«[7], während der Südteil, der sogenannte »Budschak« und der Nordosten – beide mit überwiegend nicht-rumänischer Bevölkerung – ukrainisches Staatsgebiet sind. Die Republik Moldau umfasst unter anderem den Teil Bessarabiens, aus dem die Eltern Horst Köhlers stammten. Nachdem Stalin 1940 Bessarabien seinem Herrschaftsgebiet einverleibt hatte, entstand die Moldauische Sozialistische Sowjetrepublik.[8] Am 27. August 1991 proklamierte sie ihre Unabhängigkeit von der Sowjetunion.

Anfang des 19. Jahrhunderts war Bessarabien noch Teil des Osmanischen Reichs. Doch durch den Russisch-türkischen Krieg und den Frieden von Bukarest (1812) geriet es in den Herrschaftsbereich des russischen Zaren. Nachdem ein Großteil der im Süden bis dato dort ansässigen nicht-christlichen Bevölkerung, vor allem Tatarenstämme, infolge des Machtwechsels das Gebiet verließ, war dieser Teil Bessarabiens nahezu menschenleer. Der Boden lag brach und blieb ungenutzt. Aus diesem Grund warb Zar Alexander I. gezielt deutsche Siedler an.[9] In einem Manifest vom 29. November 1813 offerierte er ihnen im damaligen Großherzogtum Polen Landschenkungen, zinslose Kredite, Steuerfreiheit auf zehn Jahre, Selbstverwaltung, Religionsfreiheit und die Befreiung vom Militärdienst. Diesem Ruf[10] folgten zwischen 1814 und 1842 zwischen 9.000 und 10.000 Deutsche[11], die eine beschwerliche, zwei bis sechs Monate lange Reise antraten und sich zumeist im Budschak niederließen. Gründe für die selbst gewählte Emigration konnten politischer, wirtschaftlicher oder religiö-

ser Art sein; manche gingen wegen Steuern, Missernten oder Kriegs-
dienst, andere als fromme Pietisten. Die 25 in diesem Zeitraum von
den Deutschen gegründeten Siedlungen werden »Mutterkolonien«
genannt und nach 1842 folgten weit über hundert »Tochtergemein-
den«.[12]

Horst Köhler ging bislang davon aus, dass seine Vorfahren aus dem
Schwäbischen nach Bessarabien kamen: »Die Familie meines Vaters besteht aus Ur-Schwaben, die es meines Wissens am Anfang des
19. Jahrhunderts nach Bessarabien verschlagen hatte.«[13] Dies ist keine durch Fakten zu belegende Aussage. Zu den erwähnten »typischen« deutschen Bessarabien-Siedlern gehörten die Vorfahren des
heutigen Bundespräsidenten allerdings nicht: Sein Vorfahr Andreas
Köhler wurde 1779 im pfälzischen Obermoschel geboren[14] und ließ
sich – wohl ermuntert durch Anwerbungsbemühungen von Seiten
Österreichs[15] – zunächst in Galizien als »Grundwirt«[16] nieder. Für
Obermoschel ist in den 1780er-Jahren eine Auswanderungswelle in
den Südosten Europas belegt, wohin sich 1783/84 mindestens zehn
Familien auf den Weg machten.[17] Galizien gehörte damals zum Staatsgebiet der k. u. k. Monarchie und liegt heute teils in Polen, teils in der
Ukraine. Galizien als Auswanderungsziel war in Obermoschel deshalb
bekannt, weil vom benachbarten Winnweiler, dem Verwaltungssitz
der zu Vorderösterreich gehörigen Reichsgrafschaft Falkenstein, Auswanderer, nämlich mittellose Bauern und Handwerker, zuvor für dieses Ziel angeworben worden waren.[18] Andreas Köhler heiratete am
19. Mai 1801 in Brigidau Elisabetha Barbara Rossbach, dort kam
auch ihr Sohn, Peter Köhler, zur Welt. Dessen Sohn Georg, ebenfalls
noch in Galizien, genauer: in Kolomea, geboren, war der wohl Erste
der Köhlers, der nach Bessarabien ging, wo 1872 der Großvater des
heutigen Bundespräsidenten, Jakob Köhler, in einem Dorf namens
Soroka das Licht der Welt erblickte und danach innerhalb Bessarabiens des Öfteren umzog. Sicher ist auch, dass dieser Jakob Köhler
sich zumindest eine Zeit lang in Gudias und Neu-Scholtoi aufhielt,
bevor er sich schließlich nach dem Ende des Ersten Weltkriegs in
Ryschkanowka niederließ, das wegen der Kriegswirren entvölkert
war. Das Dorf liegt – wie auch die beiden anderen – im Norden Bes-

sarabiens im Kreis Belz, nahe der Bukowina, und ist 25 Kilometer von Neu-Scholtoi entfernt.[19]

Die Landschaft ist – im Gegensatz zum »klassischen« Ansiedlungsgebiet der Deutschen in der Steppe des südlichen Teils Bessarabiens – geprägt von Anhöhen und Tälern, von Wäldern und Seen. Gegründet wurde die Gemeinde spätestens 1865[20] von Siedlern aus der Bukowina und aus Galizien.[21] Die Initiative dazu ging vom russischen Gutsbesitzer George Ryschkan aus, der auch für die Ortsnamensgebung Pate stand. Denn nachdem 1861 in Russland die Leibeigenschaft aufgehoben worden war, fehlten dem Grundherrn Arbeitskräfte, die er in den anfangs 14 österreichischen Familien fand.[22] Ryschkan verpachtete den Zugereisten, zumeist Bauern, so viel Land, wie sie wollten, und gab ihnen Saatgut. Im Gegenzug traten sie ihm die Hälfte der Ernte ab und übernahmen die Pflege des beim Herrensitz angelegten Parks. Einem kirchlichen Bericht zufolge wuchs die Gemeinde bis zum Jahr 1906/07 auf 294 Einwohner an, von denen 68 die örtliche Schule besuchten.[23]

Die Bessarabiendeutschen im Ersten Weltkrieg

Ein tiefer Einschnitt für Ryschkanowka und nicht nur dort war das Jahr 1914: Österreich befand sich an der Seite des Deutschen Reiches im Ersten Weltkrieg. Ihnen gegenüber standen Frankreich, Großbritannien und auch das russische Zarenreich. Aus diesem Grund wurden alle männlichen Bewohner des Dorfes, die bis zu diesem Zeitpunkt die russische Staatsangehörigkeit angenommen hatten und im wehrfähigen Alter waren, zum Dienst an der Waffe herangezogen.[24] Der Großteil derjenigen Bevölkerung, die noch die österreichische Staatsbürgerschaft besaß, wurde entweder nach Sibirien geschickt oder nach Österreich ausgewiesen.[25] Das nahe gelegene Neu-Scholtoi verschwand wegen des Krieges komplett von der Landkarte, weil der dortige russische Gutsbesitzer alle Gebäude einreißen ließ.[26] Nach dem Ersten Weltkrieg, der »Urkatastrophe des 20. Jahrhunderts«[27], änderte sich auch in Bessarabien viel: Infolge der bolschewistischen

Oktoberrevolution im Jahr 1917 in Russland bildete sich in Chișinau bzw. Kischinew, der heutigen Hauptstadt der Republik Moldau, eine nationale Volksversammlung, die sich »Landesrat« nannte und aus 84 Moldauern und 36 Angehörigen der übrigen Bevölkerungsgruppen, also auch der Bessarabiendeutschen, bestand. Der Landesrat rief am 2. Dezember 1917 die unabhängige »Moldauische Demokratische Republik« aus, woraufhin Lenin und seine Revolutionsgenossen im Januar 1918 Chișinau besetzen ließen. In seiner Not bat der Landesrat Rumänien um militärischen Beistand, sodass rumänische Truppen Bessarabien besetzten. Im April 1918 proklamierte der Landesrat dann den Anschluss der »Freien und unabhängigen Moldowanischen Volksrepublik« an den zuvor zu Hilfe geeilten Nachbarn; ein in Taruntino abgehaltener Kongress der Deutschen Bessarabiens, die nach einer rumänischen Zählung zu diesem Zeitpunkt drei Prozent der bessarabischen Bevölkerung ausmachten,[28] stimmte dem am 7. März 1919 zu.[29] Die völkerrechtliche Anerkennung des Anschlusses erfolgte 1920 durch die Ergebnisse der Vertragsverhandlungen in Versailles. 1930 waren 81.089 Deutsche in Bessarabien registriert; das entsprach einem Anteil von 2,8 Prozent an der Bevölkerung Bessarabiens. In der Zwischenkriegszeit lebten 96 Prozent der Deutschen auf dem Land. Sie wohnten in 150 Orten, und in 84 Gemeinden stellten sie mehr als 80 Prozent der Bevölkerung.[30]

Die Auswirkungen dieser politischen Rahmenbedingungen machten sich auch für die Überlebenden bemerkbar, die nach dem Ende des Krieges nach Ryschkanowka zurückkehrten.[31] Die einstmals von ihnen bewohnten Häuser und bewirtschafteten Felder wurden längst von anderen Familien genutzt. Die somit quasi Enteigneten mussten vor den rumänischen Behörden und Gerichten um ihr ehemaliges Hab und Gut streiten. Ihre Anstrengungen blieben allerdings relativ erfolglos: 1922 wurde das rumänische Agrarreformgesetz verabschiedet, das die vorherigen Pachtverhältnisse aufhob und an jede nunmehr landlose Familie ein bis zu sechs Hektar großes Grundstück vergab.[32] Die darauf möglichen Erträge reichten für die wenigsten der zumeist kinderreichen Familien aus.[33]

Köhlers Elternhaus: Annäherung an eine bessarabische Dorfwelt

Die Rahmenbedingungen im Leben des Jakob Köhler, der als Landwirt[34] für sich und seine Angehörigen sorgte, waren nicht besonders günstig. Zwar ist nicht bekannt, ob auch er zuvor nach Sibirien verschleppt worden war, doch ist offensichtlich, dass er die russische Staatsbürgerschaft nicht angenommen hatte. So wird von 19 Familien gesprochen, die aus dem liquidierten Neu-Scholtoi nach Ryschkanowka kamen und die sich nicht um die russische Staatsbürgerschaft bemüht hatten, von denen man aber auch nicht weiß, ob sie die rumänische bekommen haben.[35] Es wird davon ausgegangen, dass die Köhlers eine von den 19 Familien waren und deshalb von den rumänischen Behörden als »Staatenlose« behandelt worden sind. Deshalb hätten sie kein Land bei der Vergabe bekommen.[36] Als Jakob Köhler irgendwann zwischen 1918 und 1920 aus dem niedergebrannten Neu-Scholtoi nach Ryschkanowka kam,[37] hatte seine Frau Katarina bereits fünf Kinder zur Welt gebracht; den Zweitjüngsten, Eduard, Horst Köhlers Vater, am 24. Dezember 1904 in Gudias oder in Koada Jazului.[38] Nach Aussage von Edwin Kelm, dem Ehrenvorsitzenden der Landsmannschaft der Bessarabiendeutschen, hat Jakob Köhler, wenige Jahre vor seinem Tod,[39] vermutlich seinem Sohn Eduard geraten, wegen der schlechten Lebensbedingungen im Norden Bessarabiens nach Siebenbürgen zu gehen. Er war wohl der Ansicht, dass dort seine Kinder eine bessere Zukunft haben würden.[40]

Und Eduard Köhler hörte auf seinen Vater: Er verdiente sein Geld im Burzenland, einem Gebiet im Südosten Siebenbürgens, als Vorarbeiter in einem Sägewerk. In Kronstadt, dem Zentrum dieser Gegend, lernte er Elisabetha Bernhardt kennen – »beim Tanzen«[41], wie Horst Köhler erwähnt. Die beiden hatten vieles gemeinsam: Der Vater Elisabetha Bernhardts kam aus dem galizischen Kolomea. Auch sie war 1904, genauer: am 15. September, geboren, und sie kannte Ryschkanowka, sie war dort zur Welt gekommen. Eduard Köhler und Elisabetha Bernhardt, fortan Köhler, heirateten am 15. November 1924 in Chișinau.[42]

Nur wenige Monate später wurde Elisabetha in Ryschkanowka von ihrem ersten Kind, Johann (»Hans«) Köhler, entbunden. Bis zur Einbürgerung ins Deutsche Reich 1941 kamen weitere Kinder zur Welt: Antonia (*1926, Ryschkanowka), Eduard junior (*1930, Ryschkanowka oder Komandu bei Kronstadt)[43], Arthur (*1933, Komandu), Adolf (*1937, Ryschkanowka) und Otto (*1939, Ryschkanowka). In statistischen Daten, die aus Anlass der »Durchschleusung«[44] ins Deutsche Reich entstanden, der Personalkarte von Eduard Köhler (»Durchschleusungsnummer«: 462153) und seiner Frau Elisa (»Durchschleusungsnummer«: 462154), wird indes die Zahl der Kinder mit sieben angegeben (»davon leben: 6«). Zwei weitere Kinder folgten außerhalb Bessarabiens: Horst (*1943, Skierbieszów) und Ursula (*1945, Markkleeberg bei Leipzig). Der eigentliche Wohnsitz und Lebensmittelpunkt der Köhlers lag zwar in Ryschkanowka. Offensichtlich musste Eduard Köhler senior aber in den Jahren 1926 bis 1929 Dienst beim rumänischen Militär leisten. Das Ehepaar Köhler arbeitete längere Zeit (bis 1937) im rumänischen Siebenbürgen, weshalb möglicherweise Eduard junior, mit Sicherheit Arthur das Licht der Welt im nahe Kronstadt gelegenen siebenbürgischen Komandu erblickten.

Der Alltag in Ryschkanowka war sicherlich sehr bescheiden und beschaulich: Man kann wohl ohne Übertreibung von einer bäuerlichen Dorfidylle sprechen, wird aber auch die Härten das Landlebens bedenken müssen. Das auffälligste Bauwerk der deutschen »Kolonie« war die Kirche, die erstmals 1885 gebaut und 1937 wegen Baufälligkeit an gleicher Stelle komplett neu errichtet wurde.[45] Sie war für die Bewohner ein zentraler Lebensmittelpunkt, waren viele von ihnen doch auch aus religiösen Gründen ausgewandert, was jedoch nicht für die Pfälzer gilt. Die meisten Bessarabiendeutschen waren evangelisch, es gab nur wenige katholische Gemeinden.[46] Direkt neben der Kirche stand das Schulgebäude. Auch ein deutscher Friedhof war vorhanden. Doch wer einen Arzt aufzusuchen hatte, einen Brief verschicken oder einfach etwas auf dem Markt kaufen wollte, musste in die nahe gelegene, von Russen und Rumänen bewohnte Ortschaft Copacianca fahren. Durch die Mitte Ryschkanowkas führte eine zentrale Dorfstraße, an der entlang die einzelnen Grundstücke lagen. An ihrem südöstlichen Ende wohnten ein Schmied und ein so genannter »Wag-

ner«, der für den Bau und die Instandhaltung der Gespanne verantwortlich war.[47] An der Kirche ging von der Strasse in südwestlicher
Richtung ein Weg ab, an dessen Ende das Grundstück von Eduard
Köhler lag. Sein jüngster Bruder Gustav wohnte mit seiner Familie
direkt neben dem Schmied.

Eduard Köhler war nicht nur Zimmermann, sondern – wie der
Großteil der Bevölkerung[48] – auch in der Landwirtschaft tätig. Ingo
Rüdiger Isert, Leiter des Stuttgarter Museums der Bessarabiendeutschen, ist sicher, dass in Ryschkanowka Weizen, Gerste, Mais und seit
den 30er-Jahren auch Soja angebaut wurde.[49] Horst Köhler selber beschreibt seinen Vater als »verlässlich[en]«, »einfache[n] Mann vom
Land«, dem »es kaum möglich war, zu einer Schulbildung zu kommen«, und der »voll damit ausgelastet«[50] gewesen sei, für seine viel-
köpfige Familie und ihren Lebensunterhalt zu sorgen. Diese Einschätzung wird auch von Edwin Kelm geteilt: »Eduard Köhler war
ein tüchtiger Handwerker und Schaffer.«[51] Die Mutter Elisabetha, die
»eindeutig« einen stärkeren Einfluss auf ihn gehabt habe, war nach
Aussage des heutigen Bundespräsidenten demgegenüber der »intellektuelle Typ«, »eher ein Stadtmensch«.[52] Elisabethas jüngste Tochter
Ursula bezeichnet sie als ein »Sprachgenie«, denn sie beherrschte neben Deutsch auch Russisch, Polnisch, Ungarisch und Rumänisch.[53]
Ihr Leben lang hat sie ein wenig mit ihrem Schicksal gehadert, denn
Köhler zufolge hatte sie ursprünglich andere Ziele vor Augen, als
ihrem Mann ins bäuerliche Ryschkanowka zu folgen.[54] Dort, so weiß
Köhler aus Erzählungen, herrschten »raue Sitten«: »Die Männer haben regelmäßig gebechert und Karten gespielt, und die Frauen muss-
ten sich allein um Kinder, Haus und Hof kümmern. Das war auch
Teil der dortigen Bauernkultur.«[55]

Der Nationalsozialismus kündigt sich in Bessarabien an

Wie die Köhlers in Ryschkanowka lebten viele Bessarabiendeutschen
relativ abgeschieden vom Rest der Welt. Doch auch sie waren von den
Umwälzungen der 20er und 30er Jahre betroffen: Bereits mehr als ein

halbes Jahr vor der Machtergreifung Adolf Hitlers gründete der Siebenbürger Fritz Fabritius am 22. Mai 1932 die »Nationalsozialistische Selbsthilfebewegung der Deutschen in Rumänien«, die sich zwei Jahre später in »Nationale Erneuerungsbewegung der Deutschen in Rumänien« (NEDR) umbenannte.[56] Sie gewann im Laufe der 30er-Jahre auch unter den Bessarabiendeutschen immer mehr an Sympathien[57], wofür sich vor allem drei Gründe finden lassen: Erstens gab es unter der deutschstämmigen Bevölkerung Unmut darüber, dass die rumänischen Behörden durch ihre Rumänisierungspolitik die hoch geschätzte, vor allem kulturelle Autonomie immer weiter verkleinerten. Zweitens erlagen auch zwischen Dnjestr und Pruth viele Menschen der Anziehungskraft des Nationalsozialismus, die sich nicht zuletzt aus seinem Bewegungscharakter und seinem dynamischen, scheinbar unaufhaltsamen Erstarken ergab. Und drittens lässt sich der steigende Einfluss der NEDR als ein Protest gegen die gemäßigte bürgerliche Führungsschicht der eigenen Volksgruppe deuten, die bis dahin den politischen Ton angegeben hatte.[58] Allerdings berichtete im August 1937 ein Vortragender Legationsrat des Auswärtigen Amtes in einem Bericht über seine Reise nach Rumänien, das »Gefühl für die Volksgemeinschaft aller Deutschen« in der Dobrudscha, einer historischen Landschaft zwischen dem Schwarzen Meer und dem Unterlauf der Donau, und in Bessarabien sei noch »sehr unterentwickelt«, die Deutschstämmigen seien »meist in einem völkisch unerweckten Zustand«.[59] Das wachsende Gewicht der »Erneuerungsbewegung« war am 23. März 1934 auch in Zahlen sichtbar: Die NEDR konnte sich bei den Neuwahlen zum »Deutschen Volksrat für Bessarabien«, der politischen Vertretung des deutschen Bevölkerungsteils, durchsetzen.[60] Aus dem »Volksrat« wurde später ein »Gaurat«. Gleichzeitig erhöhte Berlin, vor allem durch die Tätigkeiten der »Volksdeutschen Mittelstelle« (VoMi), sukzessive seine Anstrengungen, die größtmögliche Kontrolle über die Bessarabiendeutschen zu gewinnen. Dem »Gaurat« schloss sich 1935 auch Ryschkanowka an und wählte einen Ortsrat.[61] Horst Köhler gibt nur karge Auskunft über die politische Einstellung seines Vaters: »Mein Vater war relativ unpolitisch. Aber prägend war das Deutsche, wie es gelebt und gesprochen wurde. Meine Eltern lebten ja in Bessarabien in einem Dorf von Deutschen und waren umgeben von Einheimischen, also von Rumänen und Russen. Da gab es (...) kaum Berührungspunkte zwischen den verschiedenen Nationalitäten. In ihrem Dorf lebte unsere Familie wie auf einer Insel, und das Deutschtum war das, was als das Richtige galt.«[62] Zwar sieht Köhler seine Familie als ein Opfer nationalsozialistischer Politik. Andererseits sagt er selber, es sei »wohl kein Zufall«[63], dass seine Eltern ihren 1937 und 1943 geborenen Söhnen die Namen Horst (nach Horst Wessel) und Adolf (nach Adolf Hitler) gaben. Dem ›Stern‹ erläuterte er, dass er über die politische Haltung der Eltern im »Dritten Reich« nichts sagen könne; in der Familie sei darüber nicht gesprochen worden.[64]

Hitler-Stalin-Pakt: Bessarabiendeutsche »heim ins Reich«

Nach ihrer Einbürgerung in das Deutsche Reich wurden die Köhlers in das ostpolnische Dorf Skierbieszów umgesiedelt. Horst Köhler wurde hier 1943 geboren. Schon vor seiner Machtergreifung hatte Adolf Hitler beispielsweise in ›Mein Kampf‹ Kernpunkte seines völkischen und außenpolitischen Programms offengelegt und klargemacht, dass er für das deutsche Volk »Lebensraum« im Osten Europas erobern und diesen »rassisch« umgestalten wolle.[65] Diesem Fernziel folgend, gestaltete er ab 1933 seine praktische Politik: Der »Anschluss« Österreichs (12. März 1938) und der Einmarsch deutscher Truppen in das Sudetenland (1. Oktober 1938) und die »Rest-Tschechei« (15. März 1939) – all diese Schritte dienten auch dazu, dem »Dritten Reich« den Eroberungskrieg, zuerst gegen Polen, zu ermöglichen. Gleiches gilt für den Abschluss des »Nichtangriffsvertrags zwischen Deutschland und der Union der Sozialistischen Sowjetrepubliken« vom 23. August 1939, den »Hitler-Stalin-Pakt«. In Moskau präsentierten die Außenminister der beiden Staaten, Joachim von Ribbentrop und Wjatscheslaw M. Molotow, die auf zehn Jahre angelegte Versicherung, sich aller aggressiven Handlungen gegeneinander zu enthalten. Was sie aber der verblüfften Weltöffentlichkeit nicht prä-

sentierten, war ein geheimes Zusatzprotokoll, in dem sie Ostmittel-
europa in Interessensphären aufteilten – darunter auch Polen und
Bessarabien.[66] Während die Sowjetunion ihr Interesse an Bessarabien
bekundete, erklärte die Reichsregierung »das völlige politische Des-
interessement an diesen Gebieten«. Die Demarkationslinie in Polen
sollte längs der Linie Narew, Weichsel und San verlaufen.

Nur wenige Tage nach Abschluss des Abkommens begann am
1. September 1939 der Zweite Weltkrieg. Sowohl die Wehrmacht als
auch die Rote Armee rückten innerhalb kürzester Zeit bis zur vereinbarten Demarkationslinie vor. Das von den Deutschen besetzte
Territorium Polens wurde aufgeteilt: Oberschlesien und Ostpreußen
sowie die »Reichsgaue« Danzig-Westpreußen und Wartheland wurden eingegliedert und mit dem Deutschen Reich wirtschaftlich und
politisch vereint.[67] Das übrige Gebiet wurde zum »Generalgouvernement« deklariert und unterstand dem Regiment des »Reichsjuristen-
führers« Hans Frank. Der völkerrechtliche Status dieses Territoriums,
das wiederum aus fünf Distrikten (Warschau, Krakau, Radom, Lublin und nach dem deutschen Überfall auf die UdSSR Ostgalizien) bestand, »blieb undefiniert, die Einwohner galten als staatenlos«.[68] Vor
allem sollte es vorerst der wirtschaftlichen Ausbeutung dienen, als
Reservoir für billige Arbeitskräfte und als Auffanggebiet für die Vertriebenen aus den dem Reich einverleibten Teilen Polens.[69] Dies galt
auch für den Distrikt Lublin, in dem sich Skierbieszów befand.

Hitler ließ in seiner Reichstagsrede vom 6. Oktober 1939 keinen
Zweifel daran, was er mit Polen vorhatte, als er »eine neue Ordnung
der ethnographischen Verhältnisse, das heißt, eine Umsiedlung der
Nationalitäten«[70] propagierte. Die von ihm anvisierte Ordnung ging
dabei weit über die Grenzen des polnischen Territoriums hinaus: Laut
Hitler handelte es »sich nicht nur um ein Problem, das auf diesen
Raum [Polen] beschränkt ist, sondern um eine Aufgabe, die viel wei-
ter hinausgreift. Denn der ganze Osten und Südosten Europas ist zum
Teil mit nicht haltbaren Splittern des deutschen Volkstums gefüllt.«
Daher gehöre es »zu den Aufgaben einer weitschauenden Ordnung
des europäischen Lebens, hier Umsiedlungen vorzunehmen«.[71] Nur
drei Tage nach dieser Rede ernannte er den »Reichsführer SS«, Hein-

rich Himmler, zum »Reichskommissar für die Festigung deutschen Volkstums (RKF)« und beauftragte ihn mit der Vorbereitung und Durchführung der in Betracht kommenden Umsiedlungen sowie der Neuansiedlung der »Volksdeutschen«. Für sie waren als neue Heimat besonders die neu eingegliederten Ostgebiete in Polen vorgesehen.

Doch bevor es dazu kam, geschah noch etwas anderes: Josef Stalin forcierte seine Interessen in Südosteuropa mit besonderem Nachdruck. Die Sowjetregierung hatte den Anschluss Bessarabiens an Rumänien nie anerkannt und stellte den Verantwortlichen in Bukarest am 26. Juni 1940, nur vier Tage nach der französischen Kapitulation, ein Ultimatum, das die sofortige Abtretung Bessarabiens und der Nordbukowina an die Sowjetunion forderte.[72] Die rumänische Regierung fügte sich dem Ultimatum – auf Anraten Deutschlands.[73] Nur zwei Tage später marschierten bereits die ersten sowjetischen Truppen in die entsprechenden Gebiete ein.[74]

Damit wurde die Frage der Bessarabiendeutschen akut, zumal fast alle von ihnen nach den schlechten Erfahrungen während des Ersten Weltkriegs nicht noch einmal unter russische bzw. nunmehr sowjetische Herrschaft gelangen wollten. Aus diesem Grund begannen am 22. Juli 1940 Verhandlungen zwischen dem Deutschen Reich und der Sowjetunion[75], die am 5. September mit der »Vereinbarung über die Umsiedlung der deutschstämmigen Bevölkerung aus den Gebieten von Bessarabien und der Nördlichen Bukowina in das Deutsche Reich«[76] abgeschlossen wurden. Darin wurde bis ins kleinste Detail geregelt, wie und unter welchen Bedingungen die Umsiedlung der Bessarabiendeutschen vorgenommen werden sollte: von der Nennung zugelassener Gepäckstücke und Wertsachen über die Aufzählung der zum Transport vorgesehenen Häfen bis hin zur inhaltlichen Gestaltung derjenigen Listen, auf denen die Auswanderungswilligen registriert werden sollten. Nach Artikel 1 des Vertrages sollten nur diejenigen umgesiedelt werden, die auch den Wunsch dazu äußerten.[77] De facto war dies aber nur eine scheinbare Wahlmöglichkeit: »Angesichts der sowjetischen Truppen im Lande, der Verstaatlichungen bzw. Kollektivierungen, Verhaftungen, der baldigen Verknappung aller Waren und der Gewissheit, in einer gefährdeten Position ähnlich der aller Deutschen in der Sowjetunion sich zu befinden, wurde die Umsiedlung als Rettungsaktion aufgefasst und von allen akzeptiert, da die Alternative, zu bleiben, mehr gefürchtet wurde als der Verlust der vertrauten und geschätzten Umgebung.«[78] Nahezu vollzählig verließen die deutschstämmigen Bevölkerungsteile Bessarabien – rund 93.000[79] wurden »heim ins Reich«[80] geholt.

Auf deutscher Seite wurde die bereits erwähnte »Volksdeutsche Mittelstelle (VoMi)« mit der Organisation der Aussiedlung beauftragt. Auf einer ihrer »Umsiedlungslisten«, datiert auf den 5. Oktober 1940, lassen sich Horst Köhlers Eltern und seine zu diesem Zeitpunkt schon geborenen Geschwister finden. Kurze Zeit später dürften sie Ryschkanowka verlassen haben, denn der zwischen dem Deutschen Reich und der Sowjetunion abgeschlossenen Vereinbarung zufolge sollte die Aussiedlung spätestens am 15. November 1940 abgeschlossen sein.[81] Wie genau der Aussiedlungsweg der Köhlers ausgesehen hat, ist nicht vollständig bekannt: Im Allgemeinen traten die Bessarabiendeutschen, die alle einen um den Hals gehängten Umsiedlerausweis tragen mussten, ihre Reise zunächst in Richtung der Donauhäfen Kilia, Reni oder Galatz an. Von dort aus ging es zumeist mit dem Schiff weiter nach Jugoslawien in die Durchgangslager Semlin und Prahovo, von wo aus sie nach kurzer Aufenthaltszeit mit der Bahn in die verschiedenen »Gaue« und Sammellager des Reichsgebiets, insbesondere nach Sachsen, Franken, Bayern, Österreich und ins Sudetenland gebracht wurden. Dort sollte dann abschließend über ihren Ansiedlungsort entschieden werden. Dies zog sich nicht selten über Monate und Jahre, teilweise sogar bis Kriegsende, hin. In der Zwischenzeit sollten die »Umsiedler« für ihre von den Nationalsozialisten vorgesehene Aufgabe im Osten »reif gemacht«[82] werden. Der Transport der Bessarabiendeutschen auf der Donau, über die die Auswanderer einstmals ostwärts gelangt waren, wurde von Spezialisten für Volkstumsfragen, etwa Alfred Karasek von der Universität Wien, propagandistisch als »Rückkehr« inszeniert.[83]

Die Köhlers kamen in das Lager Herzogenburg in der Nähe des österreichischen St. Pölten. Sie hatten die rumänische Staatsbürgerschaft und galten zunächst als »Volksdeutsche« ohne deutsche Staatsbürgerschaft. Um diese zu bekommen, mussten auch sie den Prozess der »Schleusung«[84] durchlaufen. Dabei wurden die Bessarabiendeutschen auf gesundheitliche, rassenideologische und politische Merkmale hin untersucht und eingeteilt. Die zuständigen Behörden hatten dazu drei Kategorien festgelegt: Die sogenannten »O-Fälle« sollten in den eingegliederten Ostgebieten und die sog. »A-Fälle« im »Altreich« angesiedelt werden, während die als »fremdstämmig« oder in sonstiger Weise als missliebig eingestuften Menschen als Sonderfälle, als sogenannte »S-Fälle«, für die Deportation ins »Generalgouvernement« vorgesehen waren. Nach Ansicht der Nationalsozialisten sollten nur die besten, »rassisch wertvollsten« Umsiedler als »O-Fälle« gelten, denn sie hatten nach den Planungen von Hitler, Himmler und ihren Schergen, auf die noch einzugehen sein wird, eine Art »Frontlinie« zu bilden. Die Einbürgerung der Köhlers erfolgte am 16. April 1941.

Die »Germanisierung« Polens und die Familie Köhler

Wie und wann genau die Köhlers nach Polen kamen, ist heute nicht mehr exakt nachzuvollziehen. In einer Karteikarte der »Einwandererzentralstelle« (EWZ) in Łódź, das damals von den Nationalsozialisten in »Litzmannstadt« umbenannt worden war, heißt es unter der Durchschleusungsnummer 462153; Umsiedlungsnummer: Ki6/16/84/23: »Zur Ansiedlung vorgeschlagen am: 11.10.1941; an: Lublin 27.8.42«.[85] Das bedeutet, dass erst ein halbes Jahr nach der Einbürgerung der Familie Köhler eine Perspektive für einen neuen Wohnsitz eröffnet wurde. Auf dieser Karteikarte wurde dem »Landarbeiter« Eduard Köhler volle körperliche Einsatzfähigkeit zuerkannt. Als landwirtschaftliche Kenntnisse werden Feld- und Stallarbeiten aufgeführt, auch der Umgang mit landwirtschaftlichen Maschinen. Ferner waren die spärlichen Besitztümer der Köhlers in Ryschkanowka aufgelistet: »2 Pferde, 1 Rindvieh, 2 Schweine« sowie ein Pflug und eine Egge. Nach diesem Datenblatt hatten die Köhlers Weizen, Mais und Soja angebaut. Die Karteikarte lässt vermuten, dass die Köhlers zwischenzeitlich, ab dem 27. August 1942, in Lublin in einem weiteren Auffanglager untergebracht waren. Am 28. November 1942, also erst vier Monate später, sollten sie in Skierbieszów eintreffen.

Weiterhin stellt sich die Frage, warum die Köhlers plötzlich im »Generalgouvernement« landeten, obwohl – wie bereits erwähnt – für die meisten bessarabiendeutschen Umsiedler doch eigentlich die eingegliederten Ostgebiete als neue Heimstätte vorgesehen waren. Am 22. Juni 1941 hatte das Unternehmen »Barbarossa« begonnen: der Angriff des Deutschen Reiches auf die Sowjetunion. Schon lange hatte in den Köpfen der Nationalsozialisten, vor allem Hitlers und Himmlers, die Vorstellung einer totalen ethnisch-demographischen Neuordnung im Osten Europas bestanden, um damit für das deutsche Volk neuen »Lebensraum« zu erobern. Hitlers Wille: »Es gibt nur eine Aufgabe: eine Germanisierung durch Hereinnahme der Deutschen vorzunehmen und die Ureinwohner als Indianer zu betrachten.«[86] Rund drei Wochen nach Beginn der Kampfhandlungen mit der Roten Armee, am 15. Juli, legte Himmler einen ersten Entwurf des sogenannten »Generalplans Ost«[87] vor, der in der Folge immer wieder umgearbeitet und schließlich zum »Generalsiedlungsplan« wurde. Nach der von Himmler am 12. Juni 1942 abgesegneten Fassung sollten demnach 85 Prozent der Polen, 65 Prozent der Ukrainer und 75 Prozent der Weißruthenen nach Sibirien deportiert werden.[88] Wäre der Plan jemals in die Tat umgesetzt worden, wären innerhalb von zwanzig bis dreißig Jahren wohl über dreißig Millionen Menschen wie Vieh verschoben worden.[89] Den Nationalsozialisten ging es dabei auch darum, die Deutschstämmigen in Polen zu erfassen und im Sinne ihrer Germanisierungspolitik zu aktivieren. So hatte eine Kommission bei einer »Aktion zur Erfassung und Durchschleusung der Deutschstämmigen aus dem Kreis Zamość« insgesamt 11.566 Personen aufgelistet, von denen 50,4 Prozent »anerkannt« wurden, der mit 30,63 Prozent größte Teil als sogenannte »A-Fälle«.[90] Die Kommission hatte die Aufgabe, »wertvolles deutsches Blut, das vor allem in den Siedlerwellen des 18. Jahrhunderts in diesem Raum ansässig wurde, vor der weiteren Polonisierung zu bewahren und die Voraussetzungen zu schaffen, dass diesen Menschen ihr Deutschtum erhalten bleibt und, soweit es durch die früheren radikalen Polonisierungs-Methoden verschüttet war, wieder belebt und zu neuer Blüte gebracht wird.«[91]

Nach Beginn des Krieges gegen die Sowjetunion sollte die Umsetzung dieser Planungen beschleunigt werden. Damit veränderte sich für die Nationalsozialisten auch die strategische Lage des »Generalgouvernements«. Besonderes Augenmerk in dieser Hinsicht sollte der im Distrikt gelegene Kreis Zamość (»Himmlerstadt«) bekommen, in dem sich Skierbieszów (»Heidenstein«) befindet.[92] Der Historiker Czesław Madajczyk spricht in diesem Zusammenhang vom »Sonderlaboratorium SS«[93]. Was also geschah im Gebiet von Zamość? Der »Reichskommissar für die Festigung deutschen Volkstums«, »Reichsführer SS« Heinrich Himmler, besichtigte im Juli 1941 persönlich die Gegend. Er war vom SS-Brigadeführer Odilo Globocnik[94] eingeladen worden, um sich einen Eindruck von den örtlichen Anstrengungen zur »Wiedereindeutschung« der dort lebenden deutschstämmigen Menschen zu machen. Daraufhin befahl Himmler »eine Erweiterung der bisherigen Arbeit in der Richtung einer Aktion zur völligen Rückgewinnung abgeglittener deutschstämmiger Menschen«[95]. Im Klartext: Zamość sollte der erste deutsche Siedlungsbereich im »Generalgouvernement« werden. Dort lebten bereits seit fast zweihundert Jahren mehrere Dutzend deutschstämmiger Familien.[96] In einem EWZ-internen Vermerk vom 17. Februar 1942 heißt es dazu: »Bei diesen Deutschstämmigen handelt es sich um Nachkommen von deutschen Auswanderern aus der Saarpfalz, die Anfang der 80-er Jahre des 18. Jahrhunderts im Zuge der Josephinischen Besiedlung Galiziens nach dort gekommen sind. (…) Im Laufe des 19. Jahrhunderts sind diese deutschen Familien fast restlos als Katholiken im Polentum aufgegangen.«[97]

Die zuständigen SS-Stellen entwarfen in den kommenden Monaten einen grausamen Plan: Zum einen sollte – worauf bereits hingewiesen wurde – die deutschstämmige Bevölkerung »vor der weiteren Polonisierung« bewahrt, ihr »Deutschtum (…) wieder belebt und zu neuer Blüte« gebracht werden.[98] Zum anderen sollte die im Zamoścer Gebiet ansässige polnische und sonstige »rassisch minderwertige« Bevölkerung deportiert und durch »Volksdeutsche«, von denen sich, wie auch die Köhlers, noch eine große Zahl in Sammellagern befand, ersetzt werden. Die Planungen, die spätestens nach einem erneuten Befehl Himmlers vom Juli 1942 bis in kleinste Detail gingen[99], sahen Folgendes vor: Wie auch in den eingegliederten Ostgebieten sollte die polnische und sonstige nicht-deutsche Bevölkerung auf ihre »Rassenmerkmale« hin untersucht und in vier »Wertungsgruppen« unterteilt werden. Die Wertungsgruppen I und II umfassten all die Menschen, die prinzipiell als »eindeutschungsfähig« betrachtet wurden. Sie sollten zunächst nach Łódź zur »Feinmusterung« gebracht werden. Die arbeitsfähigen, also zwischen 14 und 60 Jahre alten Personen der Wertungsgruppen III und IV waren für den »Arbeitseinsatz« im Reich bzw. die Deportation ins Konzentrationslager Auschwitz vorgesehen. Nicht arbeitsfähige Angehörige dieser Wertungsgruppen sollten in sogenannte »Rentendörfer« überstellt werden.[100] An ihrer Statt war vor allem die Ansiedlung von Bessarabiendeutschen vorgesehen. Wie der Gouverneur des Distrikts Warschau, Ludwig Fischer, in einer Rede vor den »Siedlern« ausführte, hätten diese »vor der Umsiedlung ins Generalgouvernement bereits in Bessarabien und anderswo im Volkstumskampf gestanden«. Deshalb falle ihnen nun erneut die Aufgabe zu, »Pioniere des Deutschtums zu sein in einem Raum, der einstweilen noch zum größten Teil von fremdem Volkstum besetzt sei, der aber einmal deutsch werden würde«.[101]

Skierbieszów I: Die Vertreibung der Polen

Die Umsiedlungsmaßnahmen im Kreise Zamość begründete der SS- und Polizeiführer des Distrikts Lublin, Odilo Globocnik, in seinem Einsatzbefehl damit, »dass wir den aus allen Teilen Europas zusammengekommenen Volksdeutschen hier eine neue Heimat und ein gesundes Leben aufbauen«. Bezüglich des typischen Neuansiedlers sei es »nicht maßgebend, ob er über alle Kenntnisse verfügt, die heute dem Deutschen Selbstverständlichkeit geworden sind, hier ist nur maßgebend, dass deutsches Blut gerettet ist und dieses Blut zur Sicherung und Festigung unseren gesamten Volkstums für die Zukunft eingesetzt werden soll«.[102] Die »Aktion Zamość«[103] begann schließlich in der Nacht vom 27. auf den 28. November 1942[104] – und zwar in Skierbieszów.[105] Die SS umstellte das gesamte Dorf und zwang alle Bewohner dazu, ihre Häuser innerhalb weniger Stunden oder sogar, wie eine Augenzeugin berichtet, innerhalb von »5 bis 10 Minuten« zu verlassen.[106] Laut dem Einsatzbefehl von Globocnik sollten die zu besiedelnden Dörfer »restlos« geräumt werden. »Die Aussiedlung hat bis 10.00 Uhr vormittags am betreffenden Tag beendet zu sein.«[107] Ferner wurde in der »Arbeitsanweisung von Obersturmbannführer Hermann Krumey, Leiter der Umwandererzentralstelle, für die Verteilung der Ausgesiedelten im Kreis Zamość« klar festgelegt, wie jeweils mit »Arbeitseinsatzunfähigen« (beispielsweise mit Kindern und alten Menschen) und denjenigen, die zur »Wiedereindeutschung« oder zum »Arbeitseinsatz im Altreich« vorgesehen waren, verfahren werden sollte.[108] Jedenfalls durften die vertriebenen Bewohner von Skierbieszów nur Handgepäck und einige wenige Złoty mitnehmen. Auf dem Dorfplatz fand eine erste Selektion und daraufhin dementsprechend der Abtransport statt. Einige Bewohner, die Anfang der 40er-Jahre in Skierbieszów lebten, erzählten, dass eine ganze Reihe der Deutschen bei ihrer Ankunft im ostpolnischen Dorf im Jahr 1942 »Tränen in den Augen«[109] gehabt hätten, als ihnen klar wurde, wie sie in den Besitz ihrer neuen Grundstücke gekommen waren. Das berichten der heutige Bürgermeister Skierbieszóws, Mieczysław Bartoń, und die alte Einwohnerin Janina Smusz unisono. Wanda Kropornicki war neun Jahre alt, als die SS Skierbieszów räumte. Sie berichtet, dass, während die Polen über eine Seitenstraße mit Fuhrwerken ins Sammellager Zamość gebracht wurden, auf der Hauptstraße bereits die deutschen Neusiedler ankamen.[110] Kaum waren die alten Bewohner aus den Häusern entfernt worden, zogen schon die neuen ein: Zu ihnen gehörte auch die Familie Köhler.[111]

Die Aussiedlungen im gesamten Gebiet von Zamość dauerten bis zum Juni 1943 an. Die dazugehörigen Zahlen sind erschreckend: 16.000 Menschen kamen in das Konzentrationslager Majdanek, 2000 nach Auschwitz. Mehrere Zehntausend, darunter ein Teil aus den

Lagern, wurden ins Reich deportiert, wo sie zur Zwangsarbeit herangezogen wurden. Dazu kamen 4500 Kinder, die von ihren Familien getrennt und nach Deutschland verschleppt wurden, um sie zu »germanisieren«.[112] Ein »Gemeindeabschlussbericht« erfasst die »Durchschleusungen« bis zum 7. Oktober 1943 und listet auf, dass 31 Familien mit insgesamt 118 Personen im Hauptdorf Skierbieszów angesiedelt wurden; in der gesamten Gemeinde waren es 145 Familien mit insgesamt 558 Personen.[113] Viele der Neuansiedler stammten aus Bessarabien, andere Familien kamen aus Schlesien, Serbien, Kroatien und Russland.[114] Im Kreis Zamość wurden mit Stand des 1. Januar 1943 insgesamt 7108 Umsiedler mit 1685 »Herdstellen« gezählt. Mehr als die Hälfte, nämlich 3876 Personen, stammten aus Bessarabien.[115]

Skierbieszów II: Flucht vor der Roten Armee

Elisabetha Köhler war zu diesem Zeitpunkt bereits schwanger. Gut drei Monate später, am 22. Februar 1943, kam ihr Sohn Horst zur Welt. In der Geburtsurkunde steht, von der SS gestempelt und unterzeichnet, Horst Köhler sei »im ersten Jahr der deutschen Besiedlung« geboren worden.[116] Das Haus, in das die Köhlers zogen, gehörte zuvor einem Bauern namens Józef Weclawik. Die 1925 geborene Zofia Kropornicka erinnert sich noch heute an das Gebäude: »Sie [die Köhlers, d. Verf.] lebten in einem schönen Holzhaus mit großer Veranda.«[117] Und Janina Smusz, die Nichte von Józef Weclawik, ergänzt: »Es war eines der größten im Ort, mit einem schönen Garten, der Onkel war wohlhabend, wir haben dort gerne gespielt.«[118] Smusz hat die Köhlers nicht persönlich kennengelernt, weil sie zuvor Skierbieszów verlassen hatte, um vor den Deutschen zu fliehen. Sie weiß aber zu berichten, dass die Köhlers wohl »anständige« Leute gewesen und mit der noch verbliebenen Bevölkerung höflich umgegangen seien. Ihre Erinnerung an die damalige Zeit ist schmerzhaft: Ihr Vater kam in Auschwitz ums Leben. Die Lagernummern ihrer Eltern und ihrer Geschwister kann sie immer noch auswendig aufsagen.[119] Ihr Onkel wurde ins zwei Kilometer entfernte Zawoda umgesiedelt, ins »Ghetto«[120], wie Janina Smusz das Dorf bezeichnet. Józef Weclawik wurde gezwungen, auf den von den Deutschen eingenommenen Bauernhöfen zu arbeiten. »Ich habe ihn damals einmal besucht. Er lag schwer krank auf irgendeinem Strohlager. Wie unglücklich er sein müsse, dachte ich, als ich ihn erblickte.«[121] Józef Weclawik starb nur wenige Monate später.

So wie Janina Smusz erging es den meisten Bewohnern, die vor der »Umsiedlung« in Skierbieszów lebten. Es gab wohl kaum jemanden, der infolge der barbarischen nationalsozialistischen Besatzungspolitik keinen Angehörigen verlor.[122] Mieczysław Bartoń, Bürgermeister Skierbieszóws, ärgert sich deshalb über einige der deutschen Journalisten: »Ich versuche ihnen jedesmal (sic!) zu erklären, dass die Einwohner von Skierbieszów nach Auschwitz verschleppt wurden, und sie scheinen das irgendwie nicht zur Kenntnis nehmen zu wollen. Sie denken, nach Auschwitz seien nur Juden verschleppt worden.«[123] Bartoń hat erst vor wenigen Jahren erfahren, was mit seinem Onkel geschehen ist: Er starb durch die Experimente des Auschwitz-Chefarztes Josef Mengele. Doch die wenigsten Einwohner Skierbieszóws geben den angesiedelten »Volksdeutschen« die Schuld für diese Vorgänge. Auch Zygmunt Mankowski, der in Polen ein Standardwerk über die Zeit ›Zwischen Weichsel und Bug 1939–44‹ (›Miedzy Wisla a Bugiem 1939–44‹) geschrieben hat, sieht sie in einem Interview mit der ›Gazeta Wyborcza‹ eher als Opfer des nationalsozialistischen Lebensraum-Wahns denn als Täter.[124]

Auch das Leben der neu angesiedelten Familien war nicht sicher. Denn rund um Skierbieszów agierten polnische Partisanenverbände, genauer: die sogenannte »Heimatarmee« (Armia Krajowa).[125] Janina Smusz kann sich erinnern, dass keiner der Siedler sein Haus ohne Waffe verließ und dass an den Stadtgrenzen Wachposten aufgestellt wurden. Auch Horst Köhler berichtet, dass die Gefahr von Angriffen eine ständige Sorge für seine Mutter gewesen sei.[126] Sie habe deshalb immer komplett angezogen in ihren Kleidern geschlafen.[127] Deutsche Dokumente berichten beispielsweise von »37 deutsche[n] Neu-Siedler[n]«, die von Anfang Dezember 1942 bis Ende Februar 1943 im

Kreis Zamość »durch Banditen einen gewaltsamen Tod gefunden«[128] hätten. So wurde der in Skierbieszów angesiedelte Bauer Wilhelm Müller am 23. Juni 1944 »von Banditen erschossen«.[129] In einem Dokument vom 4. März 1943 ist die Rede von einem Aufstand von »700–800 bewaffnete[n] Angehörige[n] der WB [Widerstandsbewegung, d. Verf.] im Süden des Kreises Zamosc und im Osten des Kreises Bilgoraj«[130].

Doch nicht nur aufgrund der ständigen Gefahr durch Partisanenangriffe blieb Skierbieszów eine relativ kurze Episode für die Köhlers. Im Frühjahr 1944 rückten die Truppen der Roten Armee immer näher an das Dorf heran. Horst Köhler: »Über Polen kann ich nicht viel erzählen, da war ich noch zu klein. Aber ich weiß, dass vor allem meine Mutter traumatische Erlebnisse hatte.«[131] Elisabetha floh am 18. März 1944 mit fünf ihrer bis dato sieben Kinder, ihr Mann kam wohl am 19./20. Juli nach.[132] Sie verbrachten die folgenden Monate vermutlich wieder in einem Lager in Łódź, bis die Front auch dort immer näher rückte, so dass sich die Familie abermals auf einen beschwerlichen Weg machte. Wann sie genau die Grenze zum »Alt-Reich« überschritten, ist in der Familie Köhler nicht bekannt.[133] Horst Köhler selber sagt, seine Mutter sei im Januar 1945 mit fünf Kindern in den Westen – nach Markkleeberg bei Leipzig – geflohen.[134]

Wer heute im polnischen Skierbieszów, das etwa 1300 Einwohner hat, nach Spuren der Familie Köhler sucht, ist erstaunt, mit welcher Milde die ältere Generation, der durch die deutsche Besatzung viel Leid zugefügt wurde, auf Fragen zum Leben der Köhler-Familie in einer für sie schlimmen Zeit reagiert. Die wenigen, die die von Nationalsozialisten in Ostpolen angesiedelten Eltern von Horst Köhler persönlich erlebt haben, sprechen ausnahmslos kein schlechtes Wort über sie. »Über die Köhlers lässt sich heute kaum etwas sagen. Sie waren keine bösen Menschen. Wenn jemand eine Kanaille war, dann machte er auch viel von sich reden. Und über die Köhlers hört man eben nicht viel.«[135] Und weiter: »Die Köhlers waren sehr gut zu den Polen eingestellt.«[136] Das jedenfalls sagt Janina Smusz (geboren am 23. Dezember 1925) aus Skierbieszów, obwohl ihr Onkel Józef Weclawik seinen Bauernhof, ein Holzhaus, zugunsten der Köhlers verlassen musste und zur Zwangsarbeit herangezogen wurde. Zu dem Bauernhof, der den Köhlers zugeordnet wurde, gehörten laut Janina Smusz insgesamt zwanzig Hektar, Köhler habe alles Vieh übernommen, auf dem Feld hatten die Polen gearbeitet.

Noch positiver äußert sich Bołeslaw Muda (geboren am 29. Juni 1920), früher Metzger in Skierbieszów, der in das Dorf zurückkehren musste, um in einem Bautrupp zu arbeiten: »Der alte Köhler [Horst Köhlers Vater Eduard, d. Verf.] war ein wirklich guter Mensch. Wir haben auch mal zusammen einen Wodka getrunken. Er hat uns Polen gut behandelt.«[137] Jan Kropornicki (geboren am 28. Mai 1920) berichtet, wie er für die Köhler-Familie Fußboden verlegt hat und dass auch er von Horst Köhlers Vater gut behandelt worden sei. »Manchmal habe ich mit dem Köhler einen Apfelwein getrunken« – und Janina Smusz ergänzt: »Köhler hat gerne scharfe Sachen getrunken.«

In Skierbieszów, das von bewaldeten Hügeln umgeben ist, erinnert heute kaum noch etwas an diese Zeit: Die Wehrmacht brannte das Dorf auf ihrem Rückzug nieder.[138] Von dem Haus, das die Köhlers bewohnten, sind nur noch, so der Bauer Marian Szeweras, der Keller und der Brunnen erhalten.[139] Nach der Erinnerung von Jan Kropornicki gehörten zu dem Bauernhaus an der Lomejskastraße drei Zimmer und eine Küche. »Es ist alles so geblieben, wie es war, die Köhlers hatten nichts mitgebracht.«[140] Auf dem Grundstück standen Birnbäume, es wurden Kartoffeln angebaut. Köhler hatte nach Erinnerung von Kropornicki fünf Pferde, mehrere Schweine und Kühe – und Bienenstöcke. Er erinnert sich noch an den jungen Horst als Baby. Auch Zofia Kropornicka bestätigt, dass die Köhlers die Polen anständig behandelt hätten.[141] Die alten Einwohner erinnern sich aber auch, dass ein anderer Deutscher einen Polen »einfach erschossen« habe. Ein Teil der Familie des vertriebenen Besitzers des Bauernhofes, Józef Weclawik, kam in Auschwitz um. Zygmunt Weclawik, ein Enkel Józefs, sagt: »Als wir von der Zwangsarbeit in Berlin zurückkamen, da lebten nur noch die Bienen. Alles war niedergebrannt.«[142] Er arbeitete in der Munitionsfabrik von Otto Linnemann in Berlin und war damals 16 Jahre alt. »Wir stellten Granaten her. Die leichteste Aufgabe bestand darin, kleine Flügel an die Geschosse anzuschrauben. Wir arbeiteten in Wechselschicht zwölf Stunden lang. Wir bekamen dafür ein Stück Schwarzbrot, einen Becher Kaffee und eine Schüssel wässriger Suppe aus Kohlrüben zu Mittag.«[143] Janina Smusz berichtet, wie erschüttert ihre überlebenden Familienangehörigen waren, als sie nach dem Abzug der Deutschen ins Dorf zurückkehrten: »Als wir zurückkamen, standen wir unter Schock. Alles wurde durch die Deutschen kaputt gemacht, die Häuser waren niedergebrannt. Wir haben alles für die Deutschen zurückgelassen, Kühe, alle Tiere; und jetzt war nichts mehr davon da.«[144]

Nach seiner Wahl zum Bundespräsidenten hat die Gemeinde Horst Köhler einen Gratulationsbrief geschrieben. Doch auch wenn er in Skierbieszów geboren wurde, erwarten die Bewohner laut Janina Smusz keine besondere Verpflichtung ihnen gegenüber; schließlich sei er ja ein Kind gewesen. Aber eine Sache gäbe es da vielleicht doch: »[W]enn er etwas tun wollte – eine Kanalisation würde unserer Gemeinde schon helfen.«[145]

Die Schule des Dorfes wurde nach Ignaz Moscicki, dem letzten polnischen Vorkriegspräsidenten, benannt. Er ist zwar nicht in Skierbieszów geboren, sondern 1867 in einer Kleinstadt namens Mierzanów, aber er hat die ersten sieben Jahre seines Lebens in Skierbieszów verbracht, worauf die heutigen Einwohner sehr stolz sind. Als er polnischer Präsident geworden war, besuchte er 1927 Skierbieszów und schenkte Geld für Schule, Kindergarten und Armenhaus. Moscicki hatte Chemie studiert und war für einige Zeit wissenschaftlicher Assistent an der Albert-Ludwigs-Universität in Freiburg und später Professor der Chemie. Er war von 1926 bis zum September 1939 polnischer Staatspräsident. Dann marschierten deutsche Truppen ein und besetzten Polen bis zur mit der UdSSR vereinbarten Demarkationslinie. Der sowjetische Diktator Josef Stalin erklärte seinerseits den polnischen Staat für nicht mehr existent. Die Rote Armee besetzte Ost-Polen. Der in Rumänien internierte Ignaz Moscicki war von Frankreich aufgefordert worden, auf sein Amt zu verzichten und es an Władysław Raczkiewicz zu übergeben, der sich bereits im Exil befand. Dezember 1939 konnte Moscicki ins Schweizer Exil gehen, wo er 1946 in Genf starb.

Ein Bundespräsident hat viele Möglichkeiten, sich zur deutschen Geschichte zu äußern, auch zum Verhältnis der Deutschen zu osteuropäischen Nachbarn. Als Horst Köhler am 2. September 2006 vor dem Bund der Vertriebenen sprach, hat er sicher mehr von seiner inneren Gefühlswelt verraten als bei vielen anderen Reden und dabei manches auch zum Schicksal seiner eigenen Familie gesagt, ohne dies unmittelbar anzusprechen und ohne dass dies vielleicht allen Teilnehmern beim »Tag der Heimat« so bewusst war. Er sagte: »Getrieben durch Hitlers Wahn vom ›Lebensraum im Osten‹ begann Deutschland einen Krieg, dessen Ziel die ethnische Neuordnung weiter Teile Osteuropas durch Vertreibung, Umsiedlung, Deportation, Vernichtung und Germanisierung war. Millionen von Menschen fielen diesem Wahn zum Opfer. Allein über eine Million Polen wurde von Deutschen deportiert und vertrieben. Fünf bis sechs Millionen polnische Staatsbürger kamen unter der deutschen Besatzung ums Leben, davon drei Millionen Juden.«[146] Köhler erwähnte aber auch, dass deutschen Vertriebenen »Unrecht angetan worden« ist. »Am Ende schlug die von Deutschen ausgegangene Gewalt grausam auf sie zurück. Dabei verloren etwa 15 Millionen Deutsche durch Flucht und Vertreibung ihre Heimat – nicht als Erste in diesem Jahrhundert der Vertreibungen, aber doch als größte Volksgruppe von allen.« Köhler verwies darauf, dass zwei Millionen von ihnen den Marsch nach Westen nicht überlebten. »Abertausende Deutsche wurden ermordet, ungezählte Frauen vergewaltigt.« Er benannte zugleich die gewaltige Integrationsleistung der deutschen Gesellschaft, die die Flüchtlinge und Vertriebenen – wenngleich nicht immer mit ganz offenen Armen – aufnahm. Vielleicht hat Köhler an diesem Samstag auch dabei an sich selber gedacht, als er den »Neubürgern« bescheinigte, dass sie »eine entscheidende Kraft beim deutschen Wiederaufbau und Wiederaufstieg« gewesen seien.

3. Die Köhlers in Sachsen:
Ein Leben im Sozialismus

Gerade zwei Jahre alt war Horst Köhler, als er, seine Mutter und ein Teil seiner Geschwister nach Sachsen kamen. Die nächste Station wurde Markkleeberg – eine kleine Stadt in der Nähe von Leipzig, in die etwa 3.000 Flüchtlinge kamen[147], viele auf Zugtransporten, in Viehwägen zusammengepfercht, mit nur wenig Habe. Heute noch erinnern sich einige Einwohner, wie im Laufe der Zeit – noch während des Krieges – immer mehr Flüchtlingswagen mit Pferdegespannen in Markkleeberg eintrafen. Die Pferdewagen hatten zum Teil eigene Kochstellen; die Flüchtlinge suchten Holz zur Befeuerung und Lebensmittel. Der Flüchtlingsansturm stellte auch die Altbürger auf eine harte Probe, da sie häufig Flüchtlingsfamilien aufnehmen mussten. Allein Sachsen hat während und nach dem Zweiten Weltkrieg über eine Million Flüchtlinge und Vertriebene aufgenommen.[148] Im Ortsteil Zöbigker, der 1937 nach Markkleeberg eingemeindet worden war[149], sollte Horst Köhler bis 1953 bleiben. In diesem Jahr brachen seine Eltern über West-Berlin ins Schwabenland auf, »machten rüber«, wie man zu sagen pflegte, und taten es damit vielen anderen gleich, die nicht in einer kommunistischen Diktatur leben wollten und diesen Schritt wagten. Der damals zehnjährige Horst, heute wegen seiner schwäbischen Tonfärbung bekannt, sächselte, als er 1953 mit seinen Eltern und einigen Geschwistern nach einem Lageraufenthalt in Weinsberg bei Heilbronn für einige Monate in Backnang landete und schließlich in Ludwigsburg ankam.

Doch zunächst zurück nach Markkleeberg: Die Stadt hat etwa 23.500 Einwohner, 1946 waren es 20.517.[150] Wer heute dorthin reist, erkennt eine von Bombenangriffen im Zweiten Weltkrieg gezeichnete und durch den real existierenden Sozialismus der einstigen DDR geprägte Stadt; gleichwohl hat sie durch viele ihrer noch erhaltenen Bürgerhäuser manches an Charme zurückgewonnen. Die Stadt war einst ein Wohnort für gut betuchte Leipziger und schon im 19. Jahrhundert wegen ihrer schönen Villen mit Parks bekannt.[151] Umgeben ist sie von einer schönen Seenlandschaft. Den Cospudener See, der heute zum Ausflug einlädt, gab es während des Aufenthaltes von Horst Köhler allerdings noch nicht. Er liegt nur wenige hundert Meter von dem Haus entfernt, in dem die Köhlers wohnten. Er entstand durch Braunkohleabbau und wurde ab 1994 geflutet; als Außenprojekt der Weltausstellung in Hannover (EXPO) wurde er am 1. Juni 2000 der Öffentlichkeit zugänglich gemacht.[152] So idyllisch die Seenlandschaft bei Markkleeberg heute auch aussieht: An ihrer Stelle befanden sich zu Köhlers Zeiten riesige Wälder, die besonders in den 70er-Jahren dem Braunkohleabbau weichen mussten.

Die Stadt war am 18. April 1945 zunächst von amerikanischen Truppen eingenommen worden; die russischen Truppen zogen dann am 29. Juni 1945 ein. Sie waren nur unweit von dem Haus der Köhlers im Ortsteil Zöbigker kaserniert. Die Köhlers hatten ein Haus in der Bergstraße 4 zugewiesen bekommen. Hier handelte es sich um eine frühere Schäferei, die zu einem im Volksmund so genannten »Rittergut« gehörte, das jedoch nichts mit Rittern zu tun hatte. Aus einem im Sächsischen Staatsarchiv aufbewahrten Aktenvermerk vom 27. Oktober 1947 geht hervor, dass Eduard Köhler von der Gemeinde-Bodenkommission als »Gutsarbeiter« eingesetzt wurde. Ihm war ein Gebäude mit Hof und Garten, insgesamt 31,30 Hektar, zugeteilt worden. Einem Vermerk vom 19. Januar 1948 ist zu entnehmen, dass Eduard Köhler ein Mutterschaf mit Lamm vom ehemaligen Staatsgut Zöbigker bekam.[153] Die Köhlers hatten zwei Pferde, ferner Kühe, Schweine, Hühner, Enten und Gänse.[154]

Das »Rittergut« gehörte einst einer Familie Kees: Johann Jacob Kees d.Ä. (1645–1705) wie auch sein Sohn Johann Jacob Kees d.J. (1677–1726) gingen in die Geschichte Sachsens ein als vermögende Pächter des sächsischen Postwesens.[155] Kees' Reichtum hatte einst den barocken Landesherrn August den Starken zu dem Ausspruch veranlasst: »Ich habe einen Käs', der stinkt durchs ganze Land.«[156] Das Schloss war auf Eichenpfählen gebaut. Als der Grundwasserpegel sank, trocknete das Holz; als das Grundwasser wieder stieg, setzte dies dem Holz ziemlich zu. In dieser schönen, aber heruntergekommenen Schlossanlage spielte Horst Köhler. Teile dieses Areals wurden auf sogenannte »Neubauern«[157], zu denen die Köhlers gehörten, verteilt. Nachdem Horst Köhler zunächst in einem evangelischen Gemeindehaus zur Schule gegangen war, zog die Grundschule später in das Schloss um.

Markkleeberg-Zöbigker wurde zum Zufluchtsort der Großfamilie Köhler. Die acht Kinder von Eduard und Elisabetha Köhler, von denen einige später zunächst nicht mit den Eltern nach Westdeutschland gingen, sondern in der DDR blieben, trennt ein Altersunterschied von 20 Jahren. Der jeweilige Geburtsort zeigt die Wanderungsbewegungen der Familie. Mindestens ein Kind ist – vor der Aussiedlung ins Deutsche Reich – außerhalb Bessarabiens, in Siebenbürgen, geboren, vielleicht sogar zwei der Kinder. Die Ungewissheit resultiert daraus, dass die Geburtsorte auf den meldepolizeilichen Datenblättern, z.B. der Stadt Ludwigsburg, wo die Köhlers später landen sollten, nicht identisch sind mit der »Umsiedlungsliste Nr. 59« vom 5. Oktober 1940, auf der die umzusiedelnden Bessarabiendeutschen aufgeführt sind.[158]

– Der älteste Bruder ist Johann (»Hans«), geboren am 1. Januar 1925 in Ryschkanowka.[159] Der verheiratete Vater einer Tochter blieb in der DDR und arbeitete als Kran- und Baggerführer. Horst Köhler über seinen Bruder: »Er war eher intellektuell, obwohl er nie die Möglichkeit bekam, eine Berufsausbildung zu machen.«[160] Köhlers Schwester Ursula weist allerdings darauf hin, ihr Bruder Johann sei gelernter Schiffbauer gewesen. Er ist am 16. März 1994 gestorben.

- Antonia (»Toni«) wurde am 10. Februar 1926 in Ryschkanowka geboren. Sie ist gelernte Kindergärtnerin und bekam in der DDR später eine sogenannte »Intelligenzler-Rente«. Heute wohnt sie in Ludwigsburg in einer kleinen Mietwohnung. Horst Köhler half ihr nach der Wende, in den Westen zur Familie zu ziehen.
- Eduard (»Ede«) Köhler wurde am 11. Dezember 1930 in Ryschkanowka (laut Umsiedlungsliste, »Stammblatt« von Herzogenburg und Einwohnerliste von Ludwigsburg[161] hingegen in Komandu (Comandau) nahe Kronstadt in Siebenbürgen) geboren. Er hat in Leipzig Maurer gelernt. Er blieb zunächst in der DDR, war bei der Nationalen Volksarmee (NVA), kam im Oktober 1953 in die Bundesrepublik und arbeitete dann beim Werkschutz der Firma Bosch. Er ist verheiratet und lebt heute mit seiner Familie in Ludwigsburg.
- Arthur Köhler, geboren am 22. August 1933 in Komandu, ist gelernter Werkzeugmacher. Er floh nach Angaben von Horst Köhler ebenfalls 1953 nach Westdeutschland, wohin, ist nicht klar. Auch das genaue Datum ist unbekannt. Jedenfalls ist er nicht im polizeilichen Meldezettel für Eduard Köhlers Familie erwähnt. Er hatte oft Ärger mit seinen Arbeitgebern und wanderte 1958 in die USA aus, deren Staatsbürger er schließlich wurde. Er erfand ein neues Verfahren zur Plastikherstellung und gründete in Ohio eine Firma. Im Winter lebt er in Florida in einer Villa in Cape Coral. Seine Beziehungen zum Elternhaus waren weitgehend abgebrochen, so dass er zunächst nicht vom Tod des Vaters 1966 erfuhr. Horst Köhler hat ihn in den USA besucht und betriebswirtschaftlich beraten.
- Adolf Köhler, geboren am 8. August 1937 in Ryschkanowka, ist gelernter Dreher. Er ist 1955 aus der DDR geflohen und arbeitete später in Metallfirmen als Techniker. Der Vater von sieben Kindern lebt heute als Rentner in Ludwigsburg.
- Otto (»Otscha«) Köhler, geboren am 29. August 1939 in Ryschkanowka, ist gelernter Werkzeugmacher. Er war lange krank und arbeitsunfähig, arbeitete auch als Pförtner, besaß zeitweilig einen Schreibwarenladen in Stuttgart und lebt heute von einer »kleinen Rente«.[162] Horst Köhler hatte berichtet, sein Bruder Otto lebe von der Sozialhilfe.[163] Der Witwer wohnt immer noch in demselben

Haus, das die Köhlers nach dem Flüchtlingswohnheim in Ludwigsburg zugewiesen bekamen.

– Auf den siebten, Horst Köhler, künftig von seiner Mutter »Guter« genannt[164], folgte Ursula (»Uschi«) Köhler. Sie wurde am 16. Juli 1945 in Markkleeberg-Zöbigker geboren und ist heute mit einem HNO-Arzt in Ludwigsburg verheiratet. Zu ihr hat Horst Köhler das engste Verhältnis. Die Ehepaare verbringen laut ›Bild am Sonntag‹ Weihnachten zusammen und fahren auch gemeinsam in den Skiurlaub.[165] Ursulas Tochter Nicole ist Horst Köhlers Patenkind.

Bevor der kleine Horst zur Schule ging, wurde er – wie auch seine Schwester Ursula – am 31. Oktober 1945, am Reformationstag, getauft. Die Taufe fand – nur wenige Meter von dem Köhler'schen Haus und dem Schloss entfernt – in einer als Andachtsstätte genutzten Schule (»Kirchschule«) in der Cospudener Straße 2 durch den damals bereits pensionierten und nicht ortsansässigen Pfarrer Otto Eidner statt. Die Kirche in Zöbigker war am 16. Mai 1942 abgebrannt, nicht durch Kriegseinwirkungen, sondern wegen eines Elektroschadens an der Orgel. In der Ruine soll Horst Köhler später oft gespielt haben. Drei Taufzeugen sind im Kirchbuch vermerkt: die Bäuerin Maria Walter aus Ohrdruf, die Schneiderin Anna Scheptitzki aus Markkleeberg-Zöbigker und der Landwirt Johann Leschkowski aus Pirna, alle evangelisch-lutherischen Glaubens.

Die meisten Bessarabiendeutschen waren evangelisch, so auch die Köhlers. Die Tatsache, dass drei der Geschwister Köhlers in der Martin-Luther-Kirche in Markkleeberg konfirmiert und dort auch zwei seiner Geschwister getraut wurden, deutet auf ein evangelisches Fundament in der Familie hin. Wer in das Taufbuch der Gemeinde Zöbigker schaut, wird indes eine Überraschung erfahren: Als Geburtsort Horsts wurde dort nicht etwa der polnische Ort Skierbieszów angegeben, sondern das österreichische Herzogenburg bei »St. Belten«. In der Kleinstadt Herzogenburg im niederösterreichischen Bezirk St. Pölten-Land waren die Köhlers auf ihrer erzwungenen Wanderschaft aus Bessarabien »heim ins Reich« auf Zwischenstation gewesen und hatten dort die deutsche Staatsbürgerschaft erhalten.

Dass »St. Belten« statt »St. Pölten« geschrieben wurde, ist vermutlich auf eine phonetische Wiedergabe des Dialektes der Bessarabiendeutschen zurückzuführen, den auch Horst Köhlers Eltern sprachen. Warum aber haben sie dem Pfarrer nicht den tatsächlichen Geburtsort in Polen angegeben? Es hat den Anschein, als wollten Eduard und Elisabetha Köhler mit dieser nicht korrekten Angabe politische Komplikationen vermeiden, die sie gerade in den Nachkriegswirren vermuten mussten. Sie dachten wohl, dass ihre Umsiedlung nach Polen als Anlass für unbequeme Nachfragen genommen werden würde. Köhler berichtet heute, seine Mutter habe ihm lange die Geburtsurkunde nicht zeigen wollen; er vermutet, wegen der Nazisymbole, die darauf zu sehen sind.[166]

Kindliche Kameradschaft und strenge Erziehung

Köhlers Einschulung erfolgte schließlich 1949 in demselben Schulgebäude, in dem er auch getauft wurde. Er ging dort noch ein Jahr zum Unterricht, bis die Schule ins Schloss zog.[167] Die Klasse hatte wohl 28 Schüler, Horst saß hinten im Klassenraum, häufig mit dunkelblauem Rollkragenpullover. Die Mädchen saßen auf der einen, die Jungen auf der anderen Seite. »Horst hat keinen Blödsinn gemacht, der saß da und wartete auf den nächsten Unterricht«, erinnert sich heute seine Mitschülerin Edith Breder. Ihrer Erinnerung nach war er »zurückhaltend, unauffällig, saß da und lächelte immer und war wegen seiner friedlichen und sympathischen Art bei den Mädchen der Klasse sehr beliebt«.[168] Er war ein »ruhiger, angenehmer Typ, kein Raufbold«, fügt sein Klassenkamerad Gerz Herbst hinzu.[169] Wie alle Schulkinder in dem Alter spielte Horst mit seinen Klassenkameraden »Räuber und Gendarm«. »Dabei wollte er immer der Häuptling sein«, so Herbst heute. Das habe ihn damals »etwas geärgert«. Die Jungen spielten in den Wäldern von Zöbigker und kickten auch eifrig auf dem nahe gelegenen Fußballfeld.

Alles in allem hatten Horst und seine Kameraden eine unbeschwerte Jugend. »Horst war immer sportlich, damals noch recht klein und drahtig. Er war nicht isoliert, nie allein, bedingt schon durch die große Familie auf dem Bauernhof«, erinnert sich heute Hans Kaacksteen, ebenfalls ein ehemaliger Klassenkamerad Köhlers.[170] Und: »Diejenigen Kinder, die nicht aus der Landwirtschaft kamen, haben ja den Druck der Kollektivierung nicht direkt gespürt«, sagt Gerz Herbst.[171] Horst fand in seiner Klassenkameradin Hannelore – beide hatten den gleichen Schulweg – seine erste Kinderfreundin, der er gesagt haben soll: »Wenn du mal groß bist, werde ich dich heiraten.«[172] Ihr brachte er auch das Schlittschuhlaufen bei. Hannelore Wehner, geborene Knüpfer, schwärmt noch heute ein wenig vom ehemaligen Mitschüler: »Der Horst war bei uns Mädchen der Klassenliebling, wir haben ihn alle gemocht, weil er nie frech zu uns war.«[173] Sonntags gingen sie manchmal ins Kino nach Markkleeberg. Auch im tiefsten Schnee stapften die zwei mehrere Kilometer zu Fuß. Unvergessen ist der Freundin ein Kindergeburtstag auf dem Bauernhof der Köhlers: »Horsts Mutter hatte wunderbaren Kuchen gebacken, dazu gab es Schlagsahne. Wir kannten das ja nicht und haben wohl etwas zuviel davon genascht. Jedenfalls war einigen ganz schön schlecht.«[174] Und die vielen Tiere auf dem Bauernhof fallen ihr ein, dem Klassenkameraden Dieter Schnurpel außerdem ein Baumhaus im Birnbaum und tolle Verstecke in der Scheune.[175] Eduard Köhler, der Vater, war ziemlich gefürchtet: »Wir haben öfter mal auf dem Heuboden gespielt. Und wenn der Vater kam, gaben wir Fersengeld. Wir hatten Angst vor dem Vater. Der war streng, das war damals so üblich. Horsts Vater hat uns jedoch nie erwischt.«[176] Wie streng der Vater sein konnte, beschreibt Horst Köhler: »[D]er Vater hat auch schon mal seinen Ledergürtel zur Hand genommen. Das war schon hart. Aber ich habe da praktisch nie etwas abbekommen, wohl aber meine älteren Geschwister.«[177]

Das Haus der Köhlers hatte viele Zimmer, die aber recht klein waren. Häufig besuchten sich die aus Bessarabien stammenden Familien Köhler, Schweiz und Hänsel gegenseitig. So jedenfalls erinnert sich Reinhold Hänsel, der heute noch in Zöbigker lebt: »Wir feierten oft und trafen uns etwa einmal die Woche. Es gab selbstgemachten Wein und selbstgebrannten Schnaps. Es gab auch Schlachtfeste. Die drei

Familien kannten und halfen sich gegenseitig.«[178] Und weiter: »Die drei Familien hatten es sogar zu Motorrädern (angetrieben noch mit Keilriemen) mit einem Seitenwagen gebracht, an dem ein Fenster war.« Das Motorrad von Eduard Köhler war Baujahr 1928, erinnert sich Hänsel. Im Winter fuhren die Köhlers aber auch mal auf dem Schlitten zu den etwa zehn Kilometer entfernten Hänsels. Reinhold Hänsel: »Ich konnte reiten und der Horst wollte auch; also hat er sich draufgesetzt und ich habe das Pferd dann geführt und ihm gezeigt, wie das so geht, das Reiten.«[179] Überhaupt war, so Hänsel, das zweitjüngste der Köhler-Kinder immer in Bewegung: »Horst war sehr sportlich, hat mit seinen Kameraden viel rumgetobt. Bei ihm war Schliff dahinter. Alle haben ihn in guter Erinnerung, die Mädels auch.«[180]

Gängelung durch die SED, der Verrat einer geschlachteten Sau und die Flucht in den Westen

Hatte der junge Horst Köhler somit in mancherlei Hinsicht wohl eine relativ vergnügliche Jugend, war andererseits das Leben in jenen Jahren allgemein sehr beschwerlich. Nicht nur in den Ballungszentren, sondern auch auf dem Land wuchs das Misstrauen gegenüber der politischen Führung der DDR. Denunziation war an der Tagesordnung. In unmittelbarer Nähe der Köhlers wohnte zudem ein »besonders unangenehmer SED-Genosse«[181]. Abfällige Äußerungen über Staatspräsident Wilhelm Pieck, die Regierungsmitglieder der DDR, die Deutsch-Sowjetische Freundschaft oder die Republik im Allgemeinen konnten als Verbrechen gegen die politische Ordnung der DDR geahndet werden.[182]

Im »Arbeiter- und Bauernstaat« versuchte die alleinherrschende Sozialistische Einheitspartei Deutschlands (SED), bei den Landwirten ihr Weltbild durchzusetzen. Auch in der DDR musste die Ernährung einer vom Krieg erschöpften Bevölkerung sichergestellt werden. Von der Landwirtschaft wurde eine ständige Steigerung der Erträge eingefordert. Einerseits galten die Bauern als zwingend benötigte

Bündnispartner der Arbeiterklasse, andererseits waren sie aber wegen ihres Privateigentums an Produktionsmitteln in den Augen der politischen Führung potenzielle Ausbeuter.[183] Einige Mittel- und Großbauern wurden sofort enteignet, die »werktätigen« Landarbeiter und Kleinbauern wurden demgegenüber als prinzipielle Bündnispartner der Kommunisten angesehen. Großgrundbesitzer wurden auch deshalb enteignet (»Junkerland in Bauernhand«), weil Flüchtlinge und Vertriebene als Neubauern ihren Beitrag zur Produktionssicherung leisten sollten.[184] Anstelle der vormaligen und vertriebenen Gutsbesitzer wurden bis Ende des Jahres 1950 210.276 Neubauernstellen eingerichtet[185] – eine davon war die Eduard Köhlers in Zöbigker. Das sogenannte »Neubauernprogramm« der sowjetischen Militärverwaltung vom September 1947 mit dem Befehl Nr. 209 »über Maßnahmen zum wirtschaftlichen Aufbau der Neubauernwirtschaften« war jedoch nicht in der Lage, das verkündete landwirtschaftliche Produktionssoll zu erreichen: Viele der »neubäuerlichen« Betriebe scheiterten – während viele der noch verbliebenen Großbetriebe florierten. Die Neu- und Kleinbauern, »natürliche Verbündete« der »Arbeiterklasse«, waren kaum zu viel mehr als zur eigenen Existenzsicherung in der Lage. Zwar ließ noch am 24. April 1952 die SED in ihrer Parteizeitung ›Neues Deutschland‹ Gerüchte hinsichtlich einer bevorstehenden Kollektivierung der Landwirtschaft dementieren. Tatsächlich jedoch war zu diesem Zeitpunkt die »sozialistische Umgestaltung« der Landwirtschaft und die Überführung der einzelbäuerlichen Privatbetriebe in kollektive Produktionsgenossenschaften, die späteren Landwirtschaftlichen Produktionsgenossenschaften (LPGs), bereits beschlossen.[186] Diese Pläne wurden Anfang Juli in die Tat umgesetzt. Eduard Köhler wollte nicht in eine solche LPG eintreten. Und der als »stramme Antikommunistin«[187] beschriebenen Mutter Elisabetha war das SED-System zuwider. So nähte sie aus den blauen Halstüchern der Jungen Pioniere Badehosen, in denen ihr Nachwuchs schwimmen ging. »Badehosen-Demonstration« nennt Horst Köhler das heute.[188]

Zentraler Ausgangspunkt für die Entscheidung der Eltern, die DDR Ostern 1953 zu verlassen, dürfte ein Erlebnis gewesen sein, das Vater

Köhler für einige Tage ins Gefängnis brachte. Eine der Sauen hatte Junge geworfen, eines davon galt als tot und landete auf dem Misthaufen. Horst Köhlers Bruder Otto merkte aber, dass es sich noch bewegte. Dadurch wurde es gerettet und von den Köhler-Kindern in der Küche aufgepäppelt. Staatliche Kontrolleure waren damals unentwegt unterwegs, um den Viehbestand zu zählen. Die Köhlers jedoch hielten das überzählige Ferkel verborgen. Als schließlich aus dem »niedlichen Ferkel« eine »veritable Sau« geworden war, ließen es die Köhlers schlachten – und zwar »schwarz«.[189] Doch der Metzger wurde »verpfiffen« und plauderte nach seiner Verhaftung aus, wo überall »schwarze« Schweine gehalten wurden. Eduard Köhler wurde daraufhin am 23. Dezember 1952 verhaftet und kam erst am 30. Dezember wieder frei. Da er mit einem Prozess rechnen musste, entschieden sich die Eltern zur Flucht in den Westen.

Wie genau die bevorstehende Flucht nach West-Berlin, wo es damals noch eine offene innerstädtische Grenze gab, getarnt wurde, zeigt die Tatsache, dass Mutter Köhler sogar noch für Ostersonntag, den 5. April 1953, einen Hasenbraten gemacht hatte, der unverzehrt blieb. Niemand sollte etwas merken. Die Eltern nahmen neben Horst den älteren Bruder Otto und die jüngere Schwester Ursula mit auf die Flucht. Köhler erzählt heute, dass andere Geschwister später folgten. Der Bruder Hans und die Schwester Antonia hatten schon eigene Familien und blieben zurück. Ein »Schleuser« brachte die zur Flucht entschlossenen Familienmitglieder bis nach West-Berlin, wo sie aus der S-Bahn ausstiegen und in ein Notaufnahmelager, jedoch nicht in das berühmte Lager »Marienfelde«, kamen.[190] Dieses wurde erst im Herbst 1953 eröffnet. Auch Horsts kleine Freundin Hannelore wusste nichts von der Flucht. Sie weinte bitterlich.

Als die Köhlers Sachsen verließen, hatte die Fluchtwelle aus der DDR einen Höhepunkt erreicht. Viele kamen über West-Berlin in die Bundesrepublik Deutschland und durchliefen erst einmal eine häufig mehrwöchige Anerkennungsprozedur im Berliner Notaufnahmelager Marienfelde, bevor die meisten von ihnen nach West-Deutschland ausgeflogen wurden. Allein 1953 waren es insgesamt 305.737 Flüchtlinge und Übersiedler aus der DDR, die in West-Berlin eintrafen.[191] Bis das Lager in Marienfelde geöffnet wurde, waren die DDR-Flüchtlinge in West-Berlin in Bunkern, Fabrikhallen und anderen Lagerstätten untergebracht. Jedenfalls gibt es in der Kartei des Lagers Marienfelde keine Karteikarte mit der Köhler'schen Familie.[192] Die Flüchtlinge und Übersiedler wurden von den Geheimdiensten der drei West-Allierten (USA, Großbritannien, Frankreich) verhört, die sich von ihnen wichtige Erkenntnisse zur Lage in der DDR verspra-chen. Ein aus drei Personen zusammengesetzter Aufnahmeausschuss entschied darüber, ob die Flüchtlinge einen Flüchtlingspass erhiel-ten. Sie befassten sich intensiv mit den »Gründen für das Verlassen der Sowjetischen Besatzungszone«. Das Lager Marienfelde (wie auch die Lager vor seiner Gründung) unterstand dem »Leiter des Bundes-notaufnahmeverfahrens in Berlin und Beauftragten der Bundesregie-rung«, der für die Bescheidung der Anträge auf Aufenthaltserlaubnis die Verantwortung trug. Die umfänglichen Akten liegen heute noch bei der Außenstelle Gießen des Bundesverwaltungsamtes. Nach etwa vier Wochen – Köhler spricht heute von »mehreren Monaten«[193] – konnte seine Familie das Notaufnahmelager verlassen.

Am 5. April 2004, nach seiner Nominierung für das Amt des Bun-despräsidenten, stattete Horst Köhler in Begleitung seiner Frau Eva Markkleeberg einen in den Medien viel beachteten Besuch ab. Nie-mand wusste damals, dass es sich um ein historisches Datum in sei-nem Leben handelte: Genau an diesem Tag hatte er vor 51 Jahren Sachsen verlassen. Es gab auch ein Treffen mit den alten Klassenka-meraden.[194] Durch den Oberbürgermeister Bernd Klose wurde Köh-ler in Anwesenheit von einer ganzen Reihe örtlicher Prominenter ein »großer Bahnhof« bereitet. Er konnte sich in das Goldene Buch der Stadt Markkleeberg eintragen: »Mit dem Eintrag ins Goldene Buch der Stadt Markkleeberg würdigen wir seine herausragende Stellung in Politik und Gesellschaft als einen bedeutenden Sohn unserer Stadt.« Der evangelische Pfarrer Arndt Haubold zeigte Horst Köhler in der Martin-Luther-Kirche seinen Taufeintrag im Taufbuch Zöbigker.[195] Bewegend war der Besuch eines kleinen, überaus baufälligen Gehöf-tes: seines Elternhauses. Horst Köhler stiegen Tränen in die Augen.[196] Inzwischen wurde das Haus abgerissen.

44

4. Neue Heimat:
Vom Sachsen zum Schwaben

Viele zermürbende Monate dauerte es, bis die Köhlers und der noch sächselnde Horst im schwäbischen Ludwigsburg sesshaft wurden. Das Lagerleben schien zunächst für viele Jahre – auch noch in Ludwigsburg – Normalität zu sein. In dieser Stadt hat Horst Köhler nach eigenem Bekunden seine prägenden Jugendjahre verbracht: »Ich fühle mich als Süddeutscher, da bin ich groß geworden.«[197] Auf die Frage, ob er sich wegen seiner komplizierten Familiengeschichte als »Vertriebener« fühle, gibt er spontan und klar zu Protokoll: »Nein. Vertrieben wurden meine Eltern. Ich bin als knapp zweijähriges Kind sozusagen geflohen worden, aus Ostpolen.«[198] Mit dieser Antwort kommt ein Reflex zum Ausdruck, den so manche Flüchtlings- und Vertriebenenkinder besitzen: Man wollte am neuen Ort möglichst schnell »dazugehören«, zur neuen Gesellschaft, die einen häufig widerwillig, manchmal aber auch mit offenen Armen aufgenommen hat. Seinen Aufenthalt in Sachsen, wo er trotz der bedrängten Situation seiner Eltern eine alles in allem unbeschwerte Kindheit verbrachte, erwähnt er in seiner spontanen Antwort nicht einmal.

Leben im Kalten Krieg und ein Leben in Lagern

Das Jahr 1953 war voller weltpolitischer Ereignisse. Der Ost-West-Konflikt spitzte sich zu. Der amerikanische Präsident Dwight D. Eisenhower unterstrich bei seiner Vereidigung am 20. Januar 1953 den Führungsanspruch der USA. Dem am 2. März verstorbenen sowjetischen Diktator Josef W. Stalin folgten Georgi Malenkow als Vorsitzender des Ministerrates und im eigentlichen Machtzentrum als Erster Sekretär des Zentralkomitees der Kommunistischen Partei der

Sowjetunion (KPdSU) Nikita Chruschtschow. Der drei Jahre dauernde Koreakrieg, der die Rückeroberung südkoreanischen Gebietes durch eine UN-Streitmacht (unter Führung der USA) zur Folge hatte, wurde am 27. Juli 1953 durch den Waffenstillstand von Panmunjom beendet. Die anhaltende Unzufriedenheit der Bevölkerung in der DDR entlud sich am 17. Juni 1953 in einem Arbeiteraufstand. An 272 Orten in der ganzen DDR legten Tausende ihre Arbeit nieder. Nur durch das Eingreifen des sowjetischen Militärs konnte die Macht der SED gesichert werden – und zwar durch ein blutiges »Niederwalzen« des Aufstandes mithilfe von Panzern.

Horst Köhler kam mit dem Württembergischen zum ersten Mal in Weinsberg bei Heilbronn in Berührung, wo er mit seiner Familie vom 3. bis 11. Mai 1953 in einem riesigen Übergangslager untergebracht war – in Baracke 29, Zimmer 6. Mit ihm im Lager waren neben den Eltern Bruder Otto und Schwester Ursula. Wegen der starken Fluchtbewegungen aus der DDR war das »Lager Weinsberg« völlig überlastet: Im April 1953 lebten dort 3.300 Personen in 39 Baracken.[199] In der Regel teilten sich damals drei bis vier Familien einen Raum, wo sie sich durch Decken mühselig voneinander abzuschirmen versuchten. Die ehemalige, 1975 abgerissene Kaserne besaß eine eigene, sehr bewegte Geschichte: Das Lager war 1937 als »Landwehrübungslager« der Reichswehr errichtet worden. Während des Zweiten Weltkrieges diente das »Lager Weinsberg« dann als Offiziersgefangenenlager (Oflag) – zunächst für Niederländer, dann für Franzosen, später für Briten. Unter den französischen Kriegsgefangenen war auch Guy Mollet, französischer Ministerpräsident der Jahre 1956 und 1957. Von 1945 bis 1953 lebten dort sogenannte »displaced persons«, meist ehemalige ausländische Kriegsgefangene oder nach Deutschland Zwangsverschleppte. Die Köhlers dürften froh gewesen sein, der Überfüllung in Weinsberg rasch wieder zu entkommen. Der »Abgang« ins Verteilungslager Stammheim (Stuttgart) wurde am 11. Mai 1953 abgestempelt. Auf der leicht verblassten roten Karteikarte steht mit Bleistift vermerkt: »Beim Abtransport in Heilbronn auf dem Arbeitsamt, fährt selbständig nach Stammheim.« Aber die Mühsal des Flüchtlingsschicksals wurden die Köhlers so schnell nicht los.

Die nächste Station war das nicht weit entfernte Backnang, wo die Köhlers für fünf Monate – nach Unterlagen des Einwohnermeldeamtes vom 13. Mai bis zum 12. Oktober 1953 – im damaligen Lager für Sowjetzonen-Flüchtlinge in der Mörike-Schule unterkamen.[200] Backnang hatte 1939 11.601 Einwohner, ehe diese Zahl nach dem Zweiten Weltkrieg durch den Zuzug der Heimatvertriebenen und die stetige Ausdehnung des Stadtgebiets bis heute auf über 35.000 anstieg. Wie der Einwohnermeldekarte von Backnang zu entnehmen ist, war Vater Eduard in jenen wenigen Monaten in Backnang bei der »Arbeitsgemeinschaft Staustufe Besigheim« »in Arbeit«.

Horst Köhler besuchte – vermutlich – die eigens für die etwa 250 schulpflichtigen Flüchtlingskinder in Backnang eingerichtete Lagerschule. Hier traf der damals zehnjährige Horst auf einen Pädagogen, der für seinen weiteren Lebensweg besonders bedeutsam sein sollte: den Lehrer Franz Balle. Zu jener Zeit versuchte der kleine Horst immer wieder, auf zwei Fingern zu pfeifen, was ihm aber nicht gelang. Als er es im Unterricht probierte, klappte es plötzlich, wofür er eine Stunde nachsitzen musste. Köhler schildert diese Situation heute so: »In dieser Stunde hat sich Herr Balle zu mir gesetzt und erzählt: von seinem eigenen Weg, und dass ich ein Raubauz sei, ein bisschen wild.«[201] Balle redete ihm offensichtlich ins Gewissen: »Ich solle mir überlegen, dass ich hier an der Schule viel mitbekomme fürs Leben.«[202] Als Köhler sich über fünfzig Jahre später zu einem »offiziellen« Besuch am 6. Juni 2006 nach Backnang begab, besuchte er zwar im Rathaus eine Ausstellung der Mörike-Schule über ihre Vergangenheit als Aufnahmestätte für Aussiedler, nicht jedoch seine alte Schule selber, was in der Backnanger Kreiszeitung kritisch vermerkt wurde.[203]

Ludwigsburg als neue Heimat

Laut Meldebogen der Stadt Ludwigsburg kamen die Köhlers schließlich im Oktober 1953 nach Ludwigsburg. Als Tag des Einzugs in das »Flüchtlingslager« (Jägerhofkaserne) in der Alt-Württemberg-Allee 47 wird der 14. Oktober 1953 angegeben.[204] Auf einem handschriftlichen Eintrag im Meldebogen der Stadt Ludwigsburg werden neben Horst, dem »Familienoberhaupt« Eduard Köhler und seiner Frau Elisabetha die Geschwister Otto und Ursula als Mitbewohner genannt. Zwischenzeitlich sind noch die älteren Brüder Adolf und Eduard zur Familie gestoßen, wann genau, geht jedoch aus den Meldeunterlagen nicht hervor. In die vom Regierungsbezirk Nordwürttemberg betriebene, renovierte Jägerhofkaserne waren am 12. Oktober 1953 die ersten Flüchtlinge eingezogen.[205] In diesem Lager sollten die Köhlers bis 1957 bleiben. Köhlers Erinnerungen an seine Lagerzeit zeigen die Armut und Beengtheit dieses Lebens: Er berichtet, erst 1956 hätte die Familie »ein eigenes Zimmer bekommen«, und ergänzte: »Das empfanden wir wie ein kleines Schloss.« Und: »Die meiste Zeit haben wir als Familie in einem Zimmer mit vier bis sechs anderen Familien gelebt. Wir hatten eine Ecke mit drei Stockbetten. Diese Zimmerecke wurde mit grauen Militärdecken abgehängt. In der Mitte stand ein kleiner Tisch.«[206] Am 4. April 1957 zogen sie laut Meldebogen in ein im Rahmen des Sozialen Wohnungsbaus entstandenes Haus in der Grönerstraße 58, 3. Stock links. Köhler hierzu: »Als wir 1957 eine Dreizimmerwohnung bekamen, haben wir geglaubt, jetzt sind wir wirklich angekommen. Jetzt haben wir ein Zuhause.«[207] Ludwigsburg war in der Zeit des württembergischen Herrscherhauses eine Stadt, die eine besonders große Zahl von Kasernen aufwies, darunter die Jägerhofkaserne, in der die Köhlers unterkamen. Die Arsenalkaserne war ebenfalls ein Flüchtlingsheim, auf dessen Gelände die Köhler-Kinder häufig mit anderen Kameraden zusammen waren und auch durch kirchliche Jugendarbeit betreut wurden.[208] Offensichtlich machte Horst Köhler dort auch bei konfessionell nicht gebundenen Pfadfindern mit.[209]

Nach der Bevölkerungsstatistik Ludwigsburgs lebten am 31. Dezember 1953 59.786 Personen in den Mauern der Stadt, darunter 24,9 Prozent Heimatvertriebene – ein Beispiel dafür, welche Integrationsleistung viele Städte und Gemeinden nach dem Zweiten Weltkrieg vollbringen mussten.[210] Besonders viele Bessarabiendeutsche kamen nach Stuttgart und in sein Umland. »Flüchtlingskind« zu sein, das war nicht immer einfach. Die Stadt platzte aus den Nähten und mancher

Altbürger empfand die Zuwanderer als eine Bedrohung, zumal viele von ihnen zusammenrücken und Wohnraum abgeben mussten. Dieter Mühleck, heute Taxiunternehmer, dessen Großvater direkt an der Jägerhofkaserne Schuhmacher war, berichtet: »Wenn die Flüchtlinge Schuhe brachten, musste die Reparatur immer gleich bezahlt werden.« Er spielte mit Horst des Öfteren Fußball, allerdings war der »Kontakt zu denen in der Kaserne nicht so eng«. Die Flüchtlingsjungen seien »meistens unter sich« geblieben, sie hätten sich nicht »zu uns«, den Kindern der Altbürger, getraut. Allerdings: »Wenn wir zu wenige waren, um Fußball zu spielen, dann haben wir einige von denen ausgesucht. Wenn wir genug waren und die wollten zugucken, dann haben wir die verjagt.«[211] Nachbarsjungen können schon hart miteinander umgehen, erkennt Mühleck heute.

Horst Köhlers Schwester Ursula Bauer antwortete auf die Frage, wie die Flüchtlingskinder in Ludwigsburg aufgenommen wurden: »Ich habe das Lagerleben (…) als lustig empfunden. Wir haben viel Spaß gehabt. Wir waren ja viele Kinder in diesem Lager und haben alles Mögliche angestellt. Und ich war ja recht keck, habe da also keinerlei Probleme gehabt, was ich vielleicht von anderen sage: Wenn sie etwas älter sind, dass sie da schon mehr gemerkt haben, die Schwaben, die Einheimischen und die Flüchtlingskinder. Ich für meinen Teil, ich persönlich habe nie, nie einen Unterschied gemerkt.«[212] Zeitweilig fand der gelernte Zimmermann Eduard Köhler Arbeit im Versand eines Betriebes[213] und war an der Verladestation einer Kesselbaufirma beschäftigt. Die Mutter arbeitete in einer Plastikfabrik.[214] Mit dem Umzug 1957 in eine städtische Wohnung in der Grönerstraße muss für die Köhlers ein neue Ära begonnen haben: drei Zimmer, Küche und Bad – nach vier Jahren des Lagerlebens ein fast unvorstellbarer Luxus.

Bald nach ihrer Ankunft in Ludwigsburg erhielten die Eltern Köhler einen Brief der Schulbehörde, woraufhin sie »voll Bammel«[215] zu dieser Ehrfurcht einflößenden Institution gingen. Dort wurde ihnen eröffnet, dass der Backnanger Lehrer Balle geschrieben habe, die Eltern mögen Horst doch aufs Gymnasium schicken. So wechselte Köhler nach dem Besuch der Oststadtschule 1954 aufs Mörike-Gymnasium. Köhler beschreibt die Reaktion seiner Eltern heute kurz und bündig so: Seine Mutter »hat das gefreut, und sie hat das energisch unterstützt. Meinem Vater war's egal«.[216] Der Vater hat in Bessarabien kaum Schulbildung genossen. Manche, die ihn kannten, bezeichneten ihn als »ein bisschen gebrochen« und »passiv«. Die Mutter »hat alles getan, damit der Kerle lernen und studieren darf«, sagt der frühere Klassenkamerad Helmut Haag.[217] Damit bestätigt er Köhlers Charakterisierung der Mutter als den »intellektuelleren« Teil der Eltern. Auch wenn Politik kein »vorderrangiges Thema« gewesen sei, so weiß heute Horst Köhlers Schwester Ursula zu berichten: »Meine Mutter war immer eine politisch sehr interessierte Frau. Sie kannte jeden aus der Politik und war immer sehr interessiert an allem.«[218]

»Net schulgscheit«: Auf dem Mörike-Gymnasium

Sein Bruder Horst, der einzige Gymnasiast in der großen Familie, sei »ein Fleißiger, ein Streber, total aus der Art geschlagen«, meint Otto Köhler.[219] Nachdem Horst, wie alle anderen Mitschüler auch, eine Aufnahmeprüfung bestanden hatte, besuchte er von 1954 bis 1963 das Mörike-Gymnasium, eine Jungenschule. Es war zu Beginn der Gymnasialzeit Köhlers noch üblich, dass die Schüler beim Eintreten eines Lehrers aufstanden und ihn mit einem kräftigen »Guten Morgen!« zu begrüßen hatten. Damals musste noch Schulgeld bezahlt werden, was für Horst Köhler vermutlich auch zutraf. »Manche bekamen Ermäßigung, das wurde vor der Klasse mitgeteilt«, weiß der Klassenbeste Hans-Ulrich Schwab zu berichten.[220] Es gab eine »Schulspeisung« im Blechnapf, schildert der Klassenkamerad Wolfgang Micheler.[221]

Das »Mörike« hatte eine mathematisch-naturwissenschaftliche Ausrichtung (mit Englisch und Französisch, nicht aber Latein oder Altgriechisch) und steht – auch heute noch – im Ludwigsburger Prestigewettbewerb mit dem Schiller-Gymnasium. Das bestätigte Köhler 2005 in einer Rede zum Schiller-Jahr, als er zur »Lage der Kultur in Deutschland« sprechen sollte: »Schon der Lokalpatriotismus« lege ihm nahe, sich zu Schiller zu bekennen, »[a]llerdings war ich nicht auf dem Schiller-Gymnasium – das war für die Kinder aus den besseren Kreisen unserer Stadt –, aber auch auf meiner Schule, dem Mörike-Gymnasium, kam man um Schiller natürlich nicht herum.«[222] Im ›Jahrbuch 2003/2004‹ des Mörike-Gymnasiums ist ein Zeitungsartikel abgedruckt worden, der sich mit dem Verhältnis der beiden Gymnasien befasst. Als der Artikel erschien, war Köhler noch Chef des Internationalen Währungsfonds in Washington: »Bei prominenten Sprösslingen nämlich hatte bisher meist das Schiller-Gymnasium die Nase vorn. Neben Ex-Verkehrsminister Matthias Wissmann (CDU) bauten auch Weihbischof Thomas Maria Renz und der als Astronaut bekannte Gerhard Thiele hier ihr Abitur. Mit dem Biophysiker Hartmut Michel wurde 1988 ein Schiller-Schüler gar mit dem Nobelpreis ausgezeichnet.«[223] Jetzt kann das Mörike-Gymnasium mit einem Bundespräsidenten aufwarten.

Doch war der Schulbesuch Horst Köhlers ein ziemlich beschwerliches Unterfangen. Seine eigenen Klassenkameraden haben heute hohen Respekt vor dem Aufsteiger, der es vom Bewohner eines Barackenlagers zum Schlossherrn in Berlin (und Bonn, wo weiterhin mit der Villa Hammerschmidt ein Amtssitz des Präsidenten besteht) brachte. Wenn auch die meisten heute sagen, dass die Flüchtlingsherkunft von Horst Köhler eigentlich keine Rolle gespielt habe, so muss Horst Köhler schon allein aufgrund der Armut der Familie täglich immer wieder darauf hingewiesen worden sein – zum Beispiel bei Schulausflügen. Lehrer und Klassenkameraden wussten, dass er ein Flüchtlingsjunge war, aber deswegen sei er nie gehänselt worden: »Dass ich nur ein ›Arbeiterkind‹ war, spielte im Gymnasium nie eine Rolle, aber manchmal merkte man es, zum Beispiel bei Ausflügen, wenn wir einfach nicht das Geld hatten. Aber benachteiligt wurde ich nie.«[224]

Rolf Uhlmann, damals ein junger Lehrer am Mörike-Gymnasium, war Köhlers Klassenlehrer in der dritten und vierten Klasse in Englisch, Deutsch und Geschichte sowie in der zwölften Klasse (nur Englisch). Er war ein feinfühliger Lehrer, dem die Religionslehrerin Bayer das Flüchtlingsschicksal Köhlers erzählt hatte.[225] Er stellte fest, dass Horst kein eigenes Fahrrad hatte. Damals wurden sehr viele Schulausflüge unternommen, etwa zur Teufelsmühle im Murgtal oder mit dem Rad zu einem Limes-Grab im Schwäbischen Wald bei Sulzbach. Uhlmann sprach deshalb mit einigen Klassenkameraden, die dann Horst Köhler ein Fahrrad liehen. Für dessen Fähigkeit, mit der aus der sozialen Herkunft herrührenden Benachteiligung fertig zu werden, hat sein Klassenkamerad Hans-Ulrich Schwab heute noch höchste Bewunderung. Schwab selber stammte aus einfachen und ärmlichen Verhältnissen. Der Vater war nach der Rückkehr aus dem Krieg 1945 gestorben, seine Mutter musste sich als ungelernte Arbeiterin durchschlagen: »Als die Klasse eine Fahrradtour zum Limes machte, bin ich nicht mit. Denn ich hatte kein Fahrrad, und nach einem zu fragen war mir peinlich.« Sein Klassenkamerad Horst sei da sehr viel unbefangener gewesen, habe einen »lockeren Umgang mit seiner Armut« an den Tag gelegt und gute Beziehungen »zu vielen in der Klasse« aufgebaut, »auch, weil er ein guter Sportler war«.[226] Und der Sport half, soziale Schranken zu überwinden.

So wollte Köhler auch zu solchen Klassenkameraden ein gutes Verhältnis aufbauen, die zur »Oberschicht« gehörten und dies andere spüren ließen. »Zu diesen wollte Horst sicher auch gehören, aber das ging nur über den Sport.«[227] Dafür war der Oberschüler immer zu begeistern, selbst für das Boxen. Sein Klassenkamerad Frank-Meinhart Stephan erinnert sich: »Ende der 50er-, Anfang der 60er-Jahre boxte in Ludwigsburg der deutsche Amateurboxmeister im Halbschwergewicht Kurt Morwinsky, der auf uns mächtig Eindruck machte. Das brachte Horst auf die Idee, mit interessierten Schulkameraden auf dem Trockenboden seines Wohnhauses Boxnachmittage zu veranstalten. Unser Turnlehrer, Herr Schank, fand die Idee ausgesprochen gut, steuerte einen Sack Boxhandschuhe bei und wir trafen uns in Horsts Haus zum Boxen. Weil das aber doch zu viel Kopfschmerzen verursachte, blieb diese Episode nur von kurzer Dauer.«[228]

In der Schule war Köhler wohl nur im Sport wirklich gut. »Er war ein guter Sprinter und hat gut turnen können.«[229] Und: »Horst war sehr aufgeschlossen und für alles Mögliche zu haben, ob das Gespräche über Sozialisation waren, eine Fahrt auf dem Motorrad zu dritt oder eine spontane Spritztour nach Göteborg mit der Mitfahrzentrale. Mit ihm konnte man Pferde stehlen«, erinnert sich Stephan weiter.[230] Er war ein »Lausbub«, rekapituliert Wolfgang Micheler: »Er saß hinter mir und hat mich auch mal erschrocken, indem er einen Stuhl schräg gestellt hat, so dass es mir die Lehne in den Rücken gehauen hat.«[231] Wie das damals bei Jugendlichen üblich war, stieg er mit seinen Bluejeans ins Badewasser, um diese passgerecht tragen zu können. Legendär ist darüber hinaus auch eine Klassenfahrt, bei der die Klasse in einem Schullandheim auf eine Mädchenklasse aus Aalen traf. Die Jungenklasse nutzte eine Abwesenheit der Mädchen, um in deren Schlafgemächer einzudringen. Wolfgang Micheler: »Wir haben die Mädchenklamotten rausgeholt und aufgehangen, da war Horst auch dabei.« Triumphierend heißt es auf einem Foto zur Unterwäsche, das heute noch für Schmunzeln bei den Beteiligten sorgt: »Alle Schlafanzüge der Mädchen aus Aalen wurden gehängt.«

Horst Köhlers Schwester Ursula erinnert sich nicht, dass er »nicht so toll in der Schule« war, ergänzt aber: »Für mich war er natürlich immer der Größte, schon damals. Ich fand ihn auch toll in der Schule, aber ich weiß, dass er ganz große Probleme in Chemie und Physik hatte. Chemie und Physik waren seine Problemfächer. Aber ansonsten kann ich nicht sagen, dass er große Probleme hatte.«[232] Nach Uhlmanns Erinnerung war Horst Köhler ein ruhiger, freundlicher »Knitzer« – mit diesem schwäbischen Begriff wird ein freundlicher, humorvoller, gerne lächelnder Mensch beschrieben. Er sei »kein durch besondere Leistung aufgefallener Schüler« gewesen, habe aber »immer eine angenehme Stimme« gehabt. Sein früherer Physiklehrer Heinz Frey bezeichnet ihn im schönsten Schwäbisch als »net schulgscheit«[233], was heißen soll, dass Köhler nicht wegen seines Notendurchschnitts eine beachtliche Karriere hinlegen konnte. Überhaupt umschreiben alle Lehrer die schulischen Leistungen heute eher in mildem Licht, als dass sie sie präzisieren. Gelegentlich seien »auch Dreier« dabei gewesen, Köhler sei halt ohne Sitzenbleiben bis zum Abitur »durchgekommen«. Der Englischlehrer Wolfgang Frank hat einen »wachen und offenen Schüler« in Erinnerung, der tapfer sein schwäbisch gefärbtes Englisch sprach und einmal »als freiwillige Leistung« ein Referat über Orwells ›1984‹ hielt.[234]

Der Blick in manches Notenbuch bestätigt auch heute noch, dass Köhler gerade so viel fürs Lernen tat wie nötig, um die Versetzung nicht ernsthaft zu gefährden. Bestätigt wird dieser Sachverhalt letztlich durch Köhler selbst, der – seinerzeit noch relativ unbefangen – im Jahr 2000 der Schülerzeitung seines einstigen Gymnasiums ein Interview gewährte. Damals war er noch in Washington und gab zu Protokoll, dass er »kein besonders guter« Schüler gewesen sei. »Ich war auch naiv und überhaupt nicht verbissen, was das Leistungsstreben angeht. In Physik war ich zum Beispiel nicht gut. Einmal hat mir mein Lehrer unter eine Arbeit zum Thema ›Pendelkräfte‹ geschrieben: ›Ich hoffe, dass Sie nie in die Nähe des Pendels kommen!‹ Das war dann, glaube ich, eine 5. Aber ich habe ein anderes Mal eine 2 geschrieben, wenn ich wirklich etwas dafür getan habe.«[235] Auf die von den Schülern gestellte Frage, wie denn sein Abitur aussah, antwortete der damalige IWF-Chef: »Oh … lauter 4er, soweit ich weiß. Und in Englisch und Deutsch eine 3 und in Geschichte eine 2, aber sonst nur 4er«. Damit hätte Köhler schon zehn Jahre später wohl nur noch sehr schwer den Numerus clausus überwinden können. Aber es war wohl immer wieder Köhlers Mutter, die den wenig schulbegeisterten Sohn zur Leistung angetrieben hat. »Die Mutter hat da unheimlich geschoben, dass der Kerle lernt«, sagt auf gut Schwäbisch sein Mitschüler Helmut Haag.[236]

Die Klassenkameraden von einst schwören noch heute auf ihren Horst: »Er hatte eine natürliche Aufgeschlossenheit, eine Wachheit, die alles andere überstrahlt hat. Er ist ein ganz normaler, netter Kumpel gewesen. Das ist vielleicht sein Erfolgsgeheimnis«, sagt heute der Maschinenbauingenieur Helmut Haag, der lange Jahre Technischer Geschäftsführer der Maschinenbaufirma Traub in Reichenbach a. d. F. war und noch vor seiner Pensionierung eine Maschinenbaufirma im Auftrag von Index in China aufbaute.[237] Joachim Raff, viele Jahre in der Immobilienbranche tätig, ergänzt: »Was ihn auszeichnet, ist eine ›Herzensintelligenz‹, das hat ihn im späteren Leben weitergebracht.«[238] Und Rolf Motzer gesteht: »Natürlich haben wir uns auch mal ganz schön gekabbelt. Da hat man schnell festgestellt: Horst war zwar sehr schlank, aber unheimlich zäh. Wenn es ernst wurde, konnte er sich wehren.«[239] Auch der Ex-Klassenkamerad Frank-Meinhart Stephan ist voll des Lobes: »Er war eine starke Persönlichkeit, ohne Egoist zu sein.«[240] Das bestätigt auch Hans-Ulrich Schwab, dem die folgende Episode in Erinnerung geblieben ist: Als in der dritten Gymnasialklasse die Mutter eines Klassenkameraden an Leukämie verstarb, machte der Lehrer Uhlmann seine Schüler darauf aufmerksam, dass man sich um den nun Mutterlosen kümmern solle. »Ich habe mir das gemerkt und fand das beeindruckend, dass Horst einen Blick dafür hatte, wie man mit uns Klassenkameraden umgeht. Denn als Uhlmann uns auf den Todesfall hinwies, kicherte Horst nur und sagte auf die Nachfrage des Lehrers, was es zu kichern gäbe: ›Was heißt hier kümmern? Ich habe gestern mit ihm gekickt.‹«[241] Schwab hebt Köhlers »Sinn für Gerechtigkeit, auch wenn dieser zu seinem eigenen Nachteil ist«, durch eine weitere Anekdote hervor: »Als wir in der fünften Klasse in Friedrichshafen in einem Schullandheim waren, gab es eine Kissenschlacht. Als der Herbergsvater einen beteiligten Klassenkameraden deswegen geschlagen hat, hat Horst dem gesagt: ›Ich habe auch mitgemacht‹.«[242] Abends im Schullandheim sei Horst beim Singen immer »eifrig mit dabei« gewesen. Horst Köhler war einige Zeit auch bei den Pfadfindern aktiv, allerdings nicht bei den konfessionell gebundenen. Am 23. März 1958 wurde er durch Pfarrer Bernhard Bäuerle in der »Erlöserkirche« in der Weststadt konfirmiert. Sein Konfirmationsspruch lautet: »Gott lädt uns eine Last auf, aber er hilft uns auch.«[243] (Psalm 68, Vers 20). In den schwierigen Situationen seines Lebens habe er sich immer an diesen Konfirmationsspruch erinnert, berichtet er heute.

In der Oberstufe gab es auch heftige Diskussionen über Politik. Allerdings scheinen die meisten Klassenkameraden über Köhlers heutige politische Orientierung verwundert: »Es hat mich überrascht, dass er zur CDU ist; die SPD wäre logisch gewesen«, meint heute Hans-Ulrich Schwab.[244] Auch hinsichtlich seiner späteren Wahl, Volkswirtschaft zu studieren, habe Horst Köhler auf die Frage, was man damit beruflich denn machen könne, gesagt: »Tja, so zu den Gewerkschaften.«[245] Sein Klassenkamerad Frank-Meinhart Stephan sagt: »Dass er bei der CDU landet, das hätten wir nicht gedacht.

Während des Abiturs hat er mal gesagt, dass er beruflich in eine Richtung gehen will, wo er etwas für seinen Stand tun kann.«[246] Der junge Horst fühlte sich den Arbeitern emotional verbunden. Übereinstimmend ergänzt sein Klassenkamerad Wolfgang Micheler: »Ich hätte ihn von der Art her eher bei der SPD gesehen; er ist weniger ein Unternehmertyp, eher ein sozialer Typ, ein Arbeitertyp.«[247]

Köhlers Verhältnis zu seiner »Penne« ist sehr distanziert. Das wurde deutlich, als Horst Köhler während seiner Zeit als Präsident des Deutschen Sparkassen- und Giroverbandes einen Vortrag aus Anlass eines Neujahrsempfanges der örtlichen IHK hielt. Als der damalige Direktor des Mörike-Gymnasiums, Alfred Waldenmaier, Köhler bei dieser Gelegenheit die Grüße seines alten Gymnasiums übermitteln wollte, reagierte der überraschend und außerordentlich reserviert: »Da war er frostig. Er sagte direkt zu mir: Zur Schule habe ich keinen inneren Kontakt.«[248] Köhler hat offensichtlich seine Lehrer in weniger guter Erinnerung. Ein Lehrer sagt heute über Köhler: »Er war nicht nur ein mäßiger, sondern auch schon saumäßiger Schüler.« Er bestand das Abitur am 1. März 1963.

»Wir haben Mordsspaß miteinander gehabt«, schwärmt ein ehemaliger Mitschüler Horst Köhlers. Im Rahmen eines offiziellen Programms in Baden-Württemberg am 7. Juni 2006 nahm sich der Bundespräsident einen Abend Zeit, um mit seinen alten Klassenkameraden 43 Jahre nach dem Abitur im Palais Graevenitz direkt beim Ludwigsburger Schloss viele Stunden zu verbringen. Obwohl die einstigen Lehrer Köhlers frühzeitig von diesem Termin wussten, entschied sich das Vorbereitungskomitee, dass die Ex-Schüler lieber »unter sich« bleiben wollten. Das Komitee folgte damit einem Wink aus dem Präsidialamt. Die Pädagogen blieben ausgesperrt – eine späte Rache ihres Schülers.

5. Zeitsoldat und eifriger Studiosus

Zwei Jahre als Zeitsoldat ermöglichten Horst Köhler – trotz häufiger Wochenendheimfahrten – zeitweilig so etwas wie eine Abnabelung von Familie und Ludwigsburger Freundeskreis. Sein sofort an die Bundeswehrzeit anschließendes Studium an der Eberhard-Karls-Universität in Tübingen ließ die gewachsene Verwurzelung mit dem Schwabenland intakt. Das Studium schloss er im Herbst 1969 mit der Diplomprüfung für Volkswirte ab.[249]

Leutnant der Reserve

Nach dem Abitur absolvierte Köhler seine Bundeswehrzeit. Auch wenn über diese Lebensphase der Jahre 1963 bis 1965 bislang wenig bekannt ist, so war sie doch für sein Leben einschneidend, weil er sich erstmals für eine längere Zeit außerhalb seines Familienverbandes und seines gewohnten Ludwigsburger Umfeldes auf neue Lebensumstände einzustellen hatte. Sehr leicht tat er sich insbesondere mit den sportlichen Anforderungen. Er leistete seinen Dienst in einer Zeit, in der sich die Bundeswehr noch im Aufbau befand und in der Bevölkerung noch nicht voll akzeptiert war. Aber es war wohl nicht nur Köhlers grundsätzlich positive Einstellung zur Landesverteidigung, sondern eher der finanzielle Aspekt, der dazu führte, dass er statt der damals für Wehrpflichtige üblichen 18 Monate volle 24 Monate diente und damit zum Leutnant der Reserve wurde. Er bekennt heute freimütig, dass er sich seinerzeit »auch wegen des Geldes«[250] für zwei Jahre verpflichtet habe. Als Zeitsoldat bekam man ein Gehalt und nach Zeitablauf eine entsprechende Abfindung. In jenen Jahren benötigte die Bundeswehr Soldaten und wollte daher durch finanzielle Anreize junge Männer an sich binden.

Im April 1963 kam er zum »Bund«. Seine drei Monate dauernde Grundausbildung absolvierte Horst Köhler im schwäbischen Münsingen (Kreis Reutlingen) – und zwar in der Herzog-Albrecht-Kaserne, die die Bundeswehr von 1958 bis 2004 nutzte. Er leistete seinen Grundwehrdienst in der Ausbildungskompanie 13/10 im ersten Zug bei Leutnant Huber.[251] In Münsingen war er auch für einige Tage im »Biwak«; er musste eine Abschlussprüfung hinter sich bringen, die darin bestand, das »Überleben im Feld« zu üben. Berühmtester Rekrut in dieser inzwischen abgerissenen Kaserne war Horst Köhler (neben Golf-Profi Tino Schuster, Schlagersänger Bernd Clüver, Fußball-Profi Uwe Schneider, Tischtennis-Nationalspieler Torben Wosik und Rennfahrer Thomas Riethmüller).

Zu Köhlers Zeit gab es in der Kompanie vierteljährlich das ›Hinterälblerische Tagblatt‹, das die Rekruten noch mit Pauspapier vervielfältigten – Fotokopierapparate kamen erst viel später auf den Markt – und auf den Stuben verteilten. Zwei Spuren des damaligen Panzerschützen Köhler sind in dieser Rekrutenpostille zu finden: »Wer hat meinen Glauben an die Gerechtigkeit gefunden, den ich am 20. Mai 1963 auf dem Beutenlay verloren habe?«, steht dort geschrieben.[252] Weshalb der Rekrut seinerzeit seinen Glauben an die Gerechtigkeit verloren hatte, ist heute nicht mehr nachvollziehbar. Der »Beutenlay« war ein Übungsgelände. Heute wird vermutet, dass er sich von einem später degradierten Unteroffizier ungerecht behandelt fühlte. Und schließlich meldete sich Köhler in einer weiteren »Anzeige« zu Wort: »Wer möchte den neuen Modetanz Fuzzinova schnell und gründlich lernen? Grundregel: Krumme Haltung, Zeitlupentempo, schief grinsen, blinzeln und regelmäßig furzen.« An der Stelle des Militärgeländes in Münsingen, sowohl des Neuen Lagers als auch der Herzog-Albrecht-Kaserne, entsteht heute ein neues Wohngebiet. Für die Straßen war vorgesehen, sie nach den bisherigen Bundespräsidenten und Bundeskanzlern zu benennen. Obwohl Köhler in Münsingen »gedient« hatte, lehnte er eine Benennung in »Horst-Köhler-Straße« ab.

Nach dem Grundwehrdienst wechselte Köhler Ende Juni 1963 zum Panzergrenadierbataillon 302 in der Ellwanger Mühlberg-Kaserne.

Kompaniechef war Oberleutnant Ruprecht von Butler, der 1984 im Range eines Generalmajors als Befehlshaber im Wehrbereichskommando V seinen aktiven Dienst beendete. Köhlers Ziel war sicherlich, möglichst heimatnah verwendet zu werden; so oft wie möglich fuhr der junge Soldat am Wochenende nach Ludwigsburg. Für gesellschaftliche Ereignisse – etwa die Einladung von Ellwanger Honoratiorentöchtern zu Bällen der Bundeswehr – schien Köhler wenig übriggehabt zu haben, wie sich sein damaliger Kamerad Eberhard Meyer-König heute noch erinnert und fortfährt: »Als ich ihn nach vielen Jahren wieder im Fernsehen gesehen hatte, habe ich ihn sofort wieder an seinem gewinnenden Lächeln erkannt. Sein Lächeln zeigte zugleich auch Distanz. Er war sehr sympathisch, aber auch zurückhaltend.«[253] Die Garnison Ellwangen an der Jagst liegt etwa vierzig Kilometer von Stuttgart entfernt, etwa zehn Kilometer südlich befindet sich Aalen. Ellwangen hat seit der Einquartierung von französischen Soldaten im Dreißigjährigen Krieg ständig Soldaten eine militärische Heimat gegeben. Am 23. Juli 1956 übernahm die Bundeswehr die Kaserne von den Amerikanern, und Ellwangen wurde damit zur ersten Garnisonsstadt der Bundeswehr in Baden-Württemberg. Hier wurde Köhler als Mörserschütze eingesetzt. Anfang 1964 nahm er an einem zwei Monate dauernden Fahnenjunkerlehrgang in Walldürn im nördlichen Baden-Württemberg teil. Dies war ein sehr harter Lehrgang, bei dem »viele auf der Strecke blieben«, wie sich ein Lehrgangskollege heute erinnert.[254] Köhlers gute sportliche Leistungen sind heute noch in Erinnerung. 1964 nahm der Zeitsoldat Köhler an einem Lehrgang an der Kampftruppenschule 1, der heutigen Infanterieschule, im fränkischen Hammelburg teil.

Schulfreunde, die mit Horst Köhler über die Schulzeit hinaus weiter in Kontakt geblieben waren, sind der Meinung, Köhler habe sich bei der Bundeswehr »total verändert, Selbstbewusstsein entwickelt«. Als Offiziersanwärter wird er wohl zum ersten Mal in seinem Leben Verantwortung übernommen haben, hatte doch jeder angehende Leutnant der Reserve einen Zug mit etwa dreißig Mann zu führen. Zudem wurde Horst Köhler, nachdem ein Bundeswehrkamerad verstorben war, dazu eingeteilt, eine Rede zu halten. Er war dann aber offensichtlich selber überrascht, »wie positiv seine Rede aufgenommen wurde«. Er selbst berichtet, dass er an der Kampftruppenschule in Hammelburg als Fähnrich Politische Bildung unterrichten musste.[255] Zwar waren eigentlich die Kompaniechefs für die Politische Bildung verantwortlich, doch besonders geeignete Offiziersanwärter wurden dazu ausgesucht, Teilaspekte der politischen Bildung den Wehrpflichtigen zu vermitteln. Im März 1965 schied Köhler aus der Bundeswehr aus. Mit seinem Abgangsgeld – es wurden 6.000 DM Abfindung gezahlt, was damals sehr viel Geld war – kaufte sich Horst Köhler einen Renault R4, mit dem er zum Studium nach Tübingen fuhr.[256] Einmal – so wird berichtet – hat er dieses Fahrzeug (auf Schwäbisch:) »auf'n Acker gestellt« und sich dabei überschlagen. Mit Hilfe eines Bruders wurde der Wagen dann wieder zusammengeflickt.

Fleißiger Studiosus und Tod des Vaters

Unmittelbar nach der Bundeswehrzeit nahm Köhler sein Studium im nicht weit von Ludwigsburg gelegenen Tübingen auf. »Bummelstudent« zu sein, das konnte und wollte sich Horst Köhler nicht erlauben. Die finanziellen Verhältnisse der Familie zwangen ihn, relativ rasch zu studieren. Das Einschreibedatum war der 29. April 1965.[257] Stipendien nach dem Bundesausbildungsförderungsgesetz (BAföG) gab es damals noch nicht, nur eine begrenzte Förderung nach dem sogenannten »Honnefer Modell«. Als Darlehen erhielt Köhler damals monatlich 240 D-Mark; darüber hinaus bekam er 100 D-Mark von seinem Vater, solange dieser noch lebte. Während des Studiums musste Köhler daher Geld verdienen. So machte er Schichtdienst bei der Bahnpost, wobei seine wesentliche Aufgabe darin bestand, Postsäcke umzuladen. Auch bei Altkleidersammlungen verdiente er Geld. Und er arbeitete mit Gipsern auf dem Bau – eine »schmutzige Arbeit hoch auf dem Gerüst«, so Köhler: »Und unten sah ich andere junge Leute herumspazieren, Liebespärchen, die sich amüsierten. Da fühlte ich mich irgendwie benachteiligt, das hat mir manchmal schon zu schaffen gemacht.«[258] Im ersten Semester wohnte er in Wannweil bei Reutlingen, wo er ein möbliertes Zimmer ergattern konnte, und musste mit dem Bus in die Unistadt pendeln.[259] Ab dem zweiten Semester wohnte er in einem Verbindungshaus, später in der Tübinger Altstadt im »Nonnenhaus« in der Nonnengasse, bei einer Familie Kraus, wo es vier oder fünf Zimmer für Studenten gab. Hier handelte es sich um Reste eines Nonnenklosters. Die Studenten fühlten sich dort sehr wohl. Gleichwohl gab es, wie damals üblich, nicht einmal eine Etagendusche. Lediglich eine Küche mit einem Herd und zwei Heizplatten stand zur Verfügung.[260]

Diese Zeit wurde von einem tragischen Ereignis überschattet: dem Unfalltod des Vaters, der gerade Zigaretten holen wollte. Am 12. Juni 1966, einem Sonntagvormittag, fuhr der Fahrer eines Opel Kadett, ein junger Italiener, gegen 10 Uhr durch die Pflugfelder Straße in Ludwigsburg. Bei der Einmündung in die Keplerstraße kam er auf der regennassen Fahrbahn ins Schleudern. »Der Wagen erfasste dabei einen auf dem Gehweg der Keplerstraße stehenden 62 Jahre alten Mann und warf ihn zu Boden. Der Mann musste mit lebensgefährlichen Verletzungen in das Kreiskrankenhaus Ludwigsburg eingeliefert werden.« So stand es in der ›Ludwigsburger Kreiszeitung‹.[261] Eduard Köhler starb am 16. Juni 1966. Vermutlich dürfte der Tod des Vaters Horst Köhler eher noch bestärkt haben, zügig zu studieren.

Als Köhler sein Studium in Tübingen aufnahm, lehrten an der Universität manche sehr bekannte Gelehrte, wie etwa der Politikwissenschaftler Theodor Eschenburg, Fritz Schäfer, der gleichzeitig SPD-Bundestagsabgeordneter war, oder der Soziologe Ralf Dahrendorf, dessen Vorlesungen im überfüllten Audimax viele Studenten beeindruckt haben. Auch der 1977 verstorbene Philosoph Ernst Bloch, der nach der Emigration zunächst in Leipzig gelehrt hatte, bis er zwangsemittiert wurde, war als Gastprofessor in Tübingen. Er war damals eine Identifikationsfigur für viele Studierende. Im Bereich der Volks- und Betriebswirtschaft gab es ebenfalls bedeutende Persönlichkeiten, wie etwa Dieter Pohmer, Norbert Kloten oder Alfred E. Ott, bei dem Köhler Examen machen und später auch seinen Doktor »bauen« sollte. In jener Zeit war das Volkswirtschaftliche Seminar an der Brunnenstraße in provisorischen Holzbaracken untergebracht, ganz in der Nähe des alten Eschenburg-Instituts.

Dieter Spöri, der später einer der führenden SPD-Politiker in Baden-Württemberg wurde und es bis zum Stellvertretenden Ministerpräsidenten in einer schwarz-roten Koalition bringen sollte, war einer der Kommilitonen, mit denen Horst Köhler am meisten zu tun hatte. »Wir haben das Studium damals sehr ernst genommen«, erinnert sich Spöri heute.[262] Beide hatten einen Arbeitsplatz in der Bibliothek und lernten dort gelegentlich sogar bis zehn Uhr abends. Es gab damals nur wenige Bücher, die den Studenten zur Verfügung standen. Etwa dreißig Studenten – wie idyllisch, wenn man die Überfüllung der Universitäten heute bedenkt – stellten die »Stammbelegschaft« des Volkswirtschaftlichen Seminars dar. In jener Zeit siezten sich im Allgemeinen die Studenten noch untereinander, doch Spöri und Köhler fanden irgendwann einmal zum »Du«.

Spöri berichtet von einem starken moralischen Druck, das Examen rechtzeitig abzulegen, was vermutlich auch für Horst Köhler zugetroffen habe. »Schon allein aus Verpflichtungen gegenüber dem Elternhaus hätten wir uns es nicht leisten können, kein ordentliches Examen zu machen«, sagt Spöri, der ebenfalls nicht aus einer sonderlich betuchten Familie stammt. Spöri, der Mitglied des Sozialistischen Deutschen Studentenbundes (SDS)[263] war, erinnert sich an hitzige politische Diskussionen mit Köhler: »Horst Köhler war keineswegs konservativ, er war intelligent, pragmatisch-empirisch, lehnte Ideologisches ab. Bei unseren Diskussionen formulierte er präzise seine Positionen; er argumentierte mit vollem Körpereinsatz.« Und: »Ach Dieter!«, habe Köhler seinem Studienfreund Spöri manchmal zugerufen, wenn dieser ihm mit »versponnenen Ideen«, mit der Realität nicht in Einklang zu bringenden Theorien gekommen sei. Köhler habe immer das »typisch SDS-Überzogene« kritisiert, er war »alles andere als konservativ« – wiederholt Spöri – »und von seinem Standpunkt her hätte er sozialdemokratische Positionen vertreten können«. »Das hätte ich nicht vermutet, dass Köhler einmal in die CDU gehen würde, darauf wäre ich nicht gekommen.« Horst Köhler sei ein »solider Studierender« gewesen, und: »Er war für mich nicht karrierefixiert.« Im »Freizeitbereich« war Horst Köhler offensichtlich so gut wie nie anzutreffen, etwa in der »Tangente«, der ersten Diskothek Tübingens, in der Spöri zeitweilig »abendlicher Dauergast« war. »Horst Köhler hatte mit der Libertinage der 68er nichts im Sinn. Er hat viel gearbeitet und ist danach nach Hause zu seiner Freundin gefahren«, so Spöri. Manche Vorlesungen fanden in einem Schlachthof statt, wo Spöri und seine Kommilitonen entsprechend agitieren wollten. Doch die Arbeiter auf dem Schlachthof waren auf die Studenten nicht gut zu sprechen: »Wir schaffet, ihr streiket, wir zahlet«[264], riefen sie den streikenden Studenten auf Schwäbisch zu. Horst Köhler konnten sie nicht meinen.

War Horst Köhler zu seiner Studentenzeit politisch aktiv? Mitnichten. In jenen Jahren brach an den Hochschulen vieler westlicher Gesellschaften und auch der Bundesrepublik Deutschland die »Studentenrevolte« aus – mit dem SDS an der Spitze, von dem sich die SPD schließlich trennte. Köhler berichtet selbst von »›sit-ins‹, Störungen der Vorlesungen und so weiter«.[265] Auch die Vorlesungen seines späteren Doktorvaters, den er als »wohltuend analytisch« empfand, wurden gestört: »Er wurde als ›Fachidiot‹ angegriffen. Das fand ich anmaßend und nicht akzeptabel.«[266] Er habe »an den heißen politischen Diskussionen zwar teilgenommen, aber nicht an die Notwendigkeit einer Revolution geglaubt«, erzählte er später dem ›Spiegel‹-Korrespondenten Gerhard Spörl.[267] Aber die Störer und »Revolutionäre« bekämpfen, das wollte er auch nicht. Zu einem wie auch immer gearteten Engagement Köhlers kam es nicht, auch nicht etwa beim Ring Christlich-Demokratischer Studenten (RCDS): »Nein, da habe ich mich nicht engagiert. Wenn ›sit-ins‹ angesagt waren, bin ich nicht hingegangen, weil es einfach verlorene Zeit war.«[268] Und weiter: »Es war nicht so, dass ich die anderen alle für Verrückte oder Revoluzzer gehalten hätte. Inakzeptabel fand ich aber, dass Vorlesungen gestört wurden. Denn ich wollte was lernen.«[269] Sehr wahrscheinlich ist, dass Köhler zwar die linksextremen Tendenzen und vor allem den Aktionismus mancher Linker ablehnte, selber aber längst noch keine gefestigte politische Überzeugung vertrat.

Mitglied einer Verbindung – und doch bindungslos?

Bisher war unbekannt, dass Horst Köhler Mitglied der Tübinger Studentenverbindung »Normannia« war, in die er im Sommersemester 1965 eintrat. Wie Köhler genau zur »Normannia« gekommen war, daran erinnern sich seine damaligen Verbindungskommilitonen nicht mehr. Jedenfalls hat er den Ritus der »Burschung« durchlaufen und wurde dann mit dem sogenannten »Fuxenstoß« – hier musste er eine ordentliche Ladung Bier aus einem Horn trinken – schließlich in den Kreis der Aktiven aufgenommen. Aber besonders engagiert hat er sich auch dort nicht, auch wenn er es bei den Aktiven immerhin zur Nummer Zwei (»xx«) brachte. Er war als »Lustwart« wohl zuständig für die Organisation der Damenfeste und Tanzveranstaltungen im Sommersemester 1966. Zu seiner Zeit spielte die Vorbereitung des 125-jährigen Jubiläums der Verbindung eine Rolle. »Der Senior hat geguckt, wo ist mein Vize«[270], erinnert sich sein damaliger Bundesbruder Armin Wirsing: Köhler war selten im Haus. Er hat für eine Weile im Haus der Verbindung in der Stauffenbergstraße 21 auf dem Österberg gewohnt, in einem Doppelzimmer gemeinsam mit Alfred Casper. Dieser war zeitweilig der Senior (»x«), dem Köhler als Vize dienen sollte. In dieser Zeit war aber auch Köhlers Vater verstorben, so dass er sich viel um seine Familie kümmern musste und ihm an fröhlichen Feiern auch nicht gelegen war.

Die Verbindung »Normannia« war 1831 von einer Gruppe von Theologiestudenten gegründet worden, die sich von der Tübinger Burschenschaft getrennt hatte. Es handelt sich um eine »liberale« Verbindung. Nach der Wiedergründung 1945 wurde das »bedingte Satisfaktionsprinzip« (Mensurfechten/Schlagen) abgeschafft, ebenso Mütze, Wichs und – nach dem Ausscheiden Köhlers – der Fuxenstatus.[271] Die Studentenrevolte hatte auch die Tübinger »Normannen« erreicht, die bei der Verabschiedung der Notstandsgesetze 1968 ihre Fahne auf Halbmast setzten. Auch beteiligten sich Mitglieder dieser Verbindung an der Blockade der beim Esslinger Bechtle-Verlag gedruckten ›Bild-Zeitung‹. Über Horst Köhlers Haltung zu den Notstandsgesetzen ist nichts bekannt. Er war nämlich zum Zeitpunkt der

Solidarisierung seiner Verbindungsbrüder mit der Studentenrevolte, im Wintersemester 1967/68, bereits wieder aus dieser traditionsreichen Studentenverbindung ausgetreten.[272] Er wurde, wie es damals im Jargon der Verbindung hieß, »ausgesaut«, also bereits im Wintersemester 1966/67 »inaktiviert«.

Frühere Verbindungsbrüder Köhlers erinnern sich an ihn als einen »netten Kerl, mit dem man sich gut unterhalten kann, der aber von dem Willen geprägt war, sein Studium rasch durchzuziehen«. So beschreibt es der Jurist Armin Wirsing.[273] Köhlers Senior und Zimmerkamerad Alfred Casper hätte »nie gedacht, dass Horst einmal eine solche Laufbahn einschlagen könnte; er hat immer gewissenhaft studiert und wollte sich nicht in den Vordergrund spielen«.[274] Sein Verbindungskommilitone Albrecht Unger sieht in Köhler einen »fleißigen Studiosus«, der in der Bibliothek seines Institutes immer am gleichen Platz saß: »Wenn man morgens in die Bibliothek kam, war er schon da, wenn man abends ging, war er immer noch da«, so der Wirtschaftswissenschaftler Albrecht Unger. Köhlers früherer Verbindungsbruder Wolfgang Clauss erinnert sich an einen »ganz arg freundlichen Menschen, der immer freundlich gelächelt hat und sehr angenehm war«.[275] Die meisten von Köhlers Kommilitonen sind davon überzeugt, dass Köhlers Begründung, er habe »keine Zeit« für das Leben der »Normannen«, ehrlich gemeint war. Was die Motive für Köhlers Eintritt bei den »Normannen« waren, ist heute schwer auszumachen. Schulfreunde aus Ludwigsburg vermuten, dass dies auch einem nüchternen Kalkül entsprang: preisgünstige »Bude«, Kennenlernen von Studienkollegen, Schaffen von Verbindungen. Jedenfalls kann Köhlers Mitwirken auch in »seiner« Verbindung nicht gerade als ausgeprägtes Engagement interpretiert werden. Manche meinen, die Aktivitäten einiger Verbindungsstudenten gegen die Auslieferung von ›Bild‹ hätten Köhler nicht gepasst; andererseits kann sich niemand seiner früheren Kommilitonen an dezidierte Äußerungen Köhlers zur Politik erinnern. Möglich ist auch, dass er, der Arbeiterbub, sich in einer Verbindung gar nicht wohlfühlte. Darauf deutet hin, dass er anderen Kommilitonen außerhalb der Verbindung seine Mitgliedschaft bei den »Normannen« verborgen hat.

Für Köhler war die Hochschule kein Ort für politisches oder soziales Engagement. Er wollte schnell sein Studium abschließen, um endlich eine bürgerliche Existenz beginnen zu können – und um zu heiraten. Seine Fächer waren Wirtschaftstheorie, Wirtschaftspolitik, Finanzwissenschaft und Betriebswirtschaftslehre. Statistik war sein Wahlfach.[276] Bei Köhlers Diplomarbeit ging es um Erhard Kantzenbachs Theorie des »optimalen Wettbewerbs«. Köhler berichtet selber, er habe Vorlesungen des berühmten Politikwissenschaftlers Theodor Eschenburg gehört; dass er jedoch, wie gelegentlich angemerkt wird, Politische Wissenschaft studiert hat, dürfte zu weit gegriffen sein.[277] Jedenfalls hat Köhler in diesem Fach kein Examen gemacht, auch nicht als Nebenfach. Nach dem Examen als »Diplom-Volkswirt« im Herbst 1969, das er mit der Note »gut« bestand, erhielt er am 1. November 1969 eine Anstellung als wissenschaftlicher Mitarbeiter am Institut für Angewandte Wirtschaftsforschung (IAW) in Tübingen.

6. Familiengründung, Hausbau und Beruf: Die schwäbische Welt der Bürgerlichkeit

Horst Köhler wuchs immer mehr ins Schwabentum hinein. Alles lief wohlgeordnet. Unmittelbar nach dem Studium 1969 folgte die Familiengründung und – im Schwabenland besonders wichtig – der Bau eines eigenen Hauses. Köhlers schwäbische Welt der Bürgerlichkeit dauerte bis 1976. Seine erste berufliche Position war die eines wissenschaftlichen Referenten am Institut für Angewandte Wirtschaftsforschung (IAW) in Tübingen; seine private Welt lag zunächst in Herrenberg bei Tübingen und dann im Herrenberger Ortsteil Mönchberg. 1976 machte er sich nach Bonn auf, um als »Hilfsreferent« ins damalige Bundeswirtschaftsministerium einzutreten.

Eheschließung mit Eva Luise Bohnet

Die schwäbische Bürgerlichkeit muss für Horst Köhler, der in seiner Jugend in Barackenlagern herumgeschubst wurde, besonders erstrebenswert gewesen sein. Nach seinem schnell durchgezogenen Studium in Tübingen heiratete er am 24. Oktober 1969 seine langjährige Freundin Eva Luise Bohnet, Tochter eines Bankkaufmannes. Die am 2. Januar 1947 in Ludwigsburg geborene Eva Luise Bohnet – älteste von drei Töchtern – stammt aus einer Familie, die kontrastreicher zum Herkommen Köhlers nicht hätte sein können: Ihr Elternhaus war bildungsbürgerlich-sozialdemokratisch. Der Großvater väterlicherseits, ein Volksschullehrer, musste während der Zeit des Nationalsozialismus einige Male untertauchen, da er als Sozialdemokrat Missfallen erregt hatte. Der ebenfalls schwäbische Großvater mütterlicherseits leitete ein kleines Lebensmittelgeschäft. Der Vater, Albrecht Bohnet, der die Höhere Handelsschule besuchte, wäre eigentlich lieber Sänger als Bankkaufmann geworden; der Traum scheiterte an den finanziellen Möglichkeiten.[278] Eva Luises Mutter Irma war ebenfalls auf der Höheren Handelsschule gewesen.[279] Die Eltern haben ihrer Tochter die Liebe zur Musik mitgegeben: Die Mutter, Irma Bohnet, spielte Klavier, der Vater stimmte die Lieder dazu an. Er komponierte Lieder, die seine drei Töchter sangen und die sogar auf Schallplatte aufgenommen wurden. Eva Luise Köhler spielt Klavier, Flöte und fünf Griffe Gitarre.[280] Wenn sie sich und anderen eine Freude machen will, dann singt sie »am liebsten Motetten und Requiem«[281]. Von Eva Luise wird gesagt, dass sie gerne zur Schule ging und besonders Geschichte, Deutsch und Religion liebte – ihre späteren Studienfächer. Sie besuchte in Ludwigsburg das Goethe-Gymnasium.[282]

Horst Köhler erzählt heute, Eva Bohnet sei ihm »zum erstenmal« aufgefallen, als sie zusammen mit seiner Schwester Ursula (»Uschi«) konfirmiert wurde: »Da fand ich sie schon süß.«[283] Wohl als sie 17 Jahre alt war, hatte die Gymnasiastin Eva Luise Bohnet sich für Horst Köhler interessiert. »Mein Mann war sehr attraktiv, und zwar ganz objektiv betrachtet«[284], versichert sie. Sie kannten sich nur »vom Sehen«, bis sich die lang ersehnte Gelegenheit zum Kennenlernen an einem regnerischen Herbstsonntag nach einem – getrennten – Besuch im Ludwigsburger »Central«-Kino ergab. »Ich hatte schon länger ein Auge auf ihn geworfen. Er hat darauf aber lange nicht reagiert.«[285] Damals kostete der Eintritt noch 60 Pfennig – und wenn das Kino einigermaßen leer war, konnte man sich sogar in die Loge setzen.[286] Beide schauten sich das ›Das siebente Siegel‹ von Ingmar Bergman aus dem Jahre 1956 an: Es handelt von dem Ritter Antonius Block, der Mitte des zwölften Jahrhunderts von einem Kreuzzug ins pestverseuchte Schweden zurückkehrt. Dort wird er bereits vom Tod erwartet, der ihn heimholen will. Doch Block ist nicht bereit zu sterben, ohne den Sinn des Lebens erkannt zu haben. Er überredet den Sensenmann, der ihm eine Gnadenfrist gewährt, zu einem Spiel: Für die Dauer einer Partie Schach darf Block Gott suchen. Als der Film zu Ende war, stellten die beiden fest, dass es Bindfäden regnete. Sie hatten einen ähnlichen Heimweg. Deshalb fragte Horst Köhler, ob er mit unter ihren Schirm dürfe. Worüber die beiden gesprochen haben?

Offensichtlich mühte man sich um Intellektuelles: »Bei diesem ersten gemeinsamen Spaziergang haben wir uns ausführlich über den Philosophen Eduard Spranger unterhalten. Ein hochgeistiges Gespräch war das. (…) Geküsst haben wir uns damals noch nicht«,[287] sagt Eva Köhler heute. Es war aber »ein wunderschöner Spaziergang durch den Regen«.[288]

Beide verloren sich seitdem nicht mehr aus den Augen. Köhler bestätigt, dass er mit Eva seit 1964 zusammen sei: »Ich war damals bei der Bundeswehr. Da war ich 21 und meine Frau 17.« Seine Freundin, so sagt er, konnte er damals nachts nicht mit nach Hause bringen: »Ausgeschlossen. Vielleicht war ich da auch ein bisschen zurückgeblieben. Das wäre mir nie eingefallen. Es wäre auch schon wegen der sehr beengten Wohnung gar nicht möglich gewesen«, auch nicht in der Familie Bohnet: »Sie wuchs sehr behütet auf.«[289] Mehr Freiheit gab es, als Köhler in Tübingen studierte.

Drei Jahre nach Horst Köhler machte seine heutige Ehefrau ihr Abitur am Ludwigsburger Goethe-Gymnasium und studierte dann von 1966 bis 1969 an der damaligen Pädagogischen Hochschule in Ludwigsburg für das Lehramt an Grund- und Hauptschulen. Ihre Kernfächer waren Geschichte und Deutsch. Ihre Examensarbeit schrieb sie über die Anfänge der Gewerkschaftsbewegung. Sie hat auch die Vocatio, sie darf mit dieser kirchlichen Erlaubnis evangelische Gottesdienste abhalten.[290] 1967 verlobten sich Eva Luise und Horst. Das nahezu gleichzeitige Ende des Studiums von Eva Luise Bohnet und Horst Köhler legte es nahe, 1969 zu heiraten. Zwischen 1969 und 1977 arbeitete Eva Luise Köhler als Lehrerin an Sonderschulen für lernbehinderte Kinder und Jugendliche in Winnenden und in Herrenberg.

Während Horst Köhler aus einer Familie stammt, in der die Eltern stramm CDU gewählt haben, wuchs seine Frau im sozialdemokratischen Milieu auf. Über ihre parteipolitische Entwicklung, über Nähe und Ferne, sagt sie: »Als Studentin hat mich Willy Brandts Ostpolitik so beeindruckt, dass ich eingetreten bin. Im Laufe der Zeit habe ich mich inhaltlich von der SPD entfernt – Jahre später, 1990, bin ich dann ausgetreten.«[291] Eva Köhler war Mitglied in der SPD seit dem 19. November 1972. Insbesondere wegen Oskar Lafontaine gab sie ihr

Parteibuch zurück, doch der »Ablösungsprozess« habe schon viel früher eingesetzt. Missfallen bereitete ihr nach eigener Aussage vor allem das zunehmende Bestreben der SPD-Führung, durch staatliche Regulierung soziale Gerechtigkeit zu schaffen.[292]

Zunächst aber wirkte Eva Luise Köhler für die SPD in der lokalen Politik in Herrenberg-Mönchberg, vor allem in Schulfragen, im Ortschaftsrat mit.[293] Dort gab es im Stadtparlament eine erdrückende »bürgerliche« Mehrheit aus CDU und Unabhängiger Bürgerliste (UBL), die es zusammen auf 31 Mandate brachten, die SPD lediglich auf fünf. Eine »große« politische Parteikarriere hat Eva Luise Köhler nicht gemacht, zumal 1973 ihre Tochter Ulrike zur Welt kam. Im zeitlichen Zusammenhang mit der baden-württembergischen Landtagswahl am 31. August 1975 kandidierte sie auf der SPD-Liste für den Ortschaftsrat der Herrenberger Teilgemeinde Mönchberg, ihrem Wohnort, und für den Gemeinderat der Großen Kreisstadt Herrenberg. »Frauen in den Herrenberger Stadtrat«, unter diesem Motto trat die damals 28-jährige Eva Luise Köhler mit fünf weiteren Genossinnen an. »Über 50% der Wähler sind Frauen. Die SPD hat leider nur 6 Kandidatinnen; dies sind immer noch mehr als auf den beiden anderen Listen«, beklagte sie in einem Leserbrief an den ›Gäuboten‹.[294]

Stadtrat Paul Binder, auch seinerzeit schon in der Herrenberger SPD aktiv, erinnert sich an das Mitwirken von Eva Luise Köhler bei den Wahlvorbereitungen in Mönchberg. Insbesondere habe sie sich in sozial- und bildungspolitischen Themen engagiert, was auch deshalb nahelag, weil sie Lehrerin in einer Herrenberger Sonderschule war.[295] Zunächst erhielt ein Besserplatzierter, der Hochschullehrer Hans Bühler, in Mönchberg das Mandat im Ortschaftsrat. Durch dessen Wegzug rückte Eva Luise Köhler am 7. März 1977 in den Ortschaftsrat nach. Dieses Mandat endete allerdings bereits am 26. November 1977, da die Familie Köhler nach Bonn umzog. Viele, die das Ehepaar Köhler seit etlichen Jahren kennen, sprechen von einer besonderen herzlichen Ausstrahlung Eva Luise Köhlers. Sie übe zudem auch intellektuell eine prägende Rolle auf ihren Mann aus. Das wird durch ihn selbst in Interviews bestätigt.[296]

Neben der Heirat fügte sich für Horst Köhler auch beruflich alles richtig. Er bekam das Angebot seines akademischen Lehrers Alfred E. Ott, nach seinem Examen am Institut für Angewandte Wirtschaftsforschung in Tübingen als wissenschaftlicher Mitarbeiter anzufangen. Er erhielt die damals übliche Eingangsbesoldung für Akademiker nach dem Bundesangestelltentarif (BAT IIa). Das IAW hatte und hat die Aufgabe, wissenschaftlich fundierte Grundlagen für wirtschaftspolitische Entscheidungen zu erarbeiten, und führt Auftragsforschung durch. Es wurde 1957 gegründet und ist traditionell eng mit dem Land Baden-Württemberg verbunden, weshalb die Analyse regionaler wirtschaftlicher Entwicklungen in Baden-Württemberg ein Kernbereich aller Forschungsschwerpunkte des IAW ist. Es wurde als unabhängiges außeruniversitäres Forschungsinstitut geschaffen und ist der Rechtsform nach ein eingetragener gemeinnütziger Verein. Während Köhlers Zeit am IAW wurde es von seinem späteren Doktorvater Ott geleitet.

Zu Beginn seiner Tätigkeit beim IAW war Horst Köhler mit der Abfassung einer Vorstudie zum Thema »Technischer Fortschritt, Arbeitsproduktivität und Freisetzung in der Bundesrepublik Deutschland in den Jahren 1955 bis 1975« befasst, eine Frage, die seiner späteren Doktorarbeit sehr ähneln sollte.[297] Sodann war Köhler Mitglied einer Arbeitsgruppe, die sich mit der Bedeutung und Beschäftigung ausländischer Arbeitnehmer in Baden-Württemberg befasste.[298] Bekannt ist ferner ein Gutachten, das Horst Köhler 1974 – zusammen mit Helge Majer und Susanne Wied-Nebbeling – für das Ministerium für Arbeit, Gesundheit und Sozialordnung des Landes Baden-Württemberg zum Thema »Qualitative Auswirkungen des technischen Wandels auf die Arbeitskräfte in Baden-Württemberg« schrieb.[299] Auf der Grundlage dieses Projekts beantragte Horst Köhler ein Forschungsvorhaben bei der Deutschen Forschungsgemeinschaft (DFG), das einen wichtigen Grundstein für seine spätere Dissertation legen sollte.[300]

Erst 1977 erschien als Forschungsbericht Nr. 17 die Doktorarbeit

Horst Köhlers zum Thema »Freisetzung von Arbeit durch technischen Fortschritt«.[301] Zum Zeitpunkt der Veröffentlichung war Köhler bereits im Bundeswirtschaftsministerium in Bonn tätig. In der 172 Seiten langen Doktorarbeit, in deren Vorwort er sich knapp bei seinem Doktorvater Ott bedankt (»Mein Dank gilt aber nicht zuletzt Herrn Prof. Dr. A. E. Ott. Ohne seine Unterstützung wäre die Arbeit nicht zustande gekommen.«[302]), befasste er sich mit einer auch heute noch sehr aktuellen Frage und kommt dabei zu der Erkenntnis, dass die durch Innovation ausgelöste »Freisetzungswirkung«, das Wegfallen von Arbeitsplätzen, bei ungelernten und angelernten Arbeitern bestand, während »Facharbeiter und Werkmeister der relativ größten ›Bedarfswirkung‹ der Innovationen« unterlagen.[303] Er befasste sich mit der Frage, welche Personen in welchen Berufen »freigesetzt« würden. Als »starke Freisetzungsberufe« erkannte der Jungwissenschaftler Köhler auf Grundlage einer umfänglichen Fragebogenaktion »Hilfsarbeiter« und »Bürofach-, Bürohilfskräfte«; »starke Bedarfsberufe« seien demgegenüber Techniker und Elektriker (Elektroniker). Generell stellte er eine Bedarfszunahme für Facharbeiter mit dem Schwergewicht bei Schlossern, Mechanikern und Werkzeugmachern fest.[304]

Die Doktorarbeit ist im Wesentlichen eine Zusammenfassung der Ergebnisse vorheriger empirischer Untersuchungen Köhlers zum Verhältnis von Innovation und Arbeitskräftefreisetzung bzw. -bedarfsveränderung in wichtigen deutschen Industriebranchen. Aus heutiger Sicht sind die Schlussfolgerungen wenig überraschend: Innovation in Produktion und Organisation führt zur Freisetzung von Arbeitskräften, gerade auch dann, wenn die Innovation der Produktionssteigerung dient. Die Chancen der »freigesetzten« Arbeitskräfte, wieder eine Anstellung zu finden, steigen mit ihrer Qualifikation.[305] Deshalb waren beispielsweise auch Frauen stärker von Arbeitslosigkeit durch Innovation bedroht. Köhler nannte das »Disaggregation der Personalströme nach dem Geschlecht.«[306] Diese heute gängige Einsicht war allerdings 1977, als das Phänomen struktureller Arbeitslosigkeit gerade erst aufkam, noch kein Allgemeingut. Gleiches gilt für Köhlers Feststellung, dass technischer Fortschritt auch zu einer durchschnittlich besser qualifizierten Arbeitnehmerschaft führt. Interessant ist die von Köhler herausgearbeitete branchenübergreifende Betrachtung von Arbeitsfunktionen und Qualifikationen in einer sich immer rascher wandelnden Arbeitswelt. Allerdings wird dieser Ansatz der Arbeit dann nicht weiter vorangebracht und auch nicht zu einer Theorie verdichtet.[307] Gleiches gilt für andere Fragen, die die Arbeit aufwarf, etwa im Zusammenhang mit der Krisenbranche Textil, die im Vergleich zu allen anderen Branchen am wenigsten Investitionen aufgrund von Innovation vornahm.[308] Insgesamt kann man sich beim Lesen der Köhler'schen Dissertation des Eindrucks nicht erwehren, dass er sich beim Abfassen der Arbeit längst dafür entschieden hatte, der Wissenschaft den Rücken zu kehren. »Sie ist wohl eher der pflichtgemäße Abschluss einer Forschungsarbeit«, so der wirtschaftswissenschaftliche Analytiker Jürgen Hardt.[309] In der Tat: Zum Zeitpunkt des Erlangens der Doktorwürde hatte Köhler das Institut schon ein Dreivierteljahr verlassen, um als Hilfsreferent in die Grundsatzabteilung des Bundeswirtschaftsministeriums in Bonn einzutreten. Seine mündliche Prüfung fand am 7. Juli 1977 statt. Das Recht der Titelführung erwarb sich »Designatus« Köhler mit der Vorlage seiner Doktorarbeit in gedruckter Form. Die Urkunde hierfür datiert vom 19. September 1977. Danach lautete Horst Köhlers Namenszusatz »Dr. rer. pol.«.

Wie sich Forscherkollegen von Horst Köhler erinnern, tat er sich mit seiner Doktorarbeit sehr schwer. Es bedurfte wohl deutlicher Worte seines Doktorvaters, die begonnene Arbeit zu Ende zu bringen. Dabei konnte er sich auch der von dem an seinem Institut tätigen Wirtschaftswissenschaftler Adolf Wagner entwickelten theoretischen Formeln für seine Untersuchung mit Zustimmung Otts bedienen.[310] Acht Jahre zur Erlangung des Doktortitels sind doch eine recht lange Zeit. Köhler begründet das heute so: »Es gab die ungeschriebene Regel, dass man zwei bis drei Jahre für die Finanzierung des Instituts arbeiten sollte. Außerdem wollte ich mit meiner Dissertation wissenschaftlich zu viel auf einmal und kam zeitweilig nicht recht voran. Und dann habe ich in dieser Zeit noch angefangen, unser Haus zu bauen.«[311] Jedenfalls dürfte Köhler selber zu der Erkenntnis gelangt

sein, dass er eher als Praktiker denn als Theoretiker der Wirtschafts-
politik geeignet ist. Seit 1990 ist er persönliches Mitglied des IAW.
Anlässlich des 40-jährigen IAW-Jubiläums hielt er eine Ansprache.
Seit 2003 ist er IAW-Ehrenmitglied.

Hausbau in Herrenberg

Familiengründung, erster ordentlicher Beruf und Hausbau – all das
prägte die Nachstudienphase Horst Köhlers. Die Familiengründung
fand nicht in Ludwigsburg, sondern im nicht weit von seiner Tübinger Arbeitsstätte gelegenen Herrenberg statt. Von 1970 bis 1977
lebte die junge Familie Köhler zuerst in Herrenberg in der Wilhelm-
straße, später im Ortsteil Mönchberg, Weingartenstraße 61. Dort bauten die Köhlers ihr Haus, ein zweistöckiges Fertigbauhaus, wobei das
schindelverkleidete Dachgeschoss auch einen dritten Stock ermöglichte. Zwei Autos hatten in der Garage Platz. Zu jener Zeit fuhr Horst
Köhler einen VW-Käfer. Nachbarn und Freunde der Köhlers erzählen, dass Köhler das Untergeschoss selber bauen wollte. »Da hatte er
sich wohl ein wenig übernommen«, heißt es. Ein Nachbar erinnert
sich, wie er Horst Köhler einmal auf einem Erdhügel sitzen sah; er
habe noch nie jemanden so »eben« (platt) gesehen wie seinerzeit Köhler. Aber schließlich bekam er das Untergeschoss mit Hilfe seiner Familie doch hin.

Jedenfalls scheint es so, als hätte das Ehepaar Köhler insbesondere
in Mönchberg – gemessen an allen späteren Phasen – seine »beschau-
lichste« Zeit und wohl eine besonders glückliche gehabt. Die Köhlers
fanden sich schnell in dem auch heute noch stark bäuerlich geprägten Mönchberg zurecht. Viele der Einwohner sind Nebenerwerbs-
landwirte, die tagsüber »beim Daimler« schaffen, wie Mercedes-Benz
bzw. DaimlerChrysler dort immer noch genannt wird. Dieser Ortsteil von Herrenberg hatte damals etwa 600 Einwohner, bot aber Dorf-
feste und ein ausgeprägtes Vereinsleben. Köhler sang auch in dem
etwa 35 Stimmen starken »Männergesangverein Mönchberg« mit,
unter der Leitung von Günther Munz, dem früheren Rektor der

Albert-Schweitzer-Förderschule. Köhlers innere Verbindung zur Mönchberger Zeit und insbesondere zum Männerchor, in dem er von 1973 bis 1976 war, zeigte sich, als Horst Köhler trotz der Verpflichtungen, die das Amt des Bundespräsidenten mit sich bringt, am 10. Februar 2005 an den Feierlichkeiten zum siebzigsten Geburtstag von Munz teilnahm. »Da hat er zehn Minuten gebraucht, bis er sein Amt abgelegt hatte; dann war er einer von den normalen Gästen«, erzählt Munz.[312] »Er strahlt etwas aus, dass man das Gefühl hat, er redet nur mit dem Betroffenen. Er lässt sich auf seine Gesprächspartner ein. Differenzen zwischen Köhler als Zugezogenem und den Altbürgern gab es nicht. Er war irgendwie nahe am Denken der Ortsansässigen dran.«[313]

Legendär sind die »Nachsitzungen« nach den Chorproben, die gelegentlich bis zum Morgengrauen andauerten und an denen »das Besondere war, dass sie keine Besäufnisse« waren. Dies bestätigt der Chorbruder Wilfried Ensinger, der Horst Köhler über die Kinder im Kindergarten und im Gesangverein kennengelernt hatte: »Nach dem Singen am Freitag, das von 20 bis 22 Uhr dauerte, waren wir noch im ›Hirsch‹ oder im ›Pflug‹ auf ein Viertele, manchmal so lange, bis es draußen hell wurde.«[314] Häufig wurden die Zusammenkünfte »privat fortgesetzt, bei uns zu Hause«, erinnert sich Ensinger. Der Chor ist stolz auf Köhler – und Köhler selbst erinnert sich gerne an die relativ unbeschwerte Zeit in Mönchberg und an »seinen« Chor. Als Köhler im Juni 2006 als Bundespräsident erneut Baden-Württemberg besuchte und am »treffpunkt foyer« der ›Stuttgarter Zeitung‹ teilnahm, brachte der heute von Konrad Uebele dirigierte Chor als Überraschungsgeschenk ein Ständchen. Köhler reagierte spontan, verließ das Podium und reihte sich für zwei Lieder in die Sängerschar ein.[315]

Umweltschützer? Köhler und die SPD

Köhler hatte sich während seiner Oberschüler- oder Studentenzeit nie sichtbar für politische Belange eingesetzt. Nur in Herrenberg hat er sich als »normaler« Bürger an zwei politischen Aktivitäten jenseits der Parteipolitik beteiligt. Zum einen wirkte er bei der Gründung einer »Dritte-Welt«-Initiative mit, zum anderen war er führend in einer Bürgerinitiative tätig, die eine Mülldeponie in Mönchberg verhindern konnte. Zusammen mit seiner Frau war Köhler an der Gründung des »Vereins Partnerschaft Dritte Welt e. V.« – wie Ratsherr Paul Binder mitteilt[316] – beteiligt, vor allem in der Phase, bei der es um den Satzungsentwurf ging. Die endgültige Satzung hat Köhler mit unterschrieben. Der Laden, in dem Waren aus der »Dritten Welt« zu fairen Preisen verkauft werden sollten, lag damals in Herrenberg in der Stuttgarter Straße. Der Verein existiert immer noch.

Zeitlich wohl etwas aufwendiger war das Engagement Köhlers als einer der drei »Anführer« im Kampf um die »Schweinegrube«. Unterhalb des Mönchberger Waldrandes wollte der damalige Landrat Reiner Heeb ein Areal mit Müll zuschütten.[317] Die Bauern waren über die »Verschandelung« der schönen Landschaft so empört, dass sie sogar ausriefen: »Hängt den an den nächsten Baum!«, wie sich damaligen Aktivisten heute noch erinnern. Köhler wusste solch überschäumenden Eifer zu kanalisieren, denn er hatte sich eine gewisse Autorität in der Mönchberger Bevölkerung erworben. Zusammen mit dem Pädagogen Hans Bühler und Wilfried Ensinger, der sich mit den geodätischen Fragen befasste, stand Köhler an der Spitze dieser Bürgerbewegung gegen die Deponie. Köhler und seine beiden Kollegen holten den Landrat ins Naturreservat, um ihn mit den Problemen der Bevölkerung vor Ort zu konfrontieren. Sicher gehörte die Begegnung mit den aufgebrachten Menschen zu den weniger freundlichen Erlebnissen eines Landrates, der gerade in Baden-Württemberg ansonsten über ein hohes Ansehen in der Bevölkerung verfügt. Horst Köhler steht hierfür bei der Mönchberger Bevölkerung heute noch hoch im Kurs: »Ohne den hätten wir die Müllhalde nicht verhindern können«, sagt eine frühere Nachbarin.

Anders als seine Frau hielt sich Köhler damals von der Parteipolitik fern. Er gerierte sich als Wechselwähler. Während er 1969 noch die CDU gewählt haben will, stimmte er eigenen Angaben zufolge bei der Bundestagswahl 1972 für die SPD und Willy Brandt.[318] Diese Wahl war besonders von der Ostpolitik des damaligen Bundeskanzlers beherrscht. Die CDU/CSU war mit ihrer verbreitet als zu starr empfundenen Deutschlandpolitik in der Defensive. Köhlers Chorbruder Wilfried Ensinger, ein höchst erfolgreicher Unternehmer, nennt für das damalige Wahlverhalten Köhlers eine weitere mögliche Begründung: »Wir haben 1972 den Wirtschaftsminister gewählt – Karl Schiller.«[319] Nicht bekannt ist, ob Köhler 1976 wieder die CDU (oder etwa die FDP?) gewählt hat. In diesem Jahr unternahm sein späterer politischer »Ziehvater« Helmut Kohl zum ersten Mal den Versuch, Kanzler der Bundesrepublik Deutschland zu werden. Und obwohl Kohl und seine CDU/CSU 48,6 Prozent der Stimmen erhielten, blieben die Unionsparteien im damaligen Drei-Fraktionen-Bundestag gegenüber der sozial-liberalen Koalition aus SPD und FDP in der Minderheit. Köhler war auch noch zu Beginn seiner Beamtenlaufbahn in Bonn parteipolitisch offensichtlich nicht festgelegt.

Seinen letzten Arbeitstag am Institut für Angewandte Wirtschaftsforschung hatte Horst Köhler am 30. September 1976. Die Grundsatzabteilung des Bundeswirtschaftsministeriums suchte damals einen »theoretisch versierten und ordnungspolitisch standfesten Ökonomen«.[320] Sein Doktorvater Ott habe ihm deshalb gesagt, so Köhler heute: »Das ist Ihnen doch auf den Leib geschrieben.«[321] Köhler war wohl im Tübinger Institut für Angewandte Wirtschaftsforschung nie so ganz glücklich geworden. Als Mann der Wissenschaft hatte er sich selber nie wirklich empfunden. Allerdings bedeutete der Umzug nach Bonn den Abschied von der schwäbischen Heimat. Es war ein schwerer Abschied von Herrenberg, als 1977, dem Jahr der Geburt des Sohnes Jochen, die Familie schließlich nachzog. Tränen flossen reichlich, wie sich heute noch Freunde von damals erinnern. Mit der Gemütlichkeit war es fortan jedenfalls für Horst Köhler vorbei.

7. Vom »Hilfsreferenten« zum Staatssekretär: Bürokratie und große Finanzwelt

Von 1976 bis 1993 stieg Horst Köhler kontinuierlich im Bundesdienst auf, mit einer kurzen Unterbrechung im schleswig-holsteinischen Landesdienst. Vierzehn Jahre nach seinem Eintritt in den Bundesdienst wurde er Staatssekretär. Mit der Zeit wurde er auch Teil des »Systems Kohl«, weil er mehr und mehr die besonderen Sympathien des damaligen Bundeskanzlers gewinnen konnte. Bei seinem Aufstieg kamen ihm viele glückliche Umstände zupass, wie dies häufig bei schnellen Karrieren der Fall ist. Doch als Köhler am 1. Oktober 1976 in Bonn anfing, im Bundesministerium für Wirtschaft, deutete noch nichts darauf hin. Er sollte klein anfangen, als »Hilfsreferent«, wie damals die Mitarbeiter von Referatsleitern hießen. Die Abteilung, in die er geriet, war für jeden Volkswirt als Anfänger in der Verwaltung ein phantastischer Einstieg, wurden dort doch unter Leitung des schon früh anerkannten Ministerialdirektors Hans Tietmeyer querschnittartig alle Fragen der Nationalökonomie und der internationalen Volkswirtschaft behandelt.

Köhler wohnte zunächst rechtsrheinisch, dann in der Voreifel in Meckenheim bei Bonn in der Julius-Leber-Straße. Die Familie kam etwa ein Jahr später im Rheinland an. In Meckenheim wohnten besonders viele Beamte, auch wegen der Nähe zum Bundeswirtschaftsministerium und zur »Hardthöhe«, dem Verteidigungsministerium. Eva Luise Köhler empfand sich seinerzeit manchmal wie eine »alleinerziehende Mutter«, weil ihr Mann so viel arbeitete und wenig Zeit für seine Familie fand.[322] Sie trat dem Kirchenchor bei, unterstützte eine Initiative junger Mütter, die sich bei der Aufsicht auf einem Kinderspielplatz abwechselten. Und sie setzte ihre SPD-Mitgliedschaft im Ortsverein der SPD fort.

Die Annahme einer Anfängerposition in der Bonner Ministerialbürokratie verhieß zunächst einmal eine feste Stelle – ganz im Gegensatz zu seiner Tübinger Arbeit, die nie als Dauerposition angesehen worden war. Die angestrebte Verbeamtung bedeutete für Köhler und seine Familie Arbeitsplatzsicherheit und sozialen Aufstieg, auch wenn er damit in das graue Heer Tausender Bonner Beamter eintauchte. Diese für Köhler neue Welt muss so etwas wie ein Kulturschock gewesen sein: Bislang hatte er nur in einem kleinen wissenschaftlichen Institut gearbeitet, in dem der Kollegenkreis sehr übersichtlich war und eine menschlich-angenehme Atmosphäre herrschte. In das Universum der Bürokraten war er bis dato nur bei gelegentlichen Gesprächen mit einzelnen Beamten, insbesondere solchen der baden-württembergischen Landesregierung, eingedrungen. Jetzt hieß es, sich in einer Behörde mit ihren eigenen Mechanismen zurechtzufinden, zunächst in einem sehr begrenzten Aufgabenfeld tätig zu werden und neue Beziehungen zu knüpfen. Köhler landete in der Grundsatzabteilung des Bundeswirtschaftsministeriums, als Hilfsreferent bei Referatsleiter Eduard Pietsch, einem im Zweiten Weltkrieg zweimal verwundeten Panzerführer. Köhlers erster Bonner Vorgesetzter hat den heutigen Bundespräsidenten stark geprägt und viel von ihm verlangt. Die Tübinger Gemächlichkeit war dahin: Köhler musste unter anderem lernen, gesetzte Termine bei der Erarbeitung von Vorlagen einzuhalten. Pietzsch hat viel in den Vermerken Köhlers korrigiert, was ihn seinerzeit außerordentlich störte, obwohl er später immer wieder dankbar auf diese harte Schule hinwies. In der damaligen sozial-liberalen Koalition war Otto Graf Lambsdorff »sein« Bundesminister für Wirtschaft.

Die »Hebammenrichtlinie«: Köhlers Hospitanz in Brüssel

In jener Zeit war Köhler auch für ein halbes Jahr nach Brüssel abgeordnet – als Mitarbeiter in der Ständigen Vertretung der Bundesrepublik Deutschland bei den Europäischen Gemeinschaften. Junge Bundesbeamte – so war damals die Regel – nahmen für sechs oder neun Monate an einer so genannten »Kinderlandverschickung«, also an einem Trainingsprogramm außerhalb ihrer unmittelbaren Verwendung, teil. Köhler kam nach Brüssel, als Botschafter Helmut Sigrist diese Vertretung leitete. Dort hatte Köhler zwei besonders kenntnisreiche Vorgesetzte, nämlich den Leiter der Wirtschaftsabteilung, Jochen Grünhage, und Sigrid Selz, die dort im Range einer Regierungsdirektorin als Referentin für Energiepolitik und Binnenmarktfragen arbeitete und seine unmittelbare Vorgesetzte war. Sie wurde später Abteilungsleiterin für Europapolitik im Bundeswirtschafts- und unter der sozial-liberalen Koalition im Bundesfinanzministerium.[323] Jochen Grünhage schließlich sollte von 1987 bis 2001, also 14 Jahre lang, Stellvertreter des Ständigen Vertreters der Bundesrepublik Deutschland bei den Europäischen Gemeinschaften in Brüssel werden und damit in allen wirtschaftspolitischen Fragen ein höchst einflussreicher Repräsentant Deutschlands.

Bei diesen in Europafragen äußerst versierten Vorgesetzten erlernte Köhler die europapolitischen Grundlagen deutscher Politik und beschäftigte sich mit sehr konkreten Fragestellungen. Dazu gehörten vor allem Fragen der Energiepolitik und speziell der Bevorratungspolitik von Energie. Besonders dürfte Köhler aber in Erinnerung geblieben sein, dass er sich im Zusammenhang mit Fragen der freien Berufswahl innerhalb der Europäischen Gemeinschaft mit der sogenannten »Hebammenrichtlinie« befassen musste. »Horst Köhler hat seine Mitgliedschaft in einer Hebammenrichtliniengruppe sehr erfolgreich durchgestanden«, schmunzelt Selz noch heute. Eigentlich hätte er dieses Thema wohl gerne einer Frau überlassen. Sigrid Selz schwört immer noch auf ihren damals jungen Mitarbeiter, der »sehr schnell« Kontakt sowohl zu deutschen als auch zu anderen europäischen Beamten gefunden habe.[324] Und Jochen Grünhage attestiert, die Beiträge Köhlers für die Berichterstattung der Vertretung für die Bonner Bundesregierung seien »immer klar strukturiert«, gar »vorzüglich« gewesen.[325]

Vom Rhein an die Kieler Förde

Nach über vier Jahren kam mit dem 1. Januar 1981 eine Wende im Leben des Ministerialbeamten Köhler. Er wurde, noch während der sozial-liberalen Koalition, in Bonn von einem Politiker »entdeckt«, der sich in den Unionsparteien ein hohes Renommee in Wirtschafts- und Finanzfragen erworben hatte: von Gerhard Stoltenberg. Der 1928 in Kiel geborene Pfarrerssohn und habilitierte Historiker hatte schon als junger Mann eine beachtliche politische Karriere hingelegt und gehörte zum »Urgestein« der Unionsparteien. Er war von 1955 bis 1961 Bundesvorsitzender der Jungen Union, wurde nach der Bundestagswahl 1965 von Bundeskanzler Ludwig Erhard als jüngster Minister seines Kabinetts in das Amt des Bundesministers für wissenschaftliche Forschung berufen und behielt dieses Amt in der Großen Koalition unter Kurt Georg Kiesinger (1966 bis 1969) bei. Am 24. Mai 1971 wurde Stoltenberg zum Ministerpräsidenten des Landes Schleswig-Holstein gewählt.[326] Nachdem ihn nun, zehn Jahre später, ein versierter Beamter verlassen hatte, suchte Stoltenberg einen tatkräftigen Mitarbeiter, der ihn in Kiel in allen Fragen der Wirtschafts- und Finanzpolitik unterstützen sollte. Stoltenberg war damals Sprecher der Bundes-CDU in diesen Politikfeldern. Köhler vermutet, er sei Stoltenberg bei einer Diskussionsveranstaltung in der Landesvertretung von Schleswig-Holstein aufgefallen. »Er sprach mich anschließend an, fragte mich nach meinem Namen und meinte, ich sei zwar etwas frech gewesen, aber was ich gesagt hätte, habe ihm schon gefallen.«[327]

Köhlers Diskussionsbeitrag dürfte aber nicht der Grund gewesen sein, warum Stoltenberg ihn einbestellte und um seine Zuarbeit warb. Stoltenberg fand auf systematische Weise zu Köhler: Zunächst fragte er den damaligen Bundeswirtschaftsminister Graf Lambsdorff, ob er nicht einen fähigen Beamten wüsste. Dieser leitete die Anfrage weiter an den damaligen Abteilungsleiter im Bundeswirtschaftsministerium, Hans Tietmeyer, der letztlich Köhler vorschlug.[328] Andere wiederum erinnern sich, Köhler sei damals vom legendären Wirtschafts-Staatssekretär Otto Schlecht vorgeschlagen worden. Aber nicht nur Köhler allein war im Visier. Auch andere Bonner Beamte wurden gefragt. Doch keiner wollte in das nördlichste Bundesland nach Kiel gehen, denn das hätte zumindest eine Unionsnähe signalisiert. Man konnte nicht wissen, dass die sozial-liberale Koalition nur noch relativ kurze Zeit im Amt sein würde. In der Tat war es für den Schwaben Köhler risikoreich, den Schleswig-Holsteiner Stoltenberg in Kiel zu beraten. Manche Kollegen verstanden die Pro-Kiel-Entscheidung Köhlers auch deshalb nicht, weil für Beamte ein Wechsel von der Bundesebene zur Landesverwaltung eher als Abstieg angesehen wurde. Die Gefahr bestand darin, »in der Provinz hängen zu bleiben«. Außerdem ist die Bindung an einen einzelnen Politiker generell immer risikoreich. Schon viele Mitarbeiter haben die Erfahrung machen müssen, dass sie bei einem plötzlichen politischen »Absturz« ihres Chefs von deren jeweiligen Nachfolgern »kaltgestellt« wurden. All diese Risiken wollten andere Kollegen Köhlers nicht eingehen. Auch Köhler wird sich seine Entscheidung deshalb nicht leicht gemacht haben. Aber er vertraute Kollegen damals an, dass er im Falle eines Unionswahlsieges gute Chancen sähe, von Stoltenberg mit zurück nach Bonn genommen zu werden. Dies hatte ihm Stoltenberg offensichtlich bei dem Einstellungsgespräch zugesagt.

Köhlers Wagnis sollte sich zu einem Glücksfall in seinem beruflichen Leben entwickeln. Der erste Grund hierfür war Stoltenberg selbst. Dieser Politiker beeindruckte wohl jeden Mitarbeiter durch sein Fachwissen und die Unbestechlichkeit seines Urteils. Stoltenbergs Problem war gleichwohl, dass er es, trotz seines hohen Ansehens innerhalb und außerhalb der Unionsparteien, nie schaffte, in der Bundes-CDU die »Nummer eins« zu werden. Im Gegensatz zu Helmut Kohl hatte er es nie verstanden, parteiintern die notwendigen »Truppen« hinter sich zu scharen. Stoltenbergs spröde Art und seine geringe Fähigkeit, emotionale Bindungen entstehen zu lassen, begrenzten sein parteiinternes Wirken – und übrigens auch seine Führung eines großen Ministeriums. Dennoch hat er den damals fast vierzigjährigen Köhler – auch wegen seines politischen Gesamtüberblicks – fachlich sehr beeindruckt. Köhlers Eintritt in die CDU zum 1. Dezember 1981 ist sicher auch dem geistigen Einfluss Stoltenbergs zuzuschreiben, mehr noch allerdings der Erkenntnis, dass eine Mitgliedschaft karriereförderlich sein könnte. Auch weil Köhler von Kiel aus viele Kontakte in unionsregierte Länder und in die CDU/CSU-Bundestagsfraktion pflegen musste, schuf eine Parteimitgliedschaft so etwas wie Vertrauen im Umgang mit zahlreichen Gesprächspartnern in dem sich neu entwickelnden Netzwerk. Es knirschte damals zwar schon im Gebälk der sozial-liberalen Koalition, aber Köhler konnte zum Zeitpunkt seines CDU-Beitritts keineswegs sicher sein, dass er in Bonn Karriere machen würde. Wohl aber hätte ihm weiterhin in Schleswig-Holstein der Weg zu einer landespolitischen Karriere offengestanden.

Köhler war im Kieler »Landeshaus«, wie die Regierungszentrale genannt wird, einer der wenigen, die sich überhaupt mit Fragen der Bundespolitik befassten. Während heute die Staatskanzlei in Schleswig-Holstein personell vergleichsweise üppig ausgestattet ist, war sie in jenen Zeiten im höheren Dienst doch recht kärglich besetzt. Erst unter Stoltenberg wurden so genannte »Spiegelreferate« eingeführt, das heißt, dass in der Schaltzentrale der Landesregierung jeweils ein Referat die Arbeit der einzelnen Landesministerien begleitete und insoweit dem Ministerpräsidenten über die Arbeit in den Ministerien berichten konnte.[329] Bei einer so kleinen »Besatzung« im Kieler Regierungsschiff kam auf den jeweiligen Referenten eine enorme Arbeitsbelastung zu, zumal Köhler als Verbindungsreferent zum Wirtschaftsministerium gerade einmal auf einen oder zwei Sachbearbeiter zurückgreifen konnte.[330] Andererseits konnte sich Köhler so rasch zu dem für Wirtschafts- und Finanzpolitik wichtigsten Beamten Stoltenbergs entwickeln. Und Köhler erhielt durch seine Stellung und seine Nähe zu Stoltenberg einen umfassenden Einblick in die Bonner Wirtschafts- und Finanzpolitik, die er für den bundespolitisch engagierten Stoltenberg zu betreuen hatte. Er musste seine Kontakte zur Bundesverwaltung, zur CDU/CSU-Bundestagsfraktion und zu den Landesregierungen – vor allem der sonstigen unionsgeführten Bundesländer – nutzen. Das brachte Köhler aus der Enge seines vorherigen Fachreferates im Bundeswirtschaftsministerium heraus und in die Weite der gesamten Wirtschafts- und Finanzpolitik hinein – und das bemerkenswerterweise von der Kieler Förde aus. Es sollte sich für ihn auszahlen: Stoltenberg nahm ihn mit zurück in die Bundespolitik, als er am 4. Oktober 1982 als Bundesminister der Finanzen in das erste Kabinett Helmut Kohls berufen wurde. Die Kieler Zeit war für Köhler besonders lehrreich. Er war zwar immerhin schon 38 Jahre alt, aber hier arbeitete er erstmals eng mit einem hochrangigen Politiker zusammen. »Nach kurzer Zeit waren wir alle einer Meinung: Das ist ein guter Mann«, erinnert sich Jörn Alwes, seinerzeit persönlicher Referent Stoltenbergs in Kiel.[331] »Dieser Mann ist ein Volltreffer«, hieß es Alwes zufolge in den Gängen des Landeshauses. Die Stoltenberg-Mitarbeiter waren sich einig, dass Köhlers Entwürfe eine positive Wirkung auf Stoltenbergs rednerische Auftritte hatten.

In der Anfangszeit blieb Köhlers Familie noch im Meckenheimer Reihenhaus zurück. Weil die Familie weit entfernt wohnte und abends niemand auf ihn wartete, konnte der Neuankömmling zusätzlich mit einer ungebremsten Arbeitswut imponieren. ›Stern‹-Journalisten gegenüber verriet Köhler, schon die Kollegen in der Grundsatzabteilung des Bonner Wirtschaftsministeriums hätten ihn wegen seines nächtlichen Fleißes gerügt: »Du verdirbst die Preise.«[332] Schließlich jedoch wurde für die Familie ein Haus in der Straße Eiderblick 19 in dem etwa fünfzehn Kilometer von Kiel entfernten Dorf Molfsee angemietet. Das Wohnhaus lag nur wenige hundert Meter von dem wegen der »Eider-Dänen« berühmten Grenzfluss Eider entfernt, der die beiden Landesteile Schleswig und Holstein voneinander trennt. Als Bundespräsident machte Köhler aus Anlass der Eröffnung des Schleswig-Holstein-Musik-Festivals einen Abstecher nach Molfsee und besuchte dort ein Freilichtmuseum.[333]

Auch der damalige Chef der Staatskanzlei, Georg Poetzsch-Heffter, erinnert sich, dass der fleißige Köhler »auf Anhieb« im Landeshaus sehr beliebt gewesen sei.[334] Damals hat man aber noch nichts davon gespürt, dass Horst Köhler führungsstark sein könnte. »Er war ein guter Mann, zu führen gab es aber nicht viel, er hatte vielleicht zwei oder drei Sachbearbeiter«, erinnert sich Alwes. Gleichwohl sei Köhler von sich überzeugt gewesen und dementsprechend gegenüber Stoltenberg sehr selbstbewusst aufgetreten. Alwes gibt auch eine Aussage Stoltenbergs wieder: »Der Köhler ist doch sehr bestimmend.« Eine

Formulierung, die bei dem wortkargen und die Augenbrauen hoch-ziehenden Stoltenberg auf inhaltsschwere Auseinandersetzungen schließen ließ.

Neuanfang im Bonner Finanzministerium

Im Oktober 1982 hatte der neue Finanzminister Stoltenberg neben seiner Chefsekretärin gerade einmal zwei Kieler Beamte mit zurück nach Bonn genommen, nämlich Jörn Alwes als Büroleiter und Horst Köhler, der Persönlicher Referent des Ministers und Redenschreiber wurde. Wieder musste Köhlers Familie für einige Zeit zurückstehen. Er wollte abwarten, wie ein halbes Jahr später die Neuwahlen für den Deutschen Bundestag ausgingen. Bundespräsident Karl Carstens hat-te sich auf Drängen Helmut Kohls für vorgezogene Wahlen entschie-den, die am 6. März 1983 stattfanden. Dieser Vorgang würde sich 2005 wiederholen, als nun Bundespräsident Köhler über das zweite »un-echte« Misstrauensvotum in der Geschichte der Bundesrepublik Deutschland zu entscheiden hatte.

Das Reihenhaus der Köhlers in Meckenheim bei Bonn war noch vermietet, als er zunächst ohne seine Familie aus Schleswig-Holstein zurückkehrte. Die Zwischenmieter hatten es angeblich innen schwarz gestrichen – »Köhler war entsetzt« –, wollten es aber nicht so schnell verlassen, wie es Köhler wünschte. Jedenfalls wird Köhler intensiv die Tücken des deutschen Mietrechts erfahren haben. Zunächst kam er – gemeinsam mit seinem Kollegen Alwes – im Kellergeschoss der Wit-we Eleonore Hardt im Meisenweg 3 im rechtsrheinischen Niederkas-sel-Mondorf bei Bonn preisgünstig unter. Ein Dreivierteljahr lang war es »wie in alten Studentenzeiten«, erinnert sich Alwes, der in der Regel gemeinsam mit Köhler an Wochenenden heim zur Familie fuhr. »Tante Eleonore« nannten die beiden Beamten ihre Wirtin fast liebevoll. Sie bekamen von der gesprächigen und »reizenden alten Dame« das Frühstück gemacht und wurden von ihr dann – wenn es nicht allzu spät wurde – abends auch noch zu einem Bier eingeladen, auf ein Schwätzchen.[335]

Als Köhler nach Bonn ging, konnte er nicht sicher sein, dass die neue Regierung unter Helmut Kohl und Vizekanzler Hans-Dietrich Genscher die Neuwahlen überstehen würde. Verständlicherweise wollte Köhler auf »Nummer sicher« gehen. Er hat sich deshalb nicht gleich in die Bundesverwaltung versetzen lassen, sondern wurde nur »abgeordnet«. So konnte er in den ersten Monaten seiner neuen Tätigkeit in Bonn de jure weiter Kieler Beamter bleiben und hatte damit ein Rückkehrrecht.[336] Er hatte für den Fall, dass sich in Bonn eine für ihn unglückliche politische Konstellation entwickelte, vorgesorgt, heißt es doch in einer von ihm mit der Landesregierung getroffenen Vereinbarung weiter: »Für den Fall der Rückkehr in den Landesdienst soll die Wartefrist für die Verleihung eines Amtes der Besoldungsgruppe B2 wohlwollend bemessen werden.« Das bedeutet, dass Horst Köhler für den Fall einer Rückkehr sogar eine Beförderung zugesagt wurde.[337]

Zunächst war Köhler lediglich Persönlicher Referent und Redenschreiber Stoltenbergs. Damit war der selbstbewusst auftretende Ministerialrat nicht zufrieden. Er hatte nicht mehr die aus der Kieler Zeit gewohnte Nähe zu Stoltenberg. Er saß in einem kleinen Zimmer, das in Ministernähe, aber außerhalb des unmittelbaren Ministerbüros angesiedelt war, und durfte, was für ihn noch schlimmer war, auch nicht an den Staatssekretärsrunden teilnehmen – im Gegensatz zu Stoltenbergs Büroleiter Alwes. Da traf es sich gut, dass der sich dafür entschied – wie übrigens auch Stoltenbergs Chefsekretärin –, wieder nach Schleswig-Holstein zurückzugehen; dort wurde er später in Pinneberg Landrat. Köhler stieg nun endlich zum Büroleiter auf. Gert Haller, heute Staatssekretär im Bundespräsidialamt, wurde Köhlers Nachfolger als Redenschreiber und Grundsatzreferent. Er sollte Köhler auch auf späteren Posten nachfolgen. 1985 stieß Hans Reckers, heute Mitglied im Vorstand der Deutschen Bundesbank, als Persönlicher Referent des Ministers in den Kreis der engsten Mitarbeiter Stoltenbergs hinzu. Er wurde 1986 Köhlers Nachfolger als Büroleiter des Ministers. Alle, die Köhler aus jenen Bonner Tagen kennen, erkennen bei ihm eine besondere Prägung durch Stoltenberg. Er habe schon in Kiel dessen politische Deutungen wie ein Schwamm aufgenommen und sehr viel gelernt – nicht nur das Einmaleins der Haushalts- und Finanzpolitik. Vielleicht kristallisierte sich bei Köhler damals schon die Überzeugung heraus, dass in der Politik und im Beamtenapparat viel zu viele mitwirkten, die für ihre Aufgaben nicht geeignet seien.

Dabei dürfte Stoltenberg für ihn ein besonderer Maßstab gewesen sein – und das in einem für ihn ausdrücklich positiven Sinn: »Als Mensch und Politiker war er vorbildlich, und er ist mir noch heute in seinem Denken Vorbild.«[338] Als Stoltenberg im April 1989 gegen seinen Willen das Finanzministerium verlassen musste und Verteidigungsminister wurde, sagte man Köhler gleichwohl keine besondere Anhänglichkeit an seinen alten Chef nach. Gerhard Stoltenberg beklagte einst, dass sein politischer Zögling Köhler nur noch wenig Kontakt zu ihm gehalten habe und sie sich nur noch bei Geburtstagen und anderen offiziellen Anlässen gesehen hätten. Doch zu Stoltenbergs Beerdigung im Dezember 2001 flog Köhler – damals Chef des Internationalen Währungsfonds – aus Washington eigens nach Schleswig-Holstein.[339] Köhler sagt selbst, dass »im Grunde« seine beachtliche Karriere ihren Anfang mit Stoltenberg in Schleswig-Holstein nahm: »Gerhard Stoltenberg war ein Politiker der besten Art. Ich verdanke ihm viel.«[340]

Unaufhaltsamer Aufstieg

Doch Horst Köhler wollte weiterkommen – wofür es nie gut ist, wenn man allzu lange als enger Mitarbeiter eines Politikers »verschlissen« wird. Köhlers Arbeitswut war auch damals schon legendär und die Beamten im Haus merkten, dass sie es mit einem besonders ambitionierten Mitarbeiter zu tun hatten, der es verstand, seine Nähe zum Minister geschickt auszuspielen. Er, der immer den »Dienstweg« und die Einhaltung von Hierarchien reklamierte, verstand es durchaus – gegebenenfalls auch unter Umgehung von Abteilungsleitern oder Unterabteilungsleitern –, direkt auf die fachlich zuständigen Referenten einzuwirken, was heute noch ehemalige Mitarbeiter mit Groll vermerken.

Auf dem weiteren Weg »nach oben« wurde Köhler im Range eines Ministerialdirigenten (Besoldungsstufe B6) im Mai 1986 Leiter der für Grundsatzfragen zuständigen Unterabteilung IA des Bundesministeriums für Finanzen. Schon in seiner Einführungsrede, so jedenfalls erinnern sich heute gestandene Ministerialbeamte, habe er offen zum Ausdruck gebracht, dass diese Aufgabe seiner Zielsetzung nach nicht seine »Endstation« sein werde. Diese ungewöhnlich offene Demonstration seines Selbstbewusstseins führte gleichwohl dazu, dass er fortan im Ministerium als jemand wahrgenommen wurde, mit dessen weiterem Aufstieg man rechnen musste. Das hat ihn nicht immer überall beliebt gemacht, zumal er »das Oberlehrerhafte« von Stoltenberg kopiert habe. In jedem Fall war Köhler ungemein fleißig. Seine damalige Sekretärin Ingemarie Röhrig schwärmt noch heute: »Er war mein Traumchef.«[341] Er hat »hart gearbeitet, er hat viel bewegt, das Diktat ging ihm leicht von der Hand, er war sehr menschlich«.

Leiter der Grundsatzabteilung (Abteilung I) war damals Ulrich Benner. Köhler folgte ihm schließlich im Februar 1987 und nahm diese Aufgabe bis April 1989 wahr. Eine solche Grundsatzabteilung, die im Gegensatz zu anderen Abteilungen nur »weiche«, wenig konkrete Kompetenzen und in vielen Feldern eine Querschnittfunktion hat, lebt sehr stark von der Persönlichkeit ihres Leiters. Köhler wusste dies aufgrund seiner Erfahrungen im Bundeswirtschaftsministerium. Sein damaliger Abteilungsleiter im Wirtschaftsministerium war kein anderer als Hans Tietmeyer, später Staatssekretär und dann Präsident der Deutschen Bundesbank. Tietmeyers Karriereweg musste für Köhler so etwas wie eine Vorbildwirkung gehabt haben. Schon als Büroleiter des Ministers Stoltenberg[342] wollte Köhler mit dem damaligen Staatssekretär Tietmeyer – wie einige beobachteten – »auf gleicher Augenhöhe« verkehren, auch wenn sich verständlicherweise der ältere Tietmeyer aufgrund seines Ranges und seiner Erfahrung von einem Büroleiter nichts vorschreiben lassen wollte. Um aber Tietmeyer eines Tages einmal nachfolgen zu können und ebenfalls Staatssekretär im Bundesfinanzministerium zu werden, war 1989 eine weitere Zwischenstation Köhlers notwendig, die Leitung einer Abteilung mit »harten«, operativen Kompetenzen sinnvoll. So wurde er

Abteilungsleiter für »Geld und Kredit«, der Abteilung VII im Bundesfinanzministerium. Diesen Posten hatte Köhler nur etwa ein Dreivierteljahr lang inne – es war so etwas wie ein geplanter »Durchlauferhitzer« auf dem Weg zum Staatssekretär.

Am Ziel: Staatssekretär unter Waigel und Kohls »Sherpa«

Am 1. Januar 1990 erreichte er sein Ziel. Horst Köhler wurde Staatssekretär, rückte also auf die höchste Position, die ein Beamter in einem Ministerium erreichen kann. Berufen wurde er von Theo Waigel (CSU), der am 21. April 1989 im Zuge einer Regierungsumbildung Bundesfinanzminister geworden war. Waigel ist auch heute noch wegen seines grundsätzlichen Vertrauens, das er Staatssekretären und Abteilungsleitern entgegenbrachte, und allgemein wegen seines Führungsstils im Bundesfinanzministerium sehr beliebt. Er machte weniger detailreiche Vorgaben als sein Vorgänger, was seinen Beamten – auch seinem Staatssekretär Köhler – manchen Spielraum eröffnete.

Köhler und Waigel sind inzwischen eng befreundet, was Köhler während seiner Staatssekretärszeit allerdings nicht daran hinderte, gelegentlich Dritten zu erklären, dass man »den Waigel zum Jagen tragen« müsse. Köhler erfuhr nie selber als Mandatsträger die Leiden eines Politikers, der häufig genug nicht rein fachlich entscheiden kann, sondern vielfach Kompromisse machen muss. Waigel musste demgegenüber schon vor seiner Ministerzeit, als CSU-Landesgruppenvorsitzender im Bundestag (Oktober 1982 bis April 1989), so manchen politischen Spagat zwischen CSU und der gemeinsamen CDU/CSU-Fraktion beziehungsweise gegenüber der CDU vollziehen. Franz Josef Strauß war bis zu seinem Tod im Oktober 1988 CSU-Parteivorsitzender und bayerischer Ministerpräsident. Nach seinem Tod kam es zu einer Ämterteilung, die für ständigen Konfliktstoff sorgte: Der CSU-Parteivorsitz wurde vom bayerischen Ministerpräsidentenamt getrennt. Den Parteivorsitz übernahm Waigel, das Amt des bayerischen Ministerpräsidenten zunächst Max Streibl. Edmund Stoiber, von 1978 bis 1983 Generalsekretär der CSU und engster Vertrauter von Strauß, dessen Leiter der Staatskanzlei er 1982 geworden war, wurde unter Streibl Innenminister. Bundesweite Bekanntheit hatte sich Stoiber als CSU-Generalsekretär (1978 bis 1983) und als Leiter der Bayerischen Staatskanzlei (1982 bis 1986) durch seine ruppigen Angriffe auf die Schwesterpartei CDU erworben – er tat dies als verlängertes Sprachrohr von Franz Josef Strauß. Als Streibl wegen der sogenannten »Amigo-Affäre«, weil er Reisen unternommen hatte, die ein Unternehmergeschenk waren, am 27. Mai 1993 zurücktreten musste, setzte sich der »Hardliner« Stoiber nach einem langen parteiinternen Wahlkampf gegen Waigel durch. Waigel wäre liebend gerne bayerischer Ministerpräsident geworden. Helmut Kohl hätte dies auch gerne gesehen. Zwar musste sich der CSU-Vorsitzende Waigel schon seit seinem Amtsantritt als Bundesfinanzminister im April 1989 mancher Attacken aus München erwehren, doch steigerten sich diese ab Mai 1993 mit dem Amtsantritt Stoibers als Ministerpräsident.

Wenige Monate später schied Köhler aus dem Bundesfinanzministerium aus. Er muss aber noch miterlebt haben, wie viel Zeit jemand für das Amt des CSU-Parteivorsitzenden benötigt, wenn er nicht zugleich Ministerpräsident ist. Waigel wurde CSU-intern gelegentlich vorgeworfen, er würde in seinem Amt bayerische Interessen zu wenig vertreten. Waigels Hinweis, dass es auch einem Parteivorsitzenden nicht möglich sei, in einem Regierungsamt des Bundes Bayern zu begünstigen, wurde in München selten goutiert. Kohl pflegte zu »seinem« Finanzminister ein enges, fast freundschaftliches Verhältnis. Das war im Bayernland nicht allen immer ganz geheuer. Kohl brauchte Waigels Unterstützung: Insbesondere bei den zahlreichen Finanz- und Haushaltsentscheidungen im Rahmen der Wiedervereinigung war seine Zustimmung notwendig. Kohl vertraute Waigel auch deshalb, weil er 1976 loyal zur Fraktionsgemeinschaft von CDU und CSU im Deutschen Bundestag stand.[343]

Köhler trat mit Wirkung zum 1. Januar 1990 die Nachfolge von Hans Tietmeyer an[344], eines äußerst profilierten und selbstbewussten Staatssekretärs – und wurde immer an ihm gemessen. Vermutlich hat er sich selber auch an seinem Vorgänger gemessen. Später – so wird berichtet – strahlte Köhler, als er einem befreundeten Beamten berichten konnte, Bundeskanzler Kohl habe ihm erklärt, als Staatssekretär besitze er wenigstens die gleichen Qualitäten wie Tietmeyer. So sehr Köhler und Tietmeyer heute ihre gute Kooperation loben[345] – ihre Zusammenarbeit im Ministerium war nicht ohne Spannungen. Köhler versuchte, als er unter Staatssekretär Tietmeyer zu dienen hatte, sich gelegentlich bei Beratungen selbstständig zu profilieren, was bei dem Westfalen Tietmeyer, der ein Dickkopf sein konnte, auf wenig Wohlgefallen stieß.

In seiner neuen Aufgabe als Staatssekretär war Köhler für Grundsatzfragen der Finanzpolitik, für Geld und Kredit, für internationale Politik, für die Finanzbeziehungen zur Europäischen Gemeinschaft, für alle Beteiligungen des Bundes und für die im Zusammenhang mit der Deutschen Einheit entstandene Treuhandanstalt zuständig. Zudem übernahm er die Aufgabe eines »Sherpas«, wie die Unterhändler der Regierungschefs der sieben wichtigsten Industriestaaten (»G7«), heute auch unter Einschluss Russlands »G8«, genannt werden. Damit hatte Köhler – was sonst für beamtete Staatssekretäre nur schwer möglich ist – einen eigenen Draht zu Bundeskanzler Kohl. Dieser nutzt zwar heute etliche Gelegenheiten, seinen einstigen »Sherpa« in den höchsten Lobestönen zu erwähnen. Doch in den zwei Buchveröffentlichungen Kohls, die sich mit den betreffenden Zeiträumen auseinandersetzen, in ›Ich wollte Deutschlands Einheit‹[346] und seinen ›Erinnerungen 1982–1990‹[347], erwähnt er seinen einstigen Spitzenbeamten überhaupt nicht. Aber Köhlers Nähe zu Kohl, die sich durch die sich verdichtenden internationalen Verpflichtungen der Bundesrepublik ergab, war für die Entwicklung von Köhlers eigenem Profil wichtig. Allerdings konnten auch andere »Sherpas« vor und nach Köhler ein eigenes öffentliches Profil entwickeln. Selten haben beamtete Staatssekretäre eine eigenes, in der Öffentlichkeit wahrgenommenes Gesicht. Zu den wenigen vor ihm – neben dem bereits erwähnten Hans Tietmeyer – zählte man Staatssekretär Otto Schlecht aus dem Bundeswirtschaftsministerium. Dieser war so etwas wie ein ordnungspolitisches Gewissen der Bundesregierung und gehörte neben Tietmeyer zu den Verfassern eines vom Bundeswirtschaftsminister Otto Graf Lambsdorff in die politische Arena eingebrachten Dokuments (»Lambsdorff-Papier«), das für die FDP-Minister die Grundlage ihres Rückzuges aus der sozial-liberalen Koalition 1982 darstellen sollte.

Köhler musste jedenfalls schnell feststellen, dass ein neuer Minister auch neue inhaltliche Entscheidungen treffen kann. Als er nämlich Staatssekretär wurde, musste er unter Theo Waigel die Abschaffung der umstrittenen und von ihm selbst dem Minister Stoltenberg empfohlenen Quellensteuer umsetzen.[348]

Die Erblindung der Tochter

Als Horst Köhler Staatssekretär wurde, erkrankte seine 1973 geborene Tochter Ulrike an der Netzhaut, einer Krankheit mit der medizinischen Bezeichnung »Retinitis pigmentosa«, die in Schüben zur Erblindung führt.[349] Im Alter von acht, neun Jahren tauchten die ersten Symptome auf. Beamte erinnern sich, wie die Tochter ihren Vater hilfesuchend während wichtiger Besprechungen im Ministerium anrief, Horst Köhler sich jedoch für die berufliche Pflicht entschied und weiter Sitzungen leitete. Als die Anfrage an Köhler herangetragen wurde, Tietmeyers Nachfolger zu werden, hat Köhler immer wieder ihm gut bekannten Beamtenkollegen die Frage gestellt: »Soll ich, kann ich bei dieser inneren Belastung, die ich habe, Staatssekretär werden?« Ihm wurde zugeraten. Er war wohl selbst unsicher, ob er diesen Spagat zwischen familiärer Verpflichtung und beruflichem Aufstieg aushalten konnte. Es benötigte offensichtlich eine Bestätigung für seine prinzipielle Berufsentscheidung, weil er mit relativ vielen Kollegen und Untergebenen hierüber sprach.

Zu dieser Zeit war das Ehepaar Köhler mit Ulrike in einer Spezialklinik in Boston. Köhler beschreibt diese Situation wie folgt: »[I]ch musste vorzeitig nach Bonn zurückfliegen, um von Hans Tietmeyer das Amt des Staatssekretärs im Bundesfinanzministerium zu übernehmen. Nur ein paar Stunden vor der feierlichen Amtsübergabe hatte mir meine Frau telefonisch das Ergebnis der Untersuchung mitgeteilt: Ulrikes Krankheit war unheilbar. Ich aber musste vor den Mitarbeitern des Ministeriums meine Antrittsrede halten. Da habe ich zum ersten Mal in meinem Leben gedacht, du bist hier am falschen Platz.«[350] Die Köhlers entschieden sich schließlich dafür, die Tochter mit sechzehn Jahren in die Studienanstalt für Blinde und Sehbehinderte nach Marburg zu geben. »Die Fröhlichkeit, die wir da bei den blinden Mitschülern kennengelernt haben, die war für meine Frau und mich sehr hilfreich«[351], sagte Köhler später. In Marburg hat Ulrike auch das Abitur gemacht. Anschließend wechselte sie an die Universität Frankfurt. Dort studierte sie Germanistik, Italienisch und Englisch. 2005 hat sie dort ihr Staatsexamen abgelegt.

Ulrikes Bruder Jochen studierte Volkswirtschaft in Köln. Er wohnte bei seinen Eltern, bis diese 1998 nach London umziehen sollten. Horst Köhler: »In der Phase zwischen 1990 und 1993, als ich als Staatssekretär vor allem mit der Wiedervereinigung und mit dem Maastrichter Vertrag zur Europäischen Währungsunion befasst war, da habe ich im Grunde nicht mitbekommen, wie mein Sohn um einen halben Meter gewachsen ist. Im Nachhinein vermisse ich da etwas.«[352] Mitbekommen hatte Horst Köhler dann schließlich, dass sein Sohn bereits als 17-Jähriger Vater wurde, was für ihn einen »Schock« darstellte: »Ich habe dann festgestellt, dass ich tatsächlich nicht bemerkt hatte, was er eigentlich in den Wochen und Monaten zuvor getan hatte, mit wem er zusammen war. Mir war es wichtig, dann lange mit ihm zu reden, um das auch selbst aufzuarbeiten. Wir haben ihn damals finanziell unterstützt, damit er seinen Verpflichtungen gegenüber der Mutter und dem Kind nachkommen konnte. Mich freut, dass mein Sohn heute regelmäßig Kontakt mit dem Kind hat und mehr tut, als nur Geld zu überweisen.«[353] 2006 schloss der Köhler-Filius sein Studium der Wirtschaftswissenschaften in Köln ab und heiratete seine langjährige Freundin Ruth Kilpert kirchlich am 4. November 2006 in der Bonner »Kreuzbergkirche«. Den kirchlichen Segen gab der katholische Priester Ulrich Weeger. Die beiden hatten sich acht Jahre zuvor kennengelernt: Jochen Köhler war auf dem Bonner Konrad-Adenauer-Gymnasium, seine heutige Frau Ruth (Spitzname »Rudi«), Lehrertochter und Grundschullehrerin, auf dem Nicolaus-Cusanus-Gymnasium. Zum Zeitpunkt der Trauung war sie im fünften Monat schwanger. Horst Köhler und seine Frau waren bereits am Tag zuvor zur standesamtlichen Trauung im Alten Rathaus in die frühere Bundeshauptstadt angereist.[354]

Hinterher ist man immer schlauer: Die dramatischen Monate der Wiedervereinigung

Zweifelsohne war die Erblindung der Tochter für Köhler eine enorme Belastung, wie sich seine Kollegen und Mitarbeiter heute noch erinnern. Allerdings blieb in jener Umbruchsituation für Köhler wenig Zeit, sich um seine Familie zu kümmern, denn der Fall der Mauer am 9. November 1989 brachte eine völlige Wende der innerdeutschen und der internationalen Situation, mit Folgen gerade für das Bundesfinanzministerium. Vor der Wende gab es in der DDR einige Bürgerrechtsbewegungen, die dem diktatorischen System der SED die Stirn zeigten. Die Öffnung der Grenze zu Österreich durch Ungarn am 10./11. September 1989 und die Reise Tausender von DDR-Flüchtlingen aus den bundesdeutschen Botschaften, insbesondere in Ungarn, Polen und der Tschechoslowakei, in die Bundesrepublik zeigten: Das politische System der DDR war am Ende. Am 18. Oktober 1989 wurde Erich Honecker als Generalsekretär der SED zum Rücktritt gezwungen; ihm folgte Egon Krenz.

In diesen Wochen schien die Bundesregierung in Bonn zunächst wie gelähmt. Insbesondere Helmut Kohl hatte zwar prinzipiell am Ziel der deutschen Einheit festgehalten. Doch jetzt mussten er, die entsprechenden Ministerien sowie Beamte auf ein Ereignis reagieren, mit dem zu diesem Zeitpunkt niemand gerechnet hatte: Die ostdeutsche Bevölkerung forderte, etwa bei den »Montagsdemonstrationen« in Leipzig, die deutsche Einheit. Die Bundesregierung, die an der *einen* deutschen Staatsbürgerschaft festgehalten hatte, stand unter dem Druck der explosiv ansteigenden Anzahl von Übersiedlern, die aus der DDR nach Westdeutschland kamen. Das in einem Urteil des Bundesverfassungsgerichts aus dem Jahre 1973 bestätigte Rechtsinstitut der einen deutschen Staatsbürgerschaft bedeutete nämlich, dass

DDR-Bürger das Recht auf die Staatsbürgerschaft der Bundesrepublik Deutschland hatten.[355] Sie konnten also nicht etwa an der inzwischen geöffneten innerdeutschen Grenze abgewiesen werden, weder aus rechtlichen, politischen noch natürlich aus humanitären Gründen. Nach einer Rekordzahl von rund 133.000 Übersiedlern im November 1989 sank die Zahl zunächst auf rund 43.000 im Dezember, um im Januar 1990 wieder auf 74.000 anzusteigen.[356]

Die Bundesregierung war also gezwungen, eine Strategie zu entwickeln, um diese Massenmigration nicht zu einer ernsten Gefahr für die Bundesrepublik anschwellen zu lassen. Erst mit dem von Helmut Kohl am 28. November 1989 vorgetragenen »Zehn-Punkte-Programm zur Überwindung der Teilung Deutschlands und Europas«[357] konnte man den Eindruck gewinnen, dass die Bundesregierung langsam wieder politische Gestaltungskraft erhielt. Die Kohl'sche Erklärung war damals fast so etwas wie eine quasi-revolutionäre Aussage und konnte als indirekte juristische Anerkennung der DDR angesehen werden. Er sprach nämlich seinerzeit von »konföderativen Strukturen« der beiden Staaten in Deutschland. Es war der verzweifelte Versuch, den Zusammenbruch der DDR zu verlangsamen, um die Einheitsprobleme »geordneter« lösen zu können. Die komplette Bundesregierung, auch Außenminister Genscher, war über die Details dieser prinzipiellen Erklärung Kohls, die er im Deutschen Bundestag abgab, genauso wenig informiert wie die der CDU oder CSU angehörenden Minister – von den westlichen Alliierten, den Vereinigten Staaten von Amerika, Großbritannien und Frankreich, einmal ganz zu schweigen.[358] Immerhin konnten zu diesem Zeitpunkt die vier Siegermächte, auch nach deutscher Völkerrechts-Auffassung, noch auf ihre Vorbehaltsrechte bezüglich Deutschlands als Ganzem und Berlin im Besonderen pochen.

Der DDR-Kollaps war unaufhaltsam. Der Zusammenbruch der DDR wurde letztlich durch die am 18. März 1990 stattfindenden ersten freien Volkskammerwahlen beschleunigt. Diese Wahlen führten zu einem Ausschluss der Kommunisten aus der DDR-Regierung. Die Ost-CDU unter Lothar de Maizière war der strahlende Sieger dieser Wahl; er wurde Ministerpräsident der DDR. CDU, SPD, der Demokratische Aufbruch (DA) und die Deutsche Soziale Union (DSU) bildeten am 12. April eine breite Koalition, aus der die SPD später austreten sollte.

Nicht einmal ein Jahr dauerte es vom Mauerfall bis zur staatlichen Einheit. Am 20. November 1989 eröffnete der damalige Kanzleramtsminister Rudolf Seiters eine Serie von Gesprächen zwischen Vertretern der Bundesregierung und der ostdeutschen Regierung.[359] Die Richtlinien dazu hatte er am 15. November in einer Staatssekretärs- und Ministerrunde unter Kohls Vorsitz erhalten.[360] Schon am Nachmittag des 10. November 1989 hatte es im Bundesfinanzministerium ein abteilungsübergreifendes »Brainstorming« gegeben. Köhler stand damals kurz vor seiner Beförderung zum Staatssekretär. Später am Abend bereiteten Horst Köhler und Thilo Sarrazin, Leiter des Referats »Nationale Währungsfragen«, ein Schreiben zur Unterschrift von Theo Waigel an den Bundeskanzler vor.[361] Waigel darin: »Wir müssen diese historische Stunde nutzen, um auch von uns aus den Menschen in der DDR eine neue politische und wirtschaftliche Perspektive zu geben.« Er unterbreitete Kohl nicht nur eine Reihe politischer Vorschläge, sondern regte auch eine interministerielle Arbeitsgruppe an, die ein Gesamtkonzept der Bundesregierung erarbeiten sollte. Kanzleramtsminister Seiters teilte dann am 1. Dezember mit, er habe Staatssekretär Dieter von Würzen »gebeten, die Arbeitsgruppe unter Federführung des Bundesministeriums für Wirtschaft einzurichten«.[362] Diese Arbeitsgruppe war das eigentliche operative Steuerungszentrum der deutschen Einheit, an dem neben von Würzen und Köhler unter anderem der damalige Ministerialrat im Bundeskanzleramt, Johannes Ludewig, der damalige Staatssekretär im Bundesjustizministerium, Klaus Kinkel, als Vertrauensmann Genschers sowie der Bundesbankvizepräsident Helmut Schlesinger teilnahmen.[363]

Köhler arbeitete besonders mit Ludewig eng zusammen. Beide kannten sich seit gemeinsamen Zeiten im Bundeswirtschaftsministerium sowie in Brüssel und sind bis heute miteinander befreundet. Ludewig, von dem Beamte des Auswärtigen Amtes sagen, er sei »aus ähnlichem Holz wie Köhler geschnitzt«, konnte sich als wirtschaftspolitischer Abteilungsleiter im Bundeskanzleramt das Vertrauen Helmut Kohls erwerben. Er wurde 1995 Staatssekretär im Bundesministerium für Wirtschaft und war ab 1997 Vorstandsvorsitzender der Deutschen Bahn AG – ein Amt, das er bald nach dem rot-grünen Regierungsantritt im Jahr 1999 aufzugeben hatte.

Die Ereignisse überschlugen sich auch im Bundesfinanzministerium. Köhler befasste sich intensiv mit allen Aspekten einer deutschdeutschen Währungsunion. Bundesfinanzminister Waigel hatte für den 30. Januar 1990 eine Klausurtagung der Leitung des Ministeriums anberaumt, bei der auch über das Modell einer Direkteinführung der D-Mark in der DDR nachgedacht wurde. Am 6. Februar 1990 ging Helmut Kohl schließlich mit der Ankündigung an die Öffentlichkeit, er werde Ministerpräsident Modrow Verhandlungen über die Schaffung eines gemeinsamen Wirtschafts- und Währungsgebietes anbieten. Die inhaltlichen Vorstellungen Köhlers hierzu wurden in einem Vermerk vom 8. Februar 1990 festgehalten, den dieser gemeinsam mit dem damaligen Abteilungsleiter Gert Haller und mit Thilo Sarrazin verfasst hatte.[364] Sarrazin ist später immer wieder von Waigel wegen seines beherzten Zupackens in diesen Monaten hoch gelobt worden.

Köhler und die beiden Mitverfasser Haller und Sarrazin forderten in diesem Vermerk die Einbeziehung der DDR »in das Währungsgebiet der D-Mark«: »Die krisenhafte Zuspitzung der Lage in der DDR und die immer noch starke Abwanderung erfordern eine schnelle Besserung der wirtschaftlichen Lage, damit neues Vertrauen in der Bevölkerung entstehen kann. Die politische Entwicklung lässt einen Weg stufenweiser Reformen immer unrealistischer erscheinen. Die wachsende Bedeutung der D-Mark in der DDR spricht jetzt dafür, den Weg über eine Währungsunion zu gehen. Dieser Ansatz bietet zugleich die Chance, schnell den notwendigen fundamentalen marktwirtschaftlichen Neubeginn zu erreichen.«[365] Köhler tat sich als Ökonom sicherlich schwer mit einer schnellen Währungsunion. Dennoch sprach er sich in diesem Vermerk dafür aus. Zum genauen Umstellungskurs für die Ost-Mark wollten sich Köhler und seine Kollegen nicht festlegen. Dieser müsse »unter Abwägung ökonomischer und politischer Faktoren entschieden werden«, »differenzierte Umstellungssätze« seien denkbar.[366] Heute sagt Köhler, dass der Umtauschkurs »eindeutig nicht den unterschiedlichen Produktivitätsniveaus der beiden Teile Deutschlands« entsprach. Und: »[D]ies begründete ein ökonomisches Problem. Helmut Kohl hatte aber auch eine andere Rechnung. Damals betrug die monatliche Durchschnittsrente eines ostdeutschen Rentners etwa 360 Ostmark. Bei einem Umtauschkurs von eins zu zwei hätte der Rentner dann 180 D-Mark bekommen. Helmut Kohl fand: Davon konnte kein Rentner leben, und er hatte wohl Recht damit. Das größere ökonomische Problem liegt tatsächlich darin, dass in der Folge der Vereinigung die Produktivitätsentwicklung in Ostdeutschland nicht mit der Einheitsentwicklung Schritt halten konnte.«[367]

Köhler musste sich nach dem Mauerfall neben der Währungsfrage auch mit den finanziellen Lasten der deutschen Einheit befassen. Deshalb hatte er sofort Kontakt mit Walter Siegert aufgenommen, der wegen seiner fachlichen Leistung als »Finanzer« auch unter der demokratisch ins Amt gekommenen De-Maizière-Regierung als Staatssekretär im Finanzministerium der DDR verblieben war. Siegert heute: »Wir fanden in Horst Köhler immer einen fairen Gesprächspartner. Er war in dieser komplizierten Situation um Lösungen bemüht, die die Währungsunion rasch voranbringen sollten. Er verhandelte hart, spielte aber mit offenen Karten. Wir wussten, wie wir dran waren mit ihm.«[368] Ähnlich respektvoll äußert sich der letzte DDR-Ministerpräsident Lothar de Maizière: »Er verhandelte westdeutsche Interessen, das war sein Amtsverständnis, aber er wollte die deutsche Einheit wirklich. Und er hat sich energisch für die Stabilität der Deutschen Mark eingesetzt.«[369] Leiter der westdeutschen Delegation bei den Expertengesprächen mit der DDR wurde Horst Köhler. Ihr gehörten die Staatssekretäre Dieter von Würzen (Wirtschaftsministerium), Bernhard Jagoda (Arbeitsministerium) und der Vizepräsident der Bundesbank, Helmut Schlesinger, an. Hinzu kamen Beamte aus den verschiedenen Ressorts, darunter Thilo Sarrazin, dem als Leiter der Arbeitsgruppe »Innerdeutsche Beziehungen« im Bundesfinanzministerium eine Schlüsselposition zufiel.[370] Leiter der ostdeutschen Delegation war Walter Romberg, Minister ohne Geschäftsbereich. Die Gesprächsrunden wurden am 20. Februar 1990 in Ost-Berlin eröffnet.

Diese Fakten muss man kennen, wenn man die auf Köhler zukommende zeitliche und inhaltliche Belastung in jener dramatischen Zeit einschätzen will. Bei aller besonderen Verantwortung des Bundesfinanzministers und des für diese Fragen zuständigen Staatssekretärs Köhler stellte sich schnell heraus, dass in Regierung und Wissenschaft kaum verlässliche Daten über die tatsächliche innen- und wirtschaftspolitische Situation der DDR bekannt waren. Köhler und seine Mitarbeiter mussten sich in dieser Zeit erst einmal Grundkenntnisse über die Lage »drüben« aneignen.[371] Hinzu kommt, dass man in einer gewissen Grundnaivität den »roten Preußen« in Ost-Berlin das Fälschen statistischer Daten in diesem Ausmaß nicht zugetraut hatte. Auch die westdeutschen Wirtschaftsforschungsinstitute oder die Nachrichtendienste hatten hinsichtlich der wirtschaftlichen Lage der DDR keine fundierte Ahnung. »Hätten wir wirklich genau die Misere gekannt, wären wir nicht mit einem solchen Optimismus in die damaligen Verhandlungen gegangen«, meint heute Peter Klemm, damals als beamteter Staatssekretär Köhlers Kollege im Finanzministerium.[372] Manche Politiker vermuteten seinerzeit, die deutsche Einheit wäre quasi »mit links« zu ermöglichen. »Im Übrigen haben Politiker jeglicher Couleur davon gesprochen, dass sich die Einheit aus dem westdeutschen Wachstum finanzieren lässt«, erinnert sich Horst Köhler.[373] Allerdings kam der Zusammenbruch der DDR zu einer Zeit, in der die Wachstumsschwäche, unter der die Bundesrepublik seit Mitte der 70er Jahre gelitten hatte, überwunden schien. Die Unternehmen investierten wieder und die Einkommen stiegen.[374] Die Außenhandelsüberschüsse waren höher denn je. Die Zahl der Arbeitslosen, seit 1983 immer über zwei Millionen, ging zurück. Diese positiven Zahlen bedeuteten allerdings nicht, dass in Westdeutschland die ungelösten Probleme des schwierigen Strukturwandels genügend beachtet worden wären.

Köhler beklagt heute die »Unterschätzung der finanziellen Lasten der Vereinigung«[375] und die »Vorstellung der Sozialpolitiker, man könne weiterhin mehr verteilen«.[376] Doch ehemalige Mitarbeiter des

Bundesfinanzministeriums erinnern sich heute daran, dass Köhler selbst auch zu denjenigen gehörte, die die fachlichen Hinweise auf die marode Wirtschaftskraft der DDR, die sich gelegentlich als die zehntstärkste Wirtschaftsmacht der Welt darstellte, herunterspielten. Vielleicht war das auch der Tatsache geschuldet, dass Köhler von dem politischen Willen Kohls wusste. Schon wenige Jahre später – im Juni 1995 – äußerte sich Köhler sehr kritisch zu den deutsch-deutschen Verhandlungen: Eindreiviertel Jahre zuvor war Köhler aus der Bundesregierung ausgeschieden. Nun stellte er, der mit der DDR und der Sowjetunion verhandelt hatte, in der Rückschau vieles in Frage. Zunächst bekam das Bundeswirtschaftsministerium sein Fett ab: »Das Bundeswirtschaftsministerium hat den strukturpolitischen Handlungsbedarf unterschätzt und war in seiner Aufmerksamkeit wohl auch zu wenig auf den Ausbau in Ostdeutschland konzentriert. Die Hilfen waren anfänglich zu klein dimensioniert und konzeptionell nicht genug durchdacht. Wir hätten damals großzügiger denken sollen, um nicht am Ende die teurere Wirtschaftspolitik verwirklichen zu müssen.«[377] Dann bekannte er, dass die Bundesregierung die Kosten der deutschen Einheit bei Weitem unterschätzt hatte. »Es war gar nicht so einfach, die Kosten der Einheit einzuschätzen. Über den wirklichen Zustand des Kapitalstocks haben sich aber alle – die Wissenschaft eingeschlossen – Illusionen gemacht. Und was wäre denn gewesen, wenn wir die Kosten richtig eingeschätzt hätten? Dann wäre der Vereinigungswille in Westdeutschland möglicherweise geringer ausgefallen.«[378]

Köhler, der mit dem früheren DDR-Finanzminister Walter Romberg (SPD), der wesentlich höhere Zahlen genannt hatte, verhandelt hatte – und zwar gelegentlich ziemlich kontrovers –, sagte 1995: »Es wäre gut gewesen, wenn wir Romberg aufmerksamer zugehört hätten. Da wäre uns kein Zacken aus der Krone gefallen.«[379] Romberg weist heute auf die ausgesprochen schwierigen »psychologischen Ausgangsbedingungen« hin, doch hat er Köhler als seinen Counterpart als Delegationsleiter als »sachlichen und fairen Gesprächs- und Verhandlungspartner« wahrgenommen. Er bezeichnet Köhlers Gesprächsführung als »ausgeprägt zielstrebig, drängend«.[380] Köhler mussten zumindest die Dimensionen der DDR-Verschuldung bekannt gewesen sein, so aus einem damals geheim gehaltenen Gespräch des Noch-Staatssekretärs Tietmeyer vom 17. Dezember 1989 in Bonn. Hieran nahmen dessen designierter Nachfolger Köhler wie auch Vizepräsident Helmut Schlesinger von der Deutschen Bundesbank teil. Die Stellvertretende Finanzministerin der DDR, Herta König, und der Präsident der Außenhandelsbank, Werner Polze, berichteten auf Bitten des vorletzten DDR-Ministerpräsidenten Hans Modrow (SED) über die finanzielle Lage der DDR. Dabei gaben die Vertreter der DDR die Westverschuldung mit vierzig Milliarden DM an.[381]

Der damalige Ministerialbeamte Thilo Sarrazin, heute Finanzsenator in Berlin[382], wies beispielsweise in einem an Minister Waigel gerichteten Vermerk[383] darauf hin, dass für die deutsche Einheit wenigstens 50 bis 70 Milliarden D-Mark notwendig seien; er prognostizierte sogar eine zwischenzeitlich mögliche Arbeitslosigkeit in der ehemaligen DDR von etwa dreißig Prozent.[384] Auch andere Fachbeamte waren ähnlich realistisch-pessimistisch. Indirekt bestätigt Köhler heute selber die Fehlkalkulation: »Zugunsten von Kohl muss man fairerweise auch sagen, dass er die wirtschaftliche Herausforderung nicht als Einziger unterschätzt hat. Ganz freimütig: Ich schließe mich hier ein.«[385] Im ›Zeit‹-Interview von 1995 gestand er ein: »Hinterher ist man immer schlauer. Sie dürfen nicht vergessen: Die Wirtschafts- und Währungsunion war eine Sturzgeburt. In Westdeutschland hatte man sich nicht langfristig auf die Einheit vorbereitet und hatte daher keine ausgefeilten Handlungskonzepte in der Schublade. Es gab aber keine Alternative zur Sturzgeburt. Die DDR hatte im Prinzip abgewirtschaftet. Die Ostdeutschen wollten die schnelle Vereinigung; ich halte es für vertane Zeit, noch einmal darüber zu streiten, ob nicht doch ein allmählicher Übergang in die Marktwirtschaft besser gewesen wäre.«[386]

Der damalige Bundesbankpräsident Karl Otto Pöhl, der sich von der Bundesregierung übergangen fühlte,[387] hatte die deutsch-deutsche Währungsunion kritisiert und in Brüssel die »überstürzte« Währungsunion mit der DDR als eine »drastische Illustration« dafür bezeichnet, welche Fehler auf dem Weg zur europäischen Währungsunion vermieden werden müssten. »Wir haben die D-Mark von einem Tag zum anderen eingeführt, ohne Vorbereitung und zum falschen Umtauschsatz«, meinte Pöhl im März 1991 im Wirtschafts- und Währungsausschuss des Europäischen Parlaments.[388] Durch diese Einwände musste sich Horst Köhler angegriffen fühlen, der darauf verwies, die deutsche Währungsunion sei »politisch unvermeidbar« gewesen. Es bestehe »keinerlei Anlass zur Panik oder zum Nachkarten«. Richtig sei zwar, dass die Wechselkursanbindung der ehemaligen DDR an die D-Mark sofort Probleme ausgelöst hätte, es gebe aber keinen Anlass zur Sorge, dass die Lage unkontrollierbar oder sozial nicht mehr beherrschbar werde.[389]

Aber Probleme sollten sich doch rasch herausstellen, was zu einem »Zinskrieg« mit der Deutschen Bundesbank führte. Köhler forderte eine Korrektur der Hochzinspolitik der Bundesbank. Diese sah sich wegen der stattfindenden und sich weiter abzeichnenden Preiserhöhungen genötigt, die Zinsen mehrfach zu erhöhen. Weil Bonn den Aufbau im Osten mit immer neuen Schulden finanzierte, verteuerte die Bundesbank bis dahin fünfmal die Kreditkosten. Die bundesdeutschen Zinsen erreichten ein Rekordniveau. Köhler verlangte im Februar 1993 in einem ›Spiegel‹-Interview eine Kurskorrektur der Bundesbank, weil die Konjunktur in Europa lahmte: »Wir befinden uns mitten in einer Rezession in Deutschland, und ich sehe keine gesicherten Anhaltspunkte für eine Wende.«[390] Niedrigere Zinssätze entlasteten die Wirtschaft auch in Europa. Im Zusammenhang mit dem von Köhler als »Sherpa« vorzubereitenden Weltwirtschaftsgipfel im Juli des gleichen Jahres befürchtete die Bundesregierung, sie würde als Schuldige an der Flaute der Weltwirtschaft international auf die Anklagebank gesetzt werden können.[391]

Köhlers Intervention führte deshalb zu insgesamt harschen Worten gegenüber der auf ihre Autonomie bedachten Bundesbank. Er sei nicht der Auffassung, »dass man Stabilität um den Preis einer massiven Rezession erreichen muss«.[392] Die Nettokreditaufnahme steige 1993 auch deshalb, »weil die Steuern konjunkturbedingt weniger stark sprudeln. Als Ökonom habe ich keine Probleme, diesen Teil der Netto-Neuverschuldung hinzunehmen«. Deutschland sei nun einmal in Europa die größte Volkswirtschaft, und was immer man in Deutschland tue, habe Auswirkungen auf die anderen Mitglieder des damaligen Europäischen Währungssystems (EWS).[393] »Ein Zusammenbruch des Europäischen Währungssystems wäre ein großer Rückschlag für Europa. Die größere Verantwortung des wiedervereinigten Deutschlands ist in der Finanz- und Geldpolitik schon längst eine Realität, der sich auch die Bundesbank nicht entziehen kann«, mahnte der Staatssekretär.[394] Das Interview Köhlers ließ die ›Frankfurter Allgemeine Zeitung‹ aufhorchen: »Die Bundesbank ist nicht unfehlbar. Aber es berührt ihren Status der Unabhängigkeit, wenn der für die Währungspolitik zuständige Staatssekretär ihr öffentlich Ratschläge erteilt und daran erinnert, dass sie die Wirtschaftspolitik der Regierung zu unterstützen habe.«[395]

Als Köhler vom ›Spiegel‹ vorgehalten wurde: »Der Bundeshaushalt 1993 ist erst vier Wochen in Kraft. Und schon fehlen zehn Milliarden Mark. Wie kann sich ein international anerkannter Geldexperte wie Sie so verrechnen?«, lenkte er ab mit dem Hinweis, der Haushalt 1993 sei konjunkturbedingt und durch noch ausstehende Entscheidungen für Ostdeutschland »ein sehr spezieller Haushalt … Für mich brachte die wirtschaftliche Entwicklung der letzten Monate keinerlei Überraschung. Mich wunderte jedoch, dass die Bundesbank noch im Sommer 1992 von sehr optimistischen Konjunktureinschätzungen ausging.« – Ein Giftpfeil gegen die Bundesbank. Aber noch sind wir nicht bei der vollzogenen deutschen Einheit.

Tietmeyer ersetzt Köhler

Köhler war so richtig im Schwung, um die Währungsunion mit der DDR voranzutreiben. Doch dann passierte etwas für ihn Überraschendes: Am 26. März 1990 klingelte bei Hans Tietmeyer, Köhlers Vorgänger im Finanzministerium, inzwischen Mitglied des Direktoriums der Deutschen Bundesbank und später auch deren Präsident, das Telefon. Am anderen Ende der Leitung war Finanzminister Waigel, der nach Tietmeyers Erinnerung Folgendes sagte: »Herr Tietmeyer, wir brauchen Sie noch einmal in Bonn. Es geht um eine historische Aufgabe. Namens der Bundesregierung möchte ich Sie bitten, die Leitung der für unser Land so wichtigen Verhandlungen über die innerdeutsche Währungs-, Wirtschafts- und Sozialunion zu übernehmen.«[396] Waigel hatte seinen Anruf zuvor mit Helmut Kohl abgestimmt. Der damalige Präsident der Bundesbank, Karl Otto Pöhl, schrieb am 30. März an Kohl: »Ihrem Wunsch entsprechend, Herr Bundeskanzler, hat der Zentralbankrat zugestimmt, dass Ihnen das Mitglied des Direktoriums, Herr Staatssekretär a. D. Dr. Hans Tietmeyer, für die Dauer der Vertragsverhandlungen als persönlicher Berater zur Verfügung steht. Seine dienstlichen Funktionen als Dezernent im Direktorium ruhen für diese Zeit.«[397]

Für Tietmeyer war diese zeitweilige Zurückbeorderung in die Dienste der Bundesregierung zweifelsohne ein persönlicher Triumph, ein Ausdruck höchster Wertschätzung, die ihm Kohl und Waigel entgegenbrachten. Für Köhler jedoch war das eine deftige Niederlage – eine der ganz wenigen im Laufe seines Berufslebens. »Ausgerechnet Tietmeyer!«, muss er sich gedacht haben. An ihm hatte Köhler sich immer schon gerieben. Und Köhler hatte sich die weiteren Verhandlungen mit der DDR durchaus zugetraut. Aber Waigel, der um die Belastungen Köhlers durch die Erblindung seiner Tochter wusste, glaubte zu diesem Zeitpunkt offensichtlich nicht, dass Köhler der zeit- und kräfteraubenden Aufgabe, mit der DDR zu verhandeln, voll gewachsen sei. Vielleicht hatten Kohl und Waigel aber auch größeres Vertrauen in die Verhandlungskunst Tietmeyers.

Begründet wurde die Übertragung der deutsch-deutschen Währungsunionsverhandlungen auf Tietmeyer damit, dass inzwischen – eine Folge der sich entwickelnden deutschen Einheit – über eine politische wie eine währungspolitische Vertiefung der Europäischen Gemeinschaft nachgedacht wurde. Hier gab es ein starkes Drängen der EG-Mitgliedsstaaten in Richtung einer Europäischen Währungsunion – und eine Aufgabe für Staatssekretär Köhler. Sie erfordere die gesamte Kraft eines kompetenten Verhandlungsführers, erklärte Waigel Köhler.[398] Ein für Außenstehende prinzipiell einsichtiges Argument – nur nicht für Horst Köhler selber, der, wie von früheren

Weggefährten berichtet wird, nur mit Mühe dazu bewogen werden konnte, an der Unterzeichnung des Staatsvertrages mit der DDR zur Währungs-, Wirtschafts- und Sozialunion am 18. Mai 1990 teilzunehmen; so sehr grollte es immer noch in ihm. Köhler wurde Mitglied der westdeutschen Verhandlungsdelegation unter dem Delegationschef Tietmeyer, gemeinsam mit seinen Staatssekretärskollegen Peter Klemm (ebenfalls Bundesfinanzministerium), Dieter von Würzen (Bundeswirtschaftsministerium), Bernhard Jagoda (Arbeitsministerium) und Vizepräsident Helmut Schlesinger (Deutsche Bundesbank).

Köhler und der Euro

Die Verhandlungen zur Europäischen Währungsunion liefen erst sehr viel später richtig an. Köhler sollte sich jedoch fortan mit voller Kraft einer gemeinsamen europäischen Währung widmen, auch wenn er den ihm entrissenen deutsch-deutschen Verhandlungen nachgetrauert haben mag. Vielleicht hat er sie später deshalb als »Sturzgeburt« bezeichnet? Der Verhandlungshöhepunkt für die Europäische Währungsunion kam jedenfalls erst nach der Unterzeichnung des deutsch-deutschen Staatsvertrags zur Schaffung der Wirtschafts-, Währungs- und Sozialunion, der am 18. Mai 1990 unterzeichnet worden war und dem der Bundestag und die Volkskammer am 21. Juni 1990 mit Zweidrittelmehrheit zustimmten. Schon am 26. und 27. Juni 1989, also noch vor dem Fall der Mauer, hatten sich indes die Staats- und Regierungschefs der EG in Madrid mit dem »Delors-Plan« befasst.[399] Dieses von den Gouverneuren der europäischen Notenbanken, also auch vom Präsidenten der Deutschen Bundesbank, unter der Leitung des Kommissionspräsidenten Jacques Delors erarbeitete Konzept sah die Schaffung einer Wirtschafts- und Währungsunion in drei Stufen vor. Viele hatten damals nicht daran geglaubt, dass die Währungsunion eines Tages Wirklichkeit würde. Doch hatte beispielsweise Hans-Dietrich Genscher als Außenminister der Bundesrepublik, schon im Blick auf den europäischen Gipfel in Hannover im Juni 1988, eine Kam-

105

pagne für die Wirtschafts- und Währungsunion begonnen.[400] Er stützte sich dabei auf eine vom damaligen Legationsrat Wilhelm Schönfelder entworfene Denkschrift; Schönfelder wurde später Ständiger Vertreter der Bundesrepublik Deutschland bei der Europäischen Union.

In diesem Memorandum wurde die alte Idee einer Währungsunion wieder belebt; schon Anfang der 70er Jahre hatte der luxemburgische Finanzminister Pierre Werner einen entsprechenden Plan vorgelegt. Der Fall der Mauer ließ solche Überlegungen besonders attraktiv erscheinen und verstärkte bei den anderen Mitgliedsstaaten, insbesondere Frankreich, den Willen zu einer schnellen Herbeiführung einer gemeinsamen europäischen Währung. Die die Währungspolitik der anderen europäischen Staaten so häufig dominierende Deutsche Bundesbank, so das Kalkül anderer Mitgliedsstaaten, sollte durch eine Europäische Zentralbank in ihrem Einfluss eingegrenzt werden. Umgekehrt hatten Kohl und seine Bundesregierung aus guten Gründen ein Interesse daran, dass die deutsche Einheit die Zustimmung der EG-Partner erhielt. Deshalb einigten sich die Staats- und Regierungschefs der EG-Staaten am 25. und 26. Juni 1990 auf die Einberufung einer ersten Regierungskonferenz, um die Europäische Währungsunion zu verwirklichen, und einer zweiten Regierungskonferenz, die sich dem Thema der politischen Union zuwenden sollte.

»Regierungskonferenzen« im Rahmen der europäischen Integration stellen die institutionelle Plattform zur Änderung der Europäischen Verträge dar. Dabei erarbeiten die Vertreter der Mitgliedsstaaten gemeinsam mit der Europäischen Kommission entsprechende Vorschläge. Im konkreten Fall führten die daraufhin folgenden, zahlreichen Beratungen zum Vertrag von Maastricht, der am 7. Februar 1992 unterzeichnet wurde. Dieser konnte dann allerdings erst zum 1. November 1993 in Kraft treten – nach einer zweiten Volksabstimmung in Dänemark am 18. Mai 1993[401] und nach dem Maastricht-Urteil des Bundesverfassungsgerichts vom 12. Oktober 1993.[402] Mit dem Eintritt in die dritte Stufe der Wirtschafts- und Währungsunion (WWU) zum 1. Januar 1999 wurde die ökonomische, währungspolitische Vertiefung einer politischen Integration vorangestellt, während die Vertiefung der politischen Integration bis heute dauert und unvollendet ist. Zunächst nahmen elf Mitgliedsstaaten an der WWU teil. Diese ist in der Geschichte der Staatenwelt ein einzigartiges Experiment, denn bisher hat es in der Geschichte keinen Fall gegeben, dass eine Währung ohne dauerhaften Staat geschaffen wurde – die Europäische Union ist nach Auffassung des Bundesverfassungsgerichts noch kein Staat im engeren Sinne, sondern ein »Staatenverbund«. An dem Entstehen der WWU hat Horst Köhler ganz entscheidend mitgewirkt. Kohls früherer Sicherheitsberater Joachim Bitterlich spricht denn auch heute noch von der »umsichtigen Verhandlungsführung« Horst Köhlers.[403]

Horst Köhler galt sowohl auf der europäischen Ebene als auch innerhalb der Bundesregierung als ein außerordentlich harter Verhandlungsführer. Es mussten erst einmal alle Bedenken, übrigens auch die der Deutschen Bundesbank, die sich nicht immer voll informiert fühlte, ausgeräumt oder es musste darüber hinweggegangen werden. Die sogenannte »Krönungstheorie«, nach der erst dann eine gemeinsame Währung – sozusagen als Krönung – eingeführt werden sollte, wenn bereits gefestigte staatliche EU-Strukturen vorliegen würden, spielte in den innerdeutschen Diskussionen eine große Rolle. Diese Auffassung vertrat ursprünglich auch Köhler, der der Position Gerhard Stoltenbergs folgte, dass die Währungsunion eher der Schlussstrich der Europäischen Gemeinschaft sein sollte. Köhler musste, wie er es heute erläutert, einen Schwenk von seiner alten Position, die die »Währungsintegration als Krönung des Prozesses« sah, hin zu der Haltung machen, dass die »Währungsintegration als Beginn einer politischen Union« anzusehen ist.[404] Die Beamten des Bundesfinanzministeriums sahen eine isolierte Währungsunion ohne eine vertiefte politische Union eher skeptisch, ähnlich die des Bundeswirtschaftsministeriums.[405]

Das Finanzministerium erhielt in der Aufgabenteilung der Bundesregierung die Federführung für die WWU, während das FDP-geführte Auswärtige Amt für Fragen der politischen Union zuständig war. Unterhalb der Ministerebene maßgeblich waren auf Seiten des Finanzministeriums Horst Köhler und auf Seiten des Außenministeriums Hans-Werner Lautenschlager, der einen Großteil seiner diplomatischen Laufbahn der europäischen Integration gewidmet hatte. Köhler hielt, so die Erinnerung seiner Verhandlungskollegen aus dem Bundesfinanzministerium, wenig von den angeblich zu nachgiebigen Diplomaten, die manchmal schier in den Sesseln versanken, wenn Köhler in Gremiensitzungen, etwa in Brüssel oder Paris, aus seiner Haut fuhr; oder wenn er sich mit dem damaligen Präsidenten der Europäischen Kommission, Jacques Delors, anlegte. »[A]ls damals noch recht junger Mann hat er den Respekt gegenüber dem älteren und erfahreneren Delors vermissen lassen«, rekapituliert heute ein Diplomat. Köhler wirkte offensichtlich auf die Verhandlungsführer der anderen Mitgliedsstaaten »sehr deutsch, direkt«. Bei den Verhandlungen, so Beteiligte, spürte man, dass Köhler »im Grunde ein ehrlicher Mann ist, der mit seiner Position nicht hinterm Berg hält« und sich deshalb mit seinen Verhandlungskünsten öfters auch »hart an der Grenze« bewegte. Köhler hatte immer so etwas wie einen Komplex gegenüber den Vertretern des Auswärtigen Amtes, denen er gerne zu große Nachgiebigkeit unterstellte. Selbst als Staatssekretär konnte er es in einem Interview mit dem ›Spiegel‹ nicht lassen, indirekt das für Fragen der politischen Union zuständige Auswärtige Amt zu kritisieren: Für die parallel laufenden Verhandlungen über eine politische Union hätte er sich »eine stärkere konzeptionelle Präzisierung gewünscht, wie wir es für die Wirtschafts- und Währungsunion getan und durchgesetzt haben«.[406] Manchmal kamen auch die Beamten des Auswärtigen Amtes nicht umhin zuzugestehen, dass Köhler viel für die deutschen Positionen ausgehandelt hat. So wurde erreicht, dass die in Frankfurt am Main anzusiedelnde Europäische Zentralbank (EZB) in ihren währungspolitischen Entscheidungen unabhängig ist, wie auch die nationalen Notenbanken. Das war aus deutscher Sicht eine ausdrückliche Voraussetzung für die Zustimmung zur WWU, zumal die Deutsche Bundesbank traditionell in ihren Entscheidungen gegenüber der Bundesregierung autonom war. In einigen Ländern musste eine entsprechende Autonomie für die jeweiligen Zentralbanken im Rahmen der WWU-Verhandlungen erst noch hergestellt werden (Beispiel: Banque de France). Die Autonomie aller Zentralbanken war deshalb so wichtig, weil das Europäische Zentralbanksystem (ESZB) unter dem Dach der EZB nur funktionieren kann, wenn alle an der EWU beteiligten Zentralbanken autonom sind. Denn der Zentralbankrat, in dem alle Notenbankgouverneure vertreten sind, kann nur »autonome« Entscheidungen treffen, wenn nicht Einzelne durch ihre Regierungen weisungsgebunden sind. Dass dies gelang, war ganz wesentlich das Verdienst von Horst Köhler.

Köhler war in Vertretung seines Ministers Waigel oft auch dann deutscher Verhandlungsführer, wenn die Regierungskonferenz über die Wirtschafts- und Währungsunion auf Ministerebene tagte; Ministerialrat Günther Grosche unterstützte ihn dabei. Den Verhandlungsstil Köhlers beschrieb Wilhelm Schönfelder auf diplomatische Weise: »Vielen Konferenzteilnehmern vermittelte Köhler ein völlig neues ›deutsches‹ Erlebnis. Mit einer oft entwaffnenden Mischung aus Charme, Offenheit und Durchsetzungsvermögen war er einer der dominierenden Teilnehmer der Konferenz. Vor allem ihm ist es zu verdanken, dass die deutsche Delegation alle ihre essentiellen Punkte in der Konferenz durchsetzen konnte. Teilnehmer anderer Delegationen äußerten häufig ihre mit einem gewissen Erstaunen gemischte Befriedigung darüber, dass die deutsche Position in völlig unmissverständlicher Form auf dem Tisch lag.«[407] »Dass Köhler in den Verhandlungen die Autonomie der nationalen Notenbanken erreichen konnte, war keine Selbstverständlichkeit«, urteilt beispielsweise auch Jürgen Trumpf, seinerzeit Ständiger Vertreter der Bundesrepublik Deutschland bei den Europäischen Gemeinschaften in Brüssel und Verhandler für den politischen Teil des Maastricht-Vertrags.[408]

Allerdings besaß der Maastricht-Vertrag hinsichtlich der Währungsunion einen Schönheitsfehler. Wie berichtet wird, habe Köhler zwar Sanktionsmechanismen für die Mitgliedsstaaten angestrebt, die zu viele neue Schulden machen; das sei aber bei den Verhandlungen nicht durchsetzbar gewesen. Erst im Juni 1997 – nach dem Ausscheiden Köhlers als Staatssekretär aus der Bundesregierung – wurde von den EG-Mitgliedsstaaten ein »Stabilitäts- und Wachstumspakt« beschlossen, der als zwischenstaatliche Vereinbarung die Budgetdisziplin in der Wirtschafts- und Währungsunion sichern sollte. Nicht ohne Ironie: Ausgerechnet Deutschland, das sich für diesen Pakt ausgesprochen hatte, hat mehrfach mit seiner Neuverschuldung gegen die dort vereinbarten Regelungen verstoßen.

Der nicht immer diplomatisch-feinfühlige Köhler nutzte bei den Verhandlungen die Tatsache, dass ihm in Brüssel eine besondere Nähe zum deutschen Bundeskanzler nachgesagt wurde. Helmut Kohl und er kennen sich wohl erst seit November 1989, als Köhler noch für einige Wochen Abteilungsleiter im Finanzministerium war und ein Gespräch mit Kohl hatte. Köhler kehrte von der Konversation außerordentlich beeindruckt ins Ministerium zurück. Diese Nähe zu Kohl spielte Köhler in Europa aus – auch bei seinen Verhandlungen mit den Franzosen. Als es einmal zu einer heftigen Auseinandersetzung mit den französischen Partnern kam, erklärte Köhler: »Hinter mir steht der Bundeskanzler.« Daraufhin konterte der französische Verhandlungsführer Jean-Claude Trichet mit den Worten: »Hinter mir steht der Präsident der Französischen Republik.« Nun war sozusagen wieder Waffengleichheit hergestellt und alle lachten.

Köhler bekam von Kohl gelegentlich auch eine »Challenger«, ein kleines Flugzeug aus der Flugbereitschaft der Bundeswehr, genehmigt, um rechtzeitig zu den Verhandlungen kommen zu können. Auch das wurde als ein Gunstbeweis seines Förderers Kohl bewertet. Köhler wusste, was Kohl wollte. Beide hatten sich gut verstanden. Kohl orientierte sich bei der Einschätzung von Menschen stark an deren Biografien. Dass es der Flüchtlingsjunge Köhler so weit geschafft hatte, das musste ihm einfach imponieren. Köhler indes war jeweils sehr gut präpariert, das Machbare so vorzuschlagen, dass Kohl sich in die Sachlogik einfühlen musste. Dabei konnte Köhler in seinen Positionen durchaus unbequem sein und konträr zu Kohl Stellung beziehen. Das hat ihm aber bei Kohl, der sich gelegentlich über Untergebene lustig machte, die sich allzu schnell seinem Druck beugten, eher Autorität verschafft. Dies bestätigt auch Horst Teltschik, der frühere enge Mitarbeiter Kohls im Bundeskanzleramt: »Das Verhältnis Kohls zu Köhler war völlig ungetrübt und sehr gut, weil er sich durch hohe Fachkompetenz auszeichnete, auch durch respektvollen Umgang, aber auch als einer, der nicht nur Ja und Amen gesagt hat. Er wollte stets in der Sache etwas bewegen. Er war nicht nur fachlich kompetent, sondern eben auch ein kreativer Kopf.«[409]

Die Verhandlungsdelegationen anderer Staaten konnten damals durchaus feststellen, dass es bei den Deutschen unterschiedliche Temperamente gab, etwa wenn Horst Köhler zusammen mit Günther Grosche aus dem Finanzministerium verhandelte. Grosche wird in einer amerikanischen wissenschaftlichen Untersuchung zum Maastricht-Vertrag ein »dove-like«-Stil, also eine eher sanfte Art, Horst Köhler hingegen ein »hawk-like«-Stil, eine robuste Verhandlungsführung, unterstellt. Die unterschiedlichen Verhandlungsstile, so die Verfasser dieser Studie, hätten sich aber immer wieder gut ergänzt.[410] Bei vielen Verhandlungen, so etwa im Währungsausschuss, war – sicherlich nicht immer zum Wohlgefallen Köhlers – auch Tietmeyer einbezogen[411], der als Vertreter der Deutschen Bundesbank den »bad guy« geben musste, eine eher härtere Rolle zu vertreten hatte als Horst Köhler, der trotz seines direkten Auftretens gelegentlich als »good guy«[412] erschienen sei. Köhler wusste von dem Auftrag Helmut Kohls, die Wirtschafts- und Währungsunion voranzubringen. Von besonderer Bedeutung waren die Verhandlungen mit den Franzosen, insbesondere mit Jean-Claude Trichet aus dem französischen Finanzministerium (später Präsident der Banque de France und heutiger Präsident der Europäischen Zentralbank in Frankfurt) und Philippe Lagayette, dem damaligen stellvertretenden Gouverneur der Banque de France.[413] Köhler rühmt sich auch heute noch einer heftigen Auseinandersetzung mit dem damaligen Kommissionspräsidenten Jacques Delors[414], dem früheren französischen Finanzminister, der – obwohl Sozialist – ein enges, vertrauensvolles Verhältnis zu Kohl entwickelt hatte. Köhlers Vorgehen führte sogar zu einem Beschwerdeanruf beim Bundeskanzler.

Auch nach seinem Ausscheiden als Staatssekretär gehörte Köhler als Präsident des Sparkassen- und Giroverbandes zu den entscheidenden Persönlichkeiten, die in der Öffentlichkeit immer wieder ihre Stimme zur Einführung des Euro erhoben. In diesen Stellungnahmen wurde womöglich die eigentliche Haltung Köhlers zur Währungsunion deutlich, zumal er nach eigenem Bekunden ursprünglich Anhänger der »Krönungstheorie« gewesen war. Vor der Einführung des Euro war es immer wieder zu Unsicherheiten darüber gekommen, ob nicht sogar eine – vertragswidrige – Verschiebung des Termins notwendig wäre, zumal das grundsätzliche Problem der hinterherhinkenden politischen Union nicht gelöst war (und ist): »Ich sehe ein Problem darin, dass die politische Integration der Währungsintegration hinterherhinkt. Da muss noch mehr nachwachsen.«[415] Zugleich betonte Köhler immer wieder: »Der Euro kommt, der Euro hat gute Voraussetzungen, eine stabile Währung zu werden, der Euro wird auch die Rahmenbedingungen für Wachstum und Beschäftigung verbessern.«[416] Doch gelegentlich wies er darauf hin, dass eine Verschiebung des Einführungstermins des Euro nicht tabuisiert werden dürfe: »Es darf nicht so sein, dass sich nach einigen Monaten herausstellt, dass die Zahlen nur zum Starttermin mit einiger Not erreicht worden sind und sich danach wieder alles in Laxheit und Unsolidität auflöst. Deshalb bin ich im Zweifel dafür, die Konvergenz in der Priorität nach vorne und den Termin nach hinten zu rücken.«[417] Schon im November 1996 hatte Köhler in einer Entgegnung auf Helmut Schmidt festgestellt, die Annahme sei falsch, dass im Falle einer Verschiebung des Einführungstermins »die Lichter in Europa« ausgehen würden: »Sollten wider Erwarten die Stabilitätskriterien des Maastrichter Vertrages von einer ausreichend großen Zahl von Ländern nicht zweifelsfrei erfüllt werden können, dann müssen die Uhren der europäischen Politik gegebenenfalls angehalten werden.«[418] »Konvergenz hat Vorrang vor Terminen«[419], betonte Köhler. Nachdem er sein Staatssekretärsamt aufgegeben hatte, schien er sich zeitweise wieder in die Reihe derjenigen einzuordnen, die die »Krönungstheorie« favorisierten. Jedenfalls scheint er in seinem lang anhaltenden kritischen Reflex gegenüber dem Außenministerium übel genommen zu haben, dass es nicht gelungen war, konkrete Schritte zu einer politischen Einheit Europas durchzusetzen.[420]

Während Köhlers Staatssekretärszeit gab es – neben den Verhandlungen mit der DDR über eine Währungsunion und den Verhandlungen auf europäischer Ebene zur Einführung des Euro – noch einen dritten wichtigen politischen »Brocken«, der die Arbeitskraft Horst Köhlers forderte: die Verhandlungen mit der noch existierenden Sowjetunion. Oberstes Ziel der Bundesregierung war, dass ein wiedervereinigtes Deutschland die volle völkerrechtliche Souveränität zurückerlangen sollte, über die es wegen der Vorbehaltsrechte der vier Siegermächte über Deutschland als Ganzes noch nicht verfügte.[421] Zwar wurde die deutsche Einheit von den USA tatkräftig mit gefordert und gefördert, aber von Frankreichs und Großbritanniens Diplomaten nicht vorangetrieben. Diese beiden Länder sahen sich ihrer bisherigen statusrechtlichen Möglichkeiten beraubt, durch ihre Vorbehaltsrechte auf die deutsche Außen- und insbesondere Ostpolitik direkt Einfluss nehmen zu können.[422] Das wichtigste Resultat der sogenannten »Zwei-plus-Vier-Verhandlungen« – insbesondere die Franzosen, aber auch manche Briten sprachen lieber von »Vier-plus-Zwei-Verhandlungen«[423] – bestand darin, dass der neue deutsche Gesamtstaat »ohne Wenn und Aber« Mitglied in der westlichen Gemeinschaft sein konnte. Die Vorbereitungen für die Verhandlungen zwischen den beiden Staaten in Deutschland und den vier Hauptsiegermächten begannen mit zwei Treffen in Bonn und Berlin am 14. März und 16. April 1990 auf der Ebene der politischen Direktoren der Außenministerien. Die ersten Verhandlungen auf Außenministerebene fanden dann am 5. Mai 1990 in Bonn statt. Danach traf man sich erneut im Juni in Berlin und im Juli gemeinsam mit polnischen Vertretern in Paris (hier ging es um die polnische Westgrenze). Am 12. September 1990 schließlich wurde in Moskau der »Vertrag über die abschließende Regelung in Bezug auf Deutschland« unterzeichnet.

Horst Köhler sollte in eine Operation eingebunden werden, die für das Gelingen der deutschen Einheit besonders wichtig war: die Haltung der Sowjetunion. Wie konnte die damals noch existierende Sowjetunion positiv zur Deutschen Einheit gestimmt werden? Denn in Moskau lag der Schlüssel für die deutsche Einheit. So bemühte sich Kohl um ein deutsch-sowjetisches Sonderverhältnis. Höhepunkt seiner Bemühungen war im Juli 1990 ein Treffen zwischen ihm und Gorbatschow, beide für die Kameras der Presse auffallend leger gekleidet, in dessen Jagdhütte im Kaukasus, im engen Flusstal des Selemtschuk oberhalb von Stawropol. Gorbatschow und Kohl kamen bei ihren Verhandlungen zu einem beachtlichen Ergebnis, das den Durchbruch zur deutschen Einheit darstellte: Gorbatschow erklärte sich bereit, dass das wiedervereinigte Deutschland zum Zeitpunkt seiner Vereinigung seine volle und uneingeschränkte Souveränität erhält. Er stimmte zu, dass das wiedervereinigte Deutschland selbst entscheiden kann, welchem Bündnis es angehören will. Auch war er bereit zu akzeptieren, dass die NATO-Strukturen auf das Territorium der damals noch existierenden DDR ausgedehnt werden können, allerdings erst dann, wenn dort keine sowjetischen Truppen mehr stationiert sind.[424]

Im August 1990 tauchte jedoch ein in dieser Dimension nicht erwartetes Problem auf. Der sowjetische Außenminister Eduard Schewardnadse unterrichtete seinen deutschen Amtskollegen Genscher brieflich davon, dass ein sowjetischer Truppenabzug aus Ostdeutschland nicht innerhalb von drei bis vier Jahren erfolgen könne. Jedenfalls wurde deutlich, »dass die sowjetische Seite (…) den Abzugsbeginn nach hinten verlagern (ab 1992) und den Abzug selbst über die vereinbarten 3–4 Jahre hinaus strecken will«.[425] So vermerkte es im August 1990 der damalige »Sicherheitsberater« Horst Teltschik für den Bundeskanzler. Es war der westdeutschen Seite klar, dass die volle Souveränität Deutschlands faktisch erst erreicht war, wenn die russischen Truppen vollständig abgezogen waren. Zum Zeitpunkt der Wiedervereinigung standen in Ostdeutschland immerhin noch mehr als 350.000, teilweise mit modernstem militärischem Gerät und taktischen Nuklearwaffen ausgerüstete, allerdings in großen Teilen auch sehr ärmlich wirkende Soldaten der Roten Armee. Der »Zwei-plus-Vier-Vertrag« vom September 1990[426] und der deutsch-sowjetische »Vertrag über gute Nachbarschaft, Partnerschaft und Zusammenarbeit«[427] wurden vom Obersten Sowjet erst am 4. März 1991 ratifiziert, der deutsch-sowjetische Vertrag über die Stationierung und »die Modalitäten des planmäßigen Abzuges der sowjetischen Truppen aus dem Gebiet der Bundesrepublik Deutschland« am 2. April 1991. Der damalige deutsche Botschafter in Moskau, Klaus Blech, erinnert an die große Sorge, die man in der Bundesrepublik wegen der Stationierung sowjetischer Streitkräfte haben musste: Gorbatschow wollte nämlich am 20. August 1991 den neuen Unions-Vertrag mit einzelnen Teilrepubliken unterzeichnen, weshalb die Alt-Kommunisten unter Zugzwang waren. Als Gorbatschow, der Vorsitzende des Präsidiums des Obersten Sowjets, am 4. August in den Urlaub auf die Krim fuhr, liefen die Vorbereitungen für einen Staatsstreich an. Am 18. August 1991 wurde Gorbatschow schließlich mit seiner Familie in seiner Urlaubsdatscha unter Arrest gestellt. Er hatte die Zustimmung zur Verhängung des Notstandes und die Übertragung seiner Vollmachten an den Vizepräsidenten verweigert. Am Morgen des 19. August verbreitete die Nachrichtenagentur TASS die Meldung, Gorbatschow sei aus »gesundheitlichen Gründen« zurückgetreten – eine Verklärung der Umstände, die schon so manchem sozialistischen Staatsführer widerfahren war. Die Putschisten riefen den Notstand aus, konnten sich aber nicht durchsetzen.

Mit Hilfe von Boris Jelzin, der dann später Gorbatschow beerbte, wurde der Putsch niedergeschlagen. Diese Vorgänge waren auch für Deutschland brenzlig. »Wir wussten nicht, wie sich die in Deutschland stationierten sowjetischen Truppen verhalten würden. Aber es gab keine Regung in den Kasernen Ostdeutschlands. Es hätte aber auch anders kommen können«, erinnert sich Klaus Blech.[428] Deswegen sollte der sowjetische Truppenabzug größte Priorität haben. Horst Köhler kam in diesem Zusammenhang die Aufgabe zu, mit der Sowjetunion über den »Überleitungsvertrag« zu verhandeln, so am 30./31. August 1990 in Moskau und am 3./4. September 1990 in Bonn.[429] Auf der Tagesordnung standen besonders Fragen der finanziellen Entschädigung für den Rückzug der sowjetischen Truppen. Hierbei war es klug, dass sich die deutsche Verhandlungsseite, vorgetragen von Köhler, zu einem Wohnungsbauprogramm für die zurückziehenden sowjetischen Truppen entschied. Das bedeutete konkret, dass nicht eine im sowjetischen Staatshaushalt versickernde Milliardensumme bezahlt wurde, sondern dass von deutscher Seite Wohnungen für die zurückkehrenden Soldaten gebaut wurden. Das war insoweit gerade bei den sowjetischen Militärs ein wichtiger Durchbruch, als diese ja ebenfalls die Befürchtung haben mussten, die Geldmittel würden irgendwie versickern und nicht der Armee nutzen. Durch das Wohnungsbauprogramm wurde sichergestellt, dass die letzten Soldaten der einstigen sowjetischen Armee bereits im August 1994 Ostdeutschland verließen. Auch aus anderen Ländern des ehemaligen Warschauer Paktes zogen sie ab: aus der Tschechoslowakei, aus Ungarn, aus der Mongolei, aus Litauen und Polen, ferner – zeitgleich mit dem Abzug aus Deutschland – aus Lettland und Estland. In den Verhandlungen über den sowjetisch-russischen Truppenabzug hat sich Köhler zweifelsohne große Verdienste erworben.

Auch in der Sowjetunion bzw. in Russland war Köhler als harter und hochqualifizierter Unterhändler bekannt. Er selber kokettiert sehr gerne mit einer Auseinandersetzung, die er mit Boris Jelzin gehabt hat. Auf eine Frage des Journalisten Hugo Müller-Vogg (»Es wird berichtet, Kohl habe Sie zu dem russischen Präsidenten Boris Jelzin geschickt, um ihn über Marktwirtschaft aufzuklären. Wie muss man sich so eine Nachhilfestunde vorstellen?«) antwortete Köhler: »Ich habe öfter mit Präsident Jelzin gesprochen. Das hatte mit deutschen Interessen zu tun. Auf Jelzins eigenen Wunsch hin sollte ich ihm aber auch darlegen, wie Marktwirtschaften funktionieren und wie Russland Zugang zu westlichen Investitionen finden könne.«[430] Was er aber verschwieg, war, wie es zu einem wenig freundlichen Akt Jelzins ihm gegenüber kam. Auf den Hinweis, dass Jelzin ihn einmal angebrüllt haben soll, sagt Köhler: »Ich musste ihm einmal in deutlichen Worten klarmachen, dass Russland verlässliche Investitionsbedingungen und Rechtssicherheit schaffen müsse, um mit dem Westen ins Geschäft zu kommen. Da hat er dann seine Minister gerüffelt und sie mit vergleichsweise harschen Worten angewiesen, die von mir angesprochenen Punkte binnen einer Woche zu erledigen. Nach einem

Besuch von Helmut Kohl in Moskau kam Jelzin auf mich zu, gab mir die Hand und sagte auf Deutsch: ›Noch böse?‹«[431]

An die Szene im Kreml erinnert sich ein erfahrener Diplomat ganz anders: Der damalige deutsche Botschafter in Moskau, Blech, über den Genscher in seinen Erinnerungen geschrieben hat, dass er »zu den brillanten Köpfen der deutschen Diplomatie«[432] gehöre, und der zuvor unter Richard von Weizsäcker als Staatssekretär Chef des Bundespräsidialamtes war, nahm Mitte 1992 mit anderen deutschen Beamten an dieser bemerkenswerten Unterredung im Kreml teil. Ihm zufolge saß Jelzin als Präsident der Russischen Föderation mit seinen zuständigen Ministern auf der anderen Seite eines großen Konferenztisches. Köhler, so Blech, hob an und nannte offensichtlich eine Reihe wichtiger technischer Details, insbesondere auch Fragen des Investitionsschutzes. Die Szene war sicher etwas grotesk: Auf der einen Seite saß der Staatspräsident der stolzen russischen Nation, auf der anderen Seite das Urbild eines deutschen Beamten im Range eines Staatssekretärs. Köhler, der von Kohl wegen einer Reihe bedeutender »technischer« Fragen beispielsweise bezüglich des Investitionsschutzes zu Jelzin geschickt worden war, hatte das Gespräch mit einem Vortrag über diese technischen Details angefangen, worüber sich Jelzin zu ärgern schien, der wohl eher ein Grundsatzgespräch erwartet hatte. Der Russe, erinnert sich Blech, rutschte schon nach drei Minuten auf seinem Stuhl hin und her und man merkte, wie er immer ungeduldiger wurde, bis er schließlich Köhler unterbrach: Das sei sicher alles wichtig, aber das seien doch keine Angelegenheiten für einen Präsidenten. Für diese Details habe er seine Minister, die er hart und für die Betroffenen wie auch die Zuhörer der anderen Seite in einer peinlichen Art anwies, innerhalb der nächsten Tage eine Einigung zu finden. Jelzin sprach's und ging. Es herrschte allgemeine Betretenheit, auch auf russischer Seite, bei Horst Köhler und der deutschen Delegation sowieso.

Ein wichtiger Kompetenzbereich Köhlers war außerdem die »Treuhandanstalt«. Unter diesem Namen arbeitete die am 1. März 1990, also
noch vor der letzten Volkskammerwahl zur Zeit des Ministerpräsidenten Hans Modrow (SED) gegründete Behörde bis zum 31. Dezember 1994. Sie war noch zu DDR-Zeiten ins Leben gerufen worden,
das frühere »volkseigene Vermögen« zu verwalten, zu privatisieren
oder aufzulösen. Am 31. Dezember 1990 umfasste der Treuhand-
besitz unter anderem 8000 Betriebe mit etwa vier Millionen Arbeitnehmern und rund vierzig Prozent der Fläche der früheren DDR.[433]
Köhler war in seiner Eigenschaft als für die Treuhand zuständiger
Staatssekretär vom 5. Oktober 1990[434] bis zum 14. Juli 1993 Mitglied
des Verwaltungsrates[435], der etwa einmal monatlich tagte und in dem
alle großen Privatisierungsprojekte aus dem Nachlass der DDR genehmigt werden mussten. Dort wurden auch die konzeptionellen
Grundentscheidungen getroffen.[436] Köhler war jedoch oft auf Reisen
und häufig, selbst für seinen Freund Ludewig, nicht immer schnell
genug zu erreichen. Das Bundesfinanzministerium war das auf-
sichtsführende Ministerium, zuständig war die Abteilung VIII unter
Ministerialdirektor Eckart John von Freyend[437], dessen zuständiger
Staatssekretär Köhler war. Dessen Staatssekretärskollege Dieter von
Würzen aus dem Bundeswirtschaftsministerium saß ebenfalls für die
Bundesregierung im Verwaltungsrat, aber – wie Theo Waigel heute
betont – das Bundesfinanzministerium war »für die Kontrolle der
großen Privatisierungsvorhaben, für die strategische Ausrichtung
sowie für die Fragen der Aufsicht und der Finanzierung zuständig«,
währenddessen bei der Treuhandanstalt »die Zuständigkeit für das
operative Geschäft« lag.[438] Mit dem heutigen zeitlichen Abstand ist es
sicher nicht vermessen zu sagen, dass es zur Strategie der Treuhandanstalt[439] keine Alternative gab, zumal der schnelle Beitritt der DDR
zum Geltungsbereich des Grundgesetzes das geringere innen- wie
außenpolitische Risiko darstellte. Ein sich lange hinziehender Prozess
hätte die Einheit erschweren können. Außerdem musste das durch
Gorbatschow geöffnete »Zeitfenster« beherzt genutzt werden. Nicht

nur ein schnelles politisches, sondern auch ein ökonomisches Zusammenwachsen zweier bisher diametral entgegengesetzter wirtschaftlicher Ordnungen stand auf der Tagesordnung, wobei sich viele – Ostdeutsche wie Westdeutsche – hinsichtlich des Wertes der ostdeutschen Industrien, Fabrikanlagen und Immobilien Illusionen gemacht hatten.[440] Gelegentlich wurde durch Politiker der Eindruck vermittelt, die auf Gesamtdeutschland zukommenden Lasten der Vereinigung wären quasi aus der Portokasse zu erledigen. Durch die Entscheidung für eine Währungsunion zwischen der Bundesrepublik Deutschland und der DDR zum 1. Juli 1990 gab es aber wenig Spielraum für die Entscheidungen der Treuhandanstalt. Der Umstellungskurs von 1:1 für Löhne und Gehälter machte den Erhalt der Arbeitsplätze in der einstigen DDR schwerer.[441] Die finanziellen Forderungen und Verbindlichkeiten in der DDR wurden im Verhältnis 2:1 auf D-Mark umgestellt, ausgenommen begrenzte Beträge für Bankeinlagen von Privatpersonen (1:1) und Auslandsposten (3:1). Dies lief auf eine Aufwertung der DDR-Mark von rund vierhundert Prozent hinaus.[442] Durch die von Ostdeutschland geforderte paritätische Umstellung der DDR-Mark wurde der Niedergang der Wirtschaft in den neuen Ländern noch beschleunigt. Zwar wurde die Kaufkraft der Löhne in Ostdeutschland künstlich erhöht, doch die Wettbewerbsfähigkeit der DDR-Wirtschaft wurde dadurch erheblich gemindert.[443]

Der Verwaltungswissenschaftler Wolfgang Seibel kommt zu dem Ergebnis, dass die Treuhandanstalt zu einer »negativen Integration« beigetragen hat: »Das Treuhandregime wurde zum Symbol westdeutscher Hegemonie, wenn nicht gar einer Art von Binnenkolonialismus. Es war die Treuhandanstalt, die in der Wahrnehmung der Ostdeutschen auf Biegen und Brechen privatisierte oder liquidierte und Hunderttausende von Arbeitsplätzen vernichtete. Tatsächlich aber hatte die Treuhandanstalt mit ihren Neben- und Nachfolgeorganisationen die wirtschaftlichen und politischen Folgen von Illusionen zu bewältigen, denen sich die Bürger der DDR im Frühjahr 1990 selbst hingegeben, deren Respektierung sie regelrecht eingefordert hatten.«[444] Da von den vier Millionen Arbeitsplätzen, die unter der Obhut der Treuhandanstalt standen, rund 1,5 Millionen von Exporten in die Länder des früheren »Ostblocks«, dem Rat für gegenseitige Wirtschaftshilfe (RGW) abhingen, waren die Spielräume der Treuhandanstalt besonders eng.[445]

Es ist wenig bekannt, wie Horst Köhler die Rolle der Treuhandanstalt und seine eigene Rolle betrachtet. In Interviews äußert er sich zu diesem Komplex recht knapp. Einmal hat er der kritischen Haltung des früheren Bundeskanzlers Helmut Schmidt zur Treuhandanstalt »im Nachhinein (…) in gewisser Weise Recht« gegeben,[446] allerdings darauf hingewiesen, dass die Einkommensangleichung in Ostdeutschland der Produktivitätsangleichung weit vorauslief. Klar ist, dass Köhler in allen wichtigen Fragen eine entscheidende Rolle spielte. Birgit Breuel, ehemalige Präsidentin der Treuhandanstalt, lobte Köhlers Wirken über den grünen Klee: »Horst Köhler war unser bester Partner mit seinen klaren und mutigen Entscheidungen, ein leidenschaftlicher Einheitsverfechter.«[447] Der frühere Verwaltungsratsvorsitzende der Treuhandanstalt, Jens Odewald, pflichtet Breuel bei: »Horst Köhler hat sich – trotz aller durch den Bundeshaushaltsplan gesetzten Grenzen – mutig bei der Lösung schwierigster Probleme für tragfähige Entscheidungen eingesetzt und zugleich mit hohem zeitlichen Aufwand und herausragendem Pflichtbewusstsein sein inneres Engagement für die deutsche Einheit bewiesen.«[448]

In der Tat war Köhler als zuständiger Staatssekretär eine der zentralen Figuren für die Treuhand. So schickte er wenige Tage nach der deutschen Einheit einen Brief an den damaligen Vorsitzenden des Verwaltungsrats, Detlev Rohwedder, der später durch Terroristen der Rote-Armee-Fraktion ermordet wurde. In dieser »Patronatserklärung« wird der Treuhandanstalt bestätigt, dass sie trotz der unausweichlichen Schulden wegen der der Bundesregierung »obliegenden Anstaltslast« faktisch nicht pleitegehen kann.[449] Diese Erklärung war von entscheidender Bedeutung, damit sich die Treuhandanstalt zu Staatsfinanzierungskonditionen refinanzieren konnte.

Bei einem Treffen des Treuhand-Präsidialausschusses am 21. Januar 1991 im Kölner Hotel »Excelsior« verlangte Köhler angeblich, es müsse in der ehemaligen DDR-Industrie »auch mal gestorben« werden, weil man ja nicht alle Betriebe durchschleppen könne.[450] Köhler meinte damit die Stillegung unrentabler Betriebe. In der Tat sollte das Jahr 1991 für viele Arbeitnehmer in der DDR kein besonders schönes werden. In Thüringen war die Empörung besonders groß, als wenige Tage nach diesem Kölner Treffen die Entscheidung fiel, die alte Autoproduktion im Eisenacher »Wartburg«-Werk zu beenden. Dieses Werk hatte keinerlei Perspektive, dass es eines Tages profitabel arbeiten könnte. Die »Wartburg«-Produkte – wie auch die Automarke »Trabant« – hatten gerade bei den Ostdeutschen und in den anderen Staaten des früheren RGW-Wirtschaftsraums der mittel- und osteuropäischen Staaten keine Käufer mehr gefunden. Etwa 20.000 Arbeitsplätze waren in Eisenach von dieser Treuhand-Entscheidung betroffen.[451] Als dann neben dem »Trabbi«-Werk in Zwickau die staatliche Fluggesellschaft »Interflug« ihren Betrieb einstellen musste, war eine weitere Firma von für die ostdeutsche Bevölkerung hohem Symbolwert verschwunden.

Die Treuhand-Entscheidungen lösten immer mehr Empörung in der ostdeutschen Bevölkerung aus. Andererseits war es Ziel der Bundesregierung, möglichst viele Arbeitsplätze im Automobilbau in den neuen Ländern zu erhalten und dies auch sichtbar zu machen: Helmut Kohl selber wollte eigentlich am 7. Februar 1991 in Eisenach den Grundstein für das neue Autowerk von Opel legen. Ähnlich wie bei der Grundsteinlegung des neuen VW-Werkes in Mosel bei Zwickau wollte sich der Einheitskanzler ursprünglich auch in Eisenach als Pionier für einen wirtschaftlichen Aufschwung feiern lassen. Doch sein wirtschaftspolitischer Berater Ludewig kam nach ständigen Erkundungen bei der Treuhand wohl zu dem Schluss, dass wütende »Wartburg«-Arbeiter die festliche Stimmung trüben könnten. Lediglich Opel-Chef Louis Hughes und Thüringens damaliger Ministerpräsident Josef Duchac nahmen dann die Grundsteinlegung vor. Als jedoch nach diesem Ereignis der Präsidialausschuss der Treuhand mit einigen Vorständen der Anstalt erneut in Köln zusammentrat, wünschte nun Köhler, dass die Treuhand mehr Gewicht auf die Sanierung kranker Betriebe lege.[452] Wie es heißt, soll Treuhand-Chef Rohwedder Köhler dazu bewogen haben, gleich mehrfach diesen Sinneswandel formulieren zu lassen.[453] Rohwedder selbst ging von dem

Prinzip aus: »Schnell privatisieren, entschlossen sanieren, behutsam stilllegen«[454], wie sich heute noch seine damaligen Mitarbeiter erinnern. Köhler schaltete sich immer wieder in wichtigen Details der Treuhandanstalts-Arbeit ein,[455] so im Zusammenhang mit Privatisierungsplänen in der ostdeutschen Schiffbauindustrie – Helmut Kohl hatte sich für eine kombinierte Privatisierungslösung unter Einbeziehung sowohl der Bremer Vulkan AG als auch des norwegischen Mischkonzerns Kvaerner ausgesprochen.[456]

Im Bundesfinanzministerium war man nicht immer glücklich darüber, dass die Treuhandanstalt sich in manchen Fällen nicht an rechtliche Vorschriften zu halten schien. Deshalb schrieb Köhler der Rohwedder-Nachfolgerin Birgit Breuel, er bitte »zu beachten, dass die Gründung von Gesellschaften der Zustimmung des Bundesministeriums der Finanzen bedürfe«.[457] Die Treuhandanstalt stellte sich jedoch, wie es der damalige Generalbevollmächtigte Norman van Scherpenberg formulierte, auf den Standpunkt, dass sie »keine nachgeordnete Behörde« des Bundesministers der Finanzen sei.[458] Breuel achtete sehr genau auf eine möglichst weitgehende Autonomie der Treuhand. Von Köhler als Staatssekretär wollte sich die resolute Hanseatin schon gar nichts vorschreiben lassen, weshalb sie – wenn schon die Politik überhaupt eingeschaltet werden musste – am liebsten unmittelbar mit Helmut Kohl konferierte. Auf das Köhler-Schreiben antwortete Breuel sicherlich zu dessen Verdruss nicht dem Absender, sondern sie machte in einem Schreiben unmittelbar an Minister Waigel deutlich, »dass Auftrag und Umfang der Tätigkeit der Treuhandanstalt einer ministeriellen Fachaufsicht im herkömmlichen Sinne faktische und rechtliche Grenzen setzen«.[459] Köhler war es auch, der mit einem Schreiben an die Treuhandanstalt vom 14. September 1992 auf ihr baldiges Ende drängte.[460]

Seinen besonderen Ruf als Staatssekretär verdankte Köhler indes
einer Tätigkeit, die so in der Geschäftsordnung der Bundesregierung
gar nicht vorgesehen ist, die aber jedem, der diese exotisch klingende
Aufgabe wahrzunehmen hat, einen besonderen Einfluss garantiert.
Als »Sherpas« werden im Mount-Everest-Gebiet des Himalaja ge-
meinhin einheimische Helfer der Bergsteiger bezeichnet. In der Welt
der Diplomatie sind »Sherpas« jene Spitzenbeamte, die die Vorarbeit
für die Gipfeltreffen der großen Industriestaaten leisten, also in teilweise mühseliger Detailarbeit die politischen Gipfel so vorzubereiten
haben, dass die »Chefs« sich auf Ergebnisse verständigen können.
Die Gipfel-Pfadfinder müssen das Vertrauen des jeweiligen Staats-
und Regierungschefs besitzen. Als Köhler sein Amt als Staatssekretär
und »Sherpa« antrat, musste er schon bald die Gipfel der sieben be-
deutendsten Industriestaaten (»G7«) vorbereiten – gemeinsam mit
seinen sechs Sherpa-Kollegen, die sich trotz unterschiedlicher nationaler Interessen aufgrund der häufigen Sitzungsfrequenzen immer
mehr zu einer Art verschworenem Club entwickelten, in dem allerdings hart um nationale Interessen gerungen wurde. Seine Kollegen
waren Jacques Attali (Frankreich), Derek Burney (Kanada), Richard
McCormack (USA), Mario Sarcinelli (Italien), Koji Watanabe (Japan)
und Nigel Wicks (Großbritannien). »Sherpa« des Kommissionspräsidenten Jacques Delors war dessen damaliger Kabinettschef Pascal
Lamy, heute Generaldirektor der Welthandelsorganisation WTO in
Genf. Als deutscher Chefunterhändler und persönlicher Beauftragter
des Bundeskanzlers bei den G7-Gipfeln musste Köhler viel reisen; teilweise hielt er sich nur wenige Stunden in Deutschland auf – etwa auf
dem Frankfurter Flughafen, wo ihm wichtige Akten und gelegentlich
auch ein Koffer mit frischer Wäsche übergeben wurden.

Die Arbeit muss besonders kräftezehrend gewesen sein, auch wenn
Köhler sich das nicht anmerken ließ. Das Auswärtige Amt beäugte den
»Sherpa« in besonderer Weise, denn er kam eben nicht aus dem Außenministerium. Bei Besprechungen zur Vorbereitung der Treffen
vertrat der »Sherpa« nicht nur die wirtschaftspolitischen Aspekte der

jeweiligen Gipfel, sondern war auch für die politischen Fragen zuständig, was das stets seine Kompetenzen verteidigende Auswärtige Amt massiv störte. Vielleicht ist auch durch die Erfahrungen jener Zeit das kritische Verhältnis Köhlers zur Welt der Diplomaten zu verstehen. Aber Kohl schätzte ihn. Köhlers journalistischer Wegbegleiter Wilfried Herz berichtete denn auch: »Die Wertschätzung des Kanzlers für den Spitzenbeamten wird nicht nur durch Lob am Kabinettstisch deutlich. Auch öffentlich wird die Anerkennung zuweilen dokumentiert – so beim Gipfeltreffen in London, wo Köhler auf der abschließenden Pressekonferenz direkt neben dem Regierungschef platziert wurde, während Waigel und Möllemann mit Außenplätzen vorliebnehmen mussten.«[461] Köhler schien lange Zeit für Kohl bei wichtigen Missionen unentbehrlich. Als beispielsweise die USA Beiträge zur Finanzierung des ersten Golfkrieges bei ihren Verbündeten einforderten, musste Köhler die Einzelheiten aushandeln. Und: Als der Westen ein Hilfspaket für Russland schnürte, hatte Köhler die Hilfen für die auseinanderbrechende Sowjetunion mit organisiert.[462]

Köhlers Mitteilungsbedürfnis

Im Allgemeinen sind Staatssekretäre wenig auf öffentliche Wirkung bedacht. Diese überlassen die Beamten den Parlamentarischen Staatssekretären, die zudem den Kontakt zum Bundestag halten sollen. Allerdings ist ihr Verhältnis zum eigenen Minister in der Regel besonders dann angespannt, wenn sie eine eigene Profilierung suchen. Auch Helmut Kohl hatte es übrigens nicht gerne, wenn sich seine Spitzenbeamten durch allzu selbstständige Stellungnahmen profilierten, sogar wenn diese völlig auf Regierungslinie lagen. Beispielsweise nahm Helmut Kohl seinem Vertrauten Horst Teltschik den Hinweis in einer Rede in der Bonner Vertretung der Europäischen Kommission besonders übel, dass der Schlüssel zur deutschen Einheit inzwischen von Moskau nach Bonn gewandert sei. Und auch Horst Köhler hatte, wie frühere Kollegen und Mitarbeiter berichten, ein ausgeprägtes Bedürfnis, »sich mitzuteilen«. Er wollte durch Reden die Öffentlichkeit aufrütteln. Dies scheint ihm mit einer Rede bei einer Veranstaltung der Karlsruher Lebensversicherung am 5. März 1992 über »Grundfragen der aktuellen Finanz-, Wirtschafts- und Währungspolitik« gelungen zu sein: Die Presse jubelte. »Nicht alle Reden von Staatssekretären werden so beachtet wie die Horst Köhlers«, schrieb beispielsweise der ›Kölner Stadtanzeiger‹.[463] Und weiter: »Horst Köhler hatte in die großen Schuhe eines Hans Tietmeyer zu schlüpfen. Er scheint in sie hineingewachsen zu sein.«

Was die Presse allerdings nicht wusste: Genscher, dem die Aussagen Köhlers zur Europäischen Währungsunion offensichtlich zu weit gingen, war wütend. Denn Köhler äußerte in dieser Rede einige Deutungen, deren Veröffentlichung nicht in die offizielle Deutungswelt passten, aber manches Mal hatte Kohl auch seine Experten für eine begrenzte Fachöffentlichkeit zu deren politischen Beruhigung »laufen« und offen reden lassen, wie etwa auch den späteren Finanzstaatssekretär Jürgen Stark (1995 bis 1998). Auch in Deutschland, so Köhler damals, sei eine Wachstumsabschwächung festzustellen: »Würden wir in Deutschland die amerikanischen Methoden der Konjunkturmessung anwenden, wären wir bereits in der Rezession«, hieß es aus dem Munde des Staatssekretärs lakonisch.[464] Er warnte davor, aus den Fehlentwicklungen der Wiedervereinigung »nicht zu spät Schlüsse zu ziehen«: »Wenn eines Tages fast alle technologisch führenden Branchen in den Fernen Osten abgewandert sein sollten, wird der Wiederaufholprozess mühsam und teuer.« Köhler wies darauf hin, dass zwar »dem Aufbau der jungen Bundesländer mit Recht« Priorität eingeräumt werden müsse. Jedoch: »Wenn diese Finanztransfers dauerhaft auf unveränderte Verteilungsansprüche im Westen aufgepfropft würden, müsste es fast zwangsläufig zu dauerhaften Wachstumseinbrüchen sowie einer Gefährdung der Staatsfinanzen und der Stabilität kommen. Tatsächlich hat der Druck der Ausgabenwünsche an den Gesamtstaat in keiner Weise nachgelassen. Familienpolitiker, Sozialpolitiker, Wohnungsbaupolitiker, Verkehrspolitiker und Agrarpolitiker tragen ihre Forderungen vor, als sei seit 1989 nichts geschehen. So kann es nicht weitergehen.« Der Genscher'sche Groll auf diese in den Medien gefeierte Rede muss den sensiblen Köhler schwer gewurmt haben. Schon im Juli 1991 hatte Köhler übrigens im Ministerrat der Europäischen Gemeinschaft in Brüssel Fehlentwicklungen eingestanden. Erreiche die Produktivität in den neuen Bundesländern gerade ein Viertel des westdeutschen Niveaus, so liege das ostdeutsche Tariflohnniveau 25 Prozentpunkte zu hoch, sagte er seinen Brüsseler Kollegen.[465]

Abschied vom Ministerium

Köhler, der von seinen Untergebenen als Perfektionist gesehen wurde, hatte sich selber nie geschont – seine Mitarbeiter aber auch nicht. Das Vorbereiten von wichtigen und weniger wichtigen Reden muss teilweise dramatisch gewesen sein, weil Köhler mit keiner ihm vorgelegten Fassung zufrieden war. Manchmal vergingen über zehn Gesprächsrunden mit zum Teil hochkarätigen Ministerialbeamten, deren Zeitbudget durch stundenlange Vorbereitungssitzungen zusätzlich strapaziert wurde. Köhlers Ruf der besonderen Unduldsamkeit stammt aus dieser Zeit. Was sich an allen seinen späteren Stationen wiederholen sollte, waren jene zum Teil bis tief in die Nacht dauernden Sitzungen, wobei selbst der Sonntag nicht heilig war. Köhler konnte auch sehr verletzend werden. Viele ehemalige Mitarbeiter berichten über schwierige gruppendynamische Prozesse bei den Redebesprechungen. Auch wenn seine Vorgaben umgesetzt wurden, war Köhler nie mit Redevorlagen zufrieden. Sein heutiger Staatssekretär im Präsidialamt, Gert Haller, soll einmal aus Empörung eine Sitzung verlassen haben. Köhlers Fleiß und seine ungebrochene Energie wurden im Ministerium bewundert – und zugleich bei den unmittelbar Beteiligten wegen der damit verbundenen Umgangsformen gefürchtet. »Druck erzeugt Leistung«, soll Köhler einmal gesagt haben, als er einen Haushaltsreferatsleiter »abbürstete« und später darauf angesprochen wurde. Er sah in den Beamten seines einstigen Wirtschaftsministeriums wohl immer noch so etwas wie eine Elitetruppe und meinte, die Qualität der Beamten im Bundesfinanzministerium durch gelegentlich schroffe Abkanzelungen erhöhen zu müssen.

Köhler muss selber zu der Erkenntnis gelangt sein, dass ihm ein Wechsel gut tun würde. Er begründet dies heute damit, dass er wegen seiner erblindeten Tochter mehr Geld verdienen müsste, um ihr dauerhaft eine sichere Existenz zu ermöglichen. Vielleicht hat er sich selber Vorwürfe gemacht, dass er sich so wenig um seine Familie, insbesondere um seine Kinder, kümmern konnte. Und schließlich war es auch nicht sonderlich angenehm, als potenzielles Opfer der »Rote-Armee-Fraktion« (RAF) immer unter Polizeischutz stehen zu müssen (Tietmeyers Auto wurde bei einem terroristischen Anschlag beschossen). Bundeskanzler Kohl hatte im Juni 1991 die Weisung erteilt, Köhler, der bis dahin von Polizeibeamten aus Nordrhein-Westfalen betreut wurde, unter den Schutz des Bundeskriminalamtes zu stellen.[466] Vielleicht hat er – bevor er mehrere Angebote zum Überwechseln in die Wirtschaft erhielt – sich auch selber bewusst durch Interviews platziert, wie dies einige ehemalige Kollegen heute vermuten. Jedenfalls schrieb schon im Oktober 1990 der Journalist Wilfried Herz in der ›Wirtschaftswoche‹ in einem Porträt über »Bonns wichtigsten Staatssekretär«: »Er selbst fühlt sich nicht für alle Zeit abhängig von der Politik. Irgendwann will Köhler selbst einmal ganz oben Chef werden – allerdings nicht in Bonn (›Dafür ist es zu spät‹), sondern in der Wirtschaft.«[467] Dieser ungewöhnlich offen geäußerte Wechselwunsch sollte sich bei Köhler sicher im Laufe der Zeit verstärken, denn er lernte als Staatssekretär die Großen der Wirtschaft und vor allem der Banken kennen und musste dabei feststellen, dass manche, die zum Teil Millionengehälter erhalten, bei näherem Hinsehen längst nicht die wirtschaftspolitische Kompetenz besaßen, die ihm so wichtig war. Er musste zu dem Ergebnis kommen, dass er auch in der Wirtschaft einen guten Job machen würde.

Nach weniger als drei Jahren wurde Köhler im Juli 1993 aus dem Amt verabschiedet[468] und wurde Präsident des Sparkassen- und Giroverbandes. Nachfolger Köhlers sollte Gert Haller werden. Wie Köhler vor ihm ist Haller über die Arbeit im Ministerbüro, über die Grundsatzabteilung des Ministeriums und schließlich über die Abteilung Geld und Kredit aufgestiegen.[469] Später sollte er Köhlers Staatssekretär im Bundespräsidialamt werden. Köhler wechselte 1993 die Seiten und wurde so etwas wie ein Lobbyist, verblieb aber, wovon noch zu sprechen sein wird, weiterhin im »System Kohl«. Er wird sicher des Öfteren an seine einflussreiche Zeit in der Bundesregierung gedacht haben – wie das alle tun, die während der Zeit enormer beruflicher Belastung über Alternativen nachdenken, ihrem Staatsamt später allerdings nachtrauern. Auf dem letzten Weltwirtschaftsgipfel, an dem Köhler im Juli 1993 als Staatssekretär teilnahm, traf Waigel seinen Staatssekretär gedankenversunken in einer Ecke des Kaiserpalastes an. »Sie haben sicher an die furchtbare Zeit nach dem Finanzministerium nachgedacht«, scherzte der Minister. »Zum Trost«, so berichtete der Bonner ›General-Anzeiger‹, schenkte Theo Waigel Horst Köhler für seine neue Rolle einen bayerischen Porzellanlöwen und ein Paar weiß-blauer Hosenträger. Den Trachtenanzug müsse er sich aber selbst kaufen, was mit seinem neuen Gehalt sicher möglich sei.[470] Am 31. Juli 1993 endete Köhlers Staatssekretärszeit.

8. Lobbyist der Sparkassen

Ein Erfahrungsschock war Köhlers Einstieg in der Sparkassenorganisation, dem Deutschen Sparkassen- und Giroverband (DSGV), allemal: Als Spitzenbeamter hatte er Macht und konnte Entscheidungen zwar nicht allein treffen, aber doch zumindest prägen und wirkungsvoll vorbereiten; er war ein begehrter Gesprächspartner gewesen, hatte zum Bundeskanzler direkten Zugang. Auch wenn ihm das »Wechseln der Bank« als Lobbyist der deutschen Sparkassen finanziell vergoldet wurde, so dürfte er in seiner für ihn ungewohnten Rolle die unmittelbare Nähe zur Macht vermisst haben. Seinen guten Zugang zur Politik musste er jetzt nutzen, um im Sinne seines neuen Auftraggebers die Interessen der Sparkassen zu wahren. Mit Wirkung vom 1. August 1993 trat Köhler sein neues Amt an.

Nachfolger des legendären Helmut Geiger

Zunächst fiel das Selbstbewusstsein des neuen Präsidenten auf. Als Köhler am späten Nachmittag des 14. Juli 1993 in Bonn in Anwesenheit von Bundeskanzler Kohl in sein neues Amt eingeführt wurde, endete die Ära von Helmut Geiger, dem »Vater des Spargedankens«. Den damals Anwesenden fiel besonders das Selbstbewusstsein des neuen Präsidenten auf. Das häufige »Ich« in Köhlers Antrittsrede unterschied ihn deutlich von seinem bescheiden auftretenden Vorgänger. »Ich bin von der Sparkassenidee überzeugt. Sie hat mehr denn je Zukunft«, schlussfolgerte er. Die Ortsnähe der Sparkassen, die Notwendigkeit der Vermögensbildung breiter Bevölkerungskreise sowie die Förderung von Gemeinsinn und Gemeinnützigkeit nannte er als Belege für die Zukunftsfähigkeit seines neuen Arbeitgebers. Er sagte weiter: »Ein beruflicher Wechsel wie meiner ist in Deutschland immer noch eher eine Ausnahme. Der DSGV ist mit meiner Berufung insoweit ein Risiko eingegangen, als ich überhaupt kein Verbandsprofi bin. Mein bisheriger Berufs- und Lebensweg war aber stets durch immer neue Herausforderungen und damit auch durch die Notwendigkeit des ständigen Dazulernens geprägt.«[471]

In der Tat war der Wechsel aus der Verwaltung in die Wirtschaft eher die Ausnahme. Überraschung hatte zuvor schon der Abgang eines weiteren Kohl-Beraters ausgelöst: Horst Teltschik, damals im Bundeskanzleramt »Sicherheitsberater« (Abteilungsleiter im Range eines Ministerialdirektors), ging zur Bertelsmann-Stiftung nach Gütersloh, schließlich als BMW-Vorstand nach München. Im Gegensatz zum Köhler-Wechsel gab es bei Teltschik keine unmittelbare inhaltliche Nähe zum früheren Staatsamt. Als Bundespräsident dürfte sich Köhler bei einer weiteren Personalie an seinen eigenen Wechsel erinnert haben: Als einer seiner Nachfolger im Finanzministerium, der für Geld und Währungsfragen zuständige Staatssekretär Caio Koch-Weser, unmittelbar nach dem Regierungswechsel des Jahres 2005 und der damit verbundenen Entlassung aus dem Staatsdienst in eine verantwortliche Position bei der Deutschen Bank eintreten wollte[472], stieß dies in der Öffentlichkeit und bei der neuen Bundesregierung auf wenig Gegenliebe. Weitere Beispiele ließen sich nennen. So wechselte während der rot-grünen Koalition der für die Regulierung des Energiemarktes zuständige Staatssekretär Alfred Tacke vom Bundeswirtschaftsministerium auf den Posten des Vorstandsvorsitzenden des Energieversorgers STEAG. Sein früherer Chef als Bundeswirtschaftsminister, Werner Müller, wechselte zur RAG, einem Tochterunternehmen der RWE. Letzterer hatte die von der EU-Kommission geforderte Einsetzung einer Regulierungsbehörde blockiert, während Tacke vor seinem Ausscheiden die Fusion von EON und Ruhrgas AG genehmigte. Prominente Fälle sind der Wechsel des früheren EU-Kommissionsvizepräsidenten Martin Bangemann, zuständig für Fragen des Binnenmarktes, zur spanischen »Telefonica« in die Energiewirtschaft und von Altkanzler Gerhard Schröder zum Gazprom-Konsortium.

Der rasche Wechsel in einen Wirtschaftsbereich, der eng mit den bisherigen Regierungsaufgaben verbunden ist, hat, wenn jemand mit seinem gesamten Insiderwissen durch einen Verband eingekauft wird, ohne dass ein zeitlicher Puffer zwischen der staatlichen und der neuen Tätigkeit liegt, generell einen Beigeschmack. Gegen einen Wechsel Köhlers zum Sparkassenverband sind aber damals, auch in den Medien, keinerlei Bedenken erhoben worden. Kohl gab vor und bei der Amtseinführung Köhlers zu verstehen, dass er ihn nur ungern ziehen lasse – eine durchaus ernst gemeinte und glaubhafte Aussage, weil sich Kohl generell nur schwer von Mitarbeitern trennte, die er für kaum ersetzbar hielt. Der Bundeskanzler lobte: »Als Sie mir seinerzeit Ihren geplanten beruflichen Wechsel mitteilten, war ich nicht erfreut, denn in diesen wichtigen Jahren der Veränderung unserer Republik und der Veränderungen in der Welt gehören Sie bis zum heutigen Tag zu den Stützen, die weitschauend im Alltag und orientiert an den langfristigen Zukunftsperspektiven unseres Landes gearbeitet haben und arbeiten.«[473] So wertete die Presse »Köhlers Seitensprung« als einen »herben Verlust« für den Kanzler: »Denn es gab kaum eine heikle Mission, die der nach außen so zurückhaltende Staatssekretär nicht loyal und vor allem diskret gemanagt hätte.«[474]

Aber: Wie kam Horst Köhler überhaupt zu den Sparkassen? Als er sich zum Wechsel entschied, war er fünfzig Jahre alt. Wer in diesem Lebensalter nicht einen »Absprung« findet, erhält aller Erfahrung nach später nur noch selten eine reizvolle neue Aufgabe, zumal man als Staatssekretär »politischer Beamter« ist und jederzeit (zum Beispiel nach einem Regierungswechsel) ohne Angabe von Gründen in den »einstweiligen Ruhestand« versetzt werden kann. Da schaut man sich gerne rechtzeitig nach neuen Betätigungsfeldern um. Köhler hatte schon relativ früh nach Antritt des Staatssekretärsamtes angedeutet, dass er eines Tages einmal in der Wirtschaft eine Führungsposition übernehmen wolle, was seinen Niederschlag, wie dargelegt, sogar in der Presse fand.[475] Als konkreten Grund für seinen Wechsel nennt Köhler heute vor allem die Erblindung seiner Tochter und allgemein den Wunsch, mehr Zeit für seine Familie zu haben.[476] Vielleicht hatte er aber auch genug von den frustrierenden Erfahrungen im politischen Geschäft. Denn Köhler dürfte öfters über seine Chefs – den

Finanzminister und (im Zusammenhang mit seiner »Sherpa«-Tätigkeit) den Bundeskanzler – verzweifelt gewesen sein, auch wenn er dies heute nie so formulieren könnte. Köhler, ein in der Sache engagierter, fachlich versierter, technokratischer Spitzenbeamter ohne eigene politische Erfahrung als Mandatsträger, stieß oft genug an die Grenzen seiner Durchsetzungsfähigkeit. Seine öffentlich verbreitete Erklärung, für einen Wechsel in die Wirtschaft bereit zu sein, ist für Spitzenbeamte eigentlich ungewöhnlich. Doch auf diese Weise brachte Köhler sich auf den Markt.

Parallel zu den Verhandlungen mit dem DSGV hatte Köhler weitere Anfragen erhalten. Beispielsweise hatte er das Angebot, in den Vorstand der Dresdner Bank nach Frankfurt zu gehen. Über ein intensives Anfangsgespräch kam diese Überlegung nicht hinaus, weil sich Köhler zu diesem Zeitpunkt innerlich bereits auf die Sparkassen festgelegt hatte. Eine weitere Offerte war zeitgleich an ihn herangetragen worden, nämlich die des Vorstandsvorsitzenden der damals neu entstehenden Deutschen Börse AG in Frankfurt. Die Deutsche Börse AG ging 1992 aus der Frankfurter Wertpapierbörse hervor. Das Deutsche-Bank-Vorstandsmitglied Rolf-E. Breuer, später Vorsitzender des Aufsichtsrates der Deutschen Börse AG, verhandelte mit Köhler aus Anlass einer Tagung von IMF und Weltbank in Washington, wo sich beide im »Four Seasons«-Hotel trafen.[477] Es war »ruchbar« geworden, dass Köhler seinen Staatssekretärposten verlassen wolle. Da sich Köhler als Staatssekretär immer für die Kapitalmärkte interessiert und für die Wünsche der Banken ein »offenes Ohr« gehabt habe, habe es nahe gelegen, an ihn heranzutreten. Köhler machte bei diesem Gespräch deutlich, dass er Geld verdienen und sich mehr um seine Tochter kümmern wolle, die damals in Frankfurt studierte. Über die Höhe eines möglichen Salärs wurde in diesem Stadium nicht gesprochen; offensichtlich war Köhler damals schon mit der Sparkassenorganisation in Verhandlung. Seine Absage hatte er Breuer gegenüber nicht konkret begründet. Statt Köhler wurde schließlich Werner G. Seifert von 1993 bis 2005 mit diesem Amt betraut.

Warum Köhler dem DSGV den Vorzug gegeben hat, ist nicht bekannt. Vielleicht wollte er in Bonn wenigstens politiknahe agieren.

Sollte er mit Helmut Kohl über seinen Wechselwunsch gesprochen haben, dürfte dieser eindeutig zu den Sparkassen geraten haben. Es gibt allerdings eine andere Spekulation, dass nämlich Köhler nicht unter einem starken Aufsichtsratschef dienen, sondern wirklich einmal ganz an der Spitze stehen wollte. Köhler muss damals immer wieder Überlegungen angestellt haben, wie es karrieremäßig mit ihm weitergehen werde: So hatte er später wohl auch gehofft, dass »er bei der Besetzung des Direktoriums der Europäischen Zentralbank oder der Nachfolge von Bundesbank-Vize Johann Wilhelm Gaddum berücksichtigt (werde)«.[478] Sogar schon nach seiner prinzipiellen Entscheidung für die Sparkassen erklärte Köhler, auf den ersten Zentralbankrat der Europäischen Notenbank angesprochen, klipp und klar: »Sie werden doch nicht behaupten, diese Aufgabe sei ohne Reiz.«[479] 1998 nahm die Europäische Zentralbank in Frankfurt ihre Arbeit auf, aber ohne Köhler. Als DSGV-Präsident war er nun wirklich »Erster« – wenn auch in einem schwer zu disziplinierenden Verband, in dem die »Musik« weitgehend in den Landesverbänden »spielt«.

Innerhalb des DSGV war jedenfalls schon frühzeitig über die Nachfolge von Helmut Geiger nachgedacht worden. Geiger war in Deutschland insbesondere durch seine zahlreichen Frühinterviews und als ordnungspolitischer Mahner zu einer Institution geworden. Fast ein ganzes Jahr vor Köhlers Amtseinführung, schon im Juli 1992, war in der Presse zu lesen, dass Geiger von Köhler abgelöst werden könne. Dieser habe sich, so die ›Süddeutsche Zeitung‹ damals, aber noch »Bedenkzeit« ausgebeten.[480] Zuvor bereits, im April 1992, hatte eine Sondersitzung des »Landesobmännerausschusses (LOA)« im DSGV in Mülheim an der Ruhr unter dem Vorsitz von Rolf Schaberg stattgefunden. Zentrales Thema der Sitzung: die Nachfolgesuche für Geiger. Der Reutlinger Sparkassenchef Uwe Jens Jasper brachte zusammen mit seinem Waiblinger Kollegen Karl Rühle auf dieser Sitzung den Namen Horst Köhlers ins Gespräch, worauf Schaberg sich den Vorschlag zu eigen machte:[481] Schaberg (»Ich werde mich um ein Gespräch mit Staatssekretär Köhler bemühen.«[482]) wurde zu einem Sondierungsgespräch mit Köhler beauftragt, das dann kurze Zeit später in dessen Bonner Amtszimmer stattfand.[483] Parallel dazu gab es Erkundungen im Kreise der Präsidenten der regionalen Verbände innerhalb des DSGV. Auch dessen Sprecher, der damalige und langjährige Präsident des Sparkassen- und Giroverbandes Schleswig-Holstein, Jürgen Miethke[484], wurde zu explorierenden Gesprächen mit Köhler beauftragt.[485] Miethke erkundigte sich noch bei Gerhard Stoltenberg, der ihm seinen ehemaligen Zögling wärmstens ans Herz legte.[486] Schließlich trafen sich Miethke und Schaberg mit Köhler am 17. September 1992 zu einer Dreier-Runde auf dem Frankfurter Flughafen. Köhler machte dort zwischen zwei Auslandsreisen kurz Station: Er kam aus Moskau und flog dann weiter nach Washington, D. C. Die drei Herren wurden sich schnell einig. Köhler war für alle diese Gespräche bestens präpariert. Er hatte zuvor einen alten Bekannten aus der DSGV-Hierarchie gebeten, ihn entsprechend zu »briefen«. Die offizielle Wahl Köhlers erfolgte dann am 10. Dezember 1992 einstimmig auf der 44. Mitgliederversammlung.[487]

Etwa acht Monate lang war Köhler danach noch als Staatssekretär tätig, bevor er mit Wirkung zum 1. August 1993 für die Dauer von sechs Jahren sein neues Amt antrat. Köhler war zur Annahme seiner Wahl allerdings nur unter der Bedingung bereit, dass eine Änderung der Satzung die institutionelle Stellung des Präsidenten stärken würde. Deshalb ist in der Niederschrift der Mitgliederversammlung vermerkt, »dass die vorgesehene Satzungsänderung bereits einstimmig beschlossen wurde«.[488] Köhler wurde, nach Fritz Butschkau (bis 1969), Ludwig Poullain (bis 1972) und Helmut Geiger, der als Erster diese Position hauptamtlich bekleidete, der vierte Präsident der Spitzenorganisation der Sparkassen. Die Sparkassen-Verantwortlichen hatten es nicht vermocht, einen neuen Präsidenten »aus den eigenen Reihen« zu finden. »Jemand von außen« schien in einem so heterogenen Verband damals eher durchsetzbar, zumal die profilierten Chefs der Landesbanken genügend verdienten und deshalb gar nicht erst an dem Posten an der Verbandsspitze interessiert sein konnten.

Bevor Köhler seine neue Arbeit aufnahm, hatte er sich intensiv mit den komplexen Arbeitsweisen eines Verbandes, dessen Schwäche in einer ausgeprägten föderalen Struktur besteht, vertraut gemacht. Ihm muss sehr bald klar geworden sein, dass im DSGV Entscheidungen in mühseliger Vermittlungsarbeit zustande kommen – und häufig auf kleinstem gemeinsamem Nenner. Bei seinem Ausscheiden 1998 bestätigte Köhler seine Leiden: »Natürlich ist es auch schon mal mit Frust verbunden, lange Umwege gehen zu müssen. Aber das ist Teil der Dezentralität, aus der die Sparkassenorganisation ihre Stärke bezieht. Dennoch sind gemeinsame strategische Ziele für eine dezentrale Organisation wie die Sparkassen-Finanzgruppe wichtig.«[489] Wie schwierig die Verbandsstruktur ist, musste Köhler, der aus seiner Zeit in einem Ministerium geordnete hierarchische Verhältnisse gewohnt war, im Laufe seiner Amtszeit als DSGV-Präsident immer wieder leidvoll erfahren. Köhler hatte als hauptamtlicher Präsident vier Stellvertreter, die aus den vier verschiedenen Bereichen kommen: aus den Landesverbänden (damals: Jürgen Miethke), aus den Landesbanken (damals: Friedhelm Neuber), aus den Sparkassen (damals: Rolf Schaberg) und schließlich jemand aus dem Bereich der kommunalen Gewährträger. Insbesondere mit diesen Mitgliedern des Präsidiums, dem eigentlichen Epizentrum der Entscheidungen, musste sich Köhler gut stellen, weil er nur so in der Sparkassenorganisation integrierend wirken konnte. Der Chef der in Nordrhein-Westfalen beheimateten Westdeutschen Landesbank, Friedhelm Neuber, wurde häufig spöttisch als »Pate« des Landes Nordrhein-Westfalen bezeichnet, zumal er als früherer SPD-Abgeordneter im NRW-Landtag über beachtliche »connections« verfügte. Aus diesen vier Gruppen rekrutierten sich darüber hinaus jeweils vier Personen des Vorstandes.

Miethke war während Köhlers Amtszeit der erste Stellvertretende Präsident, Rolf Schaberg vertrat als Obmann die Sparkassenchefs. Beide haben den Arbeitsvertrag mit Horst Köhler ausgehandelt und unterschrieben. Auch wenn sie eine Auskunft über die Höhe des Salärs verweigern, so dürfte Köhler zusammen mit Zusatzeinkünften

»nahe an einer Million« Deutsche Mark verdient haben. Für einen Staatssekretär eine traumhafte Summe. In diesem Zusammenhang spielen auch Mitgliedschaften in Aufsichtsgremien eine wichtige Rolle. So war Köhler vom 1. Januar 1994 bis zum 31. August 1998 Mitglied des Verwaltungsrates der bundeseigenen Kreditanstalt für den Wiederaufbau (KfW) in Frankfurt. Aufgrund des »Gesetzes über die KfW« gehört nach Paragraph 7 ein Vertreter der Sparkassen automatisch diesem Gremium an. Während sich Köhlers Bezüge als Verwaltungsratmitglied der KfW in Grenzen hielten, war für Köhler finanziell besonders ertragreich seine aufseherische Verantwortung in der Firma Giesecke & Devrient. Die sehr angesehene Firma ist noch vor der inzwischen privatisierten Bundesdruckerei in Berlin der größte »Euro«-Drucker und gehört weltweit zu den großen Gelddruckereien. Köhler wurde nicht nur am 16. April 1994 – etwa ein dreiviertel Jahr nach Amtsantritt beim DSGV – Mitglied im Aufsichtsrat dieser »kapitalstarken« Firma, sondern vom 20. Juni 1997 bis zum 31. August 1998 sogar ihr Aufsichtsratsvorsitzender. Diese Position musste er mit Dienstantritt bei der Londoner »Osteuropabank« niederlegen. Köhlers zentrale Stellung bei Giesecke & Devrient zeigt sich darin, dass er zeitgleich zum Aufsichtsratvorsitz auch Vorsitzender des Beirates dieser Firma war. Während ein Aufsichtsrat aufgrund des Aktiengesetzes vorgeschrieben ist, steht es Aktiengesellschaften frei, »Beiräte« zu berufen. Diese können von höchstem Nutzen sein, weil sie ein breit gefächertes Netzwerk von Firmenunterstützern ermöglichen. Dabei werden solche Persönlichkeiten in einen Beirat berufen, die etwa durch ihre direkten Kontakte in Finanzministerien und Notenbanken anderer Länder Aufträge »hereinholen« können. Außerdem druckt diese Firma auch Wertpapiere, ferner Kredit- und Bankkarten – übrigens auch für die Sparkassen. Köhler war von Januar 1994 bis zum Dezember 1998 Mitglied im Beirat der Hochtief AG.

Zudem gehörte Köhler seit dem 1. Januar 1994 dem Aufsichtsrat der Deutschen Bahn an. Es handelte sich hier um den ersten Aufsichtsrat, sozusagen den Gründungsaufsichtsrat der Deutschen Bahn AG, in den er wenige Monate nach seiner Arbeitsaufnahme für den

DSGV eintrat.[490] Seine Benennung dürfte Gegenstand von Besprechungen im Bundeskanzleramt gewesen sein, wo zu diesem Zeitpunkt sein alter Freund Johannes Ludewig noch Abteilungsleiter und Berater für Wirtschaftspolitik Helmut Kohls war. Über die Höhe der Aufsichtsratsbezüge schweigt sich die Deutsche Bahn AG aus. Im Aufsichtsrat der Bahn hatten dann beide miteinander zu tun, denn Ludewig wurde 1997 Vorstandsvorsitzender der Deutschen Bahn AG. Obwohl Köhler bereits ab September 1998 Präsident der Europäischen Bank für Wiederaufbau und Entwicklung in London wurde, schied er erst »mit Wirkung zum 31. Dezember 1998 aus dem Aufsichtsrat« aus. Ihm wurde durch den damaligen Aufsichtsratsvorsitzenden Dieter H. Vogel für »wertvolle Mitarbeit« gedankt.[491] Köhler wurde darüber hinaus in der Bonner Königsstraße eine äußerst repräsentative Dienstvilla eingerichtet. Sein Vorgänger hatte so etwas nicht.

»Er war unser teuerster Präsident«, heißt es heute noch in der inzwischen weitgehend nach Berlin umgezogenen Verbandszentrale, zumal der DSGV Köhler nach dessen Ausscheiden aus dem Staatsdienst hinsichtlich der Altersvorsorge mit einer erheblichen Summe nachversicherte. Schließlich kam ihm der Sparkassenverband auch sehr entgegen, als Köhler – noch vor Ablauf seines ersten Wahlturnus von fünf Jahren – frühzeitiger als erwartet und vertraglich vereinbart eine neue Aufgabe in London antrat. Auch wenn der DSGV wegen Köhlers vorzeitigem Ausscheiden dazu nicht verpflichtet gewesen wäre, so wurden ihm dennoch seine Pensionsansprüche abgesichert. Der DSGV, der weiterhin »in der Sonne« des Kanzlers stehen wollte, beugte sich Kohls Wunsch, Köhler rasch und geräuschlos freizubekommen. Interessanterweise ist das Experiment, den Sparkassenpräsidenten von außen zu holen, bis heute nicht wiederholt worden. Köhlers Nachfolger, der Niedersachse Dietrich Hoppenstedt und seit 2006 der Schwabe Heinrich Haasis, sind »Eigengewächse« der Sparkassenorganisation, auch wenn sie zuvor öffentliche Ämter wahrnahmen.

In der Rückschau blicken die ehemaligen und heutigen Sparkassen-Gewaltigen ziemlich ambivalent auf Köhlers DSGV-Zeit. Einerseits betonen fast alle, nach der langen Geiger-Ära habe dem Verband ein neues Gesicht gutgetan. Kritische Stimmen gibt es aber auch, die jedoch nicht zitiert werden wollen. In Bankkreisen hält man sich mit öffentlicher Kritik zurück. Köhler habe zweifellos eine Modernisierung der Sparkassenorganisation herbeigeführt. Sein früherer Stabschef beim DSGV, Friedrich Homann, weiß über Köhler zu berichten: »Er ist ein Mensch, der etwas bewegen will.« Seine Zeit als Köhlers Büroleiter war »meine tollste Zeit: Er prägte den Begriff des ›Vordenkens‹, er forderte viel, von allen, am meisten von sich selbst. Er war ein politischer Präsident, der den Sparkassen eine dringend notwendige gesellschaftspolitische Begründung geben wollte. Ihn trieb die Sorge der Instabilität der internationalen Finanzmärkte um, die sich von der realen Wirtschaft zu entfernen drohten«.[492] Henning Becker-Birck, als Geschäftsführendes Präsidialmitglied des Deutschen Landkreistags Repräsentant der »Gewährsträger«[493] im DGSV, beschreibt Köhler als »außerordentlich durchsetzungsstark«.[494] Andere schildern Köhler als einen »Präsidenten, der den Sparkassen neues Selbstbewusstsein gegeben hat«. Er sei in der Sparkassenorganisation, auch durch die Kraft seiner Reden, beliebt gewesen. Der Chef der heutigen Köln-Bonner Sparkasse, Gustav Adolf Schröder, einst Bundesobmann der Sparkassenvorstände, betont: »Er hat uns Sparkassenchefs sehr ernst genommen, war außerordentlich schnell sachkundig und wir haben große Stücke auf ihn gehalten.«[495] Auch Holger Berndt, lange Jahre Geschäftsführer im DSGV, lobt Köhler: »Er ist sehr mutig, denkt strategisch. Wenn er etwas als notwendig erachtet, geht er das unmittelbar an.«[496] Doch andere geben auf die Frage, was vom Sparkassenengagement Köhlers »bleibend« sei, meist die Antwort, seine Arbeit für den DSGV sei zu kurz gewesen, um wirklich dauerhafte Spuren zu hinterlassen. Tatsächlich war nicht alles von Erfolg gekrönt.

Köhler versuchte, der Sparkassenorganisation in einem schwieriger werdenden Umfeld wieder Mut zu machen, und legte großen

Wert auf ausgefeilte Reden. Als zentrale Rede kann sein mit viel Beifall aufgenommener Vortrag auf dem Deutschen Sparkassentag 1995 in Hannover angesehen werden. Dort versuchte er, die versammelten Sparkassen-Granden auf eine gemeinsame Linie einzuschwören.[497] Er beklagte, eine Privatisierung der Sparkassen und Landesbanken »scheint derzeit wieder einmal zum Zeitgeist zu passen«[498], und donnerte den Delegierten entgegen: »Wer glaubt denn ernsthaft, dass die Übernahme attraktiver Sparkassen durch in- und ausländische Großbanken Wirtschaft und Gesellschaft in Deutschland wirklich stärken würde? Sicher ist vielmehr, dass eine Schwächung bis zur Zerschlagung der deutschen Sparkassenorganisation im Ergebnis die Konzentration im Kreditgewerbe erhöhen, den Wettbewerb einschränken und damit dem Thema ›Macht der Banken‹ erst die eigentliche Problematik verleihen würde.«[499] Zudem: »Die öffentliche Rechtsform der Sparkassen« sei »kein Hindernis für betriebswirtschaftliche Effizienz und erfolgreiches marktwirtschaftliches Unternehmertum«.[500]

Innerhalb der Sparkassenorganisation als der größten Bankengruppe der Bundesrepublik ging es keineswegs harmonisch zu – das musste Köhler immer wieder erfahren. So trübten beispielsweise Machtkämpfe zwischen den einzelnen Landesbanken das Erscheinungsbild der Sparkassengruppe in der Öffentlichkeit. Unterschiedliche Interessen zwischen Groß- und Kleinsparkassen galt es ebenso zu berücksichtigen wie die Notwendigkeit, im Osten Deutschlands, wo es analog zu den Landesverbänden im Westen Deutschlands einen Ostdeutschen Sparkassen- und Giroverband (OSGV)[501] gibt, die wirtschaftlichen Strukturen zu festigen. Köhler versuchte deshalb von Anfang an, eine breite Strategiediskussion unter Bewahrung der dezentralen Vielfalt herbeizuführen. Der Verbund zwischen Sparkassen und Landesbanken sei ein wichtiger Eckpfeiler der Politik der Sparkassenorganisation. Dieser Verbund schien ihm aber dadurch gefährdet, dass größere Sparkassen nicht mit den Landesbanken kooperierten und ihre Geschäfte allein abwickelten.[502]

Während der Amtszeit Köhlers sollten sich in der öffentlichen Bankengruppe gravierende Strukturveränderungen abzeichnen, die er nicht verhindern konnte, die aber »die Grundfesten der Sparkassenorganisation«[503] berührten, so etwa die geplante und von dem baden-württembergischen Ministerpräsidenten Lothar Späth und vom heutigen DSGV-Präsidenten Heinrich Haasis umgesetzte Zusammenlegung von »Südwestdeutscher Landesbank«, »L-Bank« und der »Landesgirokasse (LG)« in Baden-Württemberg. Aber auch Entscheidungen in Berlin und Niedersachsen führten zu einer Vermischung von öffentlicher und privater Rechtsform. So wurde Köhler von der Entscheidung der sächsischen Landesregierung überrascht, die Landesbank, die Aufbaubank und die 23 Sparkassen des Landes unter einem Holding-Dach namens »Sachsen-Bank« vereinigen zu wollen.[504] Köhler hatte also genug zu tun, um immer wieder Kontroversen im DSGV zu schlichten – aber auch um von außen kommende Gefährdungen zurückzudrängen. Denn die privaten Banken versuchten, das dreigliedrige System aus privaten Geschäftsbanken, Genossenschaftsinstituten und Sparkassen über die EU »auszuhebeln«. Das »Drei-Säulen-Modell« hat in Deutschland Tradition, wobei als Vorteile des öffentlich-rechtlichen Sektors immer wieder die Verankerung der Sparkassen im ganzen Land und die durch sie stark betriebene Finanzierung des Mittelstands angesehen werden.

Gewiss kann man sagen, dass Köhler die Interessen der Sparkassen kämpferisch vertrat. Das war der Grund, warum sie ihn ausgesucht hatten. Sie spürten den Umbruch der Bankenlandschaft in Deutschland und Europa und wählten deshalb mit Köhler einen Mann, der glänzende Kontakte zur Politik besaß. Er trat sein Amt zu einem Zeitpunkt an, als die privilegierte Stellung der Sparkassen immer mehr in Frage gestellt wurde. Als der damalige Bundeswirtschaftsminister Günter Rexrodt (FDP) die Privatisierung der Sparkassen vorschlug – eine Debatte, die Helmut Kohl für überflüssig hielt –, entgegnete Köhler, dass die im deutschen Kreditgewerbe konkurrierenden Institutsgruppen mit unterschiedlichem organisatorischem Aufbau und unterschiedlichen geschäfts- und gesellschaftspolitischen Zielen eine ausgewogene Struktur gewährleisteten: »Aus der kommunalen Bindung und dem Regionalprinzip öffentlich-rechtlicher Sparkassen ergeben sich natürliche und dauerhafte Schnittstellen für die Interessen der mittelständischen Wirtschaft, der Kommunen und von Sparkas sen.«[505] Eine Privatisierung der Sparkassen – so Köhlers General-these – würde den Standort Deutschland schwächen. Da die öffent-lich-rechtlichen Sparkassen »institutionell in der Region verankert« seien, ergebe sich ihre Gemeinwohlorientierung.[506] Die Sparkas-sen behaupteten sich – »offensichtlich nicht zum Wohlgefallen der Konkurrenz« – bestens im Wettbewerb.[507] Die seinerzeit rund 700 öffentlich-rechtlichen Kreditinstitute beschäftigten zusammen etwa 280.000 Menschen und bewegten ein Geschäftsvolumen von mehr als 1,3 Billionen D-Mark, während der Branchenriese Deutsche Bank »gerade einmal« auf 500 Milliarden Mark kam.[508] Dem ›Bild am Sonntag‹-Journalisten Helmut Böger vertraute Köhler 1994 an, die öffentliche Rechtsform »garantiert dauerhaft, dass sich die Interessen der Bürger, der mittelständischen Wirtschaft, der Kommunen und der Sparkassen in den Regionen in hohem Maße decken«.[509]

Gelegentlich musste Köhler innerhalb des Verbandes Widerstand überwinden, insbesondere mit Blick auf seinen letztlich erfolgreichen Versuch, eine Fusion der Großhandelsbank DGZ mit der Investment-gesellschaft Deka herbeizuführen. Köhlers Argument für einen Zu-sammenschluss war, dass dadurch deutlich mehr Kapital verfügbar sei und das rasch wachsende Fondsgeschäft weiter forciert werden könnte.[510] Widerspruch kam vor allem aus Bayern und Hessen. Dort warb man stattdessen für eine direkte Beteiligung der Sparkassen an der Deka. Offensichtlich musste Köhler sogar mit Rücktritt drohen, um seinen Standpunkt durchzusetzen.

Eine bis heute bleibende Erinnerung an Köhler ist zudem der Kauf des östlich von Berlin gelegenen Schlosses Neuhardenberg, das ge-meinhin als »märkisches Kleinod« angesehen wird. Möglicherweise wurde 1786, im Todesjahr Friedrichs des Großen, oder, wenn man Theodor Fontanes zweitem Band seiner ›Wanderungen durch die Mark Brandenburg‹ trauen will, vielleicht schon vorher mit dem Bau dieses wunderschönen Schlosses begonnen, das Friedrich Wil-helm III. von Preußen 1814 als königliche Dotation seinem Staats-kanzler Karl August Fürst von Hardenberg schenkte. Dessen Nach-komme Carl-Hans Graf von Hardenberg wurde nach dem auf Adolf Hitler verübten, fehlgeschlagenen Attentat vom 20. Juli 1944 enteignet. Nach der Wiedervereinigung erhielt die Familie von Hardenberg das Schloss samt Park zurück, verkaufte es 1995 dann jedoch wiederum an den DSGV. Bekannt wurde das Schloss durch Kabinettsitzungen der Regierung Schröder.

Köhler hatte innerhalb seines Verbandes für den Kauf mächtigen Widerstand zu überwinden. Aber er setzte sich mit dem historisch anmutenden Argument durch, dass die Sparkassen mit dem Kauf die von Karl August Fürst von Hardenberg und von Reichsfreiherr vom und zum Stein eingeleiteten preußischen Staatsreformen würdigen würden.[511] Insbesondere die bayerischen DSGV-Repräsentanten waren allerdings gegen den Kauf der Schlossanlage, die zu so etwas wie einem geistigen Zentrum des Verbandes werden sollte. Den DSGV kam der Kauf teuer zu stehen: Statt der vorgesehenen 80 Millionen Mark kostete das Schloss schließlich 120 Millionen. Es war vor allem Köhlers späterer Nachfolger als Präsident des DSGV, Dietrich Hoppenstedt, der Kontakte zur Familie von Hardenberg besaß und Köhler von diesem Kauf überzeugte. Das Schloss stellt heute (was verbandsinterne Kritiker damals bereits befürchteten) trotz eines aufwendigen Kulturprogramms und eines Hotelbetriebs immer noch einen gewaltigen Zuschussbetrieb für den DSGV dar. Es gehörte für Köhler ein »beachtliches Durchhaltevermögen« dazu, um ein solches Riesenprojekt durchzusetzen. Heute wäre ein solcher Kauf wohl kaum noch »durchzuboxen«. Die Familie von Hardenberg konnte sich jedenfalls freuen, dass das Kleinod ihres früheren Familienbesitzes mit Hilfe der Entscheidung Horst Köhlers in gute Pflege gegeben wurde.

Erfolglos in Brüssel

Solange Kohl Kanzler war, konnte die FDP noch so sehr für eine Privatisierung der im kommunalen Besitz befindlichen Sparkassen oder im Landesbesitz befindlichen Landesbanken werben – es hätte auf Bundesebene keine wirkungsvolle Unterstützung gegeben. Weil das Sparkassenrecht weitgehend Landesrecht ist, drohten von dieser Ebene her schon eher Gefahren für die Sparkassen. Der Hauptgegner der Sparkassen saß jedoch nicht in Bonn oder in den Landeshauptstädten, sondern in Brüssel. Und Köhlers Name wird oft noch mit der Abwehrschlacht der deutschen öffentlich-rechtlichen Kreditinstitute verbunden, die ihre Sonderstellung im Rahmen des sogenannten »Drei-Säulen-Systems« nicht infrage stellen lassen wollten. Köhler wollte durch seinen Einfluss dafür sorgen, dass die in dieser Form in Europa ziemlich einmalige Stellung der öffentlich-rechtlichen Banken und vor allem der Sparkassen nicht den Wettbewerbsvorstellungen Brüssels geopfert wurde.

Allerdings mehren sich heute die Fragezeichen, ob die Köhler'sche Strategie letztendlich wirklich zu einem Erfolg für die Sparkassen geführt hat. Um diesen Komplex inhaltlich zu verstehen, müssen wir uns mit ein paar Grundzügen des europäischen Wettbewerbsrechts, dem auch Deutschland unterliegt, befassen. Rechtlich bindend sind die europäischen Vertragswerke. Bei den Verhandlungen über die 1957 gegründete Europäische Wirtschaftsgemeinschaft (EWG) mit dem Ziel der Schaffung eines gemeinsamen Marktes zwischen den damals sechs Gründungsmitgliedern (Frankreich, Italien, Belgien, Niederlande, Luxemburg und Deutschland) hatte die deutsche Bundesregierung in dem entsprechenden Wettbewerbskapitel das sogenannte »Beihilfeverbot« durchgesetzt. Dies entsprach der Linie des Wirtschaftsministers Ludwig Erhard, der zudem die Befürchtung hatte, die EWG könnte im Sinne französischer Vorstellungen protektionistisch gestaltet werden. Die Erhard'sche Linie wurde insbesondere durch die Grundsatzabteilung des Bundeswirtschaftsministeriums, der bekanntermaßen später auch Köhler angehörte, vorangetrieben. Das von Deutschland durchgesetzte Beihilfeverbot sah vor, dass privilegierende Regeln für einzelne Wirtschaftssegmente (etwa direkte Subventionen oder rechtliche Vorschriften mit subventionsähnlichem Charakter) prinzipiell nicht erlaubt sein sollten – außer, es würden ausdrücklich Ausnahmen beschlossen. Die mehr protektionistischen, den Staatseinfluss liebenden Franzosen hielten indes nie sonderlich viel von diesem Beihilfeverbot. Köhler hat sicherlich auch gewusst, dass seine Parteinahme für den Sonderstatus der deutschen Sparkassen mit der ordnungspolitischen Haltung »seiner«

einstigen Grundsatzabteilung im Bundeswirtschaftsministerium nur schwer vereinbar war.

Schon in Köhlers Sparkassenzeit zeichnete sich eine Entwicklung ab, die dann 2005 kulminieren sollte. In diesem Jahr wurden auf Druck der Europäischen Kommission die staatlichen Haftungsgarantien (»Gewährträgerhaftung«) abgeschafft. Die Tatsache, dass Landesbanken und Sparkassen in staatlichem bzw. kommunalem Besitz sind, sie also im Gegensatz zu Privatbanken niemals »pleitegehen« können, stellt ein Privileg dar, das anderen Banken Wettbewerbsnachteile bringt. Bis in die Gegenwart findet sogar ein Kampf um den Begriff »Sparkasse« als Rechtstitel statt. Der DSGV will, dass dieser Begriff exklusiv den in kommunalem Besitz befindlichen Sparkassen vorbehalten bleibt. Auslöser der für die Sparkassenorganisation ungünstigen Entwicklung war eine Beschwerde des Bundesverbands deutscher Banken in Brüssel aus dem Jahr 1993.[512] Die Gefahr eines Brüsseler Einschreitens zeichnete sich somit schon am Beginn der Amtszeit Köhlers ab. Und genau dies dürfte auch einer der Gründe für Köhlers Berufung an die Spitze der Sparkassenorganisation gewesen sein. Obwohl Köhler als »Ordnungspolitiker« – jedenfalls in der Grundsatzabteilung des Wirtschaftsministeriums – immer gegen Privilegien einzelner Wirtschaftszweige gewettert hatte, wollte er jetzt die Privilegien der Sparkassen mit Klauen und Zähnen verteidigen – und das nicht zuletzt durch seinen Einfluss bei Helmut Kohl. Im 1997 unterzeichneten Vertrag von Amsterdam gelang es dann Köhler durch Druck auf die Bundesregierung tatsächlich, als Anhang (Dokument 37[513])eine »Erklärung zu den öffentlich-rechtlichen Kreditinstituten in Deutschland« unterzubringen. Innerhalb und außerhalb des DSGV wurde diese zunächst als so etwas wie eine Überlebensgarantie für die besondere Situation der öffentlich-rechtlichen Kreditinstitute in Deutschland hochgejubelt. Dies feierte auch die ›Zeit‹: Als Köhler 1998 vom Sparkassenverband zur Osteuropabank wechselte, hieß es: »Als sein größter Erfolg im neuen Job gilt, im Vertrag von Amsterdam gegen die Privatbanken eine Bestandsgarantie für öffentlich-rechtliche Sparkassen erstritten zu haben.«[514]

Wenn man heute aber den gewundenen und gedrechselten Text des europäischen Dokuments nachliest, wird man hieraus alles andere als eine Bestandsgarantie für die öffentlich-rechtlichen Banken in Deutschland ablesen können. Zwar wurde die »Auffasung der Kommission zur Kenntnis« genommen, »dass die bestehenden Wettbewerbsregeln der Gemeinschaft es zulassen, Dienstleistungen von allgemeinem wirtschaftlichen Interesse, welche die in Deutschland bestehenden öffentlich-rechtlichen Kreditinstitute erfüllen, sowie ihnen zum Ausgleich für die mit diesen Leistungen verbundenen Lasten gewährte Fazilitäten voll zu berücksichtigen.«[515] In dieser Erklärung zum Vertrag von Amsterdam wird jedoch auch auf die Gefahr der Beeinträchtigung der Wettbewerbsbedingungen in Deutschland hingewiesen. Und dann gibt es schließlich einen Abschlusssatz, den alte Fuhrleute als »Hinterhältigkeit der Kommission« und des damaligen Wettbewerbskommissars Karel van Miert interpretieren. Hier wird nämlich daran erinnert, »dass der Europäische Rat die Kommission ersucht hat, zu prüfen, ob es in den übrigen Mitgliedstaaten vergleichbare Fälle gibt, auf solche Fälle dieselben Maßstäbe anzuwenden und dem Rat in der Zusammensetzung der Wirtschafts- und Finanzminister Bericht zu erstatten«. Diese Erklärung stellte für die Kommission das Mandat dar, die Beschwerde der deutschen Privatbanken besonders ernst zu nehmen.[516] Sie war de facto eine Aufforderung an die Kommission, die Beschwerde in Gang zu setzen, und damit Aufhänger für wettbewerbspolitische Entscheidungen Brüssels, die heute bei den Sparkassen mit großer Beklommenheit wahrgenommen werden.

Köhler, so wird noch heute auf den Gängen der Brüsseler Behörde gefeixt, habe sich damals »verrannt«. Als europapolitischer Fachmann hätte er wissen müssen, dass es besser keine Erklärung im Rahmen des Amsterdamer Vertrages gegeben hätte als eine Erklärung, die der Kommission geradezu das Prüfmandat gab, die besondere rechtliche Stellung der Landesbanken und Sparkassen in Deutschland im Zusammenhang mit dem Funktionieren des Binnenmarktes und den Wettbewerbsregeln der Europäischen Gemeinschaft zu durchleuchten und zu bewerten. Gegenüber seinem Verband brauchte Köhler seinerzeit aber den sichtbaren Erfolg, zumal er auf die Unterstützung Helmut Kohls vertraute.

Karel van Miert, ein profilierter und auch in Deutschland gefürchteter Wettbewerbskommissar in den Jahren von 1993 bis 1999, hielt, obschon Sozialist, mit zunehmender Verweildauer im Amt immer weniger von allzu starker staatlicher Einwirkung in das ökonomische Geschehen. In seinem auch in Deutschland als Buch erschienenen Erfahrungsbericht schildert er ausführlich ein Gespräch mit Helmut Kohl, das von Kohls Wirtschaftsberater Johannes Ludewig eingefädelt worden war. Kohl äußerte sich Karel van Miert gegenüber auf väterliche Weise und berichtete ihm viel über sein Verhältnis zu anderen Staatsmännern. »Nie wieder Krieg in Europa«, das sei sein Ziel, erklärte er dem Wettbewerbskommissar, der den weiteren Verlauf der Unterredung wie folgt schildert: »Das Gespräch zog sich viel länger hin als die geplanten zwanzig Minuten. Ursprünglich war vorgesehen, dass zeitweise ein Mitarbeiter anwesend sein sollte, doch Kohl hatte kein Bedürfnis danach. Er überflog einen Zettel, auf dem eine Anzahl zu besprechender deutscher Fälle notiert war, doch er pickte nur einen heraus: die Frage der Sparkassen und Landesbanken. Er mahnte mich, vorsichtig zu sein. Hierbei würde ich nicht nur an das Herz des deutschen Bankensystems rühren, sondern auch an die föderale Staatsordnung.«[517] Wie man also nachlesen kann, war Kohl zu Köhlers Zeit ein wichtiger Fürsprecher für die Sparkassen.

Mittel- und langfristig wäre es wohl auch für die Sparkassen und Landesbanken besser gewesen, wenn sie in strittigen Fragen mit den Privatbanken eine Verständigung herbeigeführt hätten. Denn Haltung der Kommission war es, die Streitparteien – hier also die Sparkassenorganisation auf der einen, der Bundesverband der deutschen Banken auf der anderen Seite – einvernehmliche Lösungen erarbeiten zu lassen. Manche glauben sogar, dass Köhler – mit seinem Vertrauen in Kohls Unterstützung – durch sein schneidig-forsches Auftreten die Privatbanken eher noch in ihrer Absicht bestärkt habe, Klage in Brüssel einzureichen. Insoweit war die von Köhler im Vertrag von Amsterdam durchgesetzte Erklärung aus heutiger Sicht eher ein »Rohrkrepierer«. Köhler legte sich gerne und in aller Öffentlichkeit mit den Privatbanken an. Selbst die Ende September 1996 in Washington stattfindende Jahrestagung des Internationalen Währungsfonds (IMF) nutzte er, um die Privatbanken vorzuführen: »Im Zusammenhang mit der Steuerreform muss sich zumindest auch der Finanzminister den Kopf zerbrechen, wie die notwendigen Steuereinnahmen für unabweisbare, politisch gewollte staatliche Leistungen strukturell zu sichern sind.« Er zitierte auch die Untersuchungen des IMF-Wirtschaftswissenschaftlers Vito Tanzi, der seiner Meinung nach dargestellt hatte, »dass international operierende Konzerne die Entstehung ihrer Gewinne über interne Gestaltungsmaßnahmen regional lenken.« Danach sprach er unmittelbar die deutschen Großbanken an, indem er die Summe, die 1995 die Gruppe der Großbanken an Steuern bezahlt hatte, mit der verglich, die die Sparkassen abgeführt hatten. Demnach hatten die Sparkassen wesentlich mehr gezahlt, als es, gemessen zum Beispiel am Geschäftsvolumen, dem Größenanteil entspräche.[518] Solche Attacken führten zu einer handfesten Mißstimmung und zu einer Verschärfung des Klimas zwischen öffentlich-rechtlichen und privaten Banken.

Arbeitsklima

Köhler brachte auch seinen Arbeitsstil aus dem Ministerium zu den Sparkassen mit. Manche der Mitarbeiter litten sehr unter seiner harschen Art. In der Rückschau wird Köhler als ein »Mann der zwei Gesichter« bezeichnet: Köhler könne ungemein gewinnend und charmant, aber auch ruppig, barsch und verletzend sein. Dabei wird allgemein anerkannt, dass er von anderen nie mehr verlangte als von sich selber. Legendär sind auch beim DSGV seine Redevorbereitungen, bei denen zehn Vorbereitungsrunden bis zur Erschöpfung und bis spät in die Nacht hinein keine Seltenheit gewesen sein sollen. »Die Redebesprechungen waren Erziehungsanstalten«, meint ein geplagter Teilnehmer solcher Erfahrungsgruppen, weil auf diese Weise das Denken von Köhler gegenüber den Hauptamtlichen im Verband vermittelt wurde. Aber die unberechenbare Art, wie Köhler auf Argumente reagierte, sein Zorn, hat viele getroffen. Seine Temperamentsausbrüche richteten sich nicht nur gegen Mitarbeiter, denn selbst gegenüber Gremienmitgliedern konnte er sich höchst unwirsch verhalten. So geriet Köhler während einer Präsidiumssitzung mit dem Präsidenten der Bayerischen Landesbank, Franz Neubauer, aneinander. Neubauer, Sprecher der Sudetendeutschen Landsmannschaft von 1982 bis 2000 und von 1984 bis 1986 Staatsminister für Arbeit und Sozialordnung in Bayern, gilt nicht gerade als Choleriker. Köhler erschien nach der Erinnerung eines Teilnehmers eine Stunde zu spät zur Sitzung. Es kam zu einer Auseinandersetzung mit Neubauer, der sich sonst mit Köhler gut verstanden hatte und Köhler sinngemäß zugerufen haben soll: »Ihretwegen bin ich um vier Uhr morgens aufgestanden und jetzt machen Sie dieses Theater!« Als Köhler ihm scharf antwortete »Wenn Ihnen das hier nicht passt, können Sie ja gehen!«, stand Neubauer auf und verließ den Saal. Köhler entschuldigte sich später.

Es wird auch von einer anderen Begebenheit berichtet, die etwas über das Verhältnis Köhlers zu Gerhard Schröder aussagt: Als die Sparkassenvertreter in Langenhagen bei Hannover tagten und der damalige niedersächsische Ministerpräsident Schröder eine Rede hielt, war der Euro-Verhandler Köhler außer sich. Es zeigte sich auch bei dieser Rede, dass Schröder ein Gegner der Euro-Einführung war. Köhler ließ – was ansonsten in den vornehmen Kreisen der Sparkassenbanker unüblich ist – ständig »erregte Zwischenrufe« erschallen, die auch seine Kollegen als »peinlich« empfanden. Schröder reagierte ganz lakonisch: »Aber Herr Köhler, wenn ich mal Bundeskanzler bin, können Sie unter mir Staatssekretär sein.« Es sollte anders kommen. Schröder musste den Zwischenrufer später sogar zum IMF (International Monetary Fund, in Deutschland IWF, Internationaler Währungsfonds genannt) nach Washington befördern und mit ansehen, wie er von der Bundesversammlung zum Bundespräsidenten gewählt wurde.

Übrigens ist noch einmal auf Köhlers Verhältnis zu Helmut Kohl zurückzukommen: Kohl hatte in der Tat Köhler nur ungern zum DSGV ziehen lassen – und doch gewann er diesem Absprung eine positive Seite ab: Er hatte mit Köhler nämlich in einer Zeit, in der die Einführung des Euro noch bevorstand, einen treuen Verbündeten. Die Vorstellung, der Präsident des DSGV sei ein forscher Euro-Skeptiker, kann dem damaligen Bundeskanzler nicht behagt haben. Ein Gegner hätte die mehrheitlich Euro-verunsicherten Deutschen gegen die Intentionen Kohls mobilisieren können. Kohl sah es gerne, wenn er in den Spitzen wichtiger Verbände Vertrauensleute hatte. Dies war etwa beim Deutschen Industrie- und Handelstag (DIHT)[519] mit dem damaligen Hauptgeschäftsführer Franz Schoser der Fall; ähnlich sah es mit Ludolf von Wartenberg beim Bundesverband der Deutschen Industrie (BDI) oder mit Reinhard Göhner beim Bundesverband der Deutschen Arbeitgeberverbände (BDA) aus. Insoweit kann man Köhler auch in dieser Zeit als Teil des »Systems Kohl« ansehen. So schickte Kohl Köhler kurzerhand auf Sondermissionen ins Ausland – etwa vom 15. bis 20. Januar 1998 nach Indonesien.[520] Schon wenige Wochen nach Arbeitsantritt beim DGSV konnte Köhler unmittelbare Kanzlerluft aufsaugen: Er wurde von Kohl auch zu einer Reise nach China mitgenommen.[521] Selbst wenn dadurch manche DSGV-Termine abgesagt wurden: Köhler muss diese Anerkennung Kohls besonders gefreut haben, erinnerte doch seine Tätigkeit als »Sonderbeauftragter von Bundeskanzler Helmut Kohl«[522] an seine Staatssekretärszeit. Solche Sondermissionen festigten zugleich die Loyalität Köhlers gegenüber Kohl. Köhler war außerdem 1994 im Einvernehmen mit Helmut Kohl auch als Berater der russischen Regierung tätig.[523]

»Glückwunsch für Horst Köhler, Beileid für die Sparkassenorganisation!« schrieb die ›Süddeutsche Zeitung‹ am 16. Mai 1998 über die Nachricht, dass Köhler im September 1998 zur »Osteuropabank« nach London gehen werde.[524] Nachfolger Köhlers beim DSGV wurde der niedersächsische Sparkassenpräsident Dietrich Hoppenstedt. Köhler verabschiedete sich wohl leichten Herzens von den Sparkassen, obgleich der neue Posten keine finanzielle Verbesserung mit sich brachte: »Nein, beim Wechsel zur Osteuropabank habe ich mich verschlechtert.«[525] Wenn man heute Köhler über seine verschiedenen beruflichen Stationen reden hört, meint man manchmal, er wolle die Zeit bei den Sparkassen verdrängen. 1998 resümierte die ›Frankfurter Allgemeine Zeitung‹: »Ganz auszufüllen schien ihn der Verbandsposten allerdings nie.«[526] Dieses Präsidentenamt war ja auch kein Staatsamt.

9. Die Osteuropabank als Durchlauferhitzer

Am Anfang war ein Telefonanruf: Helmut Kohl erreichte Horst Köhler im Auto und bedrängte ihn, Chef der Europäischen Bank für Wiederaufbau und Entwicklung in London (EBWE) – häufig »Osteuropabank« genannt – zu werden. Die englische Bezeichnung lautet: »European Bank for Reconstruction and Development (EBRD)«. Horst Köhler sagte schließlich Ja, nachdem ihm in eilig zusammengerufenen Telefonkonferenzen mit Mitgliedern des Präsidiums des Sparkassen- und Giroverbandes sein vorzeitiger Abschied abgesichert wurde. Am 1. September 1998 trat er sein neues Amt in London an; zuvor hatte er sich durch einen Sprachkurs beim Auswärtigen Amt zusätzlich für diese Aufgabe qualifiziert. Bis dahin war sein Englisch, trotz seiner zahlreichen internationalen Verhandlungen, noch ziemlich verbesserungsbedürftig.

Russische Musiker-Bettler

Die Londoner ›Financial Times‹ zitierte Horst Köhler mit drei Gründen, warum er an die Themse gegangen sei: Der erste Grund sei ein Gespräch mit seiner Tochter Ulrike gewesen, die damals in London studierte und ihn überzeugt habe, dass die britische Hauptstadt ein besonders attraktiver Ort zum Leben und Arbeiten sei. Sodann nannte er zweitens den Anruf von Helmut Kohl. Als dritten Grund erwähnte er, dass er nahe seines Bonner Hauses russische Bettler, allesamt Musiker, gesehen habe. »Und die jammervolle Anwesenheit der Musiker überzeugte Herrn Köhler von der Dringlichkeit, Osteuropa zu modernisieren«, konnten die Leser dieser angesehenen Finanzzeitung lesen.[527] »Es handelte sich um qualifizierte Musiker, um Künstler. So etwas kann den Stolz einer Nation zum Bersten bringen, wenn ihre

Künstler zu Bettlern verkommen. Menschen können das für eine Weile aushalten. Aber für wie lange?«, fragte Köhler. »Dies ist ein Grund, warum ich diesen Job angenommen habe.«[528]

Was waren die tatsächlichen Motive Köhlers, sich so rasch wieder vom DSGV zu trennen? Er war 55 Jahre alt geworden. Wenn er weiterkommen wollte, musste er jetzt »springen«. Zudem sehnt sich eigentlich jeder, der einmal eine wichtige Aufgabe im Staatsdienst hatte, wieder dorthin zurück. Auch Spitzenbeamte sind ein Stück weit der Droge »Macht« verfallen.[529] Die Bank in London gab ihm hierzu die Möglichkeit – und sogleich wurde ja spekuliert, diese Station könne ihm als Sprungbrett zu höheren Aufgaben (etwa beim Internationalen Währungsfonds in Washington) dienen. Außerdem ist es schwierig, sich dem Ruf eines Bundeskanzlers zu entziehen.

Kohl wird ihm in jenem Telefonat gesagt haben: Köhler, ich brauche Sie! Ihre enorme internationale Erfahrung auf dem Feld der Finanzpolitik prädestiniert Sie geradezu für diese Aufgabe. Sie sind bei den Finanzministern der europäischen Mitgliedsstaaten in höchstem Maße angesehen und der einzige Deutsche, der ohne großen Widerstand durchzusetzen ist! Köhler dürfte geantwortet haben: Herr Bundeskanzler, ich fühle mich geehrt, aber meine erste Amtszeit bei den Sparkassen ist noch nicht einmal zu Ende (…) Ach was, so dürfte in diesem – fiktiven – Telefonat Kohl Köhler unterbrochen haben, es wird Zeit, dass Sie diesen verstaubten Verband verlassen und endlich wieder was Richtiges machen, was Ihnen wirklich Freude macht, was Ihnen angemessen ist. Ich brauche Sie! Und sicher schloss Kohl das Telefonat ab mit den Worten (gelegentlich begann er dann auch noch ein einseitiges Duzen): Ruf mich an, wenn du alles geklärt hast! Köhler mag bei diesem Telefonat vermutlich auch an seine Altersversorgung beim DSGV gedacht haben. Kohl wird das geahnt, vielleicht sogar gesagt haben: Sie haben jetzt genug Bimbes verdient, jetzt müssen Sie endlich wieder etwas Ordentliches machen! Denn Kohl, der gerne den Ausdruck »Bimbes« anstelle von »Geld« verwendete, wusste immer genau Bescheid, wer was verdiente, vor allem, wenn der Betreffende ihm ein Amt zu verdanken hatte.

Wahrscheinlich kam für Köhler dieser Anruf noch nicht einmal so ganz überraschend, denn im Kanzleramt und im Finanzministerium war immer schon erörtert worden, einen Deutschen in den internationalen Finanzinstitutionen zu platzieren. Innerhalb der Bundesregierung war schon frühzeitig darüber nachgedacht worden, ob Köhler zum Internationalen Währungsfonds nach Washington gehen solle. Doch der 1987 ins Amt gekommene Michel Camdessus ließ sich zweimal bestätigen. Köhler dürfte von diesen regierungsinternen Überlegungen gewusst haben. Wie auch immer dieses Telefonat in Sachen Osteuropabank abgelaufen ist: Es führte innerhalb des DSGV zu einer hektischen Betriebsamkeit. In kürzester Zeit konnte Köhler seinem Kanzler Vollzug melden, so wie dargelegt. Andererseits stimmte dieser »Liebesentzug« die DSGV-Gewaltigen auch wieder etwas traurig. Einer der »Ihrigen« war er wohl nie ganz geworden. Das spürten sie.

Doch einen gewissen Zwiespalt in Köhler hatte der Anruf des Kanzlers schon hervorgerufen. Köhler wusste, dass Larry Summers, damals noch Staatssekretär beim amerikanischen Finanzminister, im April 1996 bei der Jahrestagung der EBRD in Sofia auf deren Endlichkeit hingewiesen hatte. Denn eines Tages, so Summers, sollte man sich freuen, dass – wegen des Erfolges der Bank – ihre Tätigkeit nicht mehr länger notwendig sein würde. Köhler wäre es deshalb schon lieber gewesen, gleich zum IMF zu gehen, doch der war an der Spitze mit dem Franzosen Michel Camdessus besetzt. Jedenfalls wollte Köhler verständlicherweise sicherstellen, dass er nicht lediglich zur Abwicklung der Bank bestellt würde. Ausgerechnet die Russlandkrise, die kurz vor Köhlers Amtsantritt der internationalen Finanzwelt und auch der Osteuropabank sehr schadete, stabilisierte die Einsicht in die Notwendigkeit der Londoner Bank, sodass die Summers-Überlegungen verstummten.

Kohl und sein Finanzminister Waigel sahen die Chance, auf der internationalen Finanzebene endlich einmal einen wichtigen Posten mit einem Deutschen besetzen zu können. Hierbei kam es auf europäischer Ebene wieder einmal zu einem unwürdigen Verfahren, bei dem es weniger um die Qualifikation handelnder Personen als um schlichte machtpolitische Interessen, insbesondere der Franzosen, gegangen ist. Es waren nämlich zwei wichtige Posten gleichzeitig zu vergeben: Der erste war der des Präsidenten der neu zu gründenden Europäischen Zentralbank (EZB) mit Sitz in Frankfurt, der zweite der des Präsidenten der EBRD. Schon immer verstand es Frankreich, auf den entscheidenden Finanzplätzen eigene Landsleute unterzubringen. Im Vergleich zur Fähigkeit der Franzosen, Landsleute in allen internationalen Organisationen, auch der Europäischen Kommission, in Amt und Würden zu bringen, sind die Deutschen Waisenknaben. Allerdings haben die Franzosen auf dem internationalen Feld auch etwas anzubieten: Insbesondere die Ecole Nationale d'Administration (ENA) ist darauf ausgerichtet, hervorragend qualifizierte Fachleute auszubilden.[530] Deutschland hingegen tut sich mit dem Heranbilden einer international einsetzbaren Elite immer noch schwer, was auch etwas mit den häufig zu geringen Sprachkenntnissen – selbst des Englischen – zu tun hat. Die Franzosen haben auf dem internationalen Parkett hinsichtlich der Platzierung ihrer Interessenvertreter stets eine konzise Strategie parat; die anderen Mitgliedsstaaten der Europäischen Union befinden sich meist in der Defensive gegenüber den gezielten französischen personalpolitischen Absichten.

Musterbeispiel hierfür ist die Osteuropabank selbst: Als es 1991 zur Gründung der Bank kam, war dies vor allem ein Projekt Frankreichs. Fast konnte man den Eindruck erhalten, als ob der damalige sozialistische Staatspräsident François Mitterrand speziell einen Posten für seinen engen Vertrauen Jacques Attali, den früheren »Sherpa«-Kollegen Köhlers, geformt hätte. Attali sollte sich allerdings zu einem Problemfall entwickeln. Ihm wurde Missmanagement und Verschwendungssucht vorgeworfen, sodass er nur von April 1991 bis Juni 1993 als Präsident an der Spitze dieser Bank stand. Ihm folgte ebenfalls ein Franzose: der sehr erfahrene und anerkannte Jacques de Larosière, der sich in diesem Amt von September 1993 bis Januar 1998 in erster Linie als Sanierer betätigen musste. Zuvor war er von 1978 bis 1987 Chef des IMF in Washington gewesen. Er sprang für den vorzeitig das Amt verlassenden Attali ein und trat dann aus Altersgründen im Januar 1998 zurück. Dadurch entstand ein Entscheidungsdruck, dem die Staats- und Regierungschefs gerne ausgewichen wären.

Um zu verstehen, wie kompliziert der Entscheidungsprozess war, Köhler auf den Posten des Präsidenten der Osteuropabank zu hieven, müssen wir uns in einem kleinen Exkurs mit dem europäischen Sondergipfel vom 2. Mai 1998 in Brüssel befassen. Dort sollte zuerst die EZB-Entscheidung getroffen werden, bevor sich die Staats- und Regierungschefs um die Osteuropabank kümmern wollten. Es kam fast zu einem Eklat. Angesichts der Tatsache, dass der traditionell von den Europäern gestellte Managing Director des International Monetary Fund (IMF) ebenfalls mit einem Franzosen besetzt worden war, waren die meisten EU-Staaten dazu entschlossen, diesmal keinen Franzosen auf den EZB-Präsidentenstuhl zu lassen. Der damalige französische Präsident Jacques Chirac stand unter besonderem Druck, weil er in der »Cohabitation« zusammen mit dem sozialistischen Premierminister Lionel Jospin die Staatsgeschäfte führen musste. Von »Cohabitation« spricht man beim semi-präsidentiellen französischen Regierungssystem, in dem die Exekutivmacht zwischen Staatsoberhaupt und Regierungschef geteilt wird, wenn Präsident und Premierminister unterschiedlichen Parteien angehören und der Präsident im Parlament keine kooperationsbereite Mehrheit hat. Auch wenn nach der französischen Staatspraxis Außen-, Sicherheits- und Europapolitik zum Kompetenzbereich des Staatspräsidenten gehören, engte Jospin die Kompromissfähigkeit von Chirac ein, zumal der französische Kandidat, Jean-Claude Trichet, damals Präsident der Französischen Notenbank, jedenfalls nicht als Mann der Gaullisten angesehen wurde.[531]

Welchen Einfluss konnte Kohl auf Chirac nehmen? Der 1963 von Charles de Gaulle und Konrad Adenauer geschlossene »Elysee-Vertrag« sorgte dafür, dass es zwischen keinen anderen EU-Mitgliedsländern so viele institutionalisierte Konsultationsmechanismen gibt wie zwischen Frankreich und Deutschland. Deshalb wird zu Recht von »privilegierten« deutsch-französischen Beziehungen gesprochen. Andererseits werden die zum Teil gewichtigen Auffassungsunterschiede zwischen Frankreich und Deutschland dadurch nicht aufgehoben. Meist einigten sich beide Staaten in den wichtigen europapolitischen Fragen aber mit einem Kompromiss. Dies stieß nicht immer auf große Freude insbesondere bei den kleineren Staaten, weil sie sich nach der Prägekraft der deutsch-französischen Entscheidungen richten mussten. Allerdings erlaubte die »Cohabitation« Chirac keinen großen Bewegungsspielraum. Deswegen war es in diesem Falle besonders schwierig, eine gemeinsame Linie zwischen Paris und Bonn zu finden.

Deutschland hatte zwar im Vorfeld Hans Tietmeyer als Präsident für die EZB ins Gespräch gebracht. Da jedoch Frankfurt am Main als Sitz der EZB von Deutschland durchgedrückt worden war – dies war eine Voraussetzung für die deutsche Zustimmung zur Wirtschafts- und Währungsunion (WWU) –, schien es Kohl illusorisch, auch noch einen Deutschen als Präsidenten durchzusetzen. Im Vorfeld dieses Entscheidungsprozesses hatte sich der Niederländer Wim Duisenberg, der von 1982 bis 1994 Präsident der Niederländischen Zentralbank war, viel Sympathie erworben. Doch Chirac hielt ihn für einen Mann Tietmeyers.[532] Auch aus Deutschland erhielt der Sozialdemokrat Duisenberg Unterstützung, weil seine währungspolitischen Grundüberzeugungen geschätzt wurden.

Der damalige außenpolitische Chefberater Kohls, Joachim Bitterlich, sandte wenige Tage vor dem Gipfel an seinen Kollegen beim französischen Staatspräsidenten ein Fax, in dem das Kanzleramt den Franzosen eine kompromissbereite Linie signalisierte. Duisenberg sollte zwar der erste Präsident der EZB werden, aber schon nach halber Amtszeit zu einem festen Datum abtreten. Ziel Kohls und Bitterlichs war es, Chirac, der vielleicht dazu bereit war, Duisenberg für zwei Jahre hinzunehmen, zum Entgegenkommen zu bewegen.[533] Der Haken: Der Maastrichter Vertrag sah – um einer politischen Einflussnahme vorzubeugen – eine achtjährige Amtszeit vor. Erst morgens um zwei – so erinnert sich heute noch Kohls Chefdiplomat Bitterlich – war schließlich eine Einigung von Kohl mit den Franzosen möglich.[534] Der Dritte in der nächtlichen Besprechung, Duisenberg, schrieb vor seiner Ernennung in Englisch auf einen Zettel, dass er »freiwillig«, nach etwa der Hälfte der Amtszeit, aus Altersgründen zurücktreten werde. Bitterlich übersetzte diese Sätze für Kohl. Kein schöner An-

fang für die EZB. Aber der Durchbruch war da. Für Kohl – das wussten die Franzosen – wäre eine Nicht-Einigung eine politische Katastrophe gewesen. Am 27. September 1998 sollten nämlich in Deutschland Bundestagswahlen stattfinden. Ein Scheitern der EZB-Personalie
wäre für den damaligen SPD-Kanzlerkandidaten Gerhard Schröder,
der sich ja bei den Wählern sowieso durch seine Skepsis gegenüber
dem Euro eingeschmeichelt hatte, beste Wahlkampfmunition gewesen.

Diese Vorgeschichte machte es möglich, Köhler für die Osteuropabank durchzusetzen. Sein Name hatte in der internen Diskussion der
Bundesregierung schon vorher, als Attali 1993 die Osteuropabank
verlassen musste, eine Rolle gespielt. Doch Köhler machte sich damals
zum Sparkassenverband auf. Er, der noch 1995 vom französischen
Staatspräsidenten zum Offizier der Ehrenlegion ernannt wurde – es
handelt sich hierbei um die höchste Auszeichnung, die einem Ausländer zuteil werden kann[535] –, war zu diesem Zeitpunkt gegenüber
den Franzosen nicht durchsetzbar.

Nach dem Brüsseler Sondergipfel vom Mai 1998 konnten sich die
Chefeuropäer endlich der Osteuropabank zuwenden. Schon einige
Monate war der Londoner Präsidentenposten vakant. Einer Entscheidung konnte jetzt nicht mehr ausgewichen werden. Die Bundesrepublik Deutschland meldete ihr Interesse an. Frankreichs Finanzminister Dominique Strauss-Kahn hatte mit Philippe Lagayette zwar einen
eigenen Kandidaten benannt[536], doch die Franzosen mussten sich an
die deutsche Zustimmung für Trichet erinnern (übrigens auch an die
deutsche Unterstützung für die Wiederwahl von Michel Camdessus
beim IMF). Jedenfalls scheiterten sie deshalb in diesem Moment mit
ihrem Anspruch auf den Londoner Posten. Ihre ganze Kraft hatte dem
EZB-Präsidentenposten gegolten; hier hatten sie als Vizepräsidenten
der Bank und als Duisenberg-Vertreter Christian Noyer durchsetzen
können und darüber hinaus die Zusage erhalten, dass nach dem »frei-
willigen« Ausscheiden Duisenbergs Trichet sein Nachfolger würde.
Nebenbei bemerkt: Duisenberg setzte das Datum seines Ausscheidens
auf seinen 68. Geburtstag fest, blieb allerdings bis zur ordnungsge-
mäßen Bestallung seines Nachfolgers am 1. November 2003 im Amt.

Zuvor musste Trichet allerdings noch wegen behaupteter Straftaten im Zusammenhang mit der mittlerweile privatisierte Bank Crédit Lyonnais freigesprochen werden.

Köhler wird Banker

Köhler war der einzige Deutsche, der für die Londoner Bank ohne großen Widerstand durchgesetzt werden konnte. Das ›Handelsblatt‹ schrieb: »Selten ist die Lancierung eines deutschen Kandidaten für ein internationales Spitzenamt auf ein so breites positives Echo gestoßen.«[537] Die Londoner ›Financial Times‹ sprach das aus, was deutsche Regierungsvertreter damals so noch nicht öffentlich zu sagen wagten: »Dreiundfünfzig Jahre nach dem Ende des Zweiten Weltkrieges ist es höchste Zeit, auch einmal einen deutschen Kandidaten an der Spitze einer führenden multilateralen Organisation in Erwägung zu ziehen.«[538] Den meisten Widerstand leisteten die Spanier, die mit Finanzminister Pedro Solbes einen eigenen Kandidaten hatten. Später sollten sie sich auf IMF-Ebene mit einem Kandidaten durchsetzen. Am 22. Mai 1998 aber konnte Finanzminister Waigel der Öffentlichkeit mitteilen, dass Köhler nach London geht.[539] Zum 1. September 1998 trat Köhler seinen neuen Arbeitsplatz am Exchange Square in der Londoner City an. Doch zugleich wurde spekuliert, er könne vier Jahre später Nachfolger von IMF-Chef Camdessus werden.[540]

Die Europäische Bank für Wiederaufbau und Entwicklung wurde 1991 gegründet. Sie ging auf einen Vorschlag des französischen Präsidenten Mitterand vor dem Europäischen Parlament im Oktober 1989 und auf einen Beschluss der Staats- und Regierungschefs in Straßburg vom Dezember 1989 zurück. Köhler hatte als Staatssekretär das Statut der Bank mit ausgehandelt. In der deutschen Bundesregierung gab es damals eine große Skepsis gegenüber dem französischen Vorschlag. Auch wenn Köhler heute sagt, das Projekt einer solchen Bank, die »ja Marktwirtschaft und Mehrparteiensysteme in den früheren Ostblockländern unterstützen« soll, habe er »interessant und wichtig«[541] gefunden, so ist doch ziemlich klar, dass er als

Staatssekretär seinerzeit eher »mit spitzen Fingern« an die neue Institution herangegangen war. Es entstünde eine »unnütze Bürokratie«, so argwöhnte er damals, die nichts tue, was Geschäftsbanken oder die Weltbank nicht auch tun könnten.[542] Die Unterzeichnung der Gründungsakte fand schließlich am 29. Mai 1990 statt. Die Bank wurde im April 1991 von 41 Gründungsmitgliedern ins Leben gerufen. Anteilseigner sind alle europäischen Staaten, die Europäische Gemeinschaft und die Luxemburger Europäische Investitionsbank (EIB). Auch wenn die Bank das Attribut »europäisch« im Namen führt, sind jedoch unter den 62 Anteilseignern auch Staaten, die territorial nicht zu Europa gehören. Hierzu zählen Ägypten, Australien, Aserbaidschan, Japan, Kanada, Kasachstan, Kirgisistan, Israel, Korea, Marokko, Mexiko, Mongolei, Neuseeland, Tadschikistan, Turkmenistan, Usbekistan, Russland. Am Grundkapital von (nach der damaligen europäischen Rechnungseinheit) zehn Milliarden ECU hielten die EG-Länder 51 Prozent, wovon auf Deutschland, Frankreich, Großbritannien und Italien jeweils 8,5 Prozent entfielen. Die Vereinigten Staaten sind mit 10 Prozent, Japan mit 8,5 Prozent beteiligt. Osteuropäische Empfängerländer halten 13,5 Prozent.

Die Osteuropabank war gegründet worden, um die wirtschaftlichen Transformationsprozesse in den ehemals kommunistischen Staaten in Mittel- und Osteuropa zu unterstützen und die Entwicklung hin zu einer Marktwirtschaft mit privaten unternehmerischen Aktivitäten zu fördern. Die Sektoren Energie, Transport, Fernmeldewesen, Wohnungsbau und Umweltschutz sollten dabei Priorität haben. Derzeit unterstützt die Bank Projekte in 27 Staaten, von Albanien über Russland, Weißrussland und die Ukraine bis hin zu Usbekistan. Auch in der heutigen Republik Moldau, wo die Familie Köhler herstammt, und in den neuen EU-Mitgliedsstaaten Estland, Lettland, Litauen, Slowakei, Slowenien, Tschechien, Ungarn und Polen investiert sie. Als förderungswürdig werden vor allem Banken, Industriebetriebe und private Unternehmungen angesehen. Neugründungen sollen dabei genauso unterstützt werden wie Investitionen in bestehende Firmen.[543] Alle Befugnisse der Bank liegen beim sogenannten Gouverneursrat, für den jedes Mitglied einen Gouverneur ernennt, in der Regel den jeweiligen Finanzminister oder eine Person von vergleichbarem Rang. Der Gouverneursrat wählt den Präsidenten, überträgt jedoch die meisten sonstigen Befugnisse auf ein Direktorium. Unter Anleitung des Direktoriums führt der Präsident die laufenden Geschäfte der Bank. Vertreten wird der Präsident durch einen Vizepräsidenten, der nach den Gründungsvereinbarungen von den USA benannt wird; er spielt in der Bank eine besonders wichtige Rolle. Diese Konstruktion bringt ein erhebliches Konfliktpotenzial mit sich. Dies sollte Köhler mehrmals erfahren.

Köhler meistert die Russlandkrise

Als Köhler sein Amt im September 1998 antrat, hatte er kaum Zeit für eine normale Einarbeitung. Zum einen war der Präsidentenposten verwaist und sieben Monate vom damaligen Vizepräsidenten Charles Frank wahrgenommen worden. Zum anderen erforderte die just zu diesem Zeitpunkt eingetretene »Russlandkrise« ein schnelles Eingreifen des neuen Präsidenten, da die Bank offensichtlich erhebliche Abschreibungen vornehmen musste – wie im Übrigen auch so manche deutsche Bank. So trieb die Finanzkrise 1998 in Russland mehr als die Hälfte der russischen Banken in den Konkurs.[544] Der russische Staat hatte sich damals nach einer Währungskrise für zahlungsunfähig erklärt und konnte seine inländischen Schulden nicht mehr bedienen. Durch die Russlandkrise erlitt die Osteuropabank einen Verlust von 261 Millionen Euro.[545] Sie brauchte zwei Jahre, um sich hiervon wieder zu erholen. Viele ehemalige Mitarbeiter Köhlers sind heute noch beeindruckt, wie er diese für die Bank schwierige Lage meisterte. Er forderte von den Russen eine Sanierung der Staatsfinanzen und Maßnahmen zur Sicherung eines funktionierenden Finanzwesens. Er stellte fest: »Die aktuelle Krise ist vor allem eine Vertrauenskrise. Dieser kann nur mit glaubwürdigen, das heißt realisierten Reformen entgegengewirkt werden. Sonst würde jedes Geld von außen in ein Fass ohne Boden fallen.«[546] Doch ein großer Teil der russischen Industrie sei »nicht marktfähig«[547]. Investitionen in Russland blieben aber, so

Köhler, weiterhin vielversprechend und verantwortbar, wenn sie in ganz konkrete Projekte fließen würden. Unablässig betonte er, wie falsch es wäre, »Russland jetzt wie eine heiße Kartoffel fallen zu lassen. Das wäre weder durch Fakten gerechtfertigt noch politisch klug.«[548] Er gab stets die Devise aus, dass sich die Bank nicht aus Russland zurückziehen dürfe. In dieser schwierigen Situation, in der schnell entschieden werden musste und sein erfahrener Stellvertreter in Urlaub war, kamen Köhler seine vielfältigen Erfahrungen gerade aus dem Finanzministerium zugute.

Energischer Deutscher

Wenn man heute in der Osteuropabank nach Spuren des einstigen Präsidenten forscht, wird im Allgemeinen mit Respekt über die Arbeit Horst Köhlers gesprochen. Er war in den ersten Monaten fast ausschließlich mit der Russlandkrise beschäftigt. Deshalb konnte er große Spuren gar nicht hinterlassen. Als Hauptverdienst wird angesehen, dass er die durch die Russlandkrise ausgelösten Probleme innerhalb der Bank zügig löste. Josué Tanaka, zuständig für strategische Fragen der Bank, ist noch heute von der Energie seines einstigen Chefs beeindruckt. Köhler habe verlangt – was durchaus wohltuend für die Bank gewesen sei –, dass alle Entscheidungen von einer Gesamtstrategie beeinflusst sein müssten: »Alles musste ein Konzept haben.«[549] Die Bank sei nach der Finanzkrise von 1998 in ihrer strategischen Neuausrichtung dadurch gestärkt worden. Alain Pilloux, in der Bank für Russland, Zentraleuropa und spezialisierte Industrien zuständig, erinnert sich daran, dass Horst Köhler relativ viel bewegt habe, weil es ihm darum gegangen sei, den Blick der Bank auf kleinere und mittelständische Firmen zu schärfen, während in der Vergangenheit die Bank immer ein starkes Engagement für große Firmen gehabt habe. »Er ist ein äußerst engagierter Mann – mit großer Sensitivität und mit Leidenschaft«, ergänzt er.[550] Gavin Anderson, Direktor der Business Group, bestätigt, wie sehr Köhler auf eine »strukturierte Vorgehensweise« bei wichtigen Entscheidungen gedrungen habe.[551] Kazuya Murakami, einflussreicher Exekutivdirektor für Japan, benennt vier Charakteristika der Arbeit Köhlers. Das erste sei seine »Führungskraft« (»leadership«) gewesen, keineswegs eine Selbstverständlichkeit angesichts der starken Rolle des von den USA, dem größten Anteilseigner der Bank, nominierten einflussreichen Ersten Stellvertretenden Vizepräsidenten. Diese »leadership« habe Köhler, so Murakami, in besonderer Weise im Zusammenhang mit der russischen Krise gezeigt. Er habe darüber hinaus die Effizienz der Bank wiederhergestellt. Zweitens lobt der Japaner die internationale Erfahrung Köhlers, auch seine Kenntnisse Japans. »Es ist Horst Köhler zu verdanken, dass die EBRD gute Kontakte zu den asiatischen Banken, speziell zur Asian Development Bank (ADB) entwickelte.« Drittens habe Köhler immer ein gutes Gespür für politische Entwicklungen gehabt. Als viertes Charakteristikum weist Murakami auf den bei den Mitarbeitern weithin verbreiteten Eindruck hin, Köhler brause leicht auf (»tended to be of a short-temper«), aber er selber hätte dies erfreulicherweise nur einmal erfahren müssen.[552] Auch die Fähigkeit Köhlers, gute Kontakte zu den für die Bank wichtigen Zeitungen wie ›Wall Street Journal‹ herzustellen, findet Erwähnung.

Peter Reiniger, zuständig für Energie und Telekommunikation, betont, wie sehr Köhler die Bank für künftige Herausforderungen fit machen wollte. Köhlers Slogan lautete demnach: »Moving transition forward«. Nigel Carter, stellvertretender Leiter des Generalsekretariats, weist ebenfalls darauf hin, wie sehr Köhler an einer Definition der strategischen Fragen der Bank gelegen war.[553] Er habe »hohe Standards« für die Bank gesetzt. Und Jill Williams, Köhlers frühere Sekretärin, erinnert sich heute noch an Horst Köhlers »wunderbares Lächeln«. Er habe zwar sehr viel von seinen engsten Mitarbeitern verlangt, sei ihnen gegenüber aber stets fair gewesen.[554] Auch der deutsche Exekutivdirektor Gerd Saupe, der Köhler schon als Staatssekretär im Bundesfinanzministerium erlebt hatte, ist voll des Lobes: »Horst Köhler hat die Russlandkrise für die Bank hervorragend gemeistert und das Engagement der Bank in Richtung Zentralasien erweitert.«[555]

Doch so sehr Köhler immer nach einem Gesamtkonzept der Bank

verlangte: Als ein »Visionär« wurde er dort nicht wahrgenommen. Aber er habe für einen überschaubaren Zeitraum stets sehr vertretbare pragmatische Lösungen ermöglicht, sagen viele Insider. Auch wenn er beim jährlichen Weihnachtsfest mit seinen Tanzeinlagen (gemeinsam mit seiner Frau Eva) seine Mitarbeiter zu beeindrucken wusste: Ihre Herzen hatte Köhler in seiner kurzen Amtszeit nicht erobert. Für viele war er zu sehr der Finanzdiplomat, der erst noch die Psychologie der Bankmitarbeiter kennenlernen musste. Zudem war zwangsläufig das Verhältnis zu seinem »Vize«, dem aus dem privaten Banksektor kommenden Amerikaner Charles Frank, nicht immer ohne Spannungen. Köhler war ein Lernender in dieser für ihn neuen Welt: Praktische Bankerfahrungen hatte er bis dahin ja nur als Kunde am Bankschalter gesammelt. Das galt auch für den DSGV. Außerdem handelte es sich um seine erste internationale Position im Finanzmanagement. Umso mehr nötigt die Art und Weise, wie er auf die russische Finanzkrise reagierte, vielen Respekt ab. Gerade seine Zuwendung zu den kleineren Firmen wird anerkannt. Doch waren viele nicht unfroh, als er London wieder verließ.

Denn Köhler wollte immer dann, wenn er eine neue Aufgabe übernahm, etwas bewegen, erstklassige Arbeit abliefern. Träge Abläufe in großen Apparaten machen ihn stets nervös. Traurig waren manche, wie sich Köhlers Verhältnis zum Chefvolkswirt der Bank, Nick Stern, entwickelte. Sir Nicholas (Nick) Stern, geboren 1946, Professor für Ökonomie an der London School of Economics, war seit 1994 Chefökonom der Bank und »Special Counselor« des EBRD-Präsidenten. Er verließ die Bank 1999, weil er sich nicht »wie ein Schuljunge« behandeln lassen wollte, so wird heute noch kolportiert. Der in der Bank beliebte Professor ging nach Washington und wurde dort in der Weltbank Chefökonom. Auch wenn Köhler viele internationale Erfahrungen gesammelt hatte, war er in London zum ersten Mal selber in einer Institution tätig, die von den Mitarbeitern her multikulturell zusammengesetzt war. Er selbst wurde als »sehr deutsch« wahrgenommen. Das wurde einerseits durchaus geschätzt, doch war sein Umgang nicht nur mit Europäern, sondern auch mit Menschen aus anderen Kulturkreisen offensichtlich gelegentlich verletzend.

Die Köhlers rechneten eigentlich mit einem längeren Aufenthalt in London. Sie hatten sich ein Appartement in Abingdon Villas in South Kensington gemietet und später sogar ein Haus gekauft. Doch dann kam die Überraschung, dass Köhler nach zwanzig Monaten London in Richtung Washington verließ. Es sollte wahr werden, wovon er einst geträumt hatte. Er sollte als Managing Director des Internationalen Währungsfonds an die Spitze der wichtigsten internationalen Finanzinstitution treten. Er selber dürfte über diesen raschen Wechsel am Ende doch überrascht gewesen sein, war er doch ursprünglich von der rot-grünen Koalition für dieses Amt gar nicht vorgesehen. Sehr freundlich ist die britische Presse mit Köhler in dieser Zeit des Verlassens der Themse nicht gewesen. »Wanted for Questioning« – unter dieser Überschrift war im ›Daily Telegraph‹ im März 2000 ein Plakat mit Horst Köhler abgedruckt, mit der Unterzeile: »Host Koehler. Last seen leaving the European Bank for Reconstruction & Development in a hurry …« – er sei zum letzten Mal gesehen worden, als er die Bank in großer Eile verlassen habe.556 Die Zeitung kritisierte Köhler nicht nur, dass er sich unsichtbar gemacht habe, seit er sich zum Wechsel nach Washington entschieden habe. Sein Nachfolger in London wurde – kein Wunder! – wieder ein Franzose: Jean Lemierre. Dieser wollte ebenfalls die Osteuropabank als Durchlauferhitzer für höhere Weihen nutzen, denn als Horst Köhler am 30. April 2004 den IMF verließ, stand er als offizieller Kandidat der Franzosen bereit. Allerdings scheiterten die Franzosen, wie wir noch sehen werden, mit ihren Bemühungen. Lemierre ist heute noch in London.

10. Ein Deutscher am Potomac

Auch diese Station begann mit einem Telefonat. Es war der 4. März 2000, Karnevalssamstag, und Köhler war im Skiurlaub in Davos in der Schweiz. Als er von der Piste kam, lag eine Nachricht vor, er solle Gerhard Schröder, den deutschen Bundeskanzler, anrufen. Seine erste Reaktion: »Ich bin erst mal unter die Dusche, das macht einen klaren Kopf.«[557] Köhler ahnte schon, was auf ihn zukommen würde: Der rote Kanzler drängte den schwarzen Finanzfachmann zur Kandidatur als »Managing Director« (Geschäftsführender Direktor), wie der oberste Boss des in Washington ansässigen Internationalen Währungsfonds (IWF), englisch International Monetary Fund (IMF), genannt wird. Auch wenn der Kanzleranruf für Köhler ein Triumph war, so war Köhler doch so etwas wie eine zweite Wahl. Das schmerzte den sensiblen, in seinem Ego verletzten Köhler sicher, auch wenn es etwas mit der politischen Konstellation in Berlin zu tun hatte.

Schröder wollte eigentlich nicht Köhler, sondern den damaligen Finanzstaatssekretär Caio Koch-Weser, einen von Köhlers Nachfolgern im Ministerium, nach Washington schicken. Köhler hatte deshalb noch im Januar 2000 öffentlich einem anderen Glück wünschen müssen: »Ich kann nur hoffen, dass die Bundesregierung ihren Kandidaten für den IWF-Chefposten, Caio Koch-Weser, durchsetzen kann. Ich drücke ihr beide Daumen.«[558] Wohlgemerkt: »ihr« drückte er die Daumen. Und Schröder? Sein Anruf war der Ausdruck dafür, dass sein erster Kandidat gescheitert war, das Eingeständnis einer Niederlage, was weltweite Beachtung fand. Die Vereinigten Staaten hatten ihm die »rote Karte« gezeigt, waren mit seinem Kandidaten nicht einverstanden. Schröder, der unbedingt einen Deutschen auf dem IMF-Chefsessel sehen wollte, brauchte jetzt Köhler. Beide waren sich nicht gerade inniglich verbunden. Dennoch sollte Köhler es mit Hilfe des Bundeskanzlers zum damals politisch einflussreichsten Deutschen außerhalb der nationalen Arena bringen. Am 1. Mai 2000 konnte er seine IMF-Aufgabe übernehmen. Die Prestigeskala des »einflussreichsten Deutschen« in der Welt hätte Köhler formal höchstens der frühere Umweltminister Klaus Töpfer streitig machen können, der als Chef des UNEP-Programms (United Nations Environment Programme) den Rang eines Stellvertretenden Generalsekretärs der Vereinten Nationen bekleidete.

»Falsches« Parteibuch und die Macht der Konstellation

Köhler residierte in Washington in der 19. Straße, nahe der Pennsylvania Avenue, N. W., in einem Riesenzimmer im zwölften Stock in einem der beiden »Headquarters« des IMF. Viel weiß man in Deutschland nicht von dieser Institution – meistens nur, dass Globalisierungsgegner den IMF oft für vielerlei Missstände in der Welt verantwortlich machen. Und auch der wichtige Deutsche sollte an seinem neuen Dienstort nicht so schnell heimisch werden – trotz seiner Erfahrung in der Londoner Osteuropabank. Immerhin verdiente er sehr ordentlich: jährlich circa 363.660 US-Dollar, weitgehend steuerfrei.

Am Beispiel Köhlers zeigt sich, wie wichtig für eine erfolgreiche Karriere die »richtige« Konstellation ist. Auch wenn kaum jemand in Deutschland an Köhlers Kompetenz gezweifelt haben mag: Die Nähe Koch-Wesers zur rot-grünen Bundesregierung, der er als beamteter Staatssekretär im Bundesfinanzministerium diente, war zunächst maßgeblicher als die bisherigen Erfahrungen Horst Köhlers, der ein »falsches« Parteibuch besaß. Eigentlich brachte Köhlers Nachfolger als Finanzstaatssekretär alle Voraussetzungen für die Washingtoner Aufgabe mit. Darüber hinaus unterschied sich Koch-Wesers familiärer Hintergrund deutlich von dem Köhler'schen: Koch-Weser wurde 1944 in Brasilien geboren und besitzt eine doppelte Staatsbürgerschaft. Seine Eltern und seine Großeltern hatten während des Nationalsozialismus Deutschland verlassen. Sein Großvater, Erich Koch-Weser, war in der Weimarer Republik Reichsinnen- sowie

Reichsjustizminister gewesen, Vizekanzler und Reichsvorsitzender der Deutschen Demokratischen Partei (DDP). Der Enkel war ab 1973 für die Weltbank in Washington tätig, wurde 1991 deren Vizepräsident. Im Mai 1999 wechselte er als Staatssekretär in die deutsche Bundesregierung, nun empfahl sie ihn als Managing Director des IMF. Doch hatte sie die Rechnung ohne den Wirt, also die USA, gemacht. Zunächst schien das Ganze in der provinziellen deutschen Sicht recht einfach: Die ebenfalls in Washington beheimatete Weltbank wird nämlich traditionell von einem Amerikaner geleitet, während die Europäer einer ungeschriebenen Regel zufolge das Vorschlagsrecht für die Führung des IMF haben. Nachdem es der rot-grünen Bundesregierung in schwierigen Abstimmungsprozessen mit den europäischen Partnern gelungen war, Koch-Weser als europäischen Kandidaten durchzusetzen, schien zunächst alles nur noch eine Formsache zu sein.

Es kam anders und die Regierung Schröder geriet in eine ziemliche Krise. Ihre internationale Reputation wurde beschädigt und der Bundeskanzler musste sich in demütigender Weise von seinem eigenen Vorschlag verabschieden. In den deutschen Medien wurde berichtet, dass es dem deutschen Kandidaten nicht gelungen sei, bei den Mitgliedern des Exekutivrats (»Executive Board«), des 24köpfigen Wahlgremiums, die nach den IMF-Statuten erforderliche absolute Mehrheit[559] zu erhalten, auch wenn Koch-Weser die meisten Stimmen auf sich vereinigte. Das klang nach einer formellen Abstimmung, die es aber so nie gegeben hat. In solchen Situationen ist es nämlich üblich, lediglich eine Art informelles Meinungsbild herzustellen. Vor allem aus den USA kam Widerstand gegen Koch-Weser. Doch nicht nur dort: Auch Japan hatte einen Anspruch auf den vakanten Posten erhoben. Einige der außereuropäischen Exekutivdirektoren unternahmen den Versuch, die ungeschriebene Herkunftsregel für den Chefposten zu durchbrechen. Einige englischsprachige afrikanische Länder favorisierten beispielsweise den in Sambia geborenen Amerikaner Stanley Fischer[560], der als First Deputy Managing Director der zweitwichtigste Mann des IMF war. Die Einigung der Europäer auf Koch-Weser kam erst zustande, als ihr vermeintliches Vorschlagsmonopol infrage gestellt wurde und die ruppige Art des damaligen amerikanischen Finanzministers Lawrence (»Larry«) Summers praktisch eine europäische Einmütigkeit herbeizwang. Denn längst nicht alle Europäer standen hinter dem Deutsch-Brasilianer, wie sich der damalige amerikanische Botschafter in der Bundesrepublik Deutschland, John Kornblum, erinnert. Sie ließen dies auch die Amerikaner wissen.[561]

Für die Ablehnung in den USA gab es verschiedene Gründe. Offiziell wurden die Widerstände mit der Qualifikation des deutschen Kandidaten begründet. Der entschiedenste Gegner war Larry Summers, der Koch-Weser von gemeinsamen Tätigkeiten bei der Weltbank her kannte. Summers begründete seinen Einwand damit, dass Koch-Weser in den hochkarätigen Verhandlungen zu wenig Durchsetzungskraft aufweise.[562] Und in der Tat: Wer Koch-Weser kennt, wird in ihm eher den verbindlichen und stilsicheren Finanzdiplomaten sehen; er gilt nicht als jemand, der auf dem internationalen Verhandlungsparkett »teutonisch« auftritt oder gar mit der Faust auf den Tisch haut. Vielleicht befürchtete Summers aber auch, dass der frühere Weltbank-Mann Koch-Weser die klare Aufgabenabgrenzung zwischen IMF und Weltbank überwinden und institutionenübergreifende Aktivitäten (»overlapping activities«) beider Einrichtungen fördern wollte. Im Wesentlichen bezogen sich die Summers-Argumente wohl jedoch auf die Person Koch-Wesers.

Zudem gibt es die Vermutung, die Attacke von Summers gegen Koch-Weser habe auch einen anderen Hintergrund gehabt: Summers ist eng mit dem renommierten Wirtschaftswissenschafter Stanley (»Stan«) Fischer befreundet.[563] Fischer leitete nun nach dem Rücktritt des bisherigen Managing Director, Michel Camdessus, als dessen Stellvertreter zweieinhalb Monate die Geschäfte. Wollte »Larry« also, dass sein Freund »Stan« die eigentliche Spitzenaufgabe erhält?[564] Jedenfalls vermutet dies ein Freund von Koch-Weser, der ›Zeit‹-Herausgeber Michael Naumann[565], der zeitweilig der rot-grünen Bundesregierung als Staatsminister angehörte und eine solche Behauptung wohl kaum ohne stichhaltige Nachprüfung in seine Wochenzeitung gesetzt haben dürfte. Summers begründete seine Haltung jedenfalls damit, dass man für diesen Spitzenposten einen »großen Namen« brauche, was die Auseinandersetzung mit einem in Sachen IMF traditionell sperrigen US-Kongress erleichtere.

Das Verhältnis zwischen dem damaligen US-Präsidenten Bill Clinton und Schröder war darüber hinaus keine enge »Männerfreundschaft«, die den Widerstand von Summers gegen Koch-Weser hätte überwinden helfen können. Vielleicht schien es Summers auch richtig, den Deutschen einmal zu zeigen, dass sie gelegentlich auf die USA angewiesen sind? Nach besagtem Meinungsbild bei den Exekutivdirektoren war jedenfalls klar, dass Koch-Weser den Spitzenjob nicht gegen den ausdrücklichen Willen der Amerikaner antreten konnte, selbst wenn er tatsächlich eine knappe Mehrheit hinter sich hatte. Deshalb wurde von deutscher Seite ein formales Abstimmungsverfahren erst gar nicht mehr beantragt. Über eines konnte sich die deutsche Bundesregierung gleichwohl nicht beklagen: Die Clinton-Regierung hatte ihr von Anfang an klaren Wein eingeschenkt. Die Verantwortlichen in Berlin hätten von dem Vetorecht der Amerikaner wissen müssen, da diese einen so hohen Stimmanteil haben, dass ohne sie die 85-Prozent-Mehrheit für Entscheidungen nicht herbeizuführen ist. Doch an der Spree wurde die harte Haltung am Potomac offensichtlich völlig falsch eingeschätzt. Der Wirtschaftswissenschaftler Andreas Falke zieht aus den unrühmlichen Vorgängen die Schlussfolgerung, dass die wirtschaftspolitische Schwäche Deutschlands das Prestige »in den Augen amerikanischer Entscheidungsträger erheblich geschwächt« habe, was »nirgendwo deutlicher geworden« sei »als in der Auseinandersetzung um die Besetzung des Postens des Geschäftsführenden Direktors des Internationalen Währungsfonds«.[566]

Ein Deutscher darf es werden

Dann überschlugen sich die Ereignisse. Bill Clinton erklärte am 2. März 2000: »Ich bin für einen europäischen IMF-Chef, und es wäre mir recht, wenn diese Person aus Deutschland käme. Ich möchte, dass Deutschland eine größere Rolle in all diesen internationalen Institutionen spielt.«[567] Damit legte sich Clinton – hilfreich für Schröder – öffentlich auf einen Deutschen fest.[568] Zwei Tage später folgte der bereits erwähnte Anruf Schröders bei Köhler. Der damalige Finanzminister Hans Eichel erinnert sich, wie er von Schröder zu einem Telefontermin mit Bill Clinton ins Bundeskanzleramt gerufen wurde.[569] Nicht Eichel, sondern Schröder selbst hatte regierungsintern Köhler als Kandidaten benannt. Der ›Spiegel‹ will darüber hinaus wissen, dass der entscheidende Durchbruch für Köhler beim Kanzler durch eine Intervention Helmut Schmidts erfolgte.[570] Das gute Verhältnis, das Köhler zu Schmidt pflegte, sollte sich jetzt auszahlen. Eichel präferierte zunächst Hans Tietmeyer, der aber aus Altersgründen nicht mehr in Frage kam.

Am 7. März 2000, am Dienstag nach Karneval (»Veilchendienstag«), ließ Schröder bekanntgeben, dass er jetzt Köhler benannt habe.[571] Damit wurde auch der Verzicht Koch-Wesers öffentlich gemacht. Datiert war dessen Rückzugsbrief auf den 4. März, den Tag, an dem Schröder mit Köhler telefoniert hatte. Doch zunächst zeigte sich nun wieder, wie brüchig die Unterstützung für einen Deutschen durch die Europäer gewesen war: Frankreich forderte auf einmal einen »Konsens-Kandidaten« und schloss deswegen einen Italiener nicht aus. In Großbritannien sagte Tony Blair Schröder die Unterstützung für Köhler zu, auch wenn seitens der »Treasury« (Schatzamt) der damalige italienische Finanzminister und frühere Premierminister Giuliano Amato als Kandidat gehandelt wurde.[572] Ihm gegenüber wurde Köhler in der ›Financial Times‹ als »Leichtgewicht« bezeichnet.[573] Köhlers Qualifikationen, der als »Deutschlands Held des Euro« bezeichnet wurde, seien nicht besser als diejenigen Koch-Wesers.[574] Italien begann nur langsam einzulenken: Der italienische Außenminister Lamberto Dini sagte, Köhler wäre ein »besserer Kandidat« als Koch-Weser, aber immer noch nicht rundum zufriedenstellend.[575] Dieser Job müsse von einem sehr erfahrenen Politiker gemacht werden, »nicht von einem Technokraten oder hochrangigen Funktionsträger«.[576] Doch weil Köhler aus seiner Staatssekretärszeit in anderen europäischen Staaten noch hohes Ansehen genoss und wegen des politischen Gewichts Deutschlands, ging dann alles ganz schnell.

In einer in London herausgegebenen Erklärung vom 13. März bezeichnete der damals 57-jährige Köhler jedenfalls die Zustimmung aller 15 europäischen Finanzminister als eine »große Ehre«[577]. Die japanische Regierung wiederum zog ihren eigenen Bewerber, den stellvertretenden Finanzminister Eisuke Sakakibara, der den Spitznamen »Mr. Yen« trug, zurück[578] und erklärte ihre Bereitschaft, Horst Köhler zu unterstützen.[579] Am selben Tag telefonierten Clinton und Schröder ein weiteres Mal.[580] Der amerikanische Präsident zeigte sich jetzt bereit, den Deutschen Horst Köhler zu akzeptieren. Allerdings betonte Clinton, so erinnert sich Eichel, dass er selber Probleme haben werde, dies auch seinem Finanzminister Summers klarzumachen. Summers – ein robuster, überzeugungsgesättigter Politiker – besaß eine sehr viel stärkere Stellung, als dies gewöhnlich die »Treasurer« in Washington haben. Deshalb bat Clinton den deutschen Bundeskanzler, seinen Finanzminister nach Washington zu schicken, damit dieser Summers überzeuge. Darum musste Eichel umgehend nach Washington fliegen – mit einem ungemütlichen Truppentransporter der Bundeswehr, da der Bundesregierung so kurzfristig keine andere Maschine der Flugbereitschaft zur Verfügung stand. Und als Eichel – gemeinsam mit dem damaligen portugiesischen EU-Ratsvorsitzenden, Joaquim Augusto Nunes de Pina Moura – im amerikanischen Finanzministerium ankam, musste er sogar warten, bis Summers sein Gespräch mit einem anderen deutschen Gast beendet hatte: mit Horst Köhler. Dieser war kurzfristig ebenfalls angereist.

Zu Beginn des Gesprächs mit Eichel gab sich Summers immer noch unversöhnlich. Er wollte wohl zunächst auch Horst Köhler nicht akzeptieren. Er hatte ihm noch nach London einen Abgesandten geschickt, der ihm klarmachen sollte, dass er als Kandidat für den Posten des Managing Director auf keinen Fall akzeptiert würde. Dies hatte Köhler offensichtlich erregt, weshalb er den Emissär des unfreundlichen Amerikaners nach Eichels Erinnerung aus dem Arbeitszimmer verwies: »Köhler hat ihn rausgeschmissen.«[581] Nun besuchte Köhler nicht nur den amerikanischen Finanzminister, er frühstückte am 16. März auch mit seinem künftigen Stellvertreter »Stan« Fischer.[582] Das war klug und eine Geste an die Amerikaner. Köhler gab sogleich am 17. März 2000 eine Pressekonferenz auf Einladung des IMF in Washington. Dabei war ihm die Mitteilung wichtig, dass Larry Summers ihn wenige Tage zuvor angerufen und seine Freude über die künftige Zusammenarbeit zum Ausdruck gebracht habe.[583]

Erst am 15. März 2000[584] konnte Schröder also vollends aufatmen. »Ich freue mich über die Entscheidung des amerikanischen Präsidenten«, sagte er im ARD-Mittagsmagazin.[585] Und Franz Müntefering verkündete als SPD-Generalsekretär: »Europa hat gezeigt, dass es gemeinsam handeln kann. Der Kanzler hat gezeigt, dass er sich durchsetzen kann. Ich bin sehr zufrieden damit.«[586] Kleine Ironie am Rande: Müntefering wird bei dieser Gelegenheit kaum geahnt haben, dass Köhler eines Tages der Gegenkandidat gegenüber der rot-grünen Konstellation werden würde. Und die damalige CDU-Generalsekretärin Angela Merkel konnte sich aufgrund der Vorgänge eine Spitze in Richtung Schröder nicht verkneifen: »Erst die Bereitschaft von Horst Köhler zur Kandidatur hat weiteren Ansehensverlust Deutschlands in der Welt vermieden, der durch das amateurhafte Auftreten der Bundesregierung entstanden ist.«[587] Wie der deutsche Regierungssprecher Uwe Karsten Heye zu berichten wusste, hatten die in Lissabon tagenden Staats- und Regierungschefs der EU die Nachricht von der Wahl Köhlers mit Beifall aufgenommen.[588] Es schien ihm einer besonderen Mitteilung wert, dass der französische Staatspräsident Jacques Chirac Bundeskanzler Schröder gratuliert habe.[589] Gleichzeitig wurde in den USA erneute Kritik am Auswahlverfahren laut. Summers konnte es nicht lassen und regte an, den Findungsprozess für Spitzenposten bei internationalen Organisationen so zu verbessern, »dass wir die besten und qualifiziertesten Leute für diese Positionen bekommen«.[590] Und der einflussreiche Vorsitzende des Bankenausschusses im US-Repräsentantenhaus, Jim Leach, stellte ergänzend fest: »Dem Auswahlverfahren mangelte es an diplomatischer Sensibilität und, was wichtiger ist, an Professionalität.«[591] Tatsächlich gewählt wurde Köhler von den Exekutivdirektoren am 23. März 2000.[592]

Was war eigentlich der Grund für den Kurswechsel der USA und Bill Clintons? Die Amerikaner wollten einem wichtigen europäischen

Verbündeten nicht ein zweites Mal ein demütigendes »Nein« entgegen schleudern – trotz der weiterhin starken Bedenken von Larry Summers. Es war aber letztlich im eigenen Interesse der USA, einem Europäer den Weg freizumachen.[593] Denn das Durchbrechen der ungeschriebenen Herkunftsregel hätte die Staatenwelt eines Tages auch dazu ermuntern können, diese Regel für den Weltbank-Präsidenten in Frage zu stellen. Dies hatte auch die amerikanische Regierung bei ihrer Entscheidung für Köhler bedacht. Er hatte zudem in den USA ein gutes »Standing«, was der amerikanische Ex-Botschafter in Deutschland, John Kornblum, bestätigt.[594] Auch der damalige Präsident der Weltbank, James D. Wolfensohn, äußerte sich ausgesprochen positiv zur bevorstehenden Wahl Köhlers, der eine »exzellente Arbeit« machen werde und ein »bewundernswerter Leiter« der Osteuropabank sei.[595] Trotz dieser positiven Stimmen hatte Köhler aus amerikanischer Sicht nie die »höheren Weihen« etwa eines Finanzministers. In der Rückschau ist sich heute niemand sicher, ob Köhler als erster Vorschlag der Europäer von den Amerikanern so ohne Weiteres akzeptiert worden wäre. Denn er war in Deutschland »nur« Staatssekretär gewesen. Aber es hat ihm sicherlich geholfen, dass er Präsident der – wenngleich weit weniger wichtigen – Osteuropabank war. Von seinem vorherigen Job als Präsident des Sparkassen- und Giroverbandes aus wäre er jedenfalls kaum zum IMF nach Washington berufen worden.

Umstrittener IMF-Start

Köhlers Start beim IMF im Mai 2000 wurde in den Medien stark beachtet. Sein Ruf als Präsident der EBRD in London wurde selbst in der britischen Qualitätspresse hinterfragt. Die Zeitung ›The Guardian‹ meinte, es sei einem »Minderwertigkeitskomplex« geschuldet, dass die Deutschen an einem deutschen Kandidaten festgehalten hätten, weil bisher nie ein Deutscher überhaupt eine wichtige Position in der internationalen Ökonomie wahrgenommen habe.[596] Wegen Köhlers gelegentlich jähzorniger Art sei es schwer, mit ihm zusammenzuarbeiten, erfuhr die ›Financial Times‹ aus der EBRD.[597] Ähnlich der ›Guardian‹: Er sei ein kompetenter Beamter, aber zugleich jähzornig. Er neige eher dazu, die Visionen anderer zu vertreten, als eigene Visionen zu entwickeln.[598] Die Tatsache, dass Deutschland mit einem zweiten Kandidaten antrat, wurde in Großbritannien generell mit dem Wertung »Halsstarrigkeit« (›Financial Times‹) bedacht.[599] Horst Köhler sei schon eine »lame duck«, bevor er überhaupt das IMF-Hauptquartier betreten habe. Seine Beziehung zu dem »reizbaren« Larry Summers sei höchst belastet. Genauso wenig Begeisterung rufe er in Paris, Rom oder London hervor.[600] Die Art und Weise, wie Schröder seinen Zweitkandidaten durchgeboxt habe, unterminiere auf eine höchst bedauerliche Weise das traditionelle Recht der Europäer, den IMF-Chef zu stellen, so die ›Financial Times‹.[601] Nach ihrem Urteil wurde selbst nach der Nominierung Köhlers dessen Führungsfähigkeit sowohl auf US-amerikanischer als auch auf europäischer Seite in Frage gestellt: Köhlers wirkliche Herausforderung beginne, wenn er auch tatsächlich seinen Fünf-Jahres-Vertrag beim IMF antrete – »zu einem Zeitpunkt, an dem die Situation des IMF so prekär war wie nie zuvor seit seinem 53-jährigen Bestehen.«[602] Die amerikanische Unterstützung sei nur deshalb gegeben worden, um die amerikanisch-deutschen Beziehungen nicht noch mehr zu belasten.

Die Bedeutung des IMF ist in Deutschland, wo es kaum eine außenpolitisch versierte Elite gibt, wenig bekannt. Während des Zweiten Weltkriegs hatte sich – nicht zuletzt durch die Erfahrungen der Zwischenkriegszeit, insbesondere durch die Weltwirtschaftskrise – die Überlegung durchgesetzt, dass eine neue Finanzordnung der Welt geschaffen werden sollte. Durch die Beschlüsse von Bretton Woods, einer Kleinstadt im US-Bundesstaat New Hampshire, wurde deshalb am 22. Juli 1944 der IMF gegründet. Er nahm im Mai 1946 seine Arbeit auf. Der IMF wird zusammen mit der Weltbank als »Bretton-Woods-Gruppe« bezeichnet. Seine Aufgabe ist es, in Fragen der Währungs-, Finanz- und Handelspolitik die internationale Kooperation zu fördern.[603] In der heute rapide voranschreitenden Globalisierung soll der IMF helfen, die Weltwirtschaft krisenfester, aber auch offener zu gestalten. Seit der Asienkrise 1997/98 konzentrierte sich der IMF auf Krisenprävention der Mitgliedsstaaten, um ihre Zahlungsfähigkeit sicherzustellen. Heftig gestritten wird immer wieder über die Frage, welche Voraussetzungen und Grenzen es für die Vergabe von IMF-Krediten gibt und inwieweit solche Kredite an Reformgegenleistungen geknüpft werden können.

Der IMF hat derzeit 184 Mitgliedsländer; ihr Stimmrecht richtet sich nach dem Kapitalanteil. Die 25 EU-Mitglieder verfügen insgesamt über 31,89 Prozent der Stimmen (darunter Deutschland 5,99; Frankreich 4,95; Großbritannien 4,95). Die USA besitzen mit einem Anteil von 17,08 Prozent der Stimmen eine Sperrminorität. Horst Köhler wurde der achte »Managing Director« – bei den Mitarbeitern wird diese Position kurz »MD« genannt. Derzeit hat der IMF etwa 2700 Mitarbeiter aus 141 Ländern.[604] Kontrolliert wird die Arbeit durch den »Executive Board«, die 24 Repräsentanten der Mitgliedsstaaten. Deutschland, Frankreich, Großbritannien, Japan und die USA sind mit jeweils einem eigenen Direktor vertreten. Andere Direktoren vertreten gleichzeitig mehrere Länder. Zum Vertretungsbereich, der sogenannten »constituency«, des sehr erfahrenen Exekutivdirektors Willy Kiekens gehören neben seinem Heimatland Belgien noch Österreich, Weißrussland, Tschechien, Ungarn, Kasachstan, Luxemburg, Slowakei, Slowenien und die Türkei.[605] Ein ähnliches System gibt es übrigens auch bei der Osteuropabank. Das »Executive Board« entscheidet über die Wahl und Wiederwahl des MD. Jeder MD muss sich deshalb, auch wegen seiner Wiederwahl, mit dem Exekutivrat gutstellen. Dessen Mitglieder residieren mit ihren eigenen Büros im Hauptquartier des IMF auf den Etagen 11 bis 13. Symbolisch umrahmen sie somit das Büro des Managing Director, der mit seinen Kollegen – dem First Deputy Managing Director und zwei weiteren Deputy Directors – auf der 12. Etage arbeitet.

Der erste Stellvertretende Direktor (First Deputy Managing Director) kommt stets aus den USA. Schröder und Clinton waren in einem Telefonat übereingekommen, dass Kontinuität in der Führungsspitze des IMF wichtig sei.[606] Das konnte als Stärkung des der Demokratischen Partei nahestehenden Stellvertreters Stanley Fischer interpretiert werden. Der 1943 geborene Fischer gehörte dem IMF seit 1994 an, bestimmte dessen Politik maßgeblich mit und verfügte als Finanzspezialist über ein hohes Renommee. Doch im August 2001 verabschiedete er sich von dieser Aufgabe, wenngleich er dem MD noch bis zum 31. Januar 2002 als »special advisor« zur Verfügung stand. Am 8. Mai 2001 hatte er öffentlich angekündigt, dass er den IMF verlassen werde, und sich bei Michel Camdessus und Horst Köhler in einem Atemzug bedankt: »I am extremely grateful to the two Managing Directors with whom I have served ...«[607] Zwei Wochen vorher hatte er Köhler von seiner Entscheidung in Kenntnis gesetzt. Es heißt, von Anfang an habe das Klima zwischen Fischer und seinem neuen MD nicht gestimmt; es sei »frostig« gewesen. Dem leise sprechenden Fischer, der für seine Ruhe, Detailkenntnis und trockenen Humor bekannt ist, soll Köhlers Art »ein wenig zu ruppig« gewesen sein.[608] Die BBC meldete: Köhler und Fischer »have had an at times frosty relationship«.[609] Die ›Frankfurter Allgemeine Zeitung‹ berichtete aus Anlass des sechzigsten Geburtstages von Horst Köhler feinsinnig: »Die Durchsetzungsfähigkeit« des MD »lasse sich bisweilen über den gesamten Flur vernehmen, berichten Mitarbeiter.«[610]

Auch heute weigert sich Fischer, etwas zu den Gründen seines Weggangs zu sagen. Andere bezeichnen die Zusammenarbeit zwischen den beiden Persönlichkeiten allerdings als sehr vertrauensvoll. Zudem sei es ganz normal, dass sich jemand wie Fischer beruflich verändern wolle, nachdem er sieben Jahre für den IMF gearbeitet hatte und sich sein Wunsch, selber MD zu werden, nicht erfüllt hatte. Hinzu kam ein weiterer Punkt: Nach dem Wahlsieg des Republikaners George W. Bush konnte die neue Regierung, jedenfalls in ihrer Anfangszeit, wenig mit dem IMF anfangen. Fischer hatte deshalb nicht mehr die gleiche Rückendeckung der US-amerikanischen Regierung. Das wird ihm den Abschied vom IMF sicherlich erleichtert haben. Fischer und Köhler taten jedenfalls alles, um diesen von den IMF-Mitarbeitern bedauerten Weggang nicht zu dramatisieren. Bei einem Abschiedsabendessen zu Ehren von Stanley Fischer überhäufte Köhler seinen bisherigen Stellvertreter mit Worten des Dankes und der »Bewunderung«: »Stan is, first of all, one of the world's foremost economists.«[611] Stan Fischer, der zunächst »Vice-Chairman« der »Citigroup« wurde und heute israelischer Notenbankchef ist, gilt als diskreter Mann; er hatte kein Interesse daran, dass sein persönliches Verhältnis zu Köhler thematisiert wurde. Niemand schien daran Anstoß zu nehmen, dass er trotz seiner später aufgenommenen Tätigkeit für die »Citigroup« weiterhin in einer Beraterfunktion für Köhler verblieb. Gelegentlich wird ein Beraterstatus geschaffen, wenn bisherige Zerwürfnisse kaschiert werden sollen.

Anne Krueger als Gegenpol

Köhler musste mit einer Nachfolgerin Fischers leben, die ihm seine Arbeit sicher nicht leichter machte. Seine Erste Stellvertreterin wurde im September 2001 die zu diesem Zeitpunkt 67 Jahre alte Amerikanerin Anne Osborn Krueger, Professorin an der renommierten Stanford-Universität. Im August 2006 verließ die am 12. Februar 1934 in Endicott, New York, geborene Anne Krueger den IMF. Ihr eilte ein Ruf mit Donnerhall voraus. Zweifellos ist Anne Krueger eine bemerkenswerte Persönlichkeit. Sie kann auf eine steile wissenschaftliche Karriere mit zahlreichen Veröffentlichungen und zugleich auf viele praktische Erfahrungen (Beratungstätigkeiten u. a. in Indien, Brasilien, Korea, Papua-Neuguinea und der Türkei, danach 1992 Eintritt in die Weltbank als Vice President of Economics and Research) zurückblicken. Sie gehört zu den interessantesten Figuren der internationalen Entwicklungspolitik, zumal sie schon frühzeitig auf jene Ursachen der Unterentwicklung hingewiesen hatte, die nicht bei den entwickelten Ländern, sondern auf Seiten der unterentwickelten Länder selber liegen.[612] Eine Vielzahl von Veröffentlichungen weist sie als eine der sachkundigsten Persönlichkeiten auf dem Feld der internationalen Handels- und Finanzpolitik aus. Ihre »neoklassische« Sichtweise besagt, dass die Unterentwicklung nicht an einem prinzipiellen Marktversagen in den Entwicklungsländern liegt, sondern an einem Politikversagen der jeweiligen Regierungen. Deshalb ist sie auch umstritten und wird immer wieder insbesondere von einem ihrer Nachfolger bei der Weltbank, dem vorzeitig zurückgetretenen Harvard-Ökonomen Joseph Stiglitz, kritisiert.[613]

Sie war nicht gerade die Wunschkandidatin Horst Köhlers, der wohl lieber den damaligen US-Finanzstaatssekretär Timothy Geithner als Vize gehabt hätte.[614] Eine Zusammenarbeit mit der profilierten Ökonomin Krueger muss für Köhler jedenfalls eine besondere, auch inhaltliche Herausforderung gewesen sein. Der »Managing Director« hat zwar auch nach innen eine besonders starke Stellung, schon allein wegen der Tatsache, dass unter allen Berufungen und Beförderungen im IMF seine Unterschrift stehen muss. Aber gegen den Willen seiner Stellvertreterin, die sich stärker um Umsetzung von Entscheidungen zu kümmern hat und inhaltlich ebenfalls mit allen Aspekten der IMF-Tätigkeiten befasst ist, konnte er nicht ohne Weiteres Entscheidungen treffen. Außerdem hatte sie allein schon wegen ihrer Nähe zur amerikanischen Regierung eine starke Stellung. Viele meinten, Anne Krueger sei eine amerikanische Aufpasserin Köhlers. Auch wenn sie politisch der Bush-Regierung nahesteht, so wäre dieses Argument allerdings zu kurz gegriffen. Es gibt auch Beispiele dafür, dass sie sich gegenüber der amerikanischen Regierung nicht in allen Punkten durchsetzen konnte, so in der Diskussion um ein Insolvenzrecht für Staaten.

Köhler war jedenfalls nicht gerade in einer komfortablen Situation: Mit »Stan« Fischer hatte er zunächst einen im IMF außerordentlich beliebten und sehr erfahrenen Stellvertreter. Während seiner Einarbeitungszeit war Köhler ihm inhaltlich eindeutig unterlegen. Manche IMF-Mitarbeiter bewerteten Köhler im Vergleich zu seinem Vorgänger Camdessus. Doch kann man nie einen Nachfolger mit der Erfahrungswelt des Vorgängers in seiner Spätzeit vergleichen. Anne

Krueger war zwar wegen ihres geschliffenen Intellekts eher gefürchtet als beliebt. Zweifelsohne war sie aber eine fachlich kompetente Persönlichkeit. Sie war Köhler auf dem Feld insbesondere der Entwicklungs-, aber auch der internationalen Finanzpolitik aufgrund ihrer vielfältigen und weitreichenden Erfahrungen intellektuell mindestens ebenbürtig. Beide einte sicher die Orientierung an den praktischen Problemen. Dies führte dazu, so jedenfalls die Beobachtung zahlreicher IMF-Insider, dass Köhler im Laufe seiner Amtszeit immer mehr die inhaltliche Autorität Kruegers anerkannte, während umgekehrt die Amerikanerin rückblickend in den grundsätzlichen Fragen völlige Einigkeit mit der Strategie ihres Kollegen Köhler deklariert: »Horst und ich waren uns, sieht man von unbedeutenden Nebensächlichkeiten ab, in allen wichtigen Aspekten der IMF-Politik völlig einig.«[615] Andere meinen demgegenüber, so etwas wie Resignation bei Köhler festgestellt zu haben. Jedenfalls wird ihm im Laufe seiner Amtszeit immer klarer geworden sein, wie sehr er in einen großen Apparat eingebunden war, wie stark insbesondere die USA die Politik des IMF zu beeinflussen wussten und dass seine schon vor Amtsbeginn verkündeten Reformvorstellungen nur sehr schwer umsetzbar waren.

Köhler ging bei seinem Dienstantritt im Mai 2000 in Washington ein nicht gerade schmeichelhafter Ruf voraus, der manche IMF-Mitarbeiter schaudern ließ. Einige hatten sich bei ihren Kollegen in der Londoner Osteuropabank erkundigt – und sicher auch bei dem Chefökonom der Weltbank, Nick Stern. Dieser hatte Köhler aus nächster Nähe – Stern war in London ebenfalls Chefökonom – kennengelernt. Noch heute trauern die meisten Osteuropa-Banker ihrem einstigen Topmanager Stern nach, der sich mit dem Stil Horst Köhlers nicht anfreunden konnte. Beim IMF, wo man schon immer stolz auf einen »kollegialen« und wenig hierarchischen Führungsstil war, war solche Kunde keine gute Ausgangsbasis für ein freundliches Klima auf den Führungsetagen. Nicht nur der Rücktritt von Fischer beherrschte die Diskussion bei den IMF-Mitarbeitern. Auch die Tatsache, dass der Chefökonom Michael Mussa, heute in Washington am »Institute for International Economics« tätig, einen Tag vor Fischer ebenfalls seinen

Rücktritt erklärte, erschütterte den IMF. Als Grund nannte er bürokratische Anforderungen Horst Köhlers. Schon bei dem Wort »ge-
ordnetes Verfahren« drehe sich ihm der Magen um, soll er erklärt
haben.[616] Der eigentliche Grund für den Rücktritt Mussas, der genau
genommen eher ein Hinauswurf durch Köhler war, lag in der schon
vor Dienstantritt verkündeten Absicht Köhlers, eine neue Abteilung
für Kapitalmärkte einzurichten. Dies sah Mussa als eine erhebliche
Einschränkung seiner eigenen Kompetenzen an, wurden dem Chefvolkswirt durch die dann später umgesetzte Entscheidung doch zahlreiche Mitarbeiter entzogen.[617] Aber auch der Mussa-Nachfolger und
Harvard-Professor Kenneth Rogoff, der als Chefvolkswirt des IMF
im August 2001 seinen Dienst antrat und auf einen beachtlichen Lebenslauf zurückblicken konnte, blieb nicht lange. Er verließ den IMF
im September 2003. In diesem Zusammenhang soll aber auch Anne
Krueger eine Rolle gespielt haben.

Fleißig, eruptiv, herausfordernd

Der ›Economist‹ berichtete im Mai 2001, es sei außerordentlich
schwierig, mit Köhler zusammenzuarbeiten. Er brülle des Öfteren
Mitarbeiter an und tyrannisiere sie (»He frequently yelled at and hec-
tored staff.«[618]). Was auch immer davon wahr ist: Köhler eilte jedenfalls der Ruf voraus, schwierig zu sein. Und dass er »ungeduldig« sein
konnte – so die vornehmste Umschreibung –, bekamen beispielsweise
auch deutsche Journalisten bei einem Zusammentreffen im September 2003 zu spüren. Der Korrespondent der ›Süddeutschen Zeitung‹,
Ulrich Schäfer, schien seinen Ohren nicht zu trauen: Köhler sei »ein
Mann des klaren Wortes, der deutlichen Sprache«, schrieb er: »Dann
flucht er, schimpft, dann bricht in ihm der ungeduldige Perfektionist
durch. Und dieser ungestüme Kerl soll die hochsensiblen Weltfinanz-
märkte kontrollieren?«[619] – fragte sich der Journalist. Köhler wirft in
diesem Hintergrundgespräch den USA, ohne sie zu nennen, »Kraft-
meierei« und »öffentliches Trara« vor – diesmal ging es um den chinesischen Yuan. Ganz zum Schluss des Treffens mit Journalisten wird

der IMF-Chef »dann noch einmal ausfallend«: Die Europäer sollten die Drei-Prozent-Schulden-Regel »nicht verabsolutieren«, jedenfalls nicht in diesem labilen Zustand der Weltwirtschaft. Seine Auffassung sei gleichwohl heikel, fügte Köhler hinzu, schließlich fühlten sich die kleineren EU-Mitgliedsstaaten, die enorme Sparanstrengungen unternommen hätten, schon jetzt »buchstäblich ver…« Der Kraftausdruck lässt die Mitarbeiter Köhlers, vor allem die Pressereferentin Conny Lotze, zusammenzucken; sie bat ihn, das zu korrigieren. Seine Reaktion: »Schreiben Sie doch, ›buchstäblich veräppelt‹«, schlug er den Journalisten vor. Sie taten es.[620]

Trotz der widrigen Umstände vor Köhlers Ernennung sprach sehr bald niemand mehr davon, er sei nur »zweite Wahl« gewesen. Der Neuankömmling stürzte sich mit der ihm eigenen Dynamik in die Arbeit, arbeitete bis spät in die Nacht. Schon bald lobte die ›Financial Times‹, dass Köhler trotz seines ungünstigen Starts eine »kohärente Vision« des IMF entwickelt und einige vernünftige politische Prioritäten festgelegt habe. »Der aber sehr viel schwierigere Test besteht in der Frage, ob er überhaupt die politische Wirksamkeit entfalten kann, diese durchzusetzen.«[621] Köhler unterschied sich deutlich von seinem Vorgänger Camdessus, der nicht sonderlich detailverliebt gewesen sein soll.[622] Köhler reiste sehr viel – manche sagen sogar »ungewöhnlich viel«. Seine erste Reise führte ihn nach Rio de Janeiro in Brasilien, nach Buenos Aires in Argentinien und schließlich nach Mexico City.[623] Oft war Köhlers Frau dabei. Über hundert Reisen, so schätzten seine Mitarbeiter, hat Köhler vom Frühjahr 2000 bis zum März 2004 absolviert.[624] Allerdings begann auch schon Camdessus mit dieser Reisetätigkeit. Und Köhlers Nachfolger Rodrigo Rato steht ihm in der Reisetätigkeit nicht nach. Köhler wurde insbesondere in denjenigen Staaten, die in besonderer Weise auf Entscheidungen des IMF angewiesen sind, von den jeweiligen Präsidenten und Regierungschefs wie ein einflussreicher Staatsmann behandelt. Seine Reisen führten ihn auch recht häufig nach Deutschland. Dort nahm er beispielsweise im April 2001 an einer Diskussionsveranstaltung mit Mitgliedern des Deutschen Bundestages teil.[625] Am 15. November 2002 hielt er etwa eine Festansprache auf Werner Otto, dem der Preis Soziale Marktwirtschaft der Konrad-Adenauer-Stiftung verliehen wurde, und am 15. Mai 2003 trug er auf der Jahresversammlung der Wirtschaftswissenschaftlichen Gesellschaft an der Humboldt-Universität zu Berlin vor.

IMF-Sinnkrise und Globalisierungsgegner

Horst Köhler übernahm seine Aufgabe auch deshalb in einer besonders schwierigen Zeit, weil der IMF in eine Selbstverständniskrise geraten war. Köhlers erste Herausforderung war die Jahrestagung des IMF und der Weltbank vom 19. bis 28. September 2000 in Prag, etwa fünf Monate nach seinem Dienstantritt. Diese Tagung wurde von heftigen Demonstrationen von Globalisierungsgegnern begleitet.[626] Wie zu Beginn seiner Tätigkeit als Präsident des Sparkassen- und Giroverbandes und der Osteuropabank lässt sich Köhlers »Regierungsprogramm« in einer Schlüsselrede nachlesen. In der Prager Rede, die seine »Vision« von der künftigen Rolle des IMF darstellte, wollte er seine Schwerpunkte vermitteln.[627] Er wies darauf hin, dass zehn Jahre nach Ende des Kalten Krieges mehr Möglichkeiten als jemals zuvor bestünden, um eine »bessere Welt« zu schaffen. Er betonte, dass die größte Herausforderung für die Staatengemeinschaft die in vielen Teilen der Welt zu findende Armut sei, die sich auch zu einer zunehmenden Bedrohung für die (sicherheits-)politische Stabilität der Welt entwickeln würde. Er wies insbesondere auf seine Vor-Ort-Erfahrungen in Afrika und auf die nicht erfüllten Versprechungen gegenüber diesem Kontinent hin. Er machte auf das Versprechen der Industrieländer aufmerksam, 0,7 Prozent ihres Bruttosozialprodukts für Entwicklungshilfe auszugeben. Ein Ziel, das bereits damals schon bei weitem nicht erreicht wurde.

Seine Antrittsrede zeichnete sich dadurch aus, dass sie nicht nur finanztechnischer Art war, sondern zugleich die eigentlichen Ziele der Bretton-Woods-Gruppe herausstellte. Dieser Ton war zwar nicht völlig neu, aber doch typisch für das Besondere in den künftigen Reden Köhlers. Eine globale Ökonomie, so Köhlers Rede unter Bezugnahme auf den Theologen Hans Küng, benötige eine globale Ethik. Damit griff er die kritischen Argumente der IMF-Skeptiker und Globalisierungsgegner auf, deren Abneigung in Prag bei Demonstrationen artikuliert wurde. Auf dieser Jahreskonferenz hielt sein Weltbank-Kollege James D. Wolfensohn ebenfalls eine Grundsatzrede. Der ehemalige Redenschreiber Köhler wusste, wie wichtig programmatische Reden sein können, denn sie wirken nicht nur nach außen, sondern auch in den eigenen Stab, in die gesamte Mitarbeiterschaft hinein. Auch wenn er mit dem Niederländer Roger Nord oder mit dem Deutschen Hans Peter Lankes, der mit Köhler schon bei der Osteuropabank eng zusammengearbeitet hatte, Personen um sich wusste, die ihm beim Entwickeln seiner Reden halfen: Köhler war letztlich doch sein eigener Redenschreiber, der es nicht mochte, lediglich abzulesen, was andere formuliert hatten. Beeindruckt sind seine früheren Mitarbeiter noch heute davon, wie sehr der Protestant Köhler durch den katholischen Theologen Hans Küng[628] und dessen Botschaft vom Weltethos geprägt ist und wie häufig er gerade in seinen Reden immer wieder moralisch-ethische Fragen angesprochen hat.[629] Für einen Finanzfachmann und bei diesem Anlass war das keineswegs eine Selbstverständlichkeit. Das erleichterte Köhler auch den von ihm selber gesuchten Dialog mit Globalisierungsgegnern, bei dem er als »glaubwürdig rüberkam«.[630] »Köhler ist ein netter Kerl«, sagte beispielsweise der Oxfam[631]-Aktivist Phil Twyfort. Köhlers Engagement für die Dritte Welt sei echt, so Twyfort, auch wenn sich noch nicht viel im IMF geändert habe.[632] Nord fügte hinzu: »Köhler arbeitete daran, aus dem Fond eine weniger arrogante Institution zu machen.«[633]

Vor allem die USA als größter Anteilseigner forderten eine Strukturreform.[634] Sie wollten, dass sich der Währungsfonds auf die Überwachung der internationalen Finanzstrukturen und die akute Krisenbekämpfung konzentrieren solle.[635] Die Politik des IMF war und ist keinesfalls unumstritten. Köhler musste deshalb eine für ihn neue Erfahrung machen: Als IMF-Chef war er sehr viel mehr im Blickfeld der (Welt-)Öffentlichkeit als jemals zuvor. Solange er in Deutschland als internationaler Finanzspezialist agiert hatte, gab es nur ganz wenige, die sich mit ihm fachlich-inhaltlich messen konnten – in den

Medien und der Wissenschaft, aber auch innerhalb der Bundesregierung. Die Osteuropabank steht als regional tätige Bank weniger im Widerstreit der Interessen und etwas im Schatten des IMF. Deshalb war hier sein Wirken meist öffentlich nicht kontrovers beleuchtet worden. Mit dem IMF – einem wirklichen »global player« – stand er jetzt einer Institution vor, die sich nicht nur im Fokus unterschiedlicher nationaler Interessen befindet, sondern die sich auch in ganz anderer Weise der Öffentlichkeit gegenüber »vermarkten« muss. Von Köhler wurde mehr denn je gefordert, sich zur Gesamtstrategie des IMF zu äußern. Denn dessen Existenzberechtigung wurde (und wird) zunehmend in Zweifel gezogen: auf der einen Seite von Globalisierungsgegnern, die die soziale Komponente in der Arbeit des IMF vermissen, auf der anderen Seite von Neoliberalen, die die Befürchtung verbreiten, die Bank fördere durch allzu großzügige Kreditbedingungen Missmanagement und Korruption in den unter- und weniger entwickelten Ländern. Die Globalisierungsgegner der Gegenwart lassen es nicht zu, dass dieser IMF-Job so etwas wie ein technokratischer Finanzjongleurs-Posten ist. Köhlers Rolle war bisher die eines soliden und kreativen Bürokraten, der nur wenigen Fachleuten bekannt war. Jetzt musste er in eine sehr viel politischere Rolle schlüpfen.

Erfolge?

Wie ist Köhlers Amtszeit in Washington fachlich zu bewerten?[636] Er versuchte zweifelsohne, die Arbeit des IMF effektiver zu gestalten. Dabei ist es allerdings ganz natürlich, dass seine Vorstellungen von mehr Effizienz in einem riesigen Apparat nicht überall auf ungeteilte Zustimmung stießen. Das ist bei jedem neuen Chef so, der liebgewordene Gewohnheiten infrage stellt. Köhler stärkte beispielsweise die Selbstkontrolle durch das Evaluierungsbüro »Independent Evaluation Office (IEO)«, das unabhängig vom Exekutivdirektorium die Arbeit des IMF unter die Lupe nehmen und Verbesserungsvorschläge machen sollte. Darüber hinaus berief Köhler zwei IMF-externe Arbeitsgruppen, die zwei alte Kollegen aus dem Bundesfinanzministerium nach Washington führten: Die eine wurde von Hans Reckers, damals Mitglied des Zentralbankrats der Deutschen Bundesbank, geleitet und legte Empfehlungen für eine Reform des Haushaltssystems des IMF vor, um ein weiteres Anschwellen des Budgets und der Zahl der Beschäftigten zu vermeiden. Die zweite Arbeitsgruppe, an der Klaus Regling, heute Generaldirektor bei der EU-Kommission in Brüssel, mitwirkte, befasste sich mit der Tätigkeit des IMF bezogen auf die Kapitalmärkte, was schließlich zur Gründung einer neuen Abteilung führen sollte: die Neueinrichtung der Abteilung »Internationale Kapitalmärkte«.

Diese baute der deutsche Finanzfachmann Gerd Häusler, früher im Vorstand der Dresdner Bank und davor im Bundesbank-Direktorium, auf. Hier handelte es sich um Köhlers wichtigste Reformmaßnahme. Ziel hierbei war es, eine Verbindung zwischen öffentlichem und privatem Sektor und ein Frühwarnsystem zur Abwehr von potenziellen Finanzkrisen zu schaffen. So erklärte Köhler 2001: »Wir sind bei Weitem noch nicht dort, wo ich sein will. Deshalb werde ich im IWF[637] eine gesonderte Kapitalmarktabteilung aufbauen und mit den privaten Finanzinstitutionen einen regelmäßigen Dialog entwickeln.«[638] Von dieser Köhler'schen Neuorganisation ist inzwischen organisatorisch nichts übrig geblieben. Köhler-Nachfolger Rodrigo Rato hatte entschieden, mit dem Ausscheiden Häuslers im August 2006 die Kapitalmarktabteilung mit der Abteilung »Monetäre und Finanz-Systeme« zusammenzulegen.[639] Die meisten Fachleute, darunter Häusler selbst[640], betrachten diesen Schritt als vertretbare Entscheidung.

Gescheitert ist Köhler – und mit ihm seine Stellvertreterin Krueger – bei dem Bemühen um eine neuartige Insolvenzordnung, den »Sovereign Debt Restructuring Mechanism (SDRM)[641]«, wonach Staaten – ähnlich wie Unternehmen – künftig Gläubigerschutz und Umschuldungsprogramme beim IMF beantragen können sollten. Selbst der IMF-Kritiker und Bonner Wirtschaftswissenschaftler Manfred J.M. Neumann meinte hierzu: »Ein Konkursrecht für Staaten wäre ein Fortschritt, sowohl für betroffene Länder als auch für Investoren.«[642] Ziel dieser Überlegungen war es, künftig panikartige

Kapitalabflüsse und Zusammenbrüche von Volkswirtschaften zu verhindern.[643] IMF-Vizechefin Anne Krueger und der amerikanische Finanzstaatssekretär John Taylor erklärten das Vorhaben jedoch für nicht praktikabel, obwohl es sich hierbei offensichtlich um eine Idee von Krueger handelte, die Horst Köhler mit der ihm eigenen Leidenschaft vertrat. Politischer Druck aus den USA, darunter auch aus dem amerikanischen Kongress, machte alle Überlegungen in dieser Richtung zunichte. Immerhin waren auch manche Entwicklungsländer und fast alle Schwellenländer gegen den Vorschlag eines internationalen Insolvenzverfahrens. »Dennoch daran festzuhalten hätte mehr Schaden angerichtet als genutzt«, erklärte Köhler daraufhin.[644] Im April 2003 wurde das Staaten-Insolvenzrecht auf Eis gelegt.[645] Allerdings hätte man mit einem Durchbruch bei den sogenannten »Collective Action Clauses«, die gegebenenfalls alle Schuldner zum Verzicht zwingen sollten, in internationalen Anleiheverträgen viel erreicht, erklärte Köhler.[646] Auch bezüglich des Instrumentes der »Contingent Credit Lines« (CCL) – mit deren Instrumentarium im Krisenfall Staaten beigestanden werden soll, die in der Vergangenheit eine gesunde makroökonomische Politik verfolgt hatten – stand Horst Köhler auf der Jahrestagung von Weltbank und IMF im September 2003 »ziemlich isoliert da«[647].

Köhler und der IMF machten sich nicht immer Freunde: Schon bald nach Dienstantritt zwang Köhler beispielsweise die indonesische Regierung zu mehr Hauhaltsdisziplin, auch zu rigorosen Bankreformen. Umstritten waren die Entscheidungen des IMF – insbesondere im Jahre 2001 – ganz zwangsläufig immer dann, wenn es um die Vergabe von Krediten ging. Kritisiert wurde unter anderem, dass Köhler zu lange den Reformversprechen der argentinischen Regierung geglaubt und sogar noch zu einem Zeitpunkt frische Finanzhilfen gewährt habe, als der wirtschaftliche Zusammenbruch des Landes offensichtlich gewesen sei.[648] Der unter Köhler ausgeschiedene IMF-Chefökonom Michael Mussa kritisierte, der IMF habe die Misswirtschaft Argentiniens zu lange gedeckt. Diesem Land noch im August 2001 einen Kredit zu geben, war nach seinen Worten die »schlimmste Entscheidung, die der Fonds je getroffen hat«.[649] Als der IMF nochmals rund fünf Milliarden Dollar bewilligte, sei eigentlich für jedermann erkennbar gewesen, wie ausweglos die Lage Argentiniens gewesen sei.[650] Heute wird im IMF darauf hingewiesen, dass »der gesamte Staff« zu diesem Zeitpunkt gegen die Vergabe weiterer Kredite an Argentinien gewesen sei, auch Köhler selbst. Dieser sei jedoch durch einige wichtige Anteilseigner, wie die USA, Frankreich oder Italien, zu dem auch für ihn unangenehmen Entschluss gezwungen worden. Darum verteidigte Köhler nach außen hin – was auch seine Aufgabe war – wortreich die umstrittene Argentinien-Entscheidung, zumal die Südamerikaner als IMF-Mitglied einen Anspruch auf Hilfe hatten. »Die Kritik lässt mich nicht kalt, und mich bedrückt die Situation in Argentinien wegen der betroffenen Menschen. Doch ich habe mir nichts Gravierendes vorzuwerfen«[651], sagte er. Allerdings habe der IMF die Fähigkeit der Regierung von Staatspräsident Fernando de la Rúa »überschätzt, ihren wirtschafts- und finanzpolitischen Kurs durchzusetzen«.[652] 2002 musste die argentinische Regierung dann allerdings doch die bittere Erfahrung machen, dass der IMF weder durch gutes Zureden noch durch Drohungen dazu zu bewegen war, rasch ein neues, milliardenschweres Kreditpaket für das krisengebeutelte Land zu schnüren.[653] Applaus erhielt der IMF für diese Kreditverweigerung unter anderem von dem profilierten IMF-kritischen amerikanischen Ökonomen Allan H. Meltzer, der in einem viel beachteten Argumentationspapier für eine umfassende Reform von IMF und Weltbank warb.[654]

Es gab noch weitere Probleme zu meistern – natürlich nicht immer zur Zufriedenheit aller Fachleute. Auch für die Finanzkrise der Türkei Ende 2000 war der IMF nach Auffassung mancher Analytiker mitverantwortlich. Ihrer Auffassung nach hatte der IMF die Kapitalflucht ausländischer Investoren im November 2000 nicht ernst genommen. Der IMF verabschiedete im Februar 2002 einen dreijährigen Beistandskredit für die Türkei über mehr als 16 Milliarden Dollar. Es handelte sich dabei um die mit Abstand größte Summe, die jemals aus Washington für Ankara bereitgestellt wurde.[655] Andererseits trat Köhler der Türkei gegenüber mit Härte auf. Bei seinem Engagement für die Türkei war er immer der Vermutung ausgesetzt, er handele unter

Druck der USA, denn gerade nach dem 11. September 2001 war die Türkei im Nahen Osten ein zentraler strategischer Partner. Insgesamt kann man sagen, dass die gewaltigen Finanzhilfen für die Türkei und auch für Brasilien ein großes persönliches Risiko für den Managing Director darstellten, der Großteil der Fachwelt alles in allem aber diese Entscheidungen – anders als die Argentinien-Entscheidungen, die wohl insbesondere auf Druck von Anteilseignern getroffen wurden – auch heute noch gutheißt. In diesem Zusammenhang ist allerdings bemerkenswert: Noch vor Beginn seiner Washingtoner Tätigkeit hatte Köhler hinsichtlich der finanziellen Dimensionen solcher Hilfen eher Zurückhaltung angedeutet. Er wurde mit der Parole zitiert: »Weniger Milliardenkredite und stattdessen eine bessere Krisenprävention«.[656] Seine tatsächliche Politik war das genaue Gegenteil davon. Insbesondere der Brasilien-Kredit übertraf alle bisherigen Größenordnungen: Im Jahr 2002 wurde mit 30 Milliarden Dollar das größte Paket geschnürt, das jemals in der IMF-Geschichte genehmigt wurde.

Bankenkritik an Deutschland

Auch in Köhlers Amtszeit tat der IMF mehr, als milliardenschwere Kredite zu verhandeln. Zu den Aufgaben des IMF gehört es, die Wirtschafts- und Finanzsituation der Mitgliedsländer und damit auch deren Bankensysteme kritisch zu beurteilen. Dies begann für den ehemaligen Sparkassenpräsidenten Köhler problematisch zu werden, als sich der IMF mit dem Bankensektor in Deutschland beschäftigte. Im November 2003 veröffentlichte der IMF den Bericht zum »Financial sector assessment program (FSAP)« für Deutschland. Dieses Programm wurde 1999 vom IMF und der Weltbank ins Leben gerufen. Sein Ziel ist es, nach den Finanzkrisen der 90er-Jahre die Überwachung der Stabilität des globalen Finanzsystems zu intensivieren. Als die Studie zu Deutschland veröffentlicht wurde, waren schon in rund vierzig anderen IMF-Mitgliedsländern vergleichbare Untersuchungen durchgeführt worden, vor allem für die sogenannten Schwellenländer. Im Frühjahr 2003 untersuchte der IMF auch die Stabilität des deutschen Finanzsystems.[657] Er kam zu dem Schluss, dass die deutschen Bankinstitute profitabler werden müssten. Im Vergleich zur Vorabversion war der endgültige Bericht deutlich abgeschwächt. Vielleicht war das auch ein Ergebnis interner Diskussionen zwischen Köhler und den Forschern. Auf jeden Fall berichten alle Quellen im IMF überzeugend, dass die Analytiker des IMF nicht unter einem Druck »von oben« gestanden hätten, ihre Positionen zu verändern. Andererseits war Köhler verpflichtet, wie bei jeder anderen Analyse des IMF eine kritische Gegenprüfung vorzunehmen. Kernpunkt der Analyse war der Hinweis, dass in Deutschland die Grenzen zwischen den privaten, den öffentlich-rechtlichen und den genossenschaftlichen Kreditinstituten zu starr seien: »Deutschland muss die rechtlichen Rahmenbedingungen so verändern, dass die Hindernisse für eine Konsolidierung innerhalb oder über die drei Säulen des Bankensystems hinweg reduziert werden und damit eine marktorientierte Restrukturierung ermöglicht wird«, formulierten die vier Verfasser dieses Reports.[658] Die Banken in Deutschland seien tendenziell nicht profitabel genug.[659] Die Beobachter des IMF interessierte deshalb in besonderer Weise die Gewinnsituation der gesamten deutschen Kreditbranche. Ihrer Untersuchung nach schnitt keine der drei Säulen der deutschen Kreditwirtschaft »gut ab im Vergleich mit den entsprechenden Institutsgruppen im Ausland«.

Die IMF-Untersuchung[660] führte in den Topetagen der deutschen Banken zu erheblicher Unruhe. Positiv dürfte sich Köhlers Nachfolger in den Gremien des Deutschen Sparkassen- und Giroverbandes, Dietrich Hoppenstedt, hierzu kaum geäußert haben. Der kritisierte öffentlich, dass in dem Bericht »ausschließlich die Profitinteressen der großen deutschen Privatkonzerne im Vordergrund« stünden: »Zu wenig wird berücksichtigt, welche Leistungen die dezentralen kreditwirtschaftlichen Systeme der Sparkassen und der Genossenschaftsbanken für die deutsche Volkwirtschaft, vor allem für die regionale Entwicklung und die Finanzierung der kleinen und mittleren Unternehmen, erbringen.« Hoppenstedt versuchte, die Kritik des IWF auf die privaten Banken umzulenken: »Dabei geht es nicht um die Leistungsfähigkeit der Sparkassen-Finanzgruppe, sondern um die Krisenfestigkeit und Profitabilität der privaten Banken.«[661] Die im Vorgriff auf die Untersuchung des IMF zur Stabilität des deutschen Bankenmarktes ausgelöste Diskussion um die Veränderung wichtiger Strukturmerkmale wie Rechtsform oder Regionalprinzip sei »unverständlich und gefährlich«: »Mit den Sparkassen und Genossenschaftsbanken betrifft sie diejenigen Institutsgruppen, die die Finanzierung von kleineren und mittleren Unternehmen, die Versorgung von regionalen Märkten und sichere Beschäftigungen und Steuerzahlungen gewährleisten.«[662]

Freund Afrikas

Zweifellos gewann Köhler während seiner Zeit beim IMF an politischer Statur – wobei er sich mit den USA genauso anlegte wie mit seinem Herkunftsland Deutschland. Und in einem Aspekt unterschied er sich immer stärker von den traditionellen Bankern. In deutlichen Worten forderte er die Industrieländer auf, mehr Entwicklungshilfe zu leisten: »Die Entwicklungshilfe der Industrieländer liegt im Durchschnitt gerade mal bei 0,25 Prozent des Bruttosozialprodukts. Das ist schlicht ein Skandal. (...) An dem 0,7-Prozent-Ziel sollen die politischen Versprechungen gemessen werden, Armut zu bekämpfen.«[663] Köhler entwickelte eine besondere Liebe zu Afrika und zu anderen weniger entwickelten Ländern. Der Hinweis gerade von wirtschaftsliberaler Seite, dass es nicht die originäre Aufgabe des IMF sei, Entwicklungshilfe im engeren Sinne zu betreiben, focht Köhler wenig an. Er genießt noch heute bei den Botschaftern dieser Staaten in Washington die höchste Beliebtheit. So rügte er 2002 beim Weltwirtschaftsforum in New York die »Selbstsucht« der reichen Nationen und forderte dazu auf, den benachteiligten Staaten der Erde den Weg zum Wohlstand zu erleichtern. Er tadelte die Industrieländer, weil sie ihre Märkte nicht für die ärmeren Ländern öffneten.[664] »Die Gesellschaft in den reichen Ländern ist zu egoistisch, um Vorteile aufzugeben«[665], rief er den Teilnehmern zu. Dem ›Spiegel‹ hatte er schon einige Monate zuvor anvertraut: »Ich war zweimal länger in Afrika. Die Armut und die HIV-Epidemie sind katastrophal. Ich bin aber auch ermutigt aus Afrika zurückgekommen.« Die Menschen hätten sich »nicht aufgegeben«: »Ich bin noch nie so viel Würde in der Not begegnet wie in Afrika. Dies gilt vor allem für die Frauen.«[666] Aber der »schwarze Kontinent«, so Köhler, würde von den reichen Ländern nicht ernst genug genommen.

Kritiker und Kronzeuge Eichels

Auch mit der deutschen Bundesregierung legte sich der IMF-Chef Köhler an. Denn natürlich wurde er in Interviews auch zur wirtschaftlichen Lage seines Heimatlandes befragt. Dem Journalisten Wilfried Herz, der wohl die meisten Interviews mit Köhler geführt hat, sagte er, der Rat des IMF wäre besser schon früher von der Bundesregierung berücksichtigt worden, um Reformen in Deutschland durchzuführen. Versöhnlich fügte er hinzu: »Bundeskanzler Schröder hat aber jetzt mit der Agenda 2010 viel Mut gezeigt. Sie muss umgesetzt werden. Aber sie reicht noch nicht.«[667] Der damalige Bundesfinanzminister Hans Eichel zog Köhler gar als Kronzeugen für die Politik der rot-grünen Bundesregierung heran. In der Bundestagsdebatte zum Haushaltsgesetz 2004 zitierte Eichel zu der höchst umstrittenen Frage der Einhaltung des Europäischen Stabilitätspaktes aus einer Rede Köhlers – verständlicherweise nicht zur besonderen Freude der Unionsfraktion: »Die Substanz des Pakts ist und muss bleiben, dass der einheitlichen Geldpolitik in Europa ein Koordinierungs- und Disziplinierungsrahmen für die dezentralen Finanzpolitiken gegenübersteht (...) Andererseits will ich auch gern mitteilen, dass ich mir als Unterhändler zum Maastrichter Vertrag 1991 keine konkrete Vorstellung über die wirtschaftspolitische Problemkonstellation von heute gemacht habe: nämlich Stagnation über drei Jahre bei gleichzeitig massiven Ungleichgewichten in der Weltwirtschaft. Als Geschäftsführender Direktor des IWF rate ich deshalb dazu, die Drei-Prozent-Grenze in der jetzigen Situation nicht zu verabsolutieren und die Substanz des Pakts vor allem durch kraftvolle, mittelfristig angelegte

Strukturreformen unter Beweis zu stellen.«[668] Hans Eichel erinnert sich auch an ein Gespräch mit Köhler, in dem dieser ihm erklärte: »Ich bin näher bei Lafontaine, als Sie glauben.« Er meinte laut Eichel damit die Kritik des Ex-SPD-Vorsitzenden und Ex-Bundesfinanzministers an den Strukturen der internationalen Finanzmärkte.[669] Horst Köhler ist jedenfalls ein pragmatischer Wirtschaftspolitiker.

Ehrungen in der Heimat

Während der IMF-Zeit Köhlers fanden zwei persönliche Ereignisse statt, die berichtenswert sind. Das eine war die Ernennung zum Honorarprofessor an der Universität Tübingen, das andere sein sechzigster Geburtstag, den er in Deutschland in Anwesenheit vieler Prominenter feierte – übrigens hatte er auch seinen fünfzigsten Geburtstag im großen Rahmen gefeiert, damals im »Königshof« in Bonn. Der Sechzigste wurde im Schloss Neuhardenberg begangen – eine Reminiszenz an die Sparkassenorganisation, hatte er doch dort den teuren Kauf dieser Tagungs- und Hotelstätte durchgesetzt. »Ich kann es kaum glauben«, schrieb er in der Einladung vom 15. November 2002, »am 22. Februar 2003 werde ich 60 Jahre alt. Dies ist ein schöner Anlass, mit meiner Familie, Freunden und Weggefährten zu feiern.« Das Schloss Neuhardenberg, so fuhr Köhler fort, »ist für sich genommen eine Reise wert.« Für den »festlichen Abend« wurde als Kleidung »Smoking oder dunkler Anzug, festliches Kleid« empfohlen. Statt eines Geschenkes bat er um eine Spende zugunsten eines Hilfsprojektes in Tansania, das sich für Straßenkinder einsetzt. In einem späteren Dankesschreiben an die Teilnehmer verkündete er, dass für das Projekt »KIWOHEDE, Kiota Women and Health Development« insgesamt »rund« zehntausend Euro zusammengekommen seien. »Das ist ein stattlicher Betrag und ich möchte am liebsten jeden einzelnen Spender umarmen. Eva und ich werden alles tun, damit das Geld den Straßenkindern in Tansania im Rahmen des Projektes bestmöglich zugutekommt.«

Bei der Feier mit von der Partie waren nicht nur sein Washingtoner

Kollege von der Weltbank, James D. Wolfensohn, sondern auch politische Potentaten wie Helmut Kohl, Theodor Waigel und Angela Merkel; dazu zahlreiche Wegbegleiter aus dem Finanzministerium, wie sein heutiger Staatssekretär Gert Haller, und einige Persönlichkeiten aus dem Sparkassenverband. Kohl, der etwas später angereist war, hielt die Laudatio auf Köhler. In Erinnerung ist allen Teilnehmern die Herzlichkeit von Köhlers Frau, aber auch seiner Kinder, die ihm zu Ehren ein musikalisches Ständchen brachten. Sein Sohn sollte ihm darüber hinaus eine Sammlung seiner wichtigsten Zitate übergeben[670], etwa: »Wenn man denkt, es geht nicht mehr, hat man immer noch zwei Drittel seiner Kräfte« oder eine Aussage des Philosophen Karl Popper, der gesagt hatte: »Alles Leben ist Problemlösen.« Diese Erkenntnis war in zahlreiche Reden Köhlers eingeflossen, auch in die bereits zitierte Prager Rede vom September 2000. Bewegend war insbesondere Köhlers Dank an seine Frau, der mit den Worten endete: »Eva, ich liebe dich!« Und noch etwas fiel auf: Auch wenn Köhler von rot-grünen Gnaden ins Amt des Geschäftsführenden Direktors kam, war kein politischer Repräsentant der damaligen Bundesregierung zugegen.

Köhlers Honorarprofessur und die Vorgeschichte

Gut acht Monate später, am 16. Oktober 2003, versammelten sich um 15 Uhr c. t. zahlreiche Professoren und Studenten im brechend vollen Hörsaal 25 im Kupferbau in der Tübinger Hölderlinstraße 25. Horst Köhler, der sich jetzt »Prof. Dr. rer. pol.« nennen konnte, hielt seine Antrittsvorlesung zum Thema »Orientierungen für eine bessere Globalisierung«.[671] Heftig protestierende Globalisierungsgegner übersetzten auf einem Plakat die deutsche Abkürzung »IWF« mit »Interessen westlicher Firmen«.[672] Köhler, von dem es am nächsten Tag in der ›Stuttgarter Zeitung‹ anerkennend hieß, er sei »beileibe kein ordoliberaler Haudrauf, der nur von Erfolgen des globalen Strukturwandels wie in China, Indien oder Brasilien spricht und von dessen Nebenwirkungen schweigt«[673], erregte gerade durch seine Hinweise zur weltweiten Armut viel Nachdenklichkeit im Auditorium. Der erste Teil seiner Rede wurde aber durch heftige Zwischenrufe, »Der IWF tötet« oder »IWF – Mördertreff«, unterbrochen.

Köhler leitete seine Rede mit persönlichen Worten ein: »Es ist eine große Ehre und Freude für mich, fast auf den Tag genau 34 Jahre nach bestandener Diplom-Prüfung als Honorarprofessor an meine Alma Mater zurückzukehren. Ich bin dankbar für diese Ehrung und vor allem auch, dass ich an der Eberhard-Karls-Universität studieren durfte.«[674] Die Anregung, Horst Köhler mit einer Honorarprofessur auszuzeichnen, ging von dem Wirtschaftswissenschaftler Norbert Kloten aus,[675] der in Tübingen bis 1976 ordentlicher Professor für Volkswirtschaftslehre und danach Präsident der Landeszentralbank Baden-Württemberg war. Auszuschließen ist auch nicht, dass weitere Persönlichkeiten am »Introduktionsprozess« der Honorarprofessur zumindest indirekt beteiligt waren, etwa der damalige Chef der Sparkasse Reutlingen und Ehrensenator der Universität, Uwe Jens Jasper. Köhler kannte Jasper natürlich sehr gut vom DSGV her.[676] Kloten und Köhler waren sich sehr verbunden; Köhler nannte ihn meist in einem Atemzug mit seinem Doktorvater Alfred E. Ott. Der Beschluss zu Köhlers Honorarprofessur war im Fakultätsrat am 28. Januar 2003 gefasst worden.[677] Nach der Begrüßung durch die Dekanin Renate Hecker hielt Norbert Kloten eine Laudatio auf Köhler, in der er dem »Alumnus« seiner Universität einen »einzigartigen Lebensweg« bescheinigte. »Das ökonomisch-intellektuelle und politisch-ethische Fundament seines Denkens und Handelns verdankt Horst Köhler eigenem Bekunden nach wesentlich seinem Studium an unserer Universität und mehr noch seiner Tätigkeit als wissenschaftlicher Mitarbeiter am Tübinger Institut für Angewandte Wirtschaftsforschung, der Pflanzstätte einer stattlichen Zahl hervorragender Ökonomen.«[678]

Die Tübinger Versammlung kannte allerdings nicht die denkwürdige Vorgeschichte. Seinen ersten Anlauf zum Erwerb des Titels hatte nämlich Köhler an der Wirtschaftswissenschaftlichen Fakultät in Leipzig schon zu seiner Zeit als Sparkassenpräsident unternommen. Es traf sich gut, dass damals sein einstiger Forschungskollege am Tübinger Institut für Angewandte Wirtschaftswissenschaften, Adolf

Wagner, zwischenzeitlich in Leipzig Dekan geworden war und zum Zeitpunkt des Köhler'schen Ansinnens sogar Prorektor der Universität war. Gesprächsgegenstand zwischen ihm und Wagner war auch eine von Köhler angebotene finanzielle Bezuschussung der Arbeit der Fakultät.[679] Offensichtlich hatte Köhler den Titel »Honorar«-Professor missverstanden. Die Angelegenheit schmorte vor sich hin, als dann Köhler kurzfristig – zu diesem Zeitpunkt zeichnete sich bereits sein Weggang zur »Osteuropabank« nach London ab – eine Zusammenkunft in Leipzig einfädelte. Er begründete dies damit, dass er aus Anlass seines Wechsels nach London noch einmal nach Leipzig kommen wolle. Wagner solle »letzte Wünsche« bezüglich einer finanziellen Förderung formulieren. Es kam daraufhin am 17. August 1998 im Leipziger Restaurant »Kaiser Maximilian« zu einem Mittagessen mit Köhler, an dem neben Adolf Wagner auch der damalige Kanzler der Universität, Peter Gutjahr-Löser und Professor Gerhardt Wolff von der Wirtschaftswissenschaftlichen Fakultät teilnahmen.[680] Das Gespräch fand in den Semesterferien statt, so dass wichtige Universitätsrepräsentanten wie der damalige Rektor Volker Bigl fehlten. Es war insbesondere der Universitätskanzler, der darauf hingewiesen hatte, dass in Leipzig der Titel eines Honorarprofessors nur durch eine entsprechende Gegenleistung in der Lehre vergeben werde.[681] Vielleicht waren diese Leipziger Rauchzeichen der Grund dafür, dass sich dann Köhler, der bei der Fakultät bereits die erforderlichen Unterlagen für eine Berufung eingereicht hatte und nach diesem Mittagessen nie wieder von sich hat etwas hören lassen, nach Tübingen »umorientierte«? Jedenfalls war er an seiner alten Universität Tübingen erfolgreicher.

Ein Deutscher war einmal …

Nachfolger Köhlers beim IMF wurde im Mai 2004 ein Spanier: Rodrigo Rato y Figaredo, zuvor Finanzminister Spaniens.[682] Angela Merkel hatte – wovon noch zu berichten sein wird – Köhler offensichtlich schon im November 2003 gefragt, ob er sich vorstellen könne, für das Amt des Bundespräsidenten zu kandidieren. Köhler legte dann am 4. März 2004 nach seiner Nominierung durch die Unionsparteien und die FDP als gemeinsamer Kandidat sein IMF-Amt nieder. Nach den IMF-Statuten war Köhler für fünf Jahre gewählt, seine Wiederwahl wäre also zum Mai 2005 notwendig gewesen.[683]

Köhlers Position war die einflussreichste, die ein Deutscher jemals auf dem internationalen Finanzparkett eingenommen hatte. Es gab zwar auch schon früher Deutsche, die an besonders verantwortungsvollen internationalen Stellen gewirkt hatten. Zu nennen sind hier der erste Präsident der Kommission der Europäischen Wirtschaftsgemeinschaft (EWG), Walter Hallstein, der dieses Amt von 1958 bis 1967 innehatte, oder Manfred Wörner, der von 1988 bis zu seinem Tod im Jahr 1994 NATO-Generalsekretär war. Auf den Exekutiv-Direktor des Umweltprogramms der Vereinten Nationen UNEP von 1998 bis 2006, Klaus Töpfer, wurde bereits verwiesen. Doch Köhlers Tätigkeit in Washington war schon etwas Besonderes. Wer sich dort umhört, stößt deshalb auf ein gewisses Erstaunen, dass eine Industrienation wie die deutsche wegen einer – zugegebenermaßen: wichtigen – innenpolitischen Entscheidung auf den Posten des Geschäftsführenden Direktors des IMF verzichtete. »Ich war überrascht und zugleich traurig, dass Köhler uns schon wieder so schnell verlassen hat. Da kämpfen die Deutschen zum ersten Mal für eine einflussreiche Position in der internationalen Finanzwelt – und schon ist er wieder weg«, meint ein hochrangiger Deutscher beim IMF.

Hätte Köhler deshalb Merkels Angebot ablehnen sollen? Die in den weltweit tätigen Finanzinstitutionen besonders engagierten Franzosen hätten vermutlich nicht so schnell einen ihrer Landsleute wieder abgezogen. Wenn man die Amtszeiten der drei französischen IMF-Direktoren Pierre-Paul Schweitzer (1963–1973), Jacques de Larosière (1978–1987) und Michel Camdessus (1987–2000) zusammenzählt, kommt man auf rund 33 Jahre. In der »politischen Klasse« Berlins gibt es demgegenüber keine ausgeprägte Sensibilität für die Wichtigkeit eines solchen internationalen Spitzenpostens. Nur wenige hatten in Berlin überhaupt erkannt, welcher Verlust es war, dass in Zeiten einer unaufhaltsam voranschreitenden Globalisierung dieser Job für

Deutschland verloren ging. Dabei hatte es ein halbes Jahrhundert gedauert, bis sich Deutschland traute, einen Kandidaten zu benennen, und sich unter schwierigen – für den Erstkandidaten Koch-Weser auch entwürdigenden – Umständen durchsetzte. Es sei jedoch auch zugegeben, dass die spezifischen Interessen Deutschlands am IMF, der in erster Linie für Länder mit schwierigen Finanzsystemen wichtig ist, vergleichsweise gering sind. Freilich hat auch Deutschland ein allgemeines Interesse daran, dass die Weltwirtschaft nicht durch argentinische oder russische Finanzkrisen in Mitleidenschaft gezogen wird.

Sicher wäre es von Köhler zu viel verlangt gewesen, nicht das höchste deutsche Staatsamt anzustreben, denn natürlich ist das Amt des Bundespräsidenten ein biografischer Höhepunkt. Aber der IMF-Chef ist international einflussreicher. Das wird Köhler vielleicht gewusst haben. Bei der Übernahme des Präsidentenamtes habe er sich finanziell »verschlechtert«[684], sagt er gelegentlich. Das stimmt zwar, trifft aber nur für die aktive Zeit zu. Denn ein Bundespräsident hat – genauso wie der Bundeskanzler – einen lebenslangen Anspruch auf ein Büro mit Sekretariat, Dienstwagen und Fahrer. Auch sein Amtsgehalt erhält er nach seinem Ausscheiden als Präsident in Form eines »Ehrensoldes« ungekürzt bis zum Lebensende. Diesen Vorteil hat ein ehemaliger IMF-Chef nicht. Auszuschließen ist aber nicht, dass Köhler auch in Washington in seinem Amt gefremdelt hat. An der Spitze der internationalen Organisation fühlte er sich letztlich »einsam«, wie manche, die ihn gut kennen, vermuten.

Als Köhler im November 2003 von der CDU-Oppositionsführerin Angela Merkel die ihn überraschende erste Voranfrage erhalten hatte, ob er prinzipiell bereit sei, Kandidat für das Amt des Bundespräsidenten zu werden, hatte er spontan positiv reagiert. Obwohl er seine eigenen Chancen wahrscheinlich nicht besonders hoch einschätzte und anderen möglichen Kandidaten bessere Erfolgsaussichten einräumte, schien er jedoch von diesem Gedanken fasziniert. Gleichzeitig gab er aber den Gedanken einer Wiederwahl als Managing Director nicht auf. Mitte 2005 wäre seine reguläre Amtszeit ausgelaufen und er wollte sich diese Option offenhalten. Darum berieten bereits kurze Zeit nach der Anfrage Angela Merkels die Mitglieder des »Executive Board« im Dezember 2003 über eine mögliche Wiederwahl Köhlers. Konkret geschah dies dadurch, dass der dienstälteste »Executive Director« einzeln mit seinen Kollegen sprach und die Stimmung erkundete.[685] In solchen Gremien ist es zwar nicht üblich, dass der Interessent selber eine entsprechende Bewerbung äußert, aber es ist auch nicht üblich, dass eine solche Diskussion ohne Zutun und Wissen des Betreffenden beginnt. Köhler dürfte also einem ihm nahestehenden »Executive Director« die Anregung zu einer solchen Diskussion gegeben haben. Offensichtlich war auch Hans Eichel zu diesem Zeitpunkt mit der Wiederwahl Köhlers beschäftigt. Der ehemalige Bundesfinanzminister weist heute darauf hin, dass er damals schon begonnen habe, eine entsprechende Koalition aus Unterstützern zu schmieden, und erklärt: »Horst Köhler hat beim IWF einen guten Job gemacht. Er wäre auch wiedergewählt worden. Es konnte keinen Zweifel daran geben, dass die Bundesregierung wieder für ihn eintrat.«[686] Manche vermuten, dass sich Köhler auch bei der rot-grünen Regierung – trotz der prinzipiellen Voranfrage von Merkel – für seine eigene Wiederwahl eingesetzt habe. Köhler selber führt heute aus, Angela Merkel, die ihn aus Anlass politischer Gespräche im Jahre 2002 in Washington besuchte, habe ihn erst »Ende Januar 2004« in Washington angerufen: »Sie sagte ausdrücklich, dass sie mir kein Angebot mache. Sie fragte nur, ob ich mir eine Kandidatur vorstellen könne. Also, sie hat mir da keine Versprechungen gemacht und hat sich mir gegenüber in keiner Weise festgelegt.«[687]

Die Diskussion in Richtung Wiederwahl lief jedoch nicht so flott, wie er sich das offensichtlich erhoffte. Insbesondere hielt er den Rückhalt durch die deutsche Bundesregierung wohl für unzureichend und schien darüber einigermaßen enttäuscht gewesen zu sein. Sicher war Köhler im Lichte der Merkel-Anfrage interessiert, möglichst bald zu wissen, ob er mit dem IMF eine »sichere Bank« habe. Und mit ziemlich hoher Sicherheit wäre er, so sagen es alle Insider, wiedergewählt worden.[688] Alles andere wäre ein Skandal gewesen. Aber dennoch war die Situation durch von Köhler selbst nicht oder kaum beeinflussbare Faktoren kompliziert. Anders als die Franzosen zuvor taten sich die in diesen Fragen weniger erfahrenen Deutschen schwer, für »ihren« Managing Director die Unterstützung der G7-Staaten zu erreichen. Hinzu kam, dass die rot-grüne Bundesregierung wegen der Globalisierungsdiskussion einer Institution wie dem IMF sowieso eher zurückhaltend gegenübertrat. Zudem waren manche der europäischen Regierungen an einer schnellen Pro-Köhler-Entscheidung nicht interessiert, denn sie wollten sich in anderen Fragen umgekehrt die Unterstützung der deutschen Bundesregierung sichern.

Dabei spielte beispielsweise auch die Frage eine Rolle, wer neuer EU-Kommissionspräsident werden sollte. Mit Wucht drängte der belgische Ministerpräsident Guy Verhofstadt nach vorne, der Bundesregierung und die Oppositionsführerin Merkel für seine Interessen gewinnen wollte. Im Klartext: Verhofstadt wollte die belgische Unterstützung für Köhler davon abhängig machen, ob sich die Deutschen bei der Frage des Kommissionspräsidenten offen zeigten. Unabhängig davon, dass Verhofstadt als Liberaler nicht auf die Sympathie der rot-grünen Bundesregierung zählen konnte, waren auch im Europäischen Parlament die Mehrheitsverhältnisse nicht im Sinne der rot-grünen Berliner Regierung. Nachdem aber auch der profilierte britische Konservative Chris Patten, letzter Gouverneur der Krone in Hongkong, nicht durchsetzbar war, einigten sich die EU-Staats- und Regierungschefs nach einem heftigen Tauziehen auf den Portugiesen Manuel Barroso, der schließlich am 29. Juni 2004 von ihnen nominiert wurde. Solche Arten von »Tauschhandel« sind auf der internationalen Ebene immer von Bedeutung; dieser ging zu Lasten einer schnellen Nominierung Köhlers. Andererseits waren es gerade die im IMF zahlreich vertretenen asiatischen, lateinamerikanischen und afrikanischen Länder, denen an einer frühzeitigen Diskussion der personellen Frage gelegen war. Sie hätten sicher nicht die Wiederwahl Köhlers verhindert. Ihr Kalkül bestand aber darin, durch eine möglichst lang anhaltende Diskussion die ungeschriebene Regel der europäischen Herkunft des »Managing Director« zu hinterfragen, während die Europäer diese Entscheidung zu einem Zeitpunkt treffen wollten, der für den entsprechenden Entscheidungsdruck sorgen würde, also nahe am Ende der Amtszeit lag.

Die von Köhler erstrebte schnelle Wiedernominierung als »Managing Director« hatte sich dann aber anderweitig erledigt: Sein Abschied als Geschäftsführender Direktor kam ziemlich abrupt. Als er am 3. März 2004 in einem nächtlichen Telefonat von Angela Merkel erfuhr, dass ihn die Parteipräsidien von CDU, CSU und FDP als Kandidaten nominierten, und er erneut sein Ja dazu gab, war ihm nämlich nicht bewusst, dass er am nächsten Tag als Chef des IMF zurücktreten musste. Der damalige IMF-Chefjurist François Gianviti überzeugte ihn, eine sofortige Rücktrittserklärung zu unterzeichnen, da Interessenkonflikte nicht auszuschließen wären. Gianviti dürfte seinen bisherigen Chef auf einen Abschnitt in den »Articles of Agreement of the International Monetary Fund« aufmerksam gemacht haben, nach dem der »Managing Director« nur den Regeln des IMF unterstehen dürfe und keiner anderen politischen Autorität.[689] Dem Perfektionisten Köhler war diese Regel in eigener Sache entgangen: »Nein, das war für mich eine Überraschung. Diese Bestimmung in den Statuten des IWF hatte ich nicht gekannt. Aber als ich das erfuhr, habe ich nicht mehr gezuckt.«[690]

Ein weiteres Mal mussten die Köhlers umziehen. Sie wohnten damals im Washingtoner Nordwesten, in 3623 Fulton Street, in einem »feinen, aber wahrlich nicht protzigen Einfamilienhaus«[691], wie Wilfried Herz schrieb, einer der wenigen Journalisten, den Köhler in seine Privatgemächer gelassen hatte. Erst als die Köhlers die Zelte in Washington wieder abbrachen, konnten andere Journalisten Einblick in die private Wohnwelt nehmen. In der Washingtoner Wohnung hatte eine Holzschüssel einen prominenten Platz. Sie war Köhler bei dem Besuch eines Waisenhauses in Afrika überreicht worden. Besucher wies er darauf hin, dass ihn die Schale jeden Tag daran erinnern solle, »für wen wir arbeiten«. Im Musikzimmer, in dem ein Klavier stand, hing ein Bild des Malers Reinhard Roy, den Köhler in Begleitung des damaligen Finanzministers Stoltenberg im Jahre 1983 kennengelernt hatte.[692]

Es handelte sich um eine Zufallsbekanntschaft in einer Ostberliner Kneipe. Der Görlitzer Roy war zusammen mit seiner Frau im Ostberliner »Palast-Hotel«, wo er in der »Nante-Ecke« auf Stoltenberg und

Köhler stieß. Er hatte den beiden Westdeutschen erzählt, dass er Künstler sei und es in der DDR schwer habe und sich um eine Ausreisegenehmigung bemühe. Nach dem Gespräch ist wohl Roy von Stasi-Leuten festgenommen und verhört worden.[693] Stoltenberg hatte durch seine Kontakte zum SED-Politbürobüromitglied Herbert Häber noch zum 11./12. Dezember 1983 die Ausreise von Roy ermöglicht. Köhler hielt im Auftrag Stoltenbergs Kontakt zu Roy, weshalb der heute in Bad Weilbach bei Frankfurt am Main wohnende und arbeitende Roy nach wie vor gute Kontakte zu Horst Köhler hält. Köhler ermöglichte auf Anregung Stoltenbergs, dass Institutionen die Kunst Roys aufkauften. So hängen heute noch Bilder des Künstlers in der Deutschen Bundesbank in Frankfurt. Roy macht Köhler »auf neue künstlerische Entwicklungen aufmerksam«.[694]

11. Wie wird man Bundespräsident?

»Ich möchte Präsident aller Deutschen sein und ein Präsident für alle Menschen, die hier leben. Aus gutem Grund ist das höchste Amt niemandem in die Wiege gelegt. Für mich persönlich ist die Entscheidung der Bundesversammlung ein wirklich sehr bewegender Augenblick. Nach sechs Jahren im Ausland kehre ich mit einem Gefühl von Freude und Dankbarkeit in meine Heimat zurück. Deutschland hat mir viel gegeben. Davon möchte ich etwas zurückgeben. Ich liebe unser Land.«[695] Diese Worte, vom wenige Minuten zuvor gewählten Bundespräsidenten Horst Köhler gesprochen, zu Beginn der Dankesrede am 23. Mai 2004, geben einen Einblick in die Gefühle, die ihn bewegten. Köhler dürfte in den Tagen vor der Entscheidung gelegentlich an sein Herkommen, an seine Vertriebenenkindheit gedacht haben und an die schwierigen beruflichen Stationen, die er zu meistern hatte. Zugleich wird er über die Schwere der vor ihm stehenden Aufgabe erschrocken gewesen sein. Wochen harter politischer Auseinandersetzung lagen hinter ihm. Er musste neue Erfahrungen sammeln. Jetzt war er mit der Härte der Parteipolitik in Deutschland konfrontiert worden.

Kurz bevor Köhler nach der Verkündung des Wahlergebnisses durch den Bundestagspräsidenten Wolfgang Thierse sagte: »Herr Präsident, ich nehme die Wahl an«, herrschte atemlose Stille im Plenarsaal des Deutschen Bundestages: Das Ergebnis der 12. Bundesversammlung am 23. Mai 2004 wurde bekannt – ein denkbar knappes Ergebnis, aber immerhin im ersten Wahlgang. Horst Köhler erhielt bei seiner Wahl zum neunten Präsidenten der Bundesrepublik Deutschland 604 von 1204 abgegebenen Stimmen, wovon neun Enthaltungen und zwei ungültig waren. Nach Artikel 54 Absatz 6 des Grundgesetzes ist gewählt, wer die absolute Mehrheit der Mitglieder der Bundesversammlung erhält, nämlich mindestens 603 Stimmen.

Köhler bekam also eine Stimme mehr als mindestens nötig, und das, obwohl die Fraktionen von Union und FDP insgesamt 622 Wahlmänner und -frauen hatten. Köhlers Mitbewerberin Gesine Schwan, Präsidentin der »Viadrina«-Universität in Frankfurt an der Oder, erhielt 589 Stimmen.[696] Vor der Stimmverkündigung war es hinter den Kulissen heiß hergegangen: Zwei Köhler-Wahlkarten hatten sich auf dem Schwan-Stapel gefunden. Die Bundestags-Novizin Claudia Winterstein von der FDP aus Niedersachsen hatte auf einer erneuten Auszählung bestanden. Ohne diese hätte Köhler nicht die Mehrheit im ersten Wahlgang gehabt.[697] Mit der Eidesleistung am 1. Juli 2004 trat Köhler sein Amt als Nachfolger seines populären Vorgängers Johannes Rau an. Seine Wahl war ein klarer Sieg von Angela Merkel und Guido Westerwelle, die sich damit gegenüber dem damaligen rotgrünen Regierungslager durchsetzen konnten. Wie schon bei mancher Präsidentenwahl zuvor schien sich hier eine neue Regierungskoalition aus CDU, CSU und FDP anzukündigen. Horst Köhler sollte der Vorbote dazu sein. Doch es kam bekanntlich anders.

Der Schäuble-Verhinderer

Die Bundesversammlung ist im deutschen Verfassungssystem eine Besonderheit. Sie tritt zu einem einzigen Zweck zusammen, zur Wahl des Bundespräsidenten, und zwar alle fünf Jahre, es sei denn, die Amtszeit des Staatsoberhauptes endet vorzeitig – etwa durch Tod oder Rücktritt. Bisher haben alle Präsidenten zumindest jeweils eine Amtszeit von fünf Jahren ausgeschöpft. Drei von ihnen, nämlich Theodor Heuss (FDP), Heinrich Lübke (CDU) und Richard von Weizsäcker (CDU), haben sich ein weiteres Mal wählen lassen. Eine dritte Amtsperiode ist nach dem Grundgesetz nicht erlaubt. Seit sich der damalige Bundestagspräsident Karl Carstens in Vorbereitung der 7. Bundesversammlung im Jahre 1979, auf der er selber zum Bundespräsidenten gewählt wurde, für den »Verfassungstag« – am 23. Mai 1949 wurde das Grundgesetz verkündet – als Wahltag entschied, ist auch von seinen Nachfolgern an diesem Termin festgehalten worden.

Die hohe Zahl von 1204 Mitgliedern dieses Wahlgremiums ergibt sich aus der Tatsache, dass ihm alle Bundestagsabgeordneten und eine gleich große Zahl von Mitgliedern angehören, die durch die 16 Landesparlamente in Deutschland bestimmt werden. Da diese auch parteilose Bürger benennen können, die nicht in den Landtagen sind, setzten Köhlers Gegenkandidatin Gesine Schwan und ihre Unterstützer auf die Strategie, insbesondere weibliche, parteipolitisch unabhängige Persönlichkeiten anzusprechen. Darüber hinaus gab es in der FDP auch einige, die den Westerwelle-Kurs nicht mittragen wollten. Hieraus resultierte vermutlich das knappe Ergebnis.

Wie jedoch kam es überhaupt dazu, dass die Wahl ausgerechnet auf Horst Köhler fiel, der zwar Parteimitglied der CDU war, sich aber nie aktiv in der Parteipolitik betätigt hatte? Zunächst hatte es etwas mit den politischen Konstellationen zu tun. Die rot-grüne Koalition, die 2002 noch einmal bestätigt worden war, erlebte ein Umfragetief; Unionsparteien und FDP sahen gute Chancen, bei den nächsten regulären, für den Herbst 2006 vorgesehenen Wahlen Schröder und seine Regierung zu stürzen. Zunächst war aber nicht klar, ob es überhaupt zu einer schwarz-gelben Koalition kommen sollte, denn die FDP zierte sich noch. Da traf es sich gut, dass die Bundesversammlung vom Mai 2004 die bürgerlichen Oppositionsparteien zu einer Zusammenarbeit bewegen musste. In der FDP gab es allerdings einige Stimmen, die durch einen eigenen Kandidaten ihre Unabhängigkeit gegenüber den Unionsparteien dokumentieren und vielleicht auch dem Vorsitzenden Guido Westerwelle eins »auswischen« wollten. Westerwelle musste seine ganze Autorität aufbieten. Es ging auch um seine politische Zukunft. Er hatte schon frühzeitig seine Vorliebe für eine Koalition mit der Union erkennen lassen. Wäre er damit gescheitert, hätte seine Stellung in der FDP einen starken Knacks bekommen. Wer für einen eigenen FDP-Kandidaten plädierte, wollte also auch die Koalitionsfrage möglichst lange offenhalten und Westerwelle unter Druck setzen. Jedenfalls ist davon auszugehen, dass Westerwelle recht früh mit seiner Duzfreundin Angela Merkel eine gemeinsame Strategie ausgelotet hatte. Beide waren in einer vergleichbaren Situation. Die Schäuble-Unterstützer in der Union wollten Merkel schwächen, die Westerwelle-Gegner in der FDP wollten durch die Benennung eines eigenen Kandidaten die Autorität Westerwelles ankratzen. Das führte zu einer »Schicksalsgemeinschaft«, wie sich Westerwelle ausdrückte.[698] Er brachte die Situation für die beiden Parteivorsitzenden auf den Punkt: »Hätten wir in der Bundesversammlung Professor Köhler nicht durchgesetzt oder vielleicht erst im dritten Wahlgang, wäre Frau Merkel nicht Kanzlerkandidatin geworden, und ich wäre nicht Parteivorsitzender geblieben.« Deshalb habe man sich gesagt: »Wir machen das gemeinsam.«[699] Diese Wortwahl deutet sehr auf ein abgekartetes Spiel Westerwelles mit Merkel hin: Der eine: Ich verhindere dir deinen Schäuble; die andere: Dafür präsentiere ich dir einen Kandidaten, auf den wir uns verständigen.

Helmut Kohl hatte in Hintergrundgesprächen seiner Partei den Rat gegeben, auf einen eigenen Kandidaten zu verzichten und einem FDP-Vorschlag zu folgen, um damit eine Koalitionsentscheidung der FDP zugunsten der Union herbeizuführen. Mit diesem vergifteten Rat wollte Kohl seinen ehemaligen Männerfreund Wolfgang Schäuble, nunmehr zum Erzfeind geworden, als Präsidentschaftskandidaten verhindern. Hierin war er sich mit Angela Merkel einig. Die Partei- und Fraktionsvorsitzende wusste, dass starke Kräfte in der Union mit aller Macht den damaligen stellvertretenden Fraktionsvorsitzenden Schäuble durchsetzen wollten.[700] Als bestes »sedierendes Gegenmittel« (Hajo Schumacher)[701] zu Schäuble schien sich für Merkel immer mehr Köhler herauszustellen.

Schäuble war der Wunschkandidat von CDU-Granden wie dem hessischen Ministerpräsidenten Roland Koch, dem sächsischen Ministerpräsidenten Georg Milbradt, dem damaligen stellvertretenden Fraktionsvorsitzenden Friedrich Merz oder dem bayrischen CSU-Ministerpräsidenten Edmund Stoiber. Aber es war vor allem Wolfgang Schäuble selbst, der frühzeitig alles daransetzte, seine Kandidatur zu erzwingen. Bereits im Oktober 2003 war er, wie die Zeitung ›Die Welt‹ berichtete, »als Favorit für die Rau-Nachfolge im Gespräch«[702]. Die CSU hatte ihn am 7. Januar 2004 nach Wildbad Kreuth zur jährlichen Klausur eingeladen, was als bayerische Vorentscheidung zugunsten des Badeners interpretiert wurde. Lange Zeit schien eine Einigung zwischen CDU, CSU und FDP sehr schwer. Erst nachdem die FDP bei den Wahlen zur Hamburger Bürgerschaft am 29. Februar 2004 aus dem Landesparlament herausfiel, wurde sie etwas kleinlauter. Trotzdem durfte Westerwelle gegenüber seiner eigenen Partei nicht als reines Vollzugsorgan der Unionsparteien erscheinen.

Edmund Stoiber wurde das Angebot gemacht, er könne Kandidat für das Bundespräsidentenamt werden. Er habe, so wurde ihm versichert, den »Erstzugriff«, wie jeder Parteivorsitzende. In die Serie von Stoibers Fehlentscheidungen gehört, dass er, der später zeitweilig mit dem Gedanken spielte, in eine Großen Koalition unter Angela Merkel ins Bundeskabinett einzutreten, das Präsidentenamt ablehnte: »Ich bin mit Leib und Seele Ministerpräsident. Ich führe eine große Partei, die drittgrößte in Deutschland. Ich würde die großartige Aufgabe als Parteivorsitzender nie aufgeben.«[703] Stoiber ließ alle wissen, dass er Schäuble favorisierte: »Ich schätze seine intellektuelle Kraft. Er hätte den Mut, dem Land, das vor schwerwiegenden Veränderungen steht, Wege zu weisen.«[704] Der Illustrierten ›Bunte‹ gegenüber präzisierte Stoiber sogar: Schäuble sei »unter den genannten Kandidaten der Beste«.[705] Doch nachdem Angela Merkel Wolfgang Schäuble als CDU-Parteivorsitzenden am 10. April 2000 auf dem Bundesparteitag in Essen beerbt hatte, hatte sich das Verhältnis zwischen Merkel und ihm zunehmend verschlechtert. Die Vorstellung, Schäuble als Bundespräsident schon vor ihrer damals längst noch nicht sicheren Kanzlerschaft wieder über sich zu haben, hatte sie nicht mehr losgelassen.

Kandidatensuche

Wenn Angela Merkel Schäuble verhindern wollte, musste sie die Bekanntgabe ihres eigenen Favoriten so lange wie möglich zurückhalten. Die häufig besonders gut informierte ›Bild-Zeitung‹ vermeldete am 10. Februar 2004 als Erste, dass »Weltbanker« Köhler als Rau-Nachfolger im Gespräch sei. Er sei »heimlicher Favorit von Parteichefin Angela Merkel, falls es keine Mehrheit für Ex-CDU-Chef Wolfgang Schäuble geben sollte«.[706] Es ist nicht auszuschließen, dass das eine Information aus dem Merkel-Umfeld war. Denn es entspricht durchaus der politischen Übung, gelegentlich Testballons starten zu lassen, um die Durchsetzungsfähigkeit einer Überlegung zu prüfen. Am 26. Februar 2004 vermutete die ›Frankfurter Allgemeine Zeitung‹, auf der Liste der CDU-Vorsitzenden Merkel würde Horst Köhler »eine wichtige Rolle spielen«.[707] Köhler selbst berichtet, dass er Ende Januar 2004 von Angela Merkel in Washington angerufen worden war.[708] Zu diesem Zeitpunkt war noch nicht bekannt, wann genau die Entscheidung über die Präsidentenkandidatur gefällt werden würde. Er kehrte erst am 2. März, in jener Woche, als er zum Kandidaten für das Bundespräsidentenamt gekürt wurde, von einer Reise nach Japan, Korea und Brasilien zurück. Am 4. März, unmittelbar nach der in der Nacht zuvor erfolgten Nominierung durch die CDU, behauptete Köhler in einem vom damaligen Washingtoner ›Spiegel‹-Korrespondenten Gerhard Spörl geführten Interview auf die Frage, seit wann er wusste, dass er Bundespräsident werden könnte: »Das hat sich erst in dieser Woche ergeben. Ich habe ja keineswegs geplant, als Bundespräsident zu kandidieren.«[709] Aber ganz so überrascht dürfte er nicht gewesen sein, hatte es doch bereits eine erste Voranfrage im November 2003 gegeben, woran sich einstige Vertraute Köhlers erinnern. Irgendwann, berichtete Köhler, sei aus Merkels Sicht »die Sache konkreter« geworden, weshalb er ihr gesagt habe, er stünde im Prinzip zur Verfügung. »Das ist eine Ehre, das ist eine Herausforderung, die lässt sich gar nicht ablehnen.«[710]

Während der Diskussion, wer – außer Schäuble – ein geeigneter Unionskandidat sein könnte, wurde in den Medien mächtig spekuliert. Genannt wurden Heinrich von Pierer, Vorstandsvorsitzender der Siemens AG, der frühere Verfassungsrichter und Steuerexperte Paul Kirchhof oder Rudolf Seiters, einst Kanzleramts- und dann Bundesinnenminister, später Bundestagsvizepräsident und heute Präsident des Deutschen Roten Kreuzes (DRK). Immer wieder wurde auch der damalige baden-württembergische Ministerpräsident Erwin Teufel genannt. Parteiintern brachte sich auch Bernhard Vogel ins Gespräch. Vogel hatte durch seinen Rücktritt als thüringischer Ministerpräsident im Juni 2003 seinem Nachfolger Dieter Althaus die

Möglichkeit gegeben, sich rechtzeitig vor den kommenden Landtagswahlen in Thüringen im Amt zu profilieren. Gleichzeitig hatte er von Angela Merkel die Zusage erzwungen, abermals Vorsitzender der Konrad-Adenauer-Stiftung werden zu können.[711]

Vor allem wurde der frühere Umweltminister Klaus Töpfer, seinerzeit noch Chef der UN-Umweltbehörde und Stellvertreter UN-Generalsekretär in Nairobi, als potenzieller Bewerber genannt. Doch als Gerhard Schröder am 21. Januar bei einer Afrikareise Töpfer als »für jedes denkbare Amt qualifiziert«[712] bezeichnete, war dies – um es vorsichtig zu formulieren – für Töpfers mögliche Ambitionen in seiner Partei, der CDU, nicht sehr hilfreich. Immer wieder wurde auch Annette Schavan genannt, damals Kultusministerin in Baden-Württemberg. Offensichtlich fragte Angela Merkel aber auch schon frühzeitig Ursula von der Leyen, ob sie prinzipiell zu einer solchen Aufgabe bereit wäre. Zwei Frauen an der Spitze der Bundesrepublik? Das wäre für einige vielleicht ein wenig zu viel gewesen, hätte so manchem als ein weiblicher »Overkill« erscheinen können. Doch es gibt auch eine andere Version darüber, wie Angela Merkel über die Möglichkeit einer Bundespräsidentin dachte. Demnach hätte sie nichts dagegen gehabt, weil eine Bundespräsidentin einen wichtigen Beitrag dazu hätte leisten können, Vorbehalte gegenüber Frauen in höchsten Ämtern zu reduzieren. Auch Johannes Rau, noch im Präsidentenamt, äußerte sich zur Kandidatenlage – so im Westdeutschen Rundfunk (WDR). Ihm missfiel, dass immer neue Namen genannt wurden: »Die Schraube wird überdreht.«[713]

Bei allem Durchdeklinieren verschiedener Namen dürfte Merkel schon frühzeitig ein heftiges inneres Auge auf Horst Köhler geworfen haben. Auf den Hinweis des Autors, dass nach seinen Recherchen in Washington Horst Köhler bereits im November 2003 von Angela Merkel auf eine mögliche Kandidatur angesprochen worden war, erklärte Guido Westerwelle: »Das kommt hin.«[714] Er weist darauf hin, dass er schon früh und des Öfteren mit Merkel über eine gemeinsame Strategie gesprochen und dabei immer wieder der Name Köhlers eine Rolle gespielt habe, kurze Zeit auch derjenige Stoibers, der als Parteivorsitzender den »Erstzugriff« gehabt hätte. Schon früh habe er, Westerwelle, Merkel klargemacht, dass eine Benennung Schäubles, auch wenn es sich hier um eine sehr respektable Politikerpersönlichkeit handele, nicht hätte akzeptiert werden können. Denn eine Geschlossenheit bei FDP und Union wäre bei einem Kandidaten Schäuble unmöglich gewesen: »Ich wollte Uneinigkeit bei der FDP verhindern, ein Durcheinander, wie das in der FDP noch bei den Wahlen von Herzog und Rau der Fall war«, erklärt er weiter.[715] In beiden Fällen zeigte sich die FDP nicht geschlossen. In der Tat: Das FDP-Chaos ist dank der Westerwelle-Strategie ausgeblieben. Die innerparteiliche Lage für Westerwelle war keinesfalls einfach, versuchte doch Gerhard Schröder durch sein Angebot, die FDP-Politikerin Cornelia Schmalz-Jacobsen zu unterstützen, einen Keil zwischen Merkel und Westerwelle zu treiben. Doch war die Unterstützung der Grünen für Schmalz-Jacobsen nicht gesichert: Der Grünen-Vorsitzende Reinhard Bütikofer habe bei einem Zusammentreffen mit Westerwelle diesbezüglich »rumgeeiert«.[716] Den damaligen FDP-Fraktionschef Wolfgang Gerhardt hingegen wollten weder Schröder noch die Union unterstützen.[717] So kam es fast zwangsläufig zu einer Liaison Merkel/Westerwelle.

Die Merkel-Strategie

Der häufig als eigentlicher Favorit genannte Schäuble wartete vergebens darauf, von Frau Merkel unterstützt zu werden. Er wurde immer ungeduldiger und ging von der Fehlkalkulation aus, dass sein innerparteiliches Gewicht und die Unterstützung durch die CSU-Schwesterpartei so stark seien, dass Angela Merkel an ihm kaum vorbeikomme. Aber es gab kein Vier-Augen-Gespräch mit Merkel, was ihn besonders heftig empörte. Die CDU-Vorsitzende vermochte es sogar, während einer gemeinsamen Reise in die Türkei im Februar 2004 mit ihrem Vorgänger kein einziges Wort über diese Frage auszutauschen, obwohl er nur darauf wartete. Die ›Bild-Zeitung‹, die beide Politiker nach Ankara begleitete, formulierte denn auch: Schäuble »wollte unter vier Augen endlich Klarheit«.[718] Merkel jedoch tat alles, um ihm keine Zusage geben zu müssen, von der sie sich nur schlecht

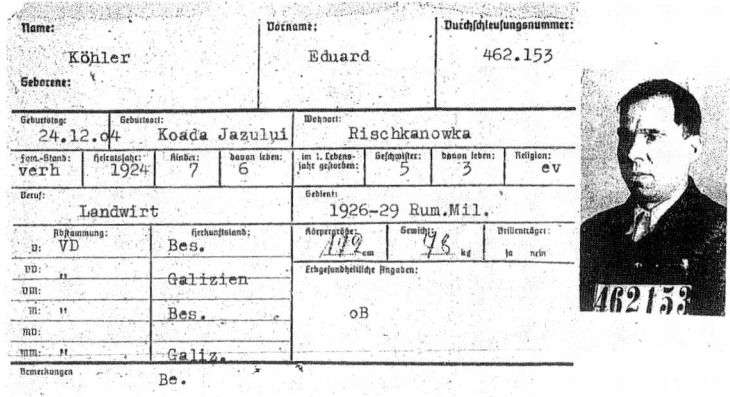

1 *Karteikarte von Eduard Köhler, Vater von Horst Köhler: Die aus Bessarabien stammende Familie, die die rumänische Staatsbürgerschaft besaß, wurde am 16. April 1941 im Aufnahmelager Herzogenburg im österreichischen St. Pölten durch die »Fliegende Kommission II« der Einwandererzentralstelle Litzmannstradt eingebürgert.*

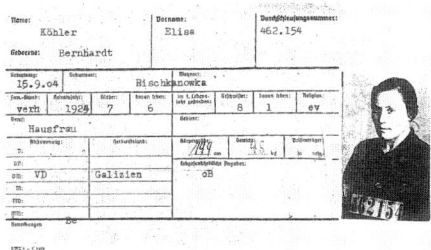

2 *Karteikarte von Horst Köhlers Mutter Elisabetha Köhler aus Anlass ihrer Einbürgerung (»Schleusung«) ins Deutsche Reich.*

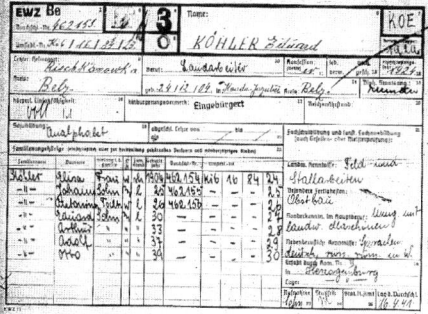

3 *Karteikarte der Einwandererzentralstelle Litzmannstadt für die Familie Eduard Köhler (vor der Geburt von Horst Köhler).*

4 *Eduard und Elisabetha Köhler auf dem Motorrad (Baujahr 1928) mit ihren Kindern Horst und Ursula im Beiwagen in Markkleeberg im Jahre 1947.*

5 *Die Familien Köhler, Hänsel und Schweiz in Rüben bei Leipzig bei einer Silvesterfeier 1950. Dritter (sitzend) von links ist Horst Köhlers Vater Eduard, links hinter ihm (mit Glas in der Hand) Horsts Mutter Elisabetha. Links außen die Gastgeber Adele und Jakob Hänsel.*

6 *Das Wohnhaus der Familie Köhler in Markkleeberg bei Leipzig (ehemaliges Schäferhaus des Kees'schen Gutes; 2004 abgerissen).*

7 *Das alte Schulhaus in Markkleeberg-Zöbigker, in dem Horst Köhler anfänglich in die Schule ging. Es hat sich seitdem kaum etwas geändert.*

8 *Klassenfoto in der Grundschule von Markkleeberg-Zöbigker in der 2. Klasse 1950/1951: der junge Horst (im weißen Pullover) ist fünfter von rechts in der unteren Reihe.*

9 *Grundschule in Markkleeberg-Zöbigker, 4. Klasse, mit Klassenlehrer Barris. Horst Köhler sitzt an der Wand in der vierten Reihe. Hier handelt es sich um den ersten Jahrgang, der im alten Kees'schen Gut unterrichtet wurde.*

10 *Klassenfoto, erste Klasse (1c) im Ludwigsburger Mörike-Gymnasium, mit Klassenlehrer Küster, 1954. Horst Köhler ist in der zweiten Reihe, vierter von rechts.*

11 *Klassenfoto, 1955, zweite Klasse (2c) im Ludwigsburger Mörike-Gymnasium, mit der Lehrerin, Fräulein Ehmann. Horst Köhler ist in der dritten Reihe dritter von rechts.*

12 *Ausflug zur »Teufelsmühle«. Horst Köhler erster von links.*

13 *Schulausflug, Klasse 3c, 1955 zur »Teufelsmühle« in den Schwarzwald.*
Horst Köhler ist in der oberen Reihe vierter von links.

14 *Horst Köhler bei einem Wandertag um 1957,*
zweiter von links.

15, 16 *Ausflug in die Allgäuer Alpen 1960, Aufenthalt in einem Schulland-heim in Hindelang, links Horst Köhler.*

17 *Tanzstunde 1960 in Ludwigsburg.*

18 *Abschlussball der Tanzstunde 1960 in Ludwigsburg. Horst Köhler ist in der zweiten Reihe vierter von rechts.*

19 *Tanzstunde in Ludwigsburg.*

20 *Eva Luise Köhler (links außen) auf einem Wahlplakat der SPD in Herrenberg, 1975.*

21 *Horst Köhler als Staatssekretär im Bundesministerium der Finanzen zusammen mit dem Autor dieser Biografie (damals Leiter der Vertretung der Europäischen Kommission in der Bundesrepublik Deutschland in Bonn), 1993.*

22 *Das Ehepaar Köhler am 5. April 2004 kurz vor der Bundespräsidenten-wahl bei einem Besuch am Cospudener See bei Markkleeberg.*

23 *Horst Köhler mit seiner Frau vor dem Haus in Washington. Vor dem Haus hängt schon das Maklerschild.*

24 *Fast vier Jahre amtierte Horst Köhler als Chef des Internationalen Währungsfonds (IWF) in Washington.*

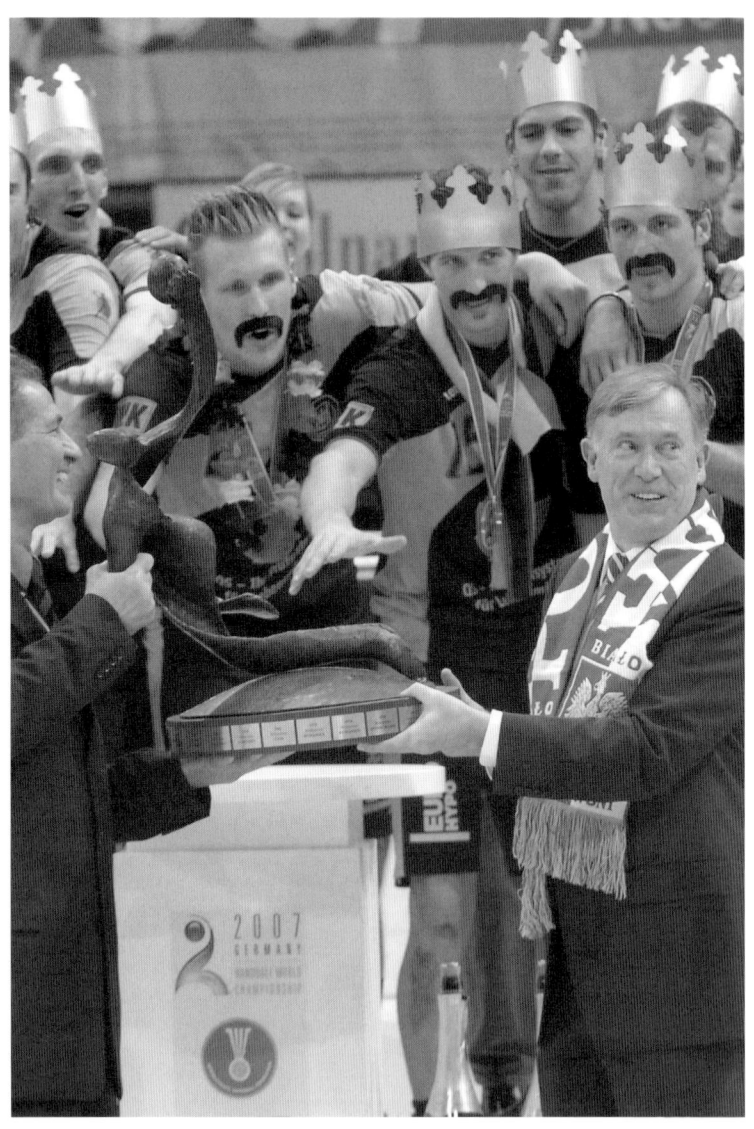

25 *Horst Köhler überreicht der deutschen Handballnationalmannschaft den Pokal zur Weltmeisterschaft 2007.*

wieder lösen könnte. Der damalige FDP-Fraktionsvorsitzende Wolfgang Gerhardt, der selber im Falle einer FDP-Kandidatur Interesse am Bundespräsidentenamt gehabt hätte, wies gut zwei Wochen später – Köhler war bereits nominiert – die lancierte Vermutung zurück, Schäuble sei ausschließlich von der FDP verhindert worden. Die FDP-Verantwortlichen hatten demnach »nicht den Eindruck, dass eine Mehrheit für ihn gesichert ist. Und das war nicht nur eine Bewertung der FDP.«[719] Und weiter: »Meine Kenntnis der Dinge war und ist, dass das einfache Bild, die FDP habe Schäuble verhindert, so nicht stimmt.«

Aus früheren Gesprächen mit Westerwelle – so aus Anlass eines Treffens im Hause der Unternehmensberaterin und Politikwissenschaftlerin Margarita Mathiopoulos am 8. Dezember 2003 – hatte Merkel die Information erhalten (oder besser: erbeten?), dass Schäuble in der FDP schwer durchsetzbar wäre. Doch auch in der Union gab es Bedenken gegenüber Schäuble. Die Tatsache, dass er im Zusammenhang mit der CDU-Parteispendenaffäre mindestens eine 100.000-Mark-Spende durch den Lobbyisten Karlheinz Schreiber entgegengenommen hatte, und der Sachverhalt, dass Schäuble in diesem Zusammenhang das Parlament belogen hatte, waren vielen Grund genug dafür, ihn als unwürdig für das Präsidentenamt zu erklären. Es gab zwar einen Einstellungsbeschluss der mit dem Schäuble-Fall befassten Staatsanwaltschaft und Schäuble selber erklärte, er sei in dieser Angelegenheit voll rehabilitiert; allerdings ist seine Auffassung durch den Text der Verfügung in keiner Weise gedeckt. Die Staatsanwälte schrieben vielmehr, dass sie seine Darstellung der Vorgänge für unglaubwürdig halten. Wenn man diesen Text analysiert, wundert man sich über Schäubles Ignoranz in dieser Frage. Merkel dürfte sich jedenfalls schon frühzeitig gegen Schäuble entschieden haben – auch wenn sie in ihrer Rhetorik einen anderen Eindruck hinterließ. Merkels Strategie zahlte sich aus: Sie brachte ihre Partei dazu, vor den Bürgerschaftswahlen in Hamburg am 29. Februar 2004, die dem Ersten Bürgermeister Ole von Beust (CDU) einen grandiosen Wahlsieg bringen sollten, keine Entscheidung in der Bundespräsidentenfrage zu treffen. Die Schäuble-Unterstützer ließen sich hierauf ein, doch die Zeit arbeitete gegen den Badener. Am Montag nach der Wahl war es schließlich so weit.

Die Chronologie

Um es martialisch zu sagen: In der Entscheidungsschlacht der ersten Märzwoche 2004 wurden die Fronten klar. Es war ein Prozess, bei dem für die beiden Oppositionsführer Merkel und Westerwelle viel auf dem Spiel stand. Am Anfang der Woche stand keineswegs fest, dass Horst Köhler der gemeinsame Kandidat von CDU/CSU und FDP für die Bundespräsidentenwahl werden würde. Das Protokoll dieser Woche hellt das Vorgehen Merkels auf:

Montag, 1. März 2004: Auf der CDU-Präsidiumssitzung scheitern Roland Koch, Friedrich Merz und andere mit dem Versuch, das CDU-Präsidium gegen den erklärten Willen der Parteichefin auf Schäuble einzuschwören.[720] Durch diese Nicht-Festlegung auf Schäuble will die CDU-Führung – im Gegensatz zur CSU-Führung – der FDP gegenüber Offenheit signalisieren. Unterstützt wird Merkel in ihrem Kurs vom niedersächsischen Ministerpräsidenten Christian Wulff. »Wer mit dem Kopf durch die Wand will, muss wissen, dass die Wand gewinnt«, sagt Wulff, auf diejenigen gemünzt, »die geglaubt haben, dass Schäuble gegen die FDP durchsetzbar gewesen wäre«.[721] In der Diskussion spielt die Erkenntnis eine Rolle, dass die Unionsparteien keine absolute Mehrheit in der Bundesversammlung haben. Die FDP droht bis zuletzt damit, dass sie einen eigenen Kandidaten auch im dritten Wahlgang in der Bundesversammlung nicht zurückziehen werde. Da (anders als im ersten und zweiten Wahlgang) im dritten Wahlgang derjenige zum Bundespräsidenten gewählt wird, der die relative Mehrheit der Stimmen bekommt, hätte dann wohl der von der rot-grünen Regierung ins Rennen geschickte Kandidat gute Aussichten auf das Amt gehabt. Bundeskanzler Schröder und SPD-Fraktionsvorsitzender Franz Müntefering unterbreiten in einem Gespräch mit Westerwelle das Angebot einer Unterstützung einer Kandidatur der FDP-Politikerin Schmalz-Jacobsen.[722] Viele in der FDP wollen aber stattdessen ihren damaligen Fraktionsvorsitzenden Wolfgang Gerhardt.

Dienstag, 2. März 2004: CSU-Landesgruppenchef Michael Glos gibt bekannt, die Parteichefs Angela Merkel und Edmund Stoiber schlagen Wolfgang Schäuble als Kandidaten vor. Ähnliches erklärt auch Stoibers Sprecher in München, Martin Neumeyer.[723] Angela Merkel dementiert allerdings sofort: »Wir haben uns nicht geeinigt.«[724] Bei einem Gespräch mit dem Grünen-Vorsitzenden Bütikofer gewinnt Westerwelle den Eindruck, dass ein FDP-Kandidat von Rot und Grün nicht wirklich unterstützt würde.[725] Am Abend findet um 21.30 Uhr ein sogenanntes »Geheimtreffen« in Westerwelles Domizil in Berlin-Charlottenburg statt. Bis ungefähr 0.30 Uhr sitzen die Parteivorsitzenden Merkel, Stoiber und Westerwelle, wie es heißt, bei italienischen Vorspeisen, zusammen. Merkel und Stoiber schlagen Schäuble als gemeinsamen Kandidaten vor. Insoweit folgt Merkel der Parteiräson in der festen Erwartung, dass Guido Westerwelle diesen Vorschlag ablehnen wird. Westerwelle erklärt klipp und klar, dass sich die FDP nicht auf Schäuble einigen kann.[726] Gleichzeitig findet ein Koalitionsgespräch zwischen der SPD und den Grünen statt, an dem Bundeskanzler Gerhard Schröder, Außenminister Joseph (»Joschka«) Fischer sowie die Partei- und Fraktionsvorsitzenden der Koalitionsparteien teilnehmen.[727] Die Regierungskoalition will mit allen Mitteln verhindern, dass sich die FDP auf einen CDU-Kandidaten einschwören lässt. Deshalb signalisiert die Koalition, sie sei bereit, die FDP-Politikerin Cornelia Schmalz-Jacobsen zu unterstützen, falls sie von ihrer Partei als Präsidentschaftskandidatin nominiert wird.[728]

Mittwoch, 3. März 2004: In der Nacht auf Donnerstag – etwa um 1.45 Uhr – fällt die Entscheidung: Die drei Parteipräsidien von CDU, CSU und FDP treffen sich parallel um 20 Uhr zu getrennten Sitzungen, die CSU in München. Vor Beginn der entscheidenden CDU-Sitzung spricht Roland Koch wutschnaubend in die Mikrofone: »Ich bin absolut unzufrieden. Das Verfahren ist sehr chaotisch.«[729] Die Opponenten des Merkel-Kurses, unter anderem auch Schäuble selbst, kritisieren in der Präsidiumssitzung, es sei ein schwerer Fehler, der FDP die Entscheidung zu überlassen. Rüdiger Scheidges vom ›Handelsblatt‹ stellt zwei Tage später fest: »Es hatte ihm [Schäuble, d. Verf.] nichts mehr geholfen, dass er in eigener Sache das Wort ergriffen hatte. Diese Intervention an sich hatte bereits allseits Erstaunen hervorgerufen.«[730]

Präsidiumsmitglieder erinnern sich heute, dass sich zu Beginn der Präsidiumssitzung ein klares Meinungsbild zugunsten Schäubles entwickelte. Doch telefoniert Merkel während der Sitzung mehrfach mit Stoiber und insbesondere mit Westerwelle und verkündet danach, Schäuble sei in der FDP nicht durchsetzbar. So entwickelt sich nach und nach eine Situation, die zu Lasten Schäubles geht. Einer der Merkel-Unterstützer ist der Bundestagsvizepräsident Norbert Lammert aus Nordrhein-Westfalen. Er erinnert daran, dass angesichts des von Schäuble ausgelösten Spendenskandals keineswegs alle Stimmen des »eigenen« Lagers sicher sind. Die Ministerpräsidenten Christian Wulff und Dieter Althaus stützen die Position Merkels genauso wie das Präsidiumsmitglied Hildegard Müller und der Hamburger Bürgermeister Ole von Beust. Letzterer setzt sich insbesondere dafür ein, dass Merkel für ihre Verhandlungen mit den beiden anderen Parteien genügend Spielraum hat und sich eben nicht auf einen einzigen Kandidaten versteifen muss. Merkel sagt auf einer Schaltkonferenz zu Stoiber und Westerwelle, dass in der CDU noch keine Entscheidung getroffen worden ist und sie noch Zeit benötigt. Als Schäuble gegen 23 Uhr die Sitzung durch die Tiefgarage des Konrad-Adenauer-Hauses verlässt, ist klar, dass er das Rennen verloren hat. Als den Parteipräsidien von CSU und FDP klar wird, dass der CDU-interne Entscheidungsprozess noch geraume Zeit in Anspruch nimmt, vertagen sie sich auf den nächsten Morgen.

Bei der CDU geht die Diskussion weiter: Der thüringische Ministerpräsident Dieter Althaus empfiehlt seinen Vorgänger Bernhard Vogel, der Saarländer Peter Müller Klaus Töpfer. Genannt wird auch die thüringische Professorin und Landesministerin Dagmar Schipanski. Und Köhler. Auf die Frage von Friedrich Merz, dem mit Abstand immer noch größten Talent unter Merkels Gegnern, ob es richtig sei, mit Horst Köhler den einflussreichsten Deutschen in der Welt der Finanzen zurück nach Deutschland zu holen, entgegnet Angela Merkel nach Erinnerung mehrerer Präsidiumsmitglieder, dass Köhler selbst nach Deutschland zurück wolle. Die gegenüber dem IMF einflussreiche amerikanische Regierung würde seiner Vertragsverlängerung nicht zustimmen. Schließlich einigt sich die Runde, um Merkel »Verhandlungsmasse« zu geben, auf eine Dreierliste. Auf dieser taucht der Name Schäuble nicht mehr auf. Nummer eins der Liste ist Klaus Töpfer, auf Platz zwei Annette Schavan und erst auf Platz drei taucht Horst Köhler auf. Einer in Berlin weit verbreiteten Version zufolge führt Angela Merkel bei den Verhandlungen mit der CSU Stoiber aufs Glatteis. Sie tut so, als ob sie für Schavan wäre, die für Stoiber genauso wenig akzeptabel ist wie Töpfer. Eine Nominierung des früheren Umweltministers Klaus Töpfer hätte aus Sicht der FDP den Unionsparteien eine Option ermöglicht, die Grünen mittelfristig als potenzielle Koalitionspartner gewinnen zu können. Das wollte Westerwelle verhindern. Beide Parteivorsitzenden erreicht Angela Merkel noch in der Nacht, wobei Stoiber zuerst von der beschlossenen Dreierliste erfährt. Da er sich mit Merkel auf Köhler verständigt, bietet sie ihm an, Köhler als seinen eigenen Vorschlag zu präsentieren. Gegen halb drei Uhr in der Früh führen die drei Parteivorsitzenden schließlich das Telefongespräch, das Einvernehmen herstellt.[731]

Aber es gibt auch noch Gerhard Schröder als Akteur: Gegen 16 Uhr amerikanischer Ostküstenzeit (22 Uhr in Deutschland) erreicht er die Politikwissenschaftlerin Gesine Schwan in Boston, als sie über den Campus der Harvard-Universität geht. Die überraschte Sozialdemokratin sagt prinzipiell zu.[732] Der Koalitionspartner, die Grünen, macht einen einigermaßen überraschten Eindruck, als dies bekannt wird.[733]

Donnerstag, 4. März 2004: Angela Merkel informiert Horst Köhler am Vormittag. Wegen des Zeitunterschieds von sechs Stunden ist es in Washington mitten in der Nacht. Merkel hat Köhlers Privatnummer in Washington nicht. Eva Luise Köhler schildert den Vorgang so: »Ich war bei meiner Tochter Ulrike in Frankfurt. Als ich am Donnerstagmorgen von einem Spaziergang zurückkam, sagte sie, dass Frau Merkel gerade angerufen und gefragt habe, ob sie von meinem Mann die Privatnummer haben dürfe.« Auf die Frage, ob sie mit ihrem Mann im Vorfeld schon über die Nominierung gesprochen habe, erklärt sie kurz nach der Nominierung Horst Köhlers: »Erst als sein Name öfter in die Diskussion kam, haben wir uns ernsthaft damit auseinandergesetzt – mit dem Ergebnis, dass er sich dieser Aufgabe nicht entziehen würde.«[734] Das FDP-Präsidium gibt am Donnerstagvormittag um 8 Uhr grünes Licht für den gemeinsamen Kandidaten Köhler. Nach einer Unterrichtung ihrer Fraktionen geben die drei Parteivorsitzenden die Nominierung auf einer Pressekonferenz bekannt.

An diesem Vormittag ruft Schröder nach der Benennung Köhlers durch die Opposition die Runde vom Dienstagabend zusammen, um sie erstmals mit dem Vorschlag Gesine Schwan zu konfrontieren.[735] Schröder stellt den Koalitionspartner wieder einmal vor vollendete Tatsachen[736], auch wenn er später schreiben wird, Vizekanzler Joseph Fischer »früh« über seine Neuwahlüberlegungen informiert zu haben.[737] Abermals macht er die Rollenverteilung von »Koch« und »Kellner« klar, was im Verhältnis zwischen SPD und den Grünen längst geflügelte Worte sind. Die Grünen können nur noch knurren. Sofort wird in der Öffentlichkeit die überraschende Mitteilung der Kandidatur von Gesine Schwan bekannt. Aus dem Duell Köhler-Schwan entwickelt sich ein Bundespräsidenten-»Wahlkampf«, wie es ihn vorher noch nie gegeben hat.

Kurz nach 14 Uhr Washingtoner (20 Uhr deutscher) Zeit gibt Horst Köhler in Washington eine improvisierte Pressekonferenz, die live in der ARD-Tagesschau übertragen wird.[738] Er weiß inzwischen, dass für ihn kein Weg zurück nach Washington führt, denn aufgrund seiner Nominierung hat er schriftlich seinen Abschied vom Internationalen Währungsfonds verkünden müssen. Seinen Rücktritt teilt er folgendermaßen mit: »Ich fühle mich sehr geehrt, für das Amt des Bundespräsidenten der Bundesrepublik Deutschland nominiert worden zu sein, und ich habe die Nominierung angenommen. (...) Ich akzeptiere die Nominierung mit einem lachenden und einem weinenden Auge. Ich habe immer erwartet, beim IWF zu bleiben und die Arbeit an noch ausstehenden Aufgaben fortzusetzen. Ich werde den IWF mit tiefster Wertschätzung für seine Integrität und sein Engagement für seine Mitglieder verlassen. Ich möchte dem Vorstand, meinen Kollegen und den Mitarbeitern für ihre Professionalität und ihre Unterstützung in den vergangenen vier Jahren danken. Sie können sicher sein, dass ich auch weiterhin ein aktives Interesse an der Rolle des Fonds bei seiner Hilfe, eine bessere Welt zu errichten, haben werde.«[739]

Zu diesem Zeitpunkt lebte er bereits seit sechs Jahren außerhalb Deutschlands. Gesine Schwan, die mit ihrer vom ›Stern‹ so genannten »Turmfrisur« in den nächsten Wochen zum öffentlichen Leben gehörte, flog von Boston nach New York, wo sie ihre erste Pressekonferenz gab. Sie hatte nicht viel Zeit zur Vorbereitung, sondern schrieb in sechs Stichpunkten auf einem Zettel auf, welche Themen ihr besonders am Herzen liegen würden: »1. Vertrauen 2. Bildung 3. Die normative Ausrichtung von Reformen 4. Frauen 5. Interkulturelle Kommunikation 6. Familie.«[740] Der intellektuelle Kampf der beiden Bewerber hatte begonnen. Und Schwan war eine geachtete Herausforderin. Das letzte Interview Horst Köhlers in Washington gab er dem Washingtoner ›Spiegel‹-Korrespondenten Gerhard Spörl am Freitagvormittag. Nach diesem Interview, dessen Wortlaut er noch auf einer Zwischenstation auf dem Flughafen New York absegnete, entschwand er ganz schnell und verabschiedete sich in Anwesenheit des Journalisten von seinen beiden Sekretärinnen (»zwei sehr gut aussehende, gepflegte Erscheidungen«) ohne viel Grandezza mit den Worten »Good people, good people, bye, bye.«[741]

Horst Köhler landete gemeinsam mit seiner Frau in Frankfurt am Main. Sie fuhren direkt zur Wohnung ihrer in Frankfurt lebenden Tochter Ulrike. An diesem Tag war sein Leben noch ganz privat: Zusammen mit Ehefrau, Tochter und Sohn Jochen sowie dessen Freundin ging es abends zum Italiener um die Ecke. »Wir waren das erste Mal wieder als Familie zusammen. Meine Tochter ist sehr stolz auf den Vater. Aber wie meine Frau weiß sie noch nicht so recht, was da auf sie zukommt«[742], sagte Köhler kurz darauf öffentlich. Sonntags reiste er mit dem Zug nach Berlin zur gemeinsamen Sitzung von CDU und CSU – im Intercity 976 in der zweiten Klasse, wie die ›Bild-Zeitung‹ schrieb. »Willkommen in Deutschland, Herr Köhler!«, titelte das Blatt am 8. März 2004. Für einige Zeit sollte er eine Suite in einem Berliner Hotel beziehen, dann wohnte er in der Nähe der Friedrichstraße, in der Kronenstraße, vorübergehend in einem Appartement. Die CDU richtete damals Horst Köhler einen eigenen Internetauftritt ein. Am darauf folgenden Sonntag fand eine gemeinsame Sitzung der Präsidien von CDU und CSU im Konrad-Adenauer-Haus statt. Hier passierte etwas, mit dem Angela Merkel vermutlich nicht gerechnet hatte. Horst Köhler zeigte sich geehrt und bedankte sich artig für das in ihn gesetzte Vertrauen. Doch er fügte auch hinzu, dass er, als Angela Merkel ihn im Januar gefragt habe, ob er bereit wäre, das Amt des Bundespräsidenten zu übernehmen, ihr geantwortet habe, dass er eine andere Lebensplanung verfolge. Immerhin stehe er mitten in den Verhandlungen auch mit den Amerikanern wegen der Verlängerung seines IMF-Vertrages. Die CSU-Teilnehmer dieser Sitzung verstanden zunächst die Unruhe auf der Seite der CDU-Präsidiumsmitglieder nicht. Die aber hatten noch eine ganz andere Version von Köhlers Lebensplanung im Ohr, nämlich die ihnen von Merkel am Mittwochabend präsentierte, nach der seine IMF-Wiederwahl nicht sicher gewesen sei.

Fest steht: Das erste Gespräch zwischen Merkel und Köhler über Köhlers Kandidatur fand bereits im November 2003 statt. Köhler war überrascht und Vertrauten gegenüber in Washington sah er seine Chancen als wenig real an. Gleichwohl sorgte er dafür, dass seine Vertragsverlängerungsverhandlungen in Washington intensiviert wurden: es ist immer gut, eine zweite Option zu haben. Köhlers Wiederwahl in Washington stand nicht wirklich infrage, auch wenn er manche Enttäuschung empfunden haben mag. »Offiziell« publik gemacht wurde allerdings nur ein Telefonat, das Merkel und Köhler »Ende Januar 2004«[743] führten. Köhler wurde das Amt damals zwar nicht »versprochen«, denn Merkel wusste selber sehr genau, wie schwer eine genaue Prognose ist, sehr wahrscheinlich ist aber, dass Köhler schon für mehrere Monate Merkels Hauptfavorit war.

Dafür konnte sie Westerwelle gewinnen. Dieses intensive Zusammenspiel Merkels mit ihrem FDP-Kollegen wurde – vielleicht ungewollt – von Westerwelle in einem ›Spiegel‹-Interview bestätigt: »Ich denke an die Nacht, als wir über unseren Kandidaten für das Amt des Bundespräsidenten entschieden haben. Sie war sehr einsam in ihrem Gremium, und so leicht hatte ich es in meiner Partei zum damaligen Zeitpunkt auch nicht.«[744] In dieser Nacht hätten er und Angela sich »in die Augen gesehen«. Streng genommen konnten sich die beiden in der eigentlichen Entscheidungsnacht nicht in die Augen sehen, da sie bei ihren Vorständen waren; in der vor-entscheidenden Nacht in Westerwelles Wohnung konnten sich die beiden zwar physisch in die Augen schauen – aber in Anwesenheit eines allerdings verspäteten Dritten (Stoiber). Und am Abend zuvor bestanden Stoiber und Merkel ja noch auf Schäuble als offiziellen Unionskandidaten. Merkel und Westerwelle müssen sich deshalb schon frühzeitig auf Köhler verständigt haben. Dafür spricht auch, dass Merkel sich während der abendlichen Entscheidungsschlacht mehrfach mit Westerwelle verbinden ließ und immer wieder mit der Antwort zurückkam, dass Schäuble von der FDP abgelehnt wird, obwohl er in einem ersten Meinungsbild in der CDU-Präsidiumssitzung klar in Führung lag. Durch einen einfachen Sachverhalt konnte Merkel ihre innerparteilichen Widersacher und Schäuble-Unterstützer ausbremsen: Sie allein hatte die Deutungshoheit über die nächtlichen Schaltkonferenzen mit Westerwelle und Stoiber. Insbesondere Westerwelle hatte darauf bestanden, dass nur die Parteivorsitzenden an diesen Gesprächen mitwirken. Deshalb konnte Angela Merkel die Gespräche mit ihren beiden Kollegen allein steuern.

Ungewöhnlicher Präsidentschaftswahlkampf

Mehrere Wochen harten Wahlkampfs standen Horst Köhler bevor – eine völlig neue Erfahrung. Er wurde herausgefordert durch die kluge, beredt und sehr souverän auftretende Politikwissenschaftlerin Gesine Schwan, der man ihre Freude am politischen Diskurs anmerkte.

Nie zuvor hatte ein Kandidat für das Amt des Bundespräsidenten so sehr unter einer dauerhaften Profilierungsnotwendigkeit vor einer Bundesversammlung gestanden. Dieser Druck sollte Köhler schwer zu schaffen machen. Irgendwie stellte die ganze Situation so etwas wie eine verkehrte Welt dar: Die Herausforderin repräsentierte durch ihren Habitus und ihre intellektuell geschliffene Argumentation eher das klassische, »alte Bildungsbürgertum«, dem sich die Union in der Vergangenheit in besonderer Weise verbunden gefühlt hatte. Horst Köhler hingegen vertrat eher den Typus des sozialen Aufsteigers und Wirtschaftsbürgers, des homo oeconomicus.

Trotz des Stimmenvorsprungs von Unionsparteien und FDP in der Bundesversammlung wurde Köhlers Kandidatur kein Spaziergang. Köhler zeigte auch wegen seiner sechsjährigen Abwesenheit manche Unsicherheit, weil er einige Vorgänge, wie sich seine damalige Umgebung erinnert, gar nicht kannte. Er war eben in London oder in Washington gewesen. Oder er hatte im Flugzeug die ganze Welt durchkreuzt. Gelegentliche Besuche in Deutschland konnten die kontinuierliche Informationsaufnahme nicht ersetzen. Insgesamt aber war die Aufnahme Köhlers in den Medien doch recht freundlich – so beispielsweise im ›Spiegel‹: »Mit Horst Köhler würde ein Ökonom an die Spitze des Staates berufen, der präzises Fachwissen mit Charme zu verbinden weiß. Für ein Deutschland in der wirtschaftlichen Dauerkrise ist er womöglich der richtige Mann zur richtigen Zeit am richtigen Platz.«[745] Köhlers Eintritt in die deutsche Politik fand zu einem Zeitpunkt statt, an dem sich das Ansehen der rot-grünen Bundesregierung in der deutschen Bevölkerung in einem dramatischen Sinkflug befand. Der Unbekannte aus Washington wurde in den meisten Medien als jemand empfunden, dessen Kenntnis der Weltökonomie eine Bereicherung für die deutsche Politik sein konnte.

Der Nimbus Köhlers, zu den führenden Weltökonomen zu gehören, wurde ihm zu Beginn der Kandidatenprofilierung sogar von einem anderen Weltökonomen zuerkannt, den man eher unter den Unterstützern Schwans hätte wähnen sollen – nämlich vom früheren Bundeskanzler Helmut Schmidt (SPD): »[D]er Köhler, wenn er Bundespräsident wird, hat allein mehr ökonomischen Verstand als die ganze deutsche politische Klasse zusammen.«[746] Helmut Schmidt leistete allerdings Wochen später leichte Abbitte, indem er in der ›Zeit‹ erklärte: »Beide Personen erscheinen mir in gleicher Weise gut geeignet für das höchste Amt. (…) Heute würde ich mich freuen, wenn Frau Schwan gewählt würde. Wer von den beiden Kandidaten auch immer tatsächlich das Rennen machen wird, in jedem Fall werden wir gut mit ihr oder mit ihm fahren.«[747]

Während Schmidt es nicht für einen Fehler hielt, dass beide Kandidaten einer größeren Öffentlichkeit unbekannt waren, zeigte sich der Philosoph Jürgen Habermas genau hierüber unglücklich: »Denn wie soll man sich über einen Unbekannten ein Urteil bilden?«, fragte er genervt, um daraufhin einen für ihn ungewohnten »konservativen« Reflex zu offenbaren: »In der Vergangenheit hatten sich alle Kandidaten für dieses Amt durch ihre vorangegangene politische Tätigkeit längst qualifiziert. So konnte man auch von Schäuble und Töpfer wissen, wer sie sind. Beide hätte man sich als Bundespräsidenten vorstellen können.«[748] Genauso wie Köhler war auch Gesine Schwan der breiten Öffentlichkeit unbekannt, wenngleich sie im intellektuellen Milieu einen Namen hatte. Habermas bezeichnete Merkel und Westerwelle als »Strippenzieher«, denen »nicht nur die Institution des Bundespräsidenten wurscht« sei, »wurscht war ihnen auch das berechtigte Interesse der Bürger an der Person, die in der Weltöffentlichkeit im Namen aller Deutschen auftreten wird«. Umsonst sollte Habermas aber auf ein »selbstbewusstes Votum der Bundesversammlung« warten.[749] Auch Richard von Weizsäcker, ein eifriger Unterstützer Schäubles, bezeichnete die »chaotische Kandidatenkür« als eine »meisterliche Fehlleistung«[750] – eine Anspielung auf Westerwelle, der zuvor den Begriff des »Meisterstücks« gebraucht haben soll. »Ein Meisterstück war angekündigt. Auf der Bühne aber erschien eine meisterliche Fehlleistung an der empfindlichsten Stelle unserer Demokratie: beim Vertrauen in die politischen Führungspersönlichkeiten«, ließ der ehemalige Bundespräsident im ›Focus‹ verlauten.

Historisch belegbar ist allerdings, dass auch bei früheren Wahlen zum Präsidenten spannende Situationen eintraten, die ebenfalls das Wort »chaotisch« erlaubten. Adenauers kurzzeitige Überlegung, als

Nachfolger von Heuss Bundespräsident zu werden, löste gewaltige Irritationen aus. Dass sich die FDP im Fall der Heinemann-Wahl erst am Vorabend zugunsten des SPD-Kandidaten entschied, um ein Signal für eine spätere rot-gelbe Koalition zu geben, muss hier genauso genannt werden wie die Situation vor der ersten gesamtdeutschen Präsidentenwahl 1994, bei der Helmut Kohl zunächst den in den eigenen Reihen schwer durchsetzbaren ostdeutschen Landesminister Steffen Heitmann zum Kandidaten kürte, bevor dann Roman Herzog nach Heitmanns Rückzug die Kandidatur angetragen wurde. Der Unterschied zu früheren Bundesversammlungen bestand darin, dass man 2004 zwei Kandidaten ins Rennen schickte, die vorher einer breiten Öffentlichkeit unbekannt waren, und keine altgedienten Politiker. Dass zudem in einer Situation, in der die Vorsitzende der CDU selber noch nicht »fest im Sattel« saß und über ihre Kanzlerkandidatur noch nicht entschieden war, Personalentscheidungen komplizierter sind, liegt auf der Hand. Personalfragen sind immer auch Machtfragen, selbst wenn das nur selten zugegeben wird. Sehr schnell schaltete sich auch Heiner Geißler in die laufende Diskussion ein: »Wenn Horst Köhler weiterhin so undifferenziert bleibt, bin ich mir nicht sicher, ob er die Unionsmehrheit bekommen wird.« Der frühere CDU-Generalsekretär erklärte, dass Köhler sagen müsse, ob er für soziale Marktwirtschaft oder für amerikanischen Spätkapitalismus stehe.[751]

Köhler war jetzt in einem Dauerprofilierungsstress. Er hatte zwar in der Vergangenheit gerne Interviews gegeben, doch musste er sich hierbei zumeist zu ökonomischen Fachfragen äußern, bei denen sich nur wenige mit ihm messen konnten. Nun sollte er in die Rolle eines politischen Generalisten schlüpfen, der präsidial-allgemeingültige Weisheiten – von der Gentechnik bis hin zum Irakkrieg – zu verkünden hatte. In einem Interview mit dem Berliner ›Tagesspiegel‹ wies der Kandidat darauf hin, wie er seine künftige Rolle verstand: »Der Bundespräsident sollte nach meiner Vorstellung aber nicht nur Symbolfigur sein. Über die Glaubwürdigkeit seiner Reden kann er Einfluss nehmen, kann konzeptionell und intellektuell geistige Führung anbieten. Das wäre durchaus mein Ehrgeiz. Ich glaube, dass ich aufgrund meines Lebenswegs und meiner Berufserfahrung etwas einbringen kann.«[752] Köhler musste sehr schnell erkennen, dass seine Worte schon als Kandidat auf die Goldwaage gelegt wurden. Christian Geyer etwa fragte in der ›Frankfurter Allgemeinen Zeitung‹: »Was, wenn Horst Köhler mit seinem Programm Ernst macht?«[753]

Köhlers Aussagen wurden zwar mit der Zeit routinierter, doch vor allem anfangs verzettelte er sich in Aussagen, die bei Angela Merkel auf geringes Wohlwollen gestoßen sein dürften. So sprach er sich am 13. März 2004 in Berlin vor etwa zweihundert Kreisvorsitzenden der CDU für die Parteivorsitzende Angela Merkel als künftige Kanzlerin aus.[754] Er jedenfalls werde im Falle seiner Wahl zu weiteren Reformen aufrufen: »Ich werde im Prinzip den gleichen Ansatz haben, wenn dann hoffentlich jemand von der CDU – Frau Merkel – Bundeskanzlerin wird.«[755] Das wurde nicht nur von den politischen Gegnern der Union, sondern auch in weiten Teilen der Medien als eine Verletzung des Neutralitätsgebots eines potenziell künftigen Präsidenten interpretiert. »Eine schlechtere Gelegenheit, parteipolitisch in die Offensive zu gehen, hätte Köhler kaum finden können. Sherpa-Kompetenz hat, für sich genommen, nichts Präsidiales«, resümierte Thomas Schmid in der ›Frankfurter Allgemeinen Sonntagszeitung‹.[756] Köhlers Aussagen stießen zudem der CSU übel auf, wurden sie doch als eine Vorwegnahme der Entscheidung über den künftigen Unions-Kanzlerkandidaten angesehen. Das wiederum bot Anlass zu der Spekulation, ob alle CSU-Abgeordneten in der Bundesversammlung auch wirklich für Köhler stimmen würden oder ob nicht Merkel zumindest im ersten Wahlgang ein »Denkzettel« verpasst werden sollte.[757] Der bayerische Staatskanzleichef Erwin Huber polterte, Köhler habe eine »Debatte zur Unzeit« ausgelöst.[758] Köhler, dem als »Coach« der frühere CDU-Bundesgeschäftsführer Willi Hausmann zur Seite gestellt wurde, entschuldigte sich telefonisch bei Stoiber, dem er versicherte, er wolle sich auf keinen Fall in eine Personaldiskussion einmischen.

In der Auseinandersetzung merkte man, dass Köhler nie Politiker war, sonst wären ihm einige Fehler, welche die Unionsparteien irritierten, nicht unterlaufen. Einige Aussagen Köhlers, in der ›Bild-Zeitung‹ etwa, wurden als Plädoyer für eine Lockerung des Kündigungsschutzes für ältere Arbeitnehmer interpretiert und stießen erwartungsgemäß auf Befremden in der SPD.[759] Köhler sagte: »Wir sollten nie vergessen, dass die Erfahrung Älterer einen großen Wert darstellt. Es kann deshalb nur um die Frage gehen, wie durch Änderungen des Kündigungsschutzes ältere Arbeitslose wieder mehr Chancen auf einen Job bekommen.«[760] Auf Missmut stieß in Teilen der Union Köhlers Haltung zur Gentechnik. Berichte über diesbezügliche liberalere Vorstellungen Köhlers, wie sie der Kandidat in der FDP-Bundestagsfraktion geäußert haben soll, schreckten vor allem christliche Unionspolitiker auf. Er soll gesagt haben, die Biotechnologie müsse in Deutschland stärker unter ökonomischen Gesichtspunkten betrachtet werden. Deutschland müsse genau wissen, ob es sich in diesem Bereich große Chancen verbauen wolle oder nicht.[761] Unruhe in die Reihen der Union brachte Köhler auch durch seine Äußerungen zur amerikanischen Irak-Politik: Seine nicht öffentlich gemachten, aber in der nordrhein-westfälischen CDU-Landtagsfraktion geäußerten Bedenken zur Irak-Politik erregten selbst die Bundesregierung. Köhler sagte, dass die amerikanische Regierung im Irak »schwerwiegende Fehler« gemacht habe. Seiner Auffassung nach hätte sie vor allem für die Zeit nach dem Krieg keine Strategie entwickelt. Darüber hinaus sei ihr Verhalten »arrogant« und man könne den Eindruck gewinnen, dass »den Amerikanern die Macht zu Kopf gestiegen« sei.[762] Der damalige Regierungssprecher Béla Anda erklärte daraufhin süffisant – zusammen mit dem Hinweis, dass die deutsche Regierung unter Schröder nicht zu einem militärischen Engagement im Irak bereit gewesen war –, solche Aussagen seien nicht »der Wortgebrauch, den sich die Bundesregierung zu eigen machen« würde.[763] Köhlers Äußerungen etwa fünf Wochen vor dem Zusammentritt der Bundesversammlung wurden von der Unionsführung auch wegen der Europawahlen am 13. Juni 2004 als wenig hilfreich angesehen – unabhängig davon, dass Irritationen bei den Wahlmännern und -frauen der Bundesversammlung befürchtet wurden.

Köhler lehnte es ab, mit der redegewaltigen Gesine Schwan in einen direkten Fernseh-Schlagabtausch zu geraten: »Aus Respekt vor der Verfassung, welche die Wahl der Bundesversammlung durch Wahlfrauen und -männer vorsieht. Dieses im Grundgesetz geregelte Verfahren würde man durch einen öffentlichen Wahlkampf unterlaufen. Es wäre etwas anderes, wenn wir eine Direktwahl des Bundespräsidenten hätten, wie es ja derzeit wieder von einigen gefordert wird.«[764] Gesine Schwans kluge Strategie zielte darauf ab, Verunsicherung bei den Unionsparteien und den der FDP angehörenden Mitgliedern der Bundesversammlung zu schüren. Immerhin hatten Union und FDP nur eine dünne Mehrheit. Schwan spekulierte darauf, dass in einem zweiten oder gar dritten Wahlgang neue Konstellationen entstehen könnten. Es hatte auch seinen guten Grund, warum sich die rot-grüne Regierung damals mit Gesine Schwan für eine Frau entschied. In der Vergangenheit war Frauen schon die Kandidatur angeboten worden, auch wenn sie oder gerade weil sie zumindest rechnerisch chancenlos waren, so im Fall der Kandidatur von Dagmar Schipanski gegen Johannes Rau. Helmut Böger schlussfolgerte denn auch in der ›Bild am Sonntag‹: »Schade, dass immer nur dann eine Frau fürs höchste Staatsamt nominiert wird, wenn es unwahrscheinlich ist, dass sie die Mehrheit in der Bundesversammlung bekommt.«[765] Kampfeslustig lehnte Gesine Schwan es aber ab, sich als »Zählkandidatin« bezeichnen zu lassen.[766] Schwan, die von einem kleinen Team[767] der SPD-Parteizentrale unterstützt wurde, hatte trotzdem nur Restchancen. Das wusste sie auch.

Die Mehrheitsverhältnisse in der Bundesversammlung verschoben sich nach dem Tod einer SPD-Delegierten sogar noch zu ihren Ungunsten: Union und FDP kamen zusammen auf 622, SPD, Grüne und PDS auf 580 Stimmen. Köhler konnte es sich leisten, im ersten und zweiten Wahlgang bis zu 19 Stimmen weniger als geplant zu bekommen – und hätte dann mit 603 Stimmen trotzdem immer noch die absolute Mehrheit gehabt. Schwan hingegen durfte keinen einzigen Delegierten aus dem SPD-, Grünen- oder PDS-Lager verlieren und hätte darüber hinaus 23 weitere Stimmen auf ihre Seite ziehen müssen. Die Politikwissenschaftlerin wusste also, dass eine Mehrheit für sie außerordentlich schwer zu erreichen war. Allerdings hätte es in der vorgeschriebenen geheimen Abstimmung weibliche »Überläufer« geben können. Außerdem galten auch linksliberale FDP-Mitglieder als unsichere Kantonisten. Eine weitere Zielgruppe Schwans und der rot-grünen Regierung waren auch jene Persönlichkeiten, die wegen ihrer Prominenz als Mitglieder der Bundesversammlung benannt worden waren. Die Fraktionen in den Landtagen können nämlich auch solche Personen vorschlagen, die sonst nur im »vorpolitischen« Raum wirken, also etwa Schauspieler, Sportler oder Damen der Gesellschaft. Dazu gehörten am 23. Mai 2004 etwa die Eisschnellläuferin Claudia Pechstein, der Ex-Skispringer Jens Weißflog, der frühere Tennis-Star Michael Stich sowie der Silbermedaillengewinner im olympischen Zehnkampf, Frank Busemann, die allesamt für die Union wählen sollten, ferner Rosi Mittermaier-Neureuther, Carl Herzog von Württemberg oder Gloria Fürstin von Thurn und Taxis. Letztere wählte – obwohl von der CSU-Landtagsfraktion benannt – Gesine Schwan.[768]

Gesine Schwan war zweifellos eine gute Wahl, hatte sie doch – bis ins bürgerliche Lager hinein – eine intensive Ausstrahlung, zumal sie mehr dem Ideal einer »Bildungspräsidentin« entsprach als der gelegentlich doch recht hölzern wirkende Horst Köhler. Ihr erster, 1989 verstorbener Mann war der Politikwissenschaftler Alexander Schwan, den sie am Berliner Otto-Suhr-Institut, an dem er lehrte, kennengelernt hatte. Er wurde in der Zeit der Studentenrevolte Objekt des Hasses extremistischer Studenten (Titel eines Flugblatts: »Jagt das Schwein Schwan«), entfernte sich geistig von der Sozialdemokratie und trat schließlich später in die Berliner CDU ein. Schwan fiel innerhalb ihrer Partei stets durch einen eigenständigen Kurs auf. Sie legte sich mit ihrer eigenen Partei sogar so sehr an, dass sie 1984 aus der Grundwertekommission der SPD durch den damaligen SPD-Bundesgeschäftsführer Peter Glotz hinausgeworfen wurde. Die Marxismus-Forscherin, die über den polnischen Philosophen Leszek Kołakowski und dessen »marxistische Philosophie der Freiheit« promoviert wurde, hatte dieser Kommission seit 1977 angehört. Sie stand in allen inhaltlichen Fragen gegen die damaligen »Linken« in der SPD, zu der seinerzeit Gerhard Schröder und Oskar Lafontaine gehörten. Lehnten diese den NATO-Doppelbeschluss und damit neue Mittelstreckenraketen ab, so plädierte sie leidenschaftlich dafür. In den innerparteilichen Auseinandersetzungen der SPD bewies sie stets Mut.

Der Kooperationskurs von jungen Sozialdemokraten, vor allem der Jungsozialisten an den Hochschulen, mit den Kommunisten war ihr zutiefst zuwider. Das gemeinsame Papier der SPD-Grundwertekommission und der Akademie für Gesellschaftswissenschaften beim Zentralkomitee der Sozialistischen Einheitspartei Deutschlands (SED) der DDR, mit dem Titel ›Der Streit der Ideologien und die gemeinsame Sicherheit‹,[769] bezeichnete sie als »Januskopf«: Die Sozialdemokraten, so die streitbare Politikwissenschaftlerin, »können nicht ehrlich für eine freiheitliche und soziale Demokratie als Bedingung eines menschenwürdigen Lebens streiten und zugleich die Berechtigung einer kommunistischen Einparteiendiktatur bekräftigen.«[770]

Als sie in der SPD-nahen Zeitschrift ›Neue Gesellschaft‹ 1983 dem damaligen SPD-Vorsitzenden Willy Brandt vorwarf, den Gegensatz zwischen Demokratie und Diktatur als reine Theorie zu bagatellisieren, war es aus mit der Liberalität der SPD. Der Artikel hatte es in sich: Für die Gegner des NATO-Doppelbeschlusses »gibt es keinen Ost-West-Konflikt als Systemkonflikt mehr, sondern nur noch eine Konkurrenz der Supermächte. Die Systemfrage, d. h. die Bedrohung der westlichen Freiheit, spielt infolgedessen für die Sicherung des Friedens keine entscheidende Rolle mehr«, hieß es in ihrem Artikel mit der Überschrift ›Die SPD und die westliche Freiheit‹.[771] Erhard Eppler, Vorsitzender der SPD-Grundwertekommission, habe beispielsweise eine »solche sowjetische Bedrohung in der Nachkriegszeit nie gesehen«. Dem Kanzlerkandidaten Hans-Jochen Vogel warf sie vor, er habe auf dem Dortmunder SPD-Parteitag über die »Bedrohung des Friedens durch die Sowjetunion« kein Wort verloren. Teilen der SPD bedeute »die Erhaltung der westlichen Freiheit nicht viel«.[772]

Doch ihr Angriff auf den teilweise ikonenhaft verehrten Parteivorsitzenden Brandt dürfte für viele Sozialdemokraten damals dem Fass den Boden ausgeschlagen haben: »Seit Jahren tritt der Parteivorsitzende dem Trend in der SPD, den Gegensatz zwischen Freiheit und Unterdrückung, zwischen Demokratie und Diktatur als reine Theorie zu bagatellisieren oder zu verschweigen, nicht entgegen, sondern deckt und fördert ihn.«[773] Und schließlich: »Unter Brandts Führung hat sich die Partei mehr und mehr zum Gefangenen einer mystifizierten Entspannungspolitik gemacht.« Nach Schwans Meinung wollte Brandt nicht wahrhaben, dass sich die Sowjetunion nie von ihrem »Ziel einer expansiven Hegemonialpolitik hat abbringen lassen«.[774] Peter Glotz kommentierte den Rausschmiss von Schwan mit den Worten: »Ihre Sündenliste war wirklich lang genug.«[775] Glotz sollte dann 2004 – seine damalige Entscheidung zwar verteidigend, aber doch relativierend – sagen: »Gesine Schwans Widerwille gegen ein gemeinsames Papier der viel beredeten Grundwertekommission mit der SED im Jahre 1987 zum Beispiel war berechtigt.«[776] Erst 1996 wurde sie wieder in die Grundwertekommission zurückgeholt.

Wenn man mit Gesine Schwan spricht, merkt man eine innere Bewegtheit, sobald es um prinzipielle Fragen wie Demokratie, Freiheit und Verantwortung geht. Dass sie nicht zeitgeistig-modisch, sondern auch in ihrer Partei aus grundsätzlichen Motiven diskutierte, hängt unter anderem damit zusammen, dass sie für die Gefährdung von Freiheit und Demokratie sensibilisiert worden war: Ihre Eltern – der Vater war Oberschulrat in Berlin – waren gegen die Nationalsozialisten eingestellt und bewiesen Mut, indem sie ein jüdisches Mädchen versteckten; sie hatten auch Kontakt zu protestantischen und sozialistischen Widerstandskreisen. Sie besuchte neun Jahre lang das elitäre Französische Gymnasium.[777] Gesine Schwan, die als Musik- und Theaterliebhaberin gilt, war auch in den USA wissenschaftlich tätig, in Washington, Cambridge und New York. Die Mutter zweier Kinder hat eine expressive Mitteilungskraft, die während des »Wahlkampfs« doch mit Horst Köhler kontrastierte. Sie war ein personifiziertes Gegenprogramm zum späteren Bundespräsidenten. Souverän meisterte sie ihre Kandidatur, weil sie reiche Diskussionserfahrung zu den Grundfragen des Lebens und der Gesellschaft gesammelt hatte. In Interviews hatte Gesine Schwan daher auch keine Scheu, sich zu ihrem

Konkurrenten zu äußern, so in der ›Welt‹: Von ihm habe sie »noch keinen überzeugenden ordnungspolitischen Ansatz« gehört. »Ich kenne von ihm auch keine Aussage zu politisch-kulturellen Fragen. Politik muss aber mehr sein als Ökonomie. Sonst wird sie machtlos – und schafft sich ab.«[778] Nachdem die Wahl des Bundespräsidenten durch andere Nachrichten abgelöst worden war, heiratete Gesine Schwan Peter Eigen, den Gründer der Anti-Korruptions-Initiative »Transparency International«.

Die »Neugier« der Kandidaten

Horst Köhler war pausenlos unterwegs, zu Fernsehstationen und sogar in seine zeitweilige Heimat Markkleeberg bei Leipzig, wo ein Treffen mit den einstigen Klassenkameraden, die sich dem Medienansturm kaum gewachsen sahen, arrangiert wurde. Darüber hinaus trug er sich in das Goldene Buch der Stadt ein und besuchte eine Kirche sowie vor allem das bald darauf abgerissene Haus, in dem die Familie Köhler bis 1953 gewohnt hatte.

Beide Kandidaten schüttelten unzählige Hände, sie kamen sich inhaltlich immer näher. In einem ›Focus‹-Fragebogen[779] mussten sowohl Köhler als auch Gesine Schwan Fragen beantworten wie: »Was gefällt Ihnen an sich besonders?« »Dass ich jetzt 60 Jahre alt bin und immer noch mit derselben Neugier auf die Welt sehe wie vor 50 Jahren«, meinte Schwan. Horst Köhler knapper: »Meine Neugier«. Was sie antreibe, wurden beide gefragt; Antwort von Gesine Schwan: »Intellektuelle Neugier und der Wille, diese Welt ein Stückchen humaner und besser zu machen.« Köhler sagte: »Dankbarkeit gegenüber Deutschland und die Sorge um die Zukunft unserer Kinder.« Wem wollten die beiden Kandidaten am liebsten einen Orden verleihen? Während Gesine Schwan ihrer Sekretärin Sylvia Hauer »für ihre herausragenden Fähigkeiten in der Chaosbändigung einen Orden verleihen« würde, nannte Köhler eine »schwerbehinderte Tamara« und ihre »Mutter, die auf beispielhafte Weise mit Liebe und Vertrauen ihr Leben meistern«. Auf eine »eigene Leistung« besonders stolz ist

Schwan, nämlich, dass sie sich politisch »nie« habe »verbiegen lassen«, während Köhler auf seine Verhandlungen zur deutschen Einheit hinweist, bei denen es gelungen war, »den Abzug der sowjetischen Truppen aus Ostdeutschland zu regeln, ohne dass ein einziger Schuss fiel«. Schwan wollte als Kind sein wie »die große Forscherin Marie Curie«, Köhler wie der Rennfahrer Hans Stuck. Während Köhler sich beim Skifahren oder beim Lesen »am besten entspannen« kann, erwähnt Schwan klassische Musik und Rotwein. Ihr »schönster Lustkauf« sei ein »langlebiger Morgenmantel« gewesen, während Köhler es immerhin auf die Statue »Il Grande Trovatore« des italienischen Künstlers Giorgio de Chirico brachte. ›Abendstille überall‹ singt Schwan laut ›Focus‹ besonders gerne, während das einstige Chormitglied Köhler gleich die gesamte Strophe von »Viel Glück und viel Segen auf all deinen Wegen, Gesundheit und Frohsinn sei auch mit dabei«, das traditionelle Familienlied der Köhlers beim Geburtstag, zitiert. »Besonders gut kochen« kann Schwan Tafelspitz und Coq au vin, Köhler lobt seine Kartoffelpuffer. Solche Informationen gehörten ebenfalls zu einem bisher in dieser Art und Weise nie da gewesenen Präsidentschaftswahlkampf.

Horst Köhler jedenfalls wurde durch Gesine Schwan zu intellektueller Höchstleistung animiert. In seiner süddeutsch-zurückhaltenden Art dankte er in der Wahlannahmerede auf der Bundesversammlung am 23. Mai 2004 der »sehr verehrt(n) Frau Schwan (…) für ihr Engagement um das höchste Amt im Staate«: »Der Wettbewerb von uns beiden Seiteneinsteigern hat dem Land insgesamt sicher nicht geschadet.«[780]

12. Oberster Schlossherr Deutschlands

Der 1. Juli 2004, Köhlers erster Arbeitstag als Bundespräsident, war zugleich der letzte Tag seines Vorgängers Johannes Rau. In einer gemeinsamen Sitzung von Bundestag und Bundesrat fand die Eidesleistung des Bundespräsidenten gemäß Artikel 56 des Grundgesetzes statt. Johannes Rau war am 1. Juli 1999 noch im Bonner Plenarsaal in sein Amt eingeführt worden. Mit Horst Köhler trat der neunte Bundespräsident der Bundesrepublik Deutschland sein Amt an – der erste nach dem Umzug von Bundestag, Bundesrat und Bundesregierung von Bonn nach Berlin. Manche Bonn-Befürworter hatten einst gewollt, dass lediglich der Bundespräsident nach Berlin umzieht. Doch der frühe Umzug Richard von Weizsäckers nach Berlin war nur der Auftakt des Umzuges. Gleichwohl hat der Bundespräsident nach wie vor zwei Amtssitze: das Schloss Bellevue am Berliner Spreeufer und die Villa Hammerschmidt am Rheinufer in Bonn.

Ein einflussloser Präsident?

Das Amt des Präsidenten hat viel mit Symbolik zu tun.[781] In allen wichtigen deutschen Amtsstuben im In- und Ausland – etwa in den Botschaften – werden nach jeder Neuwahl eines Präsidenten die Bilder im Wechselrahmen ausgetauscht und flugs lächelt der jeweilige Nachfolger von den Wänden. Als Staatsoberhaupt ist der Bundespräsident an die Stelle des einstigen Monarchen, des deutschen Kaisers, getreten. Seine zentrale Aufgabe ist es, die Bundesrepublik Deutschland zu repräsentieren, insbesondere nach außen, samt der völkerrechtlichen Vertretung nach Artikel 59 des Grundgesetzes. Er leistet die Unterschrift unter die Ernennungsurkunden zahlreicher Bundesbeamter, der Richter des Bundes sowie der Offiziere und Unterof-

229

fiziere der Bundeswehr. Er hat das Begnadigungsrecht, wovon beispielsweise inhaftierte Terroristen der »Rote-Armee-Fraktion« (RAF) profitiert haben. Weiterhin kann der Bundespräsident Orden verleihen. Ihm obliegt die Ausfertigung und Verkündung der Bundesgesetze. Im Zweifelsfall kann er in diesem Zusammenhang sogar die Unterschrift verweigern, was aber – aus noch zu erläuternden Gründen – höchst selten vorkommt. Er kann nach Artikel 81 des Grundgesetzes auf Antrag der Bundesregierung und der Zustimmung des Bundesrates den »Gesetzgebungsnotstand« erklären – eine Regel, die für noch nicht eingetretene Krisensituationen gedacht ist. Formal ernennt und entlässt er den Bundeskanzler und die Bundesminister. Mit Ausnahme des Auflösungsrechts des Parlaments nach Artikel 68 des Grundgesetzes und der damit zusammenhängenden verfassungsrechtlichen Aspekte, etwa des »Konstruktiven Misstrauensvotums«, hat der Bundespräsident wenig originäre Kompetenzen. Denn die meisten Amtsakte des Bundespräsidenten bedürfen der Gegenzeichnung durch den Bundeskanzler oder jeweils zuständigen Minister. Insofern hat der Bundespräsident die Funktion eines obersten Staatsnotars.[782]

Roman Herzog sagte zur Kompetenz des Bundespräsidenten: »Da ich als Bundespräsident fast keine Entscheidungsbefugnis habe, ist es nicht einmal möglich, mich zur Verantwortung zu ziehen, falls jemand Vorschläge, die ich mache, gesetzgeberisch oder sonst wie in die Tat umsetzt. Auf der anderen Seite kann ich immer, wenn nicht getan wird, was ich vorschlage, darauf verweisen, dass es besser gewesen wäre, man hätte auf mich gehört.«[783] Vereinzelt gibt es wegen der Machtlosigkeit eines Präsidenten Stimmen, die diese Institution infrage stellen: »Fehlende Macht und Verantwortung sind offensichtlich die Voraussetzung dafür, dass der Bundespräsident als gestaltungsschwächster Amtsträger im Wettbewerb der Politiker die höchste Reputation genießt. Dies sollte nachdenklich stimmen, weil eigentlich Taten und Erfolge für das Ansehen eines Politikers ausschlaggebend sein sollten.«[784]

Der Bundespräsident gehört zu den politisch am besten informierten Persönlichkeiten in Deutschland. Er trifft sich regelmäßig mit Politikern aller Parteien. Die Gespräche bleiben in der Regel absolut vertraulich, nur so können ihm alle offen gegenübertreten. Er kann nur allseits anerkannt sein, wenn er sein Amt überparteilich führt. Deshalb hat bisher jeder Bundespräsident für den Zeitraum seiner Amtsführung die Parteimitgliedschaft ruhen lassen. Nur von Weizsäcker verzichtete auf die Möglichkeit des Wiederaufhebens der Parteimitgliedschaft, was ihm besonderen Ärger mit Helmut Kohl einbrachte.

Trotz seiner geringen Entscheidungsmacht hat ein Bundespräsident viel zu tun und manches zu sagen. Einige von ihnen, auch Köhler, traten mit der Botschaft an, sie wollten die Kompetenzen ihres Amtes voll ausreizen oder sogar erweitern – und mussten dann doch feststellen, wie sehr ihnen durch die verfassungsrechtlichen Zwänge die Hände gebunden waren.[785] Der erste deutsche Bundeskanzler Konrad Adenauer verwarf beispielsweise ein von Theodor Heuss beanspruchtes, in der Weimarer Tradition stehendes Recht auf persönliche Teilnahme oder gar auf die Leitung der Kabinettssitzungen. Nichtsdestotrotz treten Situationen ein, in denen einem Bundespräsidenten eine besondere, wenn nicht sogar die entscheidende Rolle zukommt – etwa bei der Entscheidung über vorgezogene Bundestagswahlen. Speziell durch zahlreiche Reden versuchen die Bundespräsidenten, die Deutschen mit »ihrem« Staat zu versöhnen, damit sie – und auch die in Deutschland lebenden Ausländer – sich mit der immer noch jungen deutschen Republik identifizieren können.

Das Amt des Bundespräsidenten ist das einzige Verfassungsorgan, das nicht in eine kollektive Struktur eingebaut ist, wie etwa der Bundeskanzler in Bundesregierung und Koalition, der Parlamentspräsident in Präsidium und Ältestenrat des Bundestages oder der Verfassungsgerichtspräsident in sein Richterkollegium. Der Bundespräsident hat niemanden Irdisches »über« und auch nicht »neben« sich. Das Amt lebt somit stark von der Persönlichkeit, von der Fähigkeit des Amtsinhabers, die Bevölkerung zu erreichen. Da sich die Bundespräsidenten außerhalb des üblichen Parteienstreits bewegen, sind sie bei »den Menschen« – auch Horst Köhler nutzt diese Redewendung – in der Regel sehr beliebt. Aber ob die formellen Staatschefs etwas bewirken – also etwa politische Denkanstöße geben –, das hängt weitgehend von der Kraft ihrer Worte, von ihrer meist auch biographisch geprägten Autorität ab.

Köhlers Amtsbezüge betrugen im Jahr 2006 213.000 Euro – »einschließlich gesetzlicher und auf Gesetz beruhender Zulagen und Leistungen«.[786] Auch wenn der Bundespräsident manche Gelegenheit nutzt darauf hinzuweisen, dass er in dieser Position schlechter verdient als beispielsweise zu IWF-Zeiten oder während seiner Tätigkeit als Chef des Sparkassen- und Giroverbandes, so ist dieses Gehalt immerhin höher als das des Bundeskanzlers oder der Bundeskanzlerin. Seine Amtsbezüge sind ausweislich des vom Parlament beschlossenen Haushaltes zehn Neuntel und damit etwa elf Prozent höher. Er ist die einzige Amtsperson in Deutschland, die dieses Amtsgehalt (im 1953 verabschiedeten Gesetz über die Ruhebezüge des Bundespräsidenten wird es »Ehrensold« genannt) ohne Kürzungen bis zum Lebensende erhält – samt Büro, Dienstwagen, Fahrer und entsprechenden Reisespesen.[787] Lediglich die »Aufwandsgelder«, aus denen beispielsweise die Bediensteten für die dem Präsidenten zur Verfügung gestellte Dienstwohnung bezahlt werden, fallen beim »Ehrensold« weg.[788] Die Höhe der Aufwandsgelder beträgt derzeit rund 78.000 Euro, wovon etwa auch der Frack des Präsidenten, sozusagen als seine »Dienstkleidung« für besondere Staatsanlässe, bezahlt wird. Über diese Gelder hat er weitestgehende Verfügungsfreiheit. Diese großzügige finanzielle Regelung soll die Unabhängigkeit eines Bundespräsidenten wahren helfen.

Köhlers Vorgänger setzten Maßstäbe

Die Bundesrepublik hat bisher mit allen ihren Bundespräsidenten Glück gehabt, mit dem einen mehr, mit dem anderen vielleicht auch etwas weniger. Die Persönlichkeitsbilder der Präsidenten sind jedoch sehr unterschiedlich. Von den neun bisherigen Bundespräsidenten waren bzw. sind acht – einschließlich des gegenwärtigen – protestantisch. Einzig der Sauerländer Heinrich Lübke war katholisch. Und doch liegen zwischen dem kargen Protestantismus eines Gustav Heinemann, der Noblesse des ehemaligen Kirchentagspräsidenten Richard von Weizsäcker, dem bibelfesten, Skat spielenden Johannes Rau oder gar dem humorigen und trotzdem tiefgründigen Roman Herzog Welten. Der Staatsrechtler Karl Carstens, der durch seine ausgiebigen Wanderungen quer durch ganz Deutschland hohe Sympathiewerte erringen konnte, repräsentierte trotz oder gerade wegen seiner Volksnähe eine besondere Würde des Staates auf seine spezielle, recht norddeutsche Weise. Wegen der konstitutionellen Schwäche des Amtes kommt es auf die Überzeugungskraft des Präsidenten, kurz: auf seine Persönlichkeit an. Horst Köhler wird – ob er es will oder nicht – an seinen acht Vorgängern gemessen, die hier kurz vorgestellt werden sollen:

Theodor Heuss, ein altliberaler Schwabe, im Volksmund oft »Papa Heuss« genannt, übte als erster Bundespräsident seine Funktion gleich zwei Amtszeiten aus: von 1949 bis 1959. CDU, CSU, FDP und die Deutsche Partei (DP) hatten eine Koalition verabredet, nach der der Christdemokrat Konrad Adenauer Bundeskanzler, der Freidemokrat Theodor Heuss Bundespräsident werden sollte. Hatte er noch in der ersten Bundesversammlung mit dem SPD-Politiker Kurt Schumacher einen ernsthaften Mitbewerber, wurde er 1954 mit überwältigender Mehrheit (er erhielt 871 von 987 der abgegebenen Stimmen) wiedergewählt. Ihm kam in diesen Nachkriegsjahren eine besonders wichtige Aufgabe zu, weil er den demokratischen Neuanfang repräsentierte und zugleich »Orientierung« vermittelte. Heuss liebte es, in seinem tiefen Schwäbisch gute und lange Reden zu halten. »Dass ich, von den Trivialitäten bei den ›Beglaubigungen‹ abgesehen, nie eine Rede hielt, die ein anderer gemacht hat, war technisch wohl überflüssige Mühe, aber einfache Folge meiner Literaten-Vergangenheit«, provozierte er Konrad Adenauer, als er sich mit ihm gegen Ende seiner zweiten Amtszeit überworfen hatte.[789] Durch seine umfassende humanistische Bildung erwarb Heuss sich breite Anerkennung im In- und Ausland. Adenauer wusste allerdings auch gegenüber Heuss durchzusetzen, dass die junge Republik eine »Kanzlerdemokratie« wurde, zumal Adenauer bis 1955 gleichzeitig das Amt des Außenministers bekleidete und damit auf die Rolle des Bundespräsidenten und dessen völkerrechtliche Vertretungsbefugnis Einfluss nehmen konnte. Heuss musste sehr bald einsehen, dass den Einwirkungsmöglichkeiten seines Amtes in die praktische Politik Grenzen gesetzt waren. In einem nicht unbedeutenden Fall konnte sich Heuss jedoch durchsetzen: Er ließ den Kanzler bei der Regierungsbildung 1953 wissen, er wünsche, dass der FDP-Politiker Thomas Dehler nicht erneut als Justizminister berufen werde. Dem beugte sich Adenauer; vielleicht war ihm die Haltung des Bundespräsidenten sogar ein guter Vorwand, den streitbaren Dehler nicht zu berufen.

Heinrich Lübke, dem in den Jahren 1959 bis 1969 ebenfalls zwei Amtszeiten zuteil wurden, war zweifellos eine Verlegenheitslösung. Er setzte sich im zweiten Wahlgang klar gegen den Sozialdemokraten Carlo Schmid durch. Vor Lübkes Wahl war Bundeskanzler Adenauer zeitweilig entschlossen, Bundespräsident zu werden – eine Episode nicht ohne Ironie: Denn es war gerade Adenauer, der zuvor alles getan hatte, um Heuss in seinen Kompetenzen zu beschränken. Und nun dachte er, vom Amt des Bundespräsidenten aus die deutsche Politik maßgeblich beeinflussen zu können. Adenauer-Biograf Hans-Peter Schwarz bezeichnet das als »Präsidentenposse«.[790] Auch Lübke, ein Politiker der katholischen »Zentrumspartei«, den die Nationalsozialisten 1933 verhaftet hatten und der vor seinem Amt als Staatsoberhaupt Bundesminister für Ernährung, Landwirtschaft und Forsten war, unternahm am Anfang seiner Bundespräsidentenzeit den Versuch, den Kompetenzbereich seiner präsidialen Aufgabe auszuweiten.[791] So weigerte er sich, das »Gesetz gegen den Betriebs- und Belegschaftshandel« zu unterzeichnen, da es seiner Ansicht und einem wissenschaftlichen Gutachten nach gegen die grundgesetzlich garantierte Freiheit von Berufswahl und Berufsausbildung verstieß. Gegen Ende seiner um drei Monate verkürzten Amtszeit war Lübke immer mehr von Altersschwäche gezeichnet, die zu rhetorischen und in der Bevölkerung viel belächelten Missgriffen führte. Doch es würde ihm und seiner Leistung nicht gerecht, seine Amtszeit nur danach zu bewerten. Seine Liebe für Afrika hatte er mit dem jetzigen Bundespräsidenten gemein. Lübke, der die Freien Demokraten nicht mochte, galt als Anhänger einer Großen Koalition aus Unionsparteien und SPD und wirkte hinter den Kulissen in diesem Sinne. Dass Bundespräsidentenwahlen auch so etwas wie einen Vorgriff auf künftige Konstellationen darstellen können, sollte 1964 die Wiederwahl Lübkes belegen: Noch ehe sich die CDU/CSU darauf festlegte, setzte sich Herbert Wehner als Stellvertreter SPD-Fraktionsvorsitzender für ihn ein, was – vor allem in der Retrospektive – als Vorbote einer Großen Koalition gewertet werden konnte. Heinrich Lübke erzielte deshalb bereits im ersten Wahlgang der Bundesversammlung vom 1. Juli 1964 710 Stimmen. Sein FDP-Mitbewerber Ewald Bucher kam auf 123 Stimmen. Die große Zahl an Enthaltungen, 187, kann als Signal dafür gewertet werden, dass viele Sozialdemokraten dem Kurs Herbert Wehners nicht folgten. Nichtsdestotrotz: Die Große Koalition wurde in den Jahren 1966 bis 1969 Wirklichkeit. In der Zeit der Studentenrevolte wurde Lübke mit Hilfe von gefälschten Unterlagen der DDR-Staatssicherheit als »KZ-Baumeister« diffamiert, ein Vorwurf, der sich als nicht haltbar erwies.[792]

Gustav Heinemann[793], Jurist mit Nebenfach Politische Wissenschaft, amtierte vom 1. Juli 1969 bis zum 30. Juni 1974. Seine Wahl signalisierte einen »Machtwechsel«: Die Bundesversammlung war am 5. März 1969, die Bundestagswahlen fanden einige Monate später am 28. September 1969 statt. Nachdem sich die Parteien der Großen Koalition nicht auf einen gemeinsamen Kandidaten einigen konnten, wurden der frühere Außenminister und damalige Verteidigungsminister Gerhard Schröder für die CDU und Gustav Heinemann für die SPD vorgeschlagen. Beide saßen im Kabinett der Großen Koalition. Die Wahl Heinemanns war deshalb so bedeutend, weil die FDP zum ersten Mal mit der SPD stimmte und ihre Stimmen in der Bundesversammlung den Ausschlag gaben. Und nach den Bundestagswahlen wurde nicht die Große Koalition fortgeführt, sondern eine sozial-liberale Koalition unter Willy Brandt und Walter Scheel übernahm die Regierungsgeschäfte. Ferner stellte die Wahl Heinemanns eine weitere Neuerung dar: Zum ersten Mal wurde ein Bundespräsident erst im dritten Wahlgang und nur mit relativer Mehrheit gewählt. Auf Heinemann entfielen 512 Stimmen, auf Schröder 506. Heinemann, ein Mann der Bekennenden Kirche in der Zeit des Nationalsozialismus, war Mitbegründer der CDU und 1949 im ersten Adenauer-Kabinett Bundesminister des Inneren. Wegen Adenauers Politik der Wiederbewaffnung, die er verhindern wollte, trat er jedoch von seinem Regierungsamt zurück.[794] Danach gründete Heinemann die Gesamtdeutsche Volkspartei (GVP), der auch Johannes Rau angehörte, 1957 ging Heinemann nach der GVP-Auflösung zur SPD. In der Großen Koalition unter der Kanzlerschaft Kurt Georg Kiesingers kehrte er als Bundesminister der Justiz in das Bundeskabinett zurück.

Heinemann war das erste sozialdemokratische Staatsoberhaupt seit Friedrich Ebert, dem ersten Reichspräsidenten der Weimarer Republik (1919–1925). Heinemann war eine sehr unterkühlte, protestantische Persönlichkeit, er verstand sich als »Bürgerpräsident«. Die Symbole der Staatsrepräsentation wurden bei ihm auf ein Minimum beschränkt. Der überzeugte Christ, der sich nie als klassischer »Genosse«, sondern als ein Mann des Gewissens empfand, konnte auch als Bundespräsident seiner eigenen Partei unbequem werden, etwa in Fragen der Abtreibung (Fristenlösung), die er ablehnte. In der Zeit der Studentenrevolte suchte Heinemann den Dialog mit der aufbegehrenden Jugend. Doch, so schrieb der Politikwissenschaftler Wolfgang Jäger 1989: »Konsensstiftende Funktion« kam ihm in den Jahren äußerster parteipolitischer Polarisierung und heftiger Kulturkämpfe nicht zu.[795]

Walter Scheel, zuvor Vorsitzender der FDP und Bundesminister des Auswärtigen, war während seiner Amtszeit in den Jahren 1974 bis 1979 das genaue Gegenteil seines Vorgängers: Als rheinische Frohnatur wirkte er außerordentlich lebensbejahend und ist heute noch durch die von ihm besungene Schallplatte ›Hoch auf dem gelben Wagen‹ bekannt. Er zelebrierte gerne die Repräsentation des Staates, die Empfänge und Staatsbankette, die schwarz-rot-goldene Fahne. Er scheiterte allerdings mit seinem bereits vor Amtsantritt verkündeten

Bemühen um zusätzliche Kompetenzansprüche für den Präsidenten. So stellte er aus Anlass des 90. Geburtstags von Theodor Heuss in der ›Frankfurter Rundschau‹ die Frage, ob in der Heuss-Ära »die verfassungsgemäße Außenvertretung des Bundes durch den Bundespräsidenten wirklich ausgeschöpft war«.[796] Heuss habe, so Außenminister Scheel damals weiter, die Ansprüche seines Amtes gegenüber Adenauer verteidigt, »freilich nicht immer erfolgreich«.[797] Politische Zähne zeigte Bundespräsident Scheel, als er seine Unterschrift unter ein Gesetz, das die Gewissensprüfung bei Wehrdienstverweigerern abschaffen wollte, verweigerte. Anders als Heinemann verstand sich Scheel jedoch als ein Konsenspolitiker, der Brücken bauen wollte und konnte. Scheel erreichte bei seiner Wahl mit 530 Stimmen bereits im ersten Wahlgang die absolute Mehrheit. Der von der Unionsfraktion nominierte Richard von Weizsäcker erhielt 498 Stimmen. Scheel war 1969 maßgeblich daran beteiligt gewesen, dass die FDP nach der Großen Koalition die Seiten wechselte. Die CDU/CSU hatte auch sein Ziel, Bundespräsident zu werden, unterschätzt.

Karl Carstens amtierte als fünfter Bundespräsident in den Jahren 1979 bis 1984. Er war der erste Bundespräsident, der aus der Opposition heraus gewählt wurde.[798] Die Union verfügte damals infolge zahlreicher Wahlsiege in den Bundesländern zum ersten Mal in der Bundesversammlung über die absolute Mehrheit. Insoweit wurde die Wahl von Karl Carstens häufig als Anfang vom Ende der damaligen sozialliberalen Koalition interpretiert. Seine Mitbewerberin war die Sozialdemokratin Annemarie Renger. Carstens erreichte im ersten Wahlgang die absolute Mehrheit mit 528 Stimmen, Renger erhielt 431 Stimmen. Carstens hatte zuvor als Vorsitzender der CDU/CSU-Bundestagsfraktion in besonderer Weise im politischen Tageskampf gefochten und sich dabei das Image eines konservativen Polarisierers erworben. Als Staatsrechtler wusste er aber von Anfang an um die rechtlichen Grenzen seines neuen Amtes und handelte danach. Außerdem unterwarf er sich dem Gebot der strengen Neutralität und legte so, nach einer Weile, in seinen Sympathiewerten ungeheuer zu. Bei seinen Wanderungen quer durch Deutschland absolvierte er während seiner Amtszeit etwa 1600 Kilometer, zu Fuß wohlgemerkt.[799] Wie Köhler – und vor ihm Heinemann – musste auch Carstens über eine vorzeitige Auflösung des Deutschen Bundestages 1982/1983 entscheiden. Hier kam ihm seine herausragende juristische Erfahrung zugute.

Richard Freiherr von Weizsäcker, Bundespräsident von 1984 bis 1994, ist eine politische »Entdeckung« des damaligen rheinland-pfälzischen Ministerpräsidenten Helmut Kohl gewesen,[800] worauf der noch heute gerne hinweist. Wenn es allein nach Kohl gegangen wäre, hätte von Weizsäcker schon 1969 Bundespräsident werden sollen. Doch von Weizsäcker unterlag parteiintern dem einstigen Außenminister und damaligen Verteidigungsminister Gerhard Schröder, der allerdings in der Bundesversammlung knapp an Heinemann scheiterte. Bei der Bundespräsidentenwahl 1974 war von Weizsäcker dann der »Zählkandidat« der Union – im Bewusstsein, dass er gegen Walter Scheel und die sozial-liberale Koalition keine Chance hatte. Indirekt meldete er damit schon frühzeitig seine Ansprüche auf das höchste Amt im Staate an. Von Weizsäcker, zwischenzeitlich Regierender Bürgermeister von Berlin, arbeitete intensiv darauf hin, dass er als Kandidat der Union aufgestellt wurde. Sein Verhältnis zu Helmut Kohl war damals schon ein wenig getrübt, doch dieser hatte noch nicht die Macht, die Aufstellung Richard von Weizsäckers zu verhindern. Von Weizsäcker wurde 1984 im ersten Wahlgang gewählt: Auf ihn entfielen im ersten Wahlgang 832, auf die Schriftstellerin Luise Rinser, die von den Grünen nominiert worden war, 68 Stimmen. SPD und FDP unterstützten von Weizsäcker, der 1989 auch wiedergewählt wurde, obwohl die Union in der Bundesversammlung nicht mehr über die absolute Mehrheit verfügte. So hoch war seine Wertschätzung, dass auch die CSU dem CDU-Vorschlag zustimmte, wenn auch nach einigem Zögern, und sogar die Grünen verzichteten auf die Aufstellung eines Kandidaten.

Von Weizsäcker fiel in seiner Amtsführung weniger durch kraftvolle Kompetenzansprüche auf, er nutzte vielmehr seine verfassungsrechtlichen Möglichkeiten, etwa in der Begnadigungspraxis gegenüber Terroristen – und durch heute legendäre Reden. Seine wichtigste war zweifelsohne die Rede am 8. Mai 1985. Vierzig Jahre nach Ende des Zweiten Weltkrieges ermöglichte sie den Deutschen eine Selbstvergewisserung über die Lehren aus der Nazi-Herrschaft sowie über den Platz der Deutschen in Europa und in der Welt. Von Weizsäcker tat sich außerdem im Laufe der Jahre immer mehr als Kritiker der Parteien hervor: Die Parteien seien von beidem zugleich geprägt, »nämlich machtversessen auf den Wahlsieg und machtvergessen bei der Wahrnehmung der inhaltlichen und konzeptionellen politischen Führungsaufgabe«.[801] Freilich sah auch von Weizsäcker keine Alternative zu den Parteien, er dürfte mit seiner Kritik in erster Linie den als »Generalisten« gehandelten Helmut Kohl gemeint haben: »Bei uns ist ein Berufspolitiker im allgemeinen weder ein Fachmann noch ein Dilettant, sondern ein Generalist mit dem Spezialwissen, wie man politische Gegner bekämpft.«[802] Zum ersten Mal in der bundesdeutschen Geschichte wurden Kanzler und Präsident als Konkurrenten wahrgenommen, obschon sie der gleichen Partei entstammten. Dabei übertraf von Weizsäckers geistige Ausstrahlung die von Kohl bei Weitem.

In von Weizsäckers zweite Amtszeit fiel auch die deutsche Wiedervereinigung. Von Weizsäcker pflegte aufgrund seiner kirchlichen Kontakte immer gute Verbindungen insbesondere zu der Geistlichkeit in der DDR. Er schien sich aber mit dem Gedanken einer schnellen Wiedervereinigung schwerzutun und musste erleben, wie sehr in Umbruchzeiten der Kanzler mit seinen operativ wirksamen Entscheidungen zur deutschen Einheit alles – auch ihn, den von der öffentlichen Meinung besonders verwöhnten Präsidenten – in den Schatten zu stellen vermochte. Helmut Kohl begründete 2005 in seinen ›Erinnerungen‹ seine Entfremdung zu von Weizsäcker. Außer an einige Parteifreunde, die ihn auf dem berühmt-berüchtigten 37. CDU-Bundesparteitag vom 11. bis 13. September 1989 in Bremen zu stürzen trachteten (Lothar Späth, Heiner Geissler, Rita Süssmuth und zeitweilig auch Norbert Blüm), erinnerte sich Kohl auch an den Bundespräsidenten: »Richard von Weizsäcker hielt es für notwendig, mich aus dem Amt zu entfernen, da er mit meiner Politik nicht einverstanden war. Natürlich wagte er nicht, dies in irgendeiner Form offen zu bekennen, das hätte nicht seiner Art entsprochen. Doch am wärmenden offenen Kamin im Bundespräsidialamt war er Ratgeber für diejenigen, denen es um meinen Sturz ging.«[803] Nie war das persönliche Verhältnis zwischen dem Bundespräsidenten und dem Bundeskanzler so gestört wie in diesen Jahren.

Roman Herzog, ein bayerischer Protestant, kam aus einfachen Verhältnissen und war 14 Jahre jünger als sein Vorgänger. Der Staatsrechtler und Grundgesetz-Kommentator war ebenfalls eine politische Entdeckung Helmut Kohls, bei dem er einst in der Funktion eines Staatssekretärs in der Bonner Landesvertretung als Mainzer Bevollmächtigter gedient hatte. Dann wurde Herzog in Baden-Württemberg Kultusminister und Innenminister. Im Februar 1980 legte er freiwillig und anonym das Latein-Zentralabitur ab, um die Bedeutung des Faches zu unterstreichen. 1983 wurde er Mitglied und danach hoch angesehener Präsident des Bundesverfassungsgerichts.[804] Als Bundespräsident schien Herzog eigentlich eine Verlegenheitslösung zu sein, denn zuvor wollte Kohl den Ostdeutschen Steffen Heitmann zum Präsidenten machen und so, 1994, ein gesamtdeutsches Zeichen setzen.

Von Verlegenheit merkte man aber nichts, als Herzog seine neue Aufgabe am 1. Juli 1994 antrat. Er war der erste gesamtdeutsch gewählte Präsident. Er wurde – zum zweiten Mal in der bundesdeutschen Geschichte – im dritten Wahlgang gewählt, nachdem der Kandidat der Grünen, Jens Reich, vor dem zweiten und die FDP-Kandidatin Hildegard Hamm-Brücher vor dem dritten Wahlgang ihre Bewerbung zurückgezogen hatten. Herzog erzielte gegen den damaligen nordrhein-westfälischen Ministerpräsidenten Johannes Rau 696 zu 605 Stimmen. Herzog, der als Grundgesetzkommentator wie kaum ein anderer den verfassungsrechtlichen Rahmen seines Amtes kannte, hatte keinerlei Kompetenzstreitigkeiten mit der Bundesregierung unter Helmut Kohl. Auch er wirkte durch die Kraft vieler Reden. Am nachhaltigsten in Erinnerung geblieben ist wohl seine sogenannte »Ruck«-Rede im Berliner Hotel »Adlon«, in der er die

Deutschen aufforderte, die notwendigen politischen und wirtschaftlichen Reformen endlich umzusetzen. Herzog war ein hoch geachteter Bundespräsident, dessen geistige Ausstrahlung mit einem kräftigen Schuss an scharfzüngigem Humor ergänzt wurde.

Johannes Rau hatte lange darauf hingewirkt, Bundespräsident zu werden, wovon schon seine Kandidatur gegen Roman Herzog zeugte. Er war Bundespräsident vom 1. Juli 1999 bis zum 30. Juni 2004 und verstarb rund anderthalb Jahre nach seinem Eintritt in den Ruhestand, am 27. Januar 2006. Rau, der eine Verlagsbuchhändlerlehre gemacht hatte, aber schon früh Berufspolitiker wurde, hatte sich vom damaligen SPD-Bundesvorsitzenden Oskar Lafontaine bei der Niederlegung seines Amtes als nordrhein-westfälischer Ministerpräsident im März 1998 ausbedungen, für das Amt des Bundespräsidenten aufgestellt zu werden. Wird man als Bundespräsident gerufen und berufen? Oder kann man sich als Kandidat selber einbringen (wie das ja kurzzeitig auch Adenauer tat)? Über die Richtigkeit des Weges mag man unterschiedlicher Meinung sein. Der Wahlausgang in der Bundesversammlung war nicht einfach vorherzusagen. Die Union hatte die ostdeutsche Physikerin und Professorin Dagmar Schipanski aufgestellt; die PDS hatte die Theologin Uta Ranke-Heinemann benannt, Tochter Gustav Heinemanns und angeheiratete Tante von Rau, der mit einer Enkelin Heinemanns verheiratet war. Schließlich obsiegte Rau im zweiten Wahlgang. Er erhielt 670 Stimmen, Schipanski 572 und Ranke-Heinemann 62. Auch dieses Ergebnis beruhte auf einer speziellen politischen Konstellation: Die Bundesversammlung vom 23. Mai 1999 folgte auf die Bundestagswahlen vom 27. September 1998, mit der die rot-grüne Koalition unter Gerhard Schröder ins Amt gekommen war.

Rau war von vornherein in der Bevölkerung wegen seiner menschlichen Art sehr beliebt. Dass allerdings seine Reden in Tiefe und Originalität an die seiner Vorgänger herankamen, kann bezweifelt werden. Sein besonderes inhaltliches Profil lag in den guten deutsch-israelischen Beziehungen und in seiner Auseinandersetzung mit dem Rechtsextremismus in der Bundesrepublik.[805] Ungewöhnlich heftig mischte sich Rau in die Tagespolitik im Zusammenhang mit dem Zuwanderungsgesetz ein. Er hatte zu prüfen, inwieweit die Abstimmungsbekanntgabe durch den Regierenden Bürgermeister von Berlin und damaligen Bundesratspräsidenten Klaus Wowereit (SPD) rechtmäßig war. Am 20. Juni 2002 unterzeichnete Rau zwar das Gesetz, aber gleichzeitig rügte er deutlich das Abstimmungsverhalten der Vertreter Brandenburgs, Manfred Stolpe (SPD) und Jörg Schönbohm (CDU). Wowereit hatte ein ausschlaggebendes »Ja« des Landes festgestellt, obwohl Schönbohm der Zustimmung des Ministerpräsidenten Stolpe widersprochen hatte.[806]

Wie fügt sich nun Horst Köhler als neunter Bundespräsident in die Galerie seiner Vorgänger ein? Der einzige, der kein Abitur hatte, war Johannes Rau. Walter Scheel konnte wegen des Krieges seine Banklehre nicht beenden und war nach dem Krieg Geschäftsführer in der Industrie. Der studierte Jurist Richard von Weizsäcker war ebenfalls in der Industrie tätig, unter anderem bei Boehringer in Ingelheim, zuvor war er persönlich haftender Gesellschafter eines Bankhauses. Heinrich Lübke, der vor dem Zweiten Weltkrieg an der damaligen Landwirtschaftlichen Akademie in Bonn studierte, war als Geschäftsführer in verschiedenen bäuerlichen Organisationen tätig, später arbeitete er als Vermessungsingenieur. Theodor Heuss, der Nationalökonomie, Geschichte, Philosophie, Kunstgeschichte und Staatswissenschaften studiert hatte, arbeitete als Journalist und Wissenschaftler. Vier der acht Vorgänger Köhlers, Heinemann, Carstens, von Weizsäcker und Herzog, waren Rechtswissenschaftler und brachten es in ihren Berufen in höchste Staatsämter: Gustav Heinemann als Bundesminister, der Rechtsprofessor Karl Carstens als Staatssekretär im Auswärtigen Amt und Richard von Weizsäcker als Regierender Bürgermeister von Berlin. Roman Herzog kletterte die Karriereleiter sogar bis zum höchsten Richteramt hoch, das es in der Bundesrepublik gibt: Er wurde Präsident des Bundesverfassungsgerichts. Köhler ist von seiner Ausbildung her der erste Ökonom in der Riege der deutschen Nachkriegs-Staatsoberhäupter.

Bei aller Unterschiedlichkeit der früheren Berufe der Bundespräsidenten: Alle entschieden sich, manche sogar sehr frühzeitig, politisch aktiv zu werden, und alle erwarben ein politisches Mandat. Theodor Heuss war noch Mitglied des Deutschen Reichstages. Heinrich Lübke war vor der Machtübernahme der Nationalsozialisten Mitglied des Preußischen Landtags, später nordrhein-westfälischer Landtagsabgeordneter und dann Bundestagsabgeordneter. Walter Scheel war in seiner Heimatstadt Solingen zunächst Stadtrat, ferner Landtagsabgeordneter und dann Bundestagsabgeordneter. Der vormalige Bundesminister Gustav Heinemann, Mitglied des nordrhein-westfälischen Landtags sowie des Deutschen Bundestags, war sogar Gründer einer neuen Partei. Carstens kam relativ spät in die Parteipolitik: 1972 in den Bundestag gewählt, wurde er bereits im Mai 1973 als Nachfolger Rainer Barzels Vorsitzender der CDU/CSU-Bundestagsfraktion. Richard von Weizsäcker kandidierte 1969 im Wahlkreis Worms für den Deutschen Bundestag, später war er Regierender Bürgermeister von Berlin. Roman Herzog war einige Zeit neben seiner Ministertätigkeit in Baden-Württemberg auch Mitglied des Landtags im Südweststaat. Parteipolitisch tat er sich vor allem als Bundesvorsitzender des Evangelischen Arbeitskreises (EAK) der CDU/CSU hervor. Rau war von früh an Berufspolitiker und stieg in der Landespolitik bis zum Ministerpräsidenten von Nordrhein-Westfalen auf. 1987 war er zudem erfolgloser Kanzlerkandidat der SPD und 1993 nach dem Rücktritt von Björn Engholm kommissarisch für einige Monate Bundesparteivorsitzender. Der einzige Bundespräsident, der nie die Mühen eines basisbezogenen Kommunal-, Landtags- oder Bundestagsmandats wahrgenommen hat, ist der Nichtparlamentarier Horst Köhler. Nicht einmal im Studentenparlament war er gewesen.

Schlossherr ohne Schloss

Köhler konnte an seinem ersten Arbeitstag noch nicht in sein Amtszimmer im Schloss Bellevue einziehen, weil erst dringend notwendige Bauarbeiten beendet werden mussten, die bereits unter Rau eingeleitet worden waren. Das Schloss wurde seit dem 25. Mai 2004 saniert und umgebaut.[807] Erst am 8. Januar 2006 konnte es offiziell wieder seiner Bestimmung übergeben werden. Köhlers Arbeitsplatz befand sich während der Umbauphase im dritten Stock auf der Nordseite des Bundespräsidialamtes – dem heutigen Staatssekretärszimmer –, jetzt ist sein Arbeitsbereich im Schloss Bellevue im Mitteltrakt des Erdgeschosses. Das Schloss liegt inmitten des Tiergartens und direkt am Spreeufer, unweit von Siegessäule, Bundestag und Brandenburger Tor. Seit dem Abriss des Hohenzollernschlosses 1950 in der Stadtmitte ist Bellevue die größte der neun erhaltenen Schlossanlagen Berlins.

Das Schloss hat eine mehr als dreihundertjährige, vor allem preußische Geschichte: 1710 überließ König Friedrich I. von Preußen die heute zum Schloss gehörende Liegenschaft den Hugenotten mit dem Auftrag, dort eine Maulbeerplantage anzulegen, um die Seidenraupenzucht in Preußen heimisch zu machen. Doch erwies sich dieser Auftrag als nicht erfüllbar. Deshalb ging das Gelände 1743 in den Besitz von Georg Wenzeslaus von Knobelsdorff über, dem Baumeister Friedrichs des Großen. Schließlich kaufte 1784 Prinz Friedrich August Ferdinand von Preußen, der jüngste Bruder von Friedrich dem Großen, das Grundstück und ließ in den Jahren 1784 bis 1787 das Schloss Bellevue errichten. Es wurde in einem Übergangsstil zwischen Barock und Klassizismus gestaltet. Nach dem Ersten Weltkrieg blieben Schloss und Park unverändert, gingen jedoch in staatlichen Besitz über. 1938/39 wurde es zum Reichsgästehaus für Staatsgäste umgebaut. Das im Bombenhagel des Jahres 1943 schwer beschädigte Schloss wurde in den 50er-Jahren wieder aufgebaut und war Schauplatz zahlreicher festlicher Empfänge für gekrönte Häupter und Staatspräsidenten, von Königin Elizabeth II. bis hin zu US-Präsidenten wie Richard Nixon, Ronald Reagan oder Bill Clinton.[808] Und auch dem Humor bot das Schloss eine Kulisse: Kurz bevor 1991 die niederländische Königin Beatrix vorfuhr, war schon ein Doppelgänger dort gewesen: Der Entertainer Hans Peter (»Hape«) Kerkeling fuhr ebenfalls in einer Staatskarosse vor und sorgte für einige Verwirrung beim Protokollchef Horst-Henning Horstmann, aber auch bei Medien und Sicherheitskräften, die etwas Zeit brauchten, um den als Königin verkleideten Mann von der echten Beatrix zu unterscheiden.

Die Frage, wo der deutsche Bundespräsident seinen ersten Amtssitz hat, war stets ein Politikum. Nach dem Viermächte-Abkommen vom 3. September 1971 waren den Amtshandlungen des Bundespräsidenten in Berlin enge Grenzen gesetzt. Das konnte die östliche Seite durchsetzen, die damit dokumentieren wollte, dass West-Berlin (die DDR-Regierung sprach immer von »Westberlin«) eine besondere politische Einheit sei, die nicht zum Bundesgebiet gehöre.[809] Auch durfte die Bundesversammlung zur Wahl des Bundespräsidenten fortan nicht mehr in Berlin durchgeführt werden. Allerdings luden die Bundespräsidenten weiter von Zeit zu Zeit zu Empfängen und Banketten in das Schloss Bellevue ein, um die Bindung Berlins an den Bund zu unterstreichen. In den Jahren 1986 und 1987 wurde das Schloss schon einmal renoviert und teilweise neu gestaltet.

Mit Beginn des Jahres 1994 – also etwa drei Jahre nach der deutschen Einheit von 1990, mit der das Viermächte-Abkommen über Berlin bedeutungslos geworden war – wurde das Schloss Bellevue in Berlin erster Amtssitz des Bundespräsidenten. Es handelte sich hier um eine Entscheidung Richard von Weizsäckers[810], der damit längst vor einem Umzug von Parlament und Regierung nach Berlin ein entsprechendes Zeichen setzen wollte. Interessanterweise hatte von Weizsäcker diese Entscheidung nicht mit der Bundesregierung abgesprochen. Ängstlichere Präsidenten hätten sich diese Entscheidung im Alleingang kaum erlaubt. Für seinen Nachfolger Roman Herzog bot das Schloss sogar eine Vier-Zimmer-Wohnung. Er beklagte sich allerdings darüber, wie marode das Gebäude geworden war: Die Fenster waren undicht, gelegentlich fiel der Strom aus und ab und zu gab es auch kein Wasser. Herzog ist bis heute der einzige Präsident geblieben, der im Schloss wohnte. Auch Horst Köhler entschied sich, nicht in seinem Amtssitz zu wohnen.

Schon etwa vier Wochen vor seiner Eidesleistung am 1. Juli 2004 zog Horst Köhler in sein neues Zuhause in der Pücklerstraße 14 ein. Währenddessen löste seine Frau Eva noch die Wohnung der Familie in Washington auf.[811] Eigentlich wollten die Köhlers in ihre eigene Altbauwohnung am Savignyplatz ziehen, die sie anderthalb Jahre zuvor gekauft hatten; doch sprachen Sicherheitsgründe dagegen. Das Haus war 1998 für Bundeskanzler Gerhard Schröder für rund 2,7 Millionen DM umgebaut worden. Der Kanzler wohnte dort von 1999 bis 2001. Nachdem er ins Bundeskanzleramt gezogen war, nutzte er die repräsentativen Räume im Erdgeschoss der Villa mit den grünen Fensterläden schließlich nur noch bei Staatsbesuchen. Deshalb stand diese weitgehend leer. Die repräsentativen Räume, eine Empfangshalle, Salons und ein Speisezimmer, befinden sich im Erdgeschoss des weißen Jugendstilbaus. Im Obergeschoss liegt die 150 m² große Privatwohnung der Köhlers, die sie mit ihren Möbeln aus Washington eingerichtet haben. Es gibt einen großen Garten, der aber nach Norden hin liegt. Einen Swimmingpool gibt es nicht.

Zweiter Amtssitz in Bonn

Die Villa Hammerschmidt in Bonn, die bis 1994 der erste Amtssitz war, ist heute der zweite Amtssitz des Bundespräsidenten. Das spätklassizistische Schloss ist untrennbar mit der Geschichte der Bundesrepublik Deutschland verbunden. Die Villa wurde in Bonner Adressbüchern erstmals 1862 erwähnt, später an den »Zuckerkönig« Leopold Koenig verkauft, der es in Sankt Petersburg zu einem ansehnlichen Vermögen gebracht hatte und dessen Sohn Gründer des »Zoologischen Reichsmuseum Alexander Koenig« in Bonn wurde. 1899 ging das Haus in den Besitz des Geheimen Kommerzienrates Rudolf Hammerschmidt über, der ebenfalls in Sankt Petersburg als Zuckerfabrikant großen Reichtum erworben hatte. Die schöne Villa überstand den Zweiten Weltkrieg ohne Schaden, wurde von den britischen Alliierten beschlagnahmt und 1949 freigegeben. 1950 wurde der Bau von der Bundesrepublik Deutschland erworben und zum Amtssitz des Bundespräsidenten bestimmt. Bis August 2006 hat Köhler die Villa Hammerschmidt in Bonn an insgesamt 21 Tagen zu 55 verschiedenen Terminen genutzt.[812] Allerdings wurde in der ehemaligen Bundeshauptstadt und heutigen Bundesstadt Bonn mit Verwunderung wahrgenommen, dass der neue Bundespräsident erst mehrere Monate nach Dienstantritt, nämlich am 3. Dezember 2004, an seinem zweiten Dienstsitz Aufgaben wahrnahm. Es handelte sich um seinen offiziellen Antrittsbesuch in der Bundesstadt. Nach einem Besuch auf dem Bonner Weihnachtsmarkt ehrte der Bundespräsident in der Villa Hammerschmidt verdiente Bürger.

Glänzender Start

Schon vor seiner Vereidigung gab Horst Köhler am Morgen des 1. Juli für das ARD-Frühstücksfernsehen ein Interview, das sozusagen den inhaltlichen Auftakt zu seiner Antrittsrede im Deutschen Bundestag am gleichen Vormittag darstellte. Er wolle »den Menschen Mut machen«, verkündete Köhler, »indem ich dazu beitrage, die Wahrheit auf den Tisch zu legen«, erklärte er auf Befragen des Korrespondenten Werner Sonne dem morgendlichen Millionenpublikum. Es bestünde »kein Zweifel«: »Der Sozialstaat heutiger Prägung hat sich übernommen.« Und: »Wir müssen den Sozialstaat heilen.«[813] Diese Botschaften gingen schon über die Nachrichten, bevor Köhler nach seiner Vereidigung unter der Überschrift »Wir können in Deutschland vieles möglich machen« eine Antrittsrede hielt, die mit Spannung erwartet wurde. Denn er war vor die erste Probe gestellt, ob er als Bundespräsident das Gebot der Überparteilichkeit zu beherzigen wusste. Immerhin war Köhler ja von der Opposition gewissermaßen gegen die rot-grüne Bundesregierung ins Feld geschickt worden. Koehler erinnerte an die Rede seines Vorgängers Roman Herzog, der 1997 gesagt hatte: »Durch Deutschland muss ein Ruck gehen.« Daran anknüpfend fragte er: »Warum bekommen wir den Ruck noch immer nicht hin?«[814] Die rot-grüne Bundesregierung unterstützend, erklärte er weiterhin: »Die Agenda 2010 weist in die richtige Richtung. Was wir jetzt brauchen, ist Konsequenz und Stetigkeit bei der Fortsetzung dieses Weges.« Bei diesem und dem folgenden Satz klatschten die Abgeordneten der Union: »Wir können uns trotz aller Wahlen kein einziges verlorenes Wahljahr für die Erneuerung Deutschlands mehr leisten.« Und weiter: »Wir brauchen den Mut der Bundesregierung zu Initiativen, die den Weg der Erneuerung konsequent fortschreiben, und wir brauchen den Mut der Opposition, ihre Alternativen umfassend und vollständig klarzumachen.« Dieser Satz machte es den Abgeordneten der Regierungsparteien leicht, ebenfalls zu klatschen. Überhaupt leistete Köhler mit dieser Rede einen starken Beitrag zur Entkrampfung seiner Person gegenüber.[815] Sein Hinweis auf den Universalgelehrten Gottfried Wilhelm Leibniz und dessen ganz praktische Ideen zur »Nutzung des Windes zur Grubenentwässerung im Harzbergbau« versöhnte in dieser Sekunde zudem die Grünen mit dem gegen ihren Willen gewählten Bundespräsidenten. Am Schluss der Rede betonte Köhler, sein »persönlicher Kompass« in seiner neuen Aufgabe als Bundespräsident sei sein »christliches Menschenbild und das Bewusstsein, dass menschliches Tun am Ende immer vorläufiges Tun ist«. Köhler war in dieser ersten Rede als Bundespräsident bemüht, sein Image als kühler Ökonom zu korrigieren. Er bekannte sich ausdrücklich zum Sozialstaat: »Der Sozialstaat ist für mich eine zivilisatorische Errungenschaft, auf die wir stolz sein können.« Er fügte jedoch hinzu: »Aber der Sozialstaat heutiger Prägung in Deutschland hat sich übernommen, das ist bitter, aber wahr. Wir haben es vor allen Dingen nicht geschafft, den Sozialstaat rechtzeitig auf die Bedingungen einer alternden Gesellschaft und einer veränderten Arbeitswelt einzustellen.« Bevor Köhler an einem großen Empfang zu seinen Ehren teilnahm, empfing er im Gebäude der Parlamentarischen Gesellschaft die in Berlin akkreditierten Botschafter. Danach schritt er eine Ehrenformation der Bundeswehr ab.

Die Resonanz auf seine Rede war in den Medien überwiegend positiv. Es gab bisweilen aber auch kritische Akzente: Die Zeitung ›Die Welt‹ wünschte dem neuen Präsidenten nach dieser Rede, »dass er seinen eigenen, fröhlichen Ton behalten möge – auch wenn die Zeiten wohl rauer werden«. (Johann Michael Möller)[816] Stephan Andreas Casdorff wies im Berliner ›Tagesspiegel‹ darauf hin, dass Köhler seine neue Aufgabe »mit Macht gut ausfüllen« wolle: »Er will versöhnen mit der Wirklichkeit. Das ist seine persönliche Reform. Wenn die Horst Köhler gelingt, macht er sich wirklich ums Land verdient.«[817] Die ›Süddeutsche Zeitung‹ bezeichnete Köhler gar als »schelmischen Präsidenten«: Wer, so Heribert Prantl, geglaubt habe, der neue Bun-

despräsident würde gleich zum Auftakt seiner Amtszeit »den That-
cherismus in Deutschland proklamieren, der sah sich angenehm enttäuscht. Horst Köhler hat eine wohltemperierte, bisweilen heitere
Rede gehalten, die überzeugt hat mit einfacher Sprache, mit der un-
routinierten Art des Vortrags und mit vielen Selbstverständlichkeiten,
die aber nicht selbstverständlich sind, wenn ein Bundespräsident sie
sagt«.[818] Die ›Frankfurter Allgemeine Zeitung‹ wies in einem Kommentar darauf hin, es sei »noch keine mutige Rede« gewesen, mit der
sich Köhler an die Bürger gewandt habe, was man »mit leisem Bedau-
ern vermerken« könne. Aber es wurde konzediert: »Köhler hat zum
Start die richtige Tonlage getroffen, um mit einer oft geradezu resig-
niert wirkenden Bevölkerung ins Gespräch zu kommen.«[819] Am kri-
tischsten war Richard Meng in der linksliberalen ›Frankfurter Rundschau‹, der die Rede wie folgt charakterisierte: »Kein intellektueller
Höhenflug, aber eine Zusammenschau großteils mehrheitsfähiger
Grundpositionen – aus wirtschaftsnaher Perspektive, so wie der neue
Bundespräsident nun einmal ist. Moderner als viele Konservative,
speziell in Frauen- und Familienfragen oder in seiner Offenheit für
die ärmeren Teile der Welt. Unsensibler als viele Linke, wenn es um
die Verteilung von Reichtum und um Gerechtigkeit im notwendigen
Reformprozess der Sozialsysteme geht.« Aber Meng fügte hinzu:
»Dass er mit der frischen, unkomplizierten Art seines Auftretens das
Zeug zu einem guten Präsidenten mitbringt, hat Köhler am ersten
Amtstag bewiesen. Ob er auch inhaltlich ein guter Präsident wird, ob
er also integrierend wirkt angesichts einer unsicheren Zukunft und
dennoch die richtigen Impulse gibt, ist so früh noch nicht zu erkennen.«[820]

Die Volksnähe des neuen Präsidenten sollte durch eine »Tafel
der Demokratie« unter Beweis gestellt werden, zu der die »Werkstatt
Deutschland« eingeladen hatte. Es handelt sich hierbei um einen ge-
meinnützigen Verein, dem auch frühere Politiker wie etwa der letzte
DDR-Ministerpräsident Lothar de Maizière angehören.[821] 1.400 ge-
ladene Gäste feierten am Samstag, dem 3. Juli, nach der Vereidigung
vor dem Brandenburger Tor unter freiem und trockenem Himmel die
Amtseinführung des Bundespräsidenten. Zu den Gästen zählten un-

ter anderen sechshundert ausgewählte Leser mehrerer deutscher Zeitungen. Horst Köhler musste erleben, wie schwer es ist, eine Begegnung mit dem Volk zu haben. Politiker, Fernsehmoderatoren, Diplomatengattinnen – alle wollten mit dem neuen Präsidenten sprechen. Vornehme Damen der Gesellschaft genauso wie Politpensionäre. »Die, die nicht prominent sind, werden von Bodyguards abgedrängt, wenn sie sich dem Präsidenten nähern wollen.«[822] Aber einige »Normalbürger« kamen durch. Es gab »Gaisburger Marsch«, ein herzhaftes schwäbisches Gericht aus Rindfleisch, Lauch, Karotten, Kartoffeln, Spätzle, Petersilie und anderen Zutaten, sowie Schwarzwälder Kirsch-Rouladen.[823] Bei der »Tafel der Demokratie« blieb viel vom Rindfleischeintopf übrig, was dann vom Bundespräsidenten am nächsten Tag sogleich der Bahnhofsmission am Zoologischen Garten übergeben wurde: »Das wegzukippen wäre eine Sünde gewesen. Also habe ich den Vorschlag angenommen, den Eintopf an Bedürftige zu verteilen. Denn über eines dürfen wir nicht hinwegsehen: Es gibt Arme und Bedürftige in dieser Gesellschaft, und ich möchte auch deren Präsident sein. (…) Ich werde auch das Gespräch mit den Verlierern in unserer Gesellschaft suchen. Ich will ihnen das Gefühl nehmen, ausgegrenzt, ja ausgestoßen zu sein.«[824]

Das Präsidialamt und seine Funktion

Zum Berliner Amtssitz des Präsidenten gehört nicht nur das Schloss Bellevue, sondern auch das angrenzende Bundespräsidialamt. Dessen Grundsteinlegung fand am 14. November 1996 statt. Es handelt sich um einen Bau in elliptischer Form mit einem großen Innenhof, dessen Lichtführung über das Glasdach verstärkt wird. Das Amt ist – gemessen an anderen Bundesbehörden – relativ klein. Der Bundeshaushaltsplan 2006 weist für das Bundespräsidialamt 166 Stellen aus, wovon lediglich 37 dem Höheren Dienst zuzurechnen sind.[825] Ein Blick in den Bundeshaushaltsplan ergibt, dass von den 166 Beschäftigten 88 Beamte und Beamtinnen, 50 Angestellte und 28 Arbeiter und Arbeiterinnen sind.[826]

An der Spitze des Bundespräsidialamtes steht im Range eines Staatssekretärs der »Chef des Bundespräsidialamtes«, der zugleich Erster Berater des Bundespräsidenten ist. Protokollarisch betrachtet ist der Chef des Bundespräsidialamtes zugleich der ranghöchste beamtete Staatssekretär in der Bundesrepublik Deutschland. Der Staatssekretär spielt als Verbindungsperson zur Bundesregierung für den Bundespräsidenten deshalb eine besondere Rolle, weil er unter anderem an den montags um 17 Uhr stattfindenden Runden der beamteten Staatssekretäre der Bundesregierung teilnimmt. Bei diesen Besprechungen werden die Kabinettssitzungen vorbereitet, wobei gelegentlich die teilweise sehr kontroversen Positionen der einzelnen Bundesressorts heftig aufeinanderprallen. Dabei anwesend zu sein ermöglicht dem Chef des Bundespräsidialamtes, einen guten Einblick in die interne Diskussion der Bundesregierung zu bekommen. Außerdem hat die Teilnahme den Vorteil, dass ein Staatssekretär des Bundespräsidialamtes mit seinen Kollegen aus der Exekutive rasch und ohne großen Aufwand Einzelprobleme klären kann.

Weniger »informationsträchtig«, jedoch »prestigeträchtiger«, ist die Teilnahme des Chefs des Präsidialamtes an den in der Regel mittwochs um 9.30 Uhr stattfindenden Sitzungen des Bundeskabinetts. Im Kabinett selbst wird häufig weniger diskutiert, als zumeist in der Öffentlichkeit vermutet wird, auch wenn es diesbezüglich in der aktuellen Großen Koalition munterer zugehen mag als in der Vorgängerregierung oder gar bei Kohl. Die eigentlich spannenden politischen Kämpfe finden in den Staatssekretärsrunden statt, die den Kabinettssitzungen vorausgehen. In diesen Sitzungen hat der Chef des Präsidialamtes, der sich vertreten lassen kann, zwar kein Rede- oder gar Abstimmungsrecht, doch durch seine Teilnahme an den Staatssekretärsrunden und den Kabinettssitzungen kann er dem Bundespräsidenten unmittelbar über wichtige Entscheidungen der Bundesregierung berichten. Ferner nimmt der Chef des Präsidialamtes an den Sitzungen des geheimnisumwobenen Bundessicherheitsrates teil, in dem innerhalb der Bundesregierung alle wichtigen Fragen insbesondere der äußeren Sicherheit besprochen werden. Ob es der Bundesregierung unter Gerhard Schröder wohl angenehm war, dass an diesen Sitzungen ein Mann teilnehmen konnte, der im Verdacht stehen musste, so etwas wie ein politische »Spion« des gegnerischen Lagers zu sein? Wohl kaum. Andererseits gibt es die parteipolitische Neutralität eines Bundespräsidenten, die zur Verschwiegenheit verpflichtet.

Mit dem Amtsantritt Köhlers wurde Michael Jansen neuer Chef des Bundespräsidialamtes. Er wurde Nachfolger von Staatssekretär Rüdiger Frohn, der unter Bundespräsident Johannes Rau das Bundespräsidialamt leitete. Die wichtigste Personalentscheidung des neuen Bundespräsidenten hatte bei der damaligen Opposition, den Unionsparteien, Erstaunen ausgelöst. Angesichts anderer Bewerber, die Köhler empfohlen worden waren, war Jansen eine Überraschung, auch wenn er der CDU angehört und von seinem professionellen Hintergrund her eine außerordentlich gute Wahl war. Vor allem die Breite der Tätigkeitsfelder Jansens im Auswärtigen Amt, bei der Firma Degussa-Hüls AG als Generalbevollmächtigter in den Jahren 1990 bis 2000 und seit Herbst 2000 als Vorsitzender des Vorstands der Stiftung »Erinnerung, Verantwortung und Zukunft« in Berlin prädestinierte ihn geradezu für diese Aufgabe. Jansen kommt aus einem katholisch-bildungsbürgerlichen Elternhaus, womit sich schon beim familiären Hintergrund ein »Kontrastprogramm« zum Bundespräsidenten zeigte. Jansens Vater Josef war in den Jahren 1960 bis zum 15. Januar 1963 Leiter der Abteilung »West I« im Auswärtigen Amt, danach auf Grund einer Umorganisation Leiter der »Politischen Abteilung I«. In dieser Eigenschaft war er intensiv an den Vorbereitungen der deutsch-französischen Verhandlungen beteiligt, die zum Élysée-Vertrag führten. Ende 1963 wurde er Botschafter beim Heiligen Stuhl.[827] Jansens Bruder Thomas machte als Mitarbeiter wichtiger Persönlichkeiten, unter anderem im Büro des einstigen CDU-Fraktionsvorsitzenden Rainer Barzel und als Mitarbeiter des früheren EWG-Kommissionspräsidenten Walter Hallstein, ebenfalls Karriere.

Michael Jansen studierte nach seinem Wehrdienst bei der Marine Rechtswissenschaften in Bonn, Köln und Washington, D. C., und war Stipendiat an der École Nationale d' Administration (ENA) in Paris. 1972 trat er in den Auswärtigen Dienst ein. Als Beamter im Auswärtigen Amt war er vielseitig eingesetzt – auf seinen Auslandsstationen in Madrid, in Brüssel bei der Europäischen Gemeinschaft, in Caracas/Venezuela sowie in weiteren Funktionen in der Zentrale des Auswärtigen Amtes. In dieser Zeit lernten sich Köhler und Jansen kennen. Michael Jansen war für die Aufgabe als Chef des Präsidialamtes vor allem deshalb geeignet, weil er als einstiger Mitarbeiter des früheren Außenministers Hans-Dietrich Genscher, als dessen Büroleiter und später als Leiter der Personalabteilung des Auswärtigen Amtes im internationalen Feld und in der Verwaltungspraxis erfahren war. Jansen war auch deshalb eine interessante Wahl, weil er schon einmal im Bundespräsidialamt gearbeitet hatte – und zwar als Redenschreiber für Karl Carstens. Als CDU-Mitglied war er so etwas wie eine personelle »vertrauensbildende Maßnahme« des damaligen FDP-Außenministers gegenüber dem Bundeskanzler Helmut Kohl. 1990 wechselte er zur Degussa-Hüls AG, wo er als Generalbevollmächtigter für die »internationalen Konzernaufgaben« zuständig war. Im September 2000 wurde Jansen zum Vorsitzenden der Stiftung zur Entschädigung der NS-Zwangsarbeiter berufen[828], an dessen Zustandekommen er maßgeblich beteiligt war.[829] 10,1 Milliarden DM wurden durch Jansen verwaltet.

Vielleicht wollte Köhler gegenüber Frau Merkel bei dieser wichtigsten Personalentscheidung Unabhängigkeit zeigen, zumal andere Mitarbeiter aus dem Merkel- beziehungsweise Westerwelle-Umfeld kamen. Köhler ging es sicher auch darum, innerhalb der Bundesregierung keine Abwehrreaktionen auszulösen, was bei einer parteipolitisch besonders geprägten Persönlichkeit hätte der Fall sein können. Vielleicht orientierte sich Köhler aber auch an seinem Vorgänger Richard von Weizsäcker, dem es angesichts der wichtigen außenpolitischen Funktion eines Bundespräsidenten besonders relevant war, mit seinem Staatssekretär Klaus Blech einen außerordentlich erfahrenen Diplomaten an seiner Seite zu wissen.

Die Tatsache, dass der am 16. Januar 1941 in Athen geborene Jansen zum Zeitpunkt seiner Berufung bereits 63 Jahre alt war, schien damals im Politbetrieb der Hauptstadt nicht besonders zu verwundern, zumal, was den rechtlichen Möglichkeiten entspricht und was auch in den Medien stand, Jansen »über die übliche Pensionsgrenze von 65 Jahren hinaus seine Dienstzeit verlängern lassen kann«.[830] Das war auch so geplant. In Ausnahmefällen kann die 65-Jahres-Grenze überschritten werden. Denn dass ein neuer Bundespräsident nur für zwei Jahre mit einem neuen Staatssekretär ins Rennen geht, schien doch recht unwahrscheinlich. Aber es kam anders. Der größte Coup, der Köhler in seiner Amtszeit gegenüber der Öffentlichkeit bisher gelungen ist, war es jedoch, wie der vorzeitige Wechsel des Chefs des Präsidialamtes mit Wirkung zum 1. März 2006 »verkauft« wurde. Am 14. Dezember 2005 teilte der Sprecher des Bundespräsidenten lapidar mit: »An der Spitze des Bundespräsidialamts wird es Anfang 2006 einen Personalwechsel geben. Der Chef des Bundespräsidialamts, Staatssekretär Dr. Michael Jansen, erreicht die Altersgrenze von 65 Jahren und scheidet zum 1. März aus.« Und dann ließ man verlauten, dass Dr. Gert Haller seinen neuen Posten im Bundespräsidialamt am 1. März 2006 antritt. Begründet wurde der Staatssekretärswechsel in Hintergrundgesprächen damit, dass Jansen die Altersgrenze erreicht habe. Sein Nachfolger Gert Haller sei demgegenüber bei Amtsantritt nur 61 Jahre alt und arbeite zudem als Köhlers neuer Staatssekretär für lediglich symbolischen Lohn von einem Euro. Gerade diese »symbolische« Bezahlung richtete den Blick weg von den Trennungsgründen hin auf den neuen Staatssekretär. Jansen übernahm wieder seine vorherige Tätigkeit als Vorsitzender der Stiftung »Erinnerung, Verantwortung und Zukunft«.

Köhler und Jansen hatten ursprünglich eine volle Amtszeit angepeilt, auch wenn das heute anders dargestellt wird. Alle Mitarbeiter des Präsidialamtes gingen jedenfalls zunächst von einer Verlängerung der Staatssekretärszeit über das 65. Lebensjahr hinaus aus. Köhler wie Jansen hatten und haben das allergrößte Interesse daran, dass ihr Auseinandergehen wie ein Routineakt erscheint. Doch die Erfahrungen, die viele von Köhlers Mitarbeitern mit ihm auch vor dem Präsidentenamt gemacht haben, legen die Vermutung nahe, dass die »Chemie« zwischen beiden nicht stimmte. Sie sind in der Tat sehr unterschiedliche Temperamente. Der bildungsbürgerliche Hintergrund von Jansen hätte dem Bundespräsidenten eigentlich zum Vorteil gereichen müssen, andererseits scheint Jansens Nachfolger Haller hinsichtlich seines Studiums und seiner beruflichen Erfahrung besser zu Köhler zu »passen«. Der am 30. April 1944 in Tübingen geborene Gert Haller war von 1995 bis 1999 Sprecher des Vorstands der Wüstenrot Holding AG in Ludwigsburg und danach bis Anfang 2006 Vorsitzender des Vorstandes Wüstenrot & Württembergische AG. Von dort bekommt er eine Firmenpension. Das Interessante an Köhlers Entscheidung für Haller ist, dass sich beide seit Jahrzehnten kennen, seit ihrer gemeinsamen Tätigkeit im Bundesfinanzministerium. Der promovierte Volkswirt Haller gehörte schon zu Köhlers Kollegen, als dieser noch das Büro des damaligen Bundesfinanzministers Gerhard Stoltenberg leitete. Haller war, wie in den vorherigen Kapiteln dargelegt, in mehreren Funktionen Köhlers Nachfolger: als Grundsatzreferent und Redenschreiber des Ministers Stoltenberg; er folgte Köhler auch auf anderen Stationen im Ministerium und wurde ebenfalls Staatssekretär mit der gleichzeitigen Funktion eines »Sherpa«. Wie Köhler, der zum Sparkassen- und Giroverband wechselte, ging auch Haller in die Wirtschaft und wurde Vorstandsmitglied der Wüstenrot Holding, die 1999 mit der Württembergischen Versicherung fusionierte.[831] Hallers Vater, Heinz Haller, zählte seinerzeit zu den führenden Finanzwissenschaftlern im deutschsprachigen Raum.[832] Von 1970 bis 1972 war er wie später sein Sohn Staatssekretär im Bonner Finanzministerium, und zwar als Verantwortlicher für eine große Steuerreform.[833] Es heißt, dass Köhler zuvor dem bisherigen Abteilungsleiter Hans Bernhard Beus angeboten hatte, Jansen-Nachfolger zu werden. Doch der zog es vor, Staatssekretär unter Wolfgang Schäuble im Bundesinnenministerium zu werden. Seit Oktober 2006 ist er im Bundeskanzleramt als Staatssekretär für die Beziehungen zu den Bundesländern zuständig.

Unterhalb der Staatssekretärsebene gibt es im Präsidialamt drei Abteilungen. Die Inlandsabteilung wird von dem Juristen Ministerialdirigent Hans-Jürgen Wolff geleitet. 28 der insgesamt 166 Mitarbeiterinnen und Mitarbeiter arbeiten hier. Unter anderem werden hier die Gesetzesbeschlüsse der Bundesregierung geprüft und ihre Ausfertigung durch den Bundespräsidenten vorbereitet, wie auch seine

Reden. Die Auslandsabteilung wird derzeit von Ministerialdirektor Wolf Kischlat geleitet, der über eine reichhaltige diplomatische Erfahrung verfügt und neben seinen Stationen im Auswärtigen Dienst auch von 1991 bis 1995 im Bundeskanzleramt Referatsleiter war. Traditionell kommt der Leiter dieser Abteilung aus dem Auswärtigen Amt. In Kischlats Abteilung werden vor allem die Reisen des Bundespräsidenten in andere Länder geplant, aber auch die Besuche ausländischer Staatsoberhäupter in Deutschland betreut. Die Abteilung ist – trotz der zahlreichen internationalen Verpflichtungen des Bundespräsidenten – besonders klein. Die dritte Abteilung schließlich, die Zentralabteilung, wird von der Ministerialdirektorin Cornelia Quennet-Thielen geleitet, einer früheren engen Mitarbeiterin des einstigen Umweltministers Klaus Töpfer. Sie ist zugleich Stellvertreterin des Amtschefs, das heißt, sie kann bei dessen Verhinderung sowohl an den Staatssekretärsrunden der Bundesregierung als auch an den Kabinettssitzungen teilnehmen. Dabei kommt es dann auch zu einer privaten Begegnung: Michael Thielen, ihr Ehemann, vertritt in diesen Runden als Staatssekretär das Bundesministerium für Bildung und Forschung. Weiterhin gibt es ein Referat für Presse- und Öffentlichkeitsarbeit. Dieses wird von Martin Kothé geleitet, der sein Studium der Geschichte und der Romanistik 1988 an der Freien Universität Berlin abschloss und zuvor unter anderem in Montpellier und an der Michigan State University studierte. Schon während seiner Studentenzeit war er freier Mitarbeiter bei mehreren Tageszeitungen. Zum ersten Mal persönlich gesehen hat er Horst Köhler, als dieser sich bei der FDP-Bundestagsfraktion als Präsidentschaftskandidat vorstellte. Seinerzeit war Kothé Leiter der Kommunikationsabteilung der FDP-Bundesgeschäftsstelle und Sprecher der FDP. Er gilt als der einflussreichste Berater des Präsidenten, vielleicht neuerdings neben Staatssekretär Gert Haller.

Außerdem ist dem Bundespräsidenten ein kleiner Stab als »persönliches Büro« zugeordnet, eine persönliche Referentin, sowie Sachbearbeiter und Sekretärinnen. Dieses Büro führt den Terminkalender und sichtet die an den Bundespräsidenten direkt gerichtete Post. Das persönliche Büro unterstützt zudem die Frau des Bundespräsidenten bei der Programmvorbereitung, Terminkoordinierung und Korrespondenz. Auch ist ihr eine persönliche Referentin zugeordnet. Schließlich gibt es eine »Hausintendanz«. Der Inhaber dieser Planstelle hat so etwas wie eine Butlerfunktion, begleitet den Bundespräsidenten auch auf Reisen und sorgt beispielsweise für gepackte Koffer.

Dieser Mitarbeiterstab ist deshalb notwendig, weil im Bundespräsidialamt monatlich zwischen 3.000 und 5.000 Briefe und E-Mails von Bürgerinnen und Bürgern an den Bundespräsidenten eingehen.[834] Die inhaltliche Bandbreite dieser Schreiben ist naturgemäß sehr groß (beispielsweise zu Themen wie Arbeitslosigkeit, Sozialstaat, bürgerschaftliches Engagement, Bildung, Gesundheit, Lage von Ausländerinnen und Ausländern in Deutschland, nationale Identität).[835] Auch Köhler musste die Erfahrung machen, wie stark er in ein Protokoll hineingepresst ist, das zumindest seinen Vorgängern gelegentlich zu schaffen machte. Frühere Mitarbeiter Richard von Weizsäckers erinnern sich beispielsweise, wie der damalige Bundespräsident einmal »ausbüxte«, indem er sich in Bonn ohne jede Begleitung kurzerhand zu einer Fahrradtour aufmachte, über das Kanzleramt zurück in das benachbarte Präsidialamt wollte und noch nicht einmal einen Ausweis bei sich hatte. Die Wache des Kanzleramtes war ziemlich nervös.

Horst Köhler trug selbst dazu bei, dass an ihn hohe Erwartungen gerichtet wurden. Schon vor Amtsantritt verbreitete er die Überlegung, das Fernsehen stärker als bisher zu nutzen, um öffentlich zu wirken.[836] Er ließ keinerlei Zweifel daran zu, dass er als Motor der Reformpolitik in Deutschland auftreten und seinen ökonomischen Sachverstand einbringen wolle. In der ›Bonner Rundschau‹ wurde er sogar als »Prophet des Machtwechsels« apostrophiert.[837] Es ist Aufgabe eines Bundespräsidenten, sehr viel über Politik zu reden. Aber »mitreden« im Sinne eines Mitentscheidens, das kann er nicht. Es war also auch ein Gebot der Klugheit, von Anfang an klarzumachen, dass er sich auch von den Unionsparteien und der FDP politisch nicht instrumentalisieren lassen würde.

»Der Bundespräsident vertritt den Bund völkerrechtlich.« Artikel 59 Absatz 1 des Grundgesetzes weist dem Bundespräsidenten insbesondere gegenüber dem Ausland eine besondere verfassungsrechtliche Stellung zu. Schon zu Beginn seiner Amtszeit musste sich Horst Köhler intensiv um seine internationalen Aufgaben kümmern. Denn: der Bundespräsident schließt im Namen des Bundes die Verträge mit auswärtigen Staaten. Er beglaubigt und empfängt die Gesandten. Aus diesem Grunde sind die ausländischen Besuche des Bundespräsidenten, aber auch der Empfang ausländischer Staatsoberhäupter in Deutschland von besonderer Bedeutung. Allein ein Blick auf die Statistik zeigt, wie sehr sich ganz zwangsläufig der Bundespräsident den internationalen Fragen zu widmen hat: Seit seinem Amtsantritt am 1. Juli 2004 hat Köhler innerhalb von zwei Jahren insgesamt 45 Besuche im Ausland vorgenommen.[838] Darunter waren acht Staatsbesuche. Im Haushaltsplan für das Jahr 2006 waren 1086 Millionen Euro für Staatsbesuche und Auslandsreisen des Bundespräsidenten vorgesehen. Bei längeren Auslandsreisen wird der Bundespräsident von Vertretern der Bundesregierung – in der Regel von einem Staatsminister des Auswärtigen Amts – begleitet. Genscher begleitete als Außenminister häufig bei wichtigen Reisen den Bundespräsidenten Richard von Weizsäcker.

Köhlers allererste Reise führte ihn nach Wien zu den Trauerfeierlichkeiten für den verstorbenen österreichischen Bundespräsidenten Thomas Klestil. Sieht man von dieser »ungeplanten« Reise ab, setzte Köhler durch seine erste Reise nach Polen, die ihn vom 15. bis 16. Juli 2004 nach Warschau und Danzig führte, mit seinem »Nachbarschaftsbesuch« eine besondere außenpolitische Note. In Paris war man darüber etwas erstaunt, ging man doch aufgrund der »privilegierten« deutsch-französischen Partnerschaft davon aus, dass der erste Besuch Frankreich gelte. Ein entsprechender Besuch fand dann auch unmittelbar im Anschluss an die Polen-Reise am 16. Juli statt. Danach machte Köhler weitere Antrittsbesuche in Großbritannien (19. Juli), Italien (22. Juli), Österreich (18. August), der Tschechischen Republik (15. Oktober), den Niederlanden (5. November), Litauen

(23. November), Lettland (23. November) und Estland (23. November). Im ersten Jahr reiste der Bundespräsident vom 13. bis 16. August auch zu den Olympischen Sommerspielen nach Athen, ferner besuchte er dort vom 17. bis 19. September die Paralympics.

Seine ersten »Staatsbesuche« hingegen machte Köhler in Afrika. Mit dem Etikett des »Staatsbesuchs« versehene Reisen sind übrigens dem Bundespräsidenten vorbehalten, auch wenn fälschlicherweise Gerhard Schröder in seinen Memoiren ›Entscheidungen‹ diese Etikettierung für seine Reisen als Kanzler reklamiert. »Staatsbesuche« des Präsidenten haben protokollarisch einen sehr viel höheren Stellenwert als Routinebesuche. In Afrika weilte Köhler vom 6. bis 16. Dezember 2004. Zunächst besuchte er Sierra Leone, dann Benin und schließlich Äthiopien. Mit diesem ersten offiziellen Staatsbesuch unterstrich Köhler, wie sehr ihm die Afrika-Politik am Herzen liegt. Innerhalb der Bundesregierung geht schon die Vermutung um, dass das eigentliche Zentrum der deutschen Afrika-Politik nicht im Entwicklungshilfeministerium bei Heidemarie Wieczorek-Zeul, sondern beim Bundespräsidenten liege. Auch 2006 führten den Bundespräsidenten Staatsbesuche in Länder Afrikas (2. bis 13. April 2006), nach Mosambik, Madagaskar und Botswana.

Die Tatsache, dass der Bundespräsident in den ersten beiden Amtsjahren 79 Besuche ausländischer Staatsoberhäupter und Regierungschefs empfing, unterstreicht ebenfalls die besondere Rolle, die er als Staatsoberhaupt zu spielen hat. Besondere Höhepunkte waren dabei der Staatsbesuch von Königin Elisabeth II. vom 2. bis 4. November 2004, aber auch die Staatsbesuche des israelischen Staatspräsidenten Moshe Katsav vom 30. Mai bis 1. Juni 2005, des italienischen Präsidenten Karlo Azeglio Ciampi (28. März 2006) und des chinesischen Präsidenten Hu Jintao vom 10. bis 13. November 2005.

Für jeden Bundespräsidenten stellt ein Staatsbesuch in Israel eine besondere Herausforderung dar, so auch für Köhler, der vom 1. bis 4. Februar 2005 in dieses Land reiste. Der Besuch in der Schoa-Gedenkstätte »Jad Vaschem« muss Horst Köhler besonders nahegegangen sein. Anderntags erschienen in israelischen Zeitungen Fotos, auf denen er Tränen in den Augen hatte, als er durch die Holocaust-Gedenkstätte ging. Auch in den Talkrunden im israelischen Fernsehen bezweifelte keiner, dass die Tränen echt waren.[839] Köhler fand auf dieser Reise offensichtlich die richtige Sprache: »Ich empfinde es nicht als Selbstverständlichkeit, dass Sie mich auch einen Freund genannt haben.« So sprach er beim abendlichen Staatsbankett in der Residenz des Präsidenten.[840] Seine Rede vor der Knesset, dem israelischen Parlament, am 2. Februar 2005[841] begann er mit einem hebräischen Satz und nicht bloß einer knappen Grußformel. Alle im Saal waren erstaunt, sowohl Ariel Scharon und Schimon Perez als auch der Parlamentspräsident Reuven Rivlin. Jacob Frenkel, früherer Chef der israelischen Nationalbank, den Köhler schon seit vielen Jahren kennt, hatte ihm diese Idee nahegebracht. Köhler hatte zuvor fleißig mit einer Übersetzerin geübt. »Der vermeintlich Unerfahrene hatte sich also im Stillen gut vorbereitet auf diese Reise«, schrieb die ›Süddeutsche Zeitung‹.[842] Die Medien waren äußerst zufrieden mit dem Bundespräsidenten, auch die ›Süddeutsche Zeitung‹: »Der undressierte Präsident, der politische Neuling, ein gutes halbes Jahr nach seiner Amtseinführung auf dem heikelsten Terrain, das die Welt für ein deutsches Staatsoberhaupt bereithält: Horst Köhler in Israel muss im Vorhinein der Schrecken eines Protokollchefs, der Alptraum aller Vortragenden Legationsräte erster Klasse gewesen sein. Und doch hat Köhler in diesen zwei Tagen dem ganzen politischen Gesamtkörper Berlin, der mit ihm fremdelt, gezeigt: Es geht auch anders, es geht anders vielleicht sogar besser.«[843] Das ›Handelsblatt‹ pflichtete bei: »So es überhaupt wirkliche Bewährungsproben für ein deutsches Staatsoberhaupt gibt, war die Rede im israelischen Parlament für den neuen Bundespräsidenten eine solche. Dass er sich dabei in eine Linie mit Weizsäcker stellte, gereicht ihm nicht zum Nachteil.«[844] Auch die Zeitung ›Die Welt‹ war voll des Lobes. Köhler »verblüfft die Israelis mit seiner direkten Art«.[845]

Einen besonderen Schwerpunkt setzte Horst Köhler von Anfang an mit seinem Engagement für Afrika. »Ich will meine Mittel einsetzen, um in dieser Frage ein neues Bewusstsein in Deutschland zu schaffen, zu mahnen und Orientierung zu geben«, erklärte er dem Bonner ›General-Anzeiger‹.[846] Köhler nutzte jede Gelegenheit, um für eine neue Kooperation Deutschlands mit Afrika zu werben, wobei er eine glaubwürdige Menschenrechtspolitik anmahnte. Bei seinen Reisen in Afrika selbst sprach er von seiner Zuneigung für diesen Kontinent, dessen kultureller Stärke und davon, dass er sich stets für die Sache Afrikas starkmachen werde. Doch jeder Sympathie- und Liebeserklärung für Afrika folgte eine Einschränkung. So wurde vor beninischen Ministern Köhlers Stimme ungeduldig, beinah zornig: Wenn Afrika sich nur auf die Hilfe von außen verlassen werde, werde es »nie sein Glück finden«.[847] Köhler musste auch die Grenzen seines Einflusses feststellen, als er sich für einen Bettler beim Kollegen Staatspräsidenten von Benin einsetzte: Der ehemalige Putschoffizier Mattieu Kérékou, der sich nach eigener Aussage vom Marxisten-Leninisten zum Demokraten geläutert hat, gab kein Pardon, als sich ein Behinderter dem Bundespräsidenten in Benins Hauptstadt Port Novo in den Weg stellte, um Almosen bettelte und sich an Köhler klammerte. Der Bettler wurde von Sicherheitsbeamten überwältigt und der Diktator gab zu Protokoll: Er lasse sich nicht von Behinderten auf der Nase herumtanzen. Wer die Autorität des Staates infrage stelle, bekomme dessen ganze Härte zu spüren. Obwohl Köhler darum bat, den Bettler nicht zu bestrafen, verlautete aus Sicherheitskreisen, der Delinquent sei in Haft und werde so lange verhört, bis er die angeblichen Hintermänner eines Komplotts preisgegeben habe.

Der Schriftsteller Hans Christoph Buch, der den Bundespräsidenten auf dieser ersten Afrikareise begleitete, schrieb nach seiner Rückkehr in der ›Frankfurter Allgemeinen Zeitung‹: »Horst Köhler ist ein Glücksfall für Deutschland und Afrika: Er redete keinem nach dem Mund und wurde nicht müde, politische Missstände anzuprangern, korrupte Eliten zu kritisieren und die Zivilgesellschaft zu ermutigen, allen voran die Frauen, ohne deren Beitrag zur Familie der Kontinent noch tiefer im Elend versinken würde – Stichwort Aids.« Köhler verschweige Europas Mitschuld an der Misere Afrikas nicht. »Sein Engagement ist glaubhaft, weil es nicht aus dem Kopf, sondern aus dem Herzen kommt, aus Liebe zu Afrika, der Wiege der Menschheit und damit auch der europäischen Kultur.«[848]

Nach Köhlers zweiter Afrikareise nach Mosambik, Madagaskar

und Botswana wurde die Frage gestellt, warum Köhler ausgerechnet solche Länder besuchte, die strategisch nicht von derart zentraler Bedeutung sind wie beispielsweise die politischen Schwergewichte Südafrika oder Nigeria.[849] Mit Hilfe dieser Reise wollte Köhler Afrika erneut stärker im Bewusstsein der Deutschen verankern und zeigen, dass es bei aller Misere in Afrika auch Erfolge gibt. Deshalb sollte die Welt Köhlers Meinung nach Afrika nicht aufgeben. Er wollte dies am Beispiel seiner Reise nach Mosambik verdeutlichen; das Land hat einen jahrzehntelangen Bürgerkrieg hinter sich, dessen verschiedene Bürgerkriegsparteien sich inzwischen ausgesöhnt haben. Nach seiner Auffassung hat auch Madagaskar nach verheerenden sozialistischen Experimenten einen vernünftigen Kurs eingeschlagen. Und in Botswana würden die Bodenschätze, die Diamanten, zum Wohle des Volkes abgebaut.[850]

Mosambik beispielsweise gehört zu den ärmsten Ländern Afrikas. 26 Jahre voller bewaffneter Konflikte haben tiefe Wunden hinterlassen. Mehr als eine Million Menschen starben, rund vier Millionen Flüchtlinge kehrten in den vergangenen Jahren zurück. 1994 fanden die ersten freien Wahlen statt. Durch seinen Besuch in diesem Land wollte Köhler vor allem die Anstrengungen für mehr Demokratie und Bildung würdigen.[851] Köhler erklärte am 3. April 2006 bei einem Staatsbankett in Maputo: »Die Demokratie hat in Mosambik kraftvoll Wurzeln geschlagen. Sie haben ein Mehrparteiensystem aufgebaut und den Umbau der Wirtschaft von einer staatlichen gelenkten Zentralverwaltungswirtschaft zu einer marktwirtschaftlichen Wirtschaftsordnung in Angriff genommen. Die eindrucksvollen Wachstumsraten der vergangenen Jahre bestätigen, dass Mosambik auf einem guten Weg ist. Ihr Land gilt zu Recht als Beispiel, an dem sich andere Länder Afrikas orientieren können.«[852]

Auch mit seinem Besuch in Madagaskar wollte Köhler die von der dortigen Regierung in Angriff genommenen Reformbemühungen würdigen. Vor allem wollte Köhler auf die Umweltsituation aufmerksam machen, da Madagaskar für seine große Artenvielfalt bekannt ist und der Lebensraum vieler Tiere durch Brandrodung und Abholzung des Regenwaldes in den vergangenen Jahren zerstört wurde.[853]

Abholzung und Erosion gefährdeten den Reisanbau und damit die Existenzrundlage der Bauern in Madagaskar, betonte Köhler.[854] Umwelt- und Naturschutz einerseits und Landwirtschaft andererseits schlössen sich nicht aus. Aber: »Wer in Not und Armut lebt, kann oft keine Rücksicht auf die Natur nehmen, um zu überleben. Wer Umwelt- und Naturschutz will, muss deshalb vor allem die Armut bekämpfen. Madagaskar hat sich das Ziel gesetzt, die Armut innerhalb von zehn Jahren zu halbieren. Deutschland will dazu beitragen«, sagte der Bundespräsident bei einem Staatsbankett in Madagaskars Hauptstadt Antananarivo.[855] Botswana war die letzte Station von Köhlers zweiter Afrikareise: das Land mit der ältesten Demokratie Afrikas.[856] Köhler lobte dort die »Erfolgsgeschichte Botswana«, das »Beispiel sein kann für andere Länder« auf dem afrikanischen Kontinent.[857]

Köhlers Afrika-Reisen sind eng verbunden mit seinem Engagement für die Stiftung »Weltethos«, die von dem Theologen Hans Küng initiiert wurde. Schon bald nach seinem Amtsantritt als Bundespräsident hielt Köhler auf Einladung Küngs, der von der katholischen Kirche gemieden wird, an der Universität Tübingen einen Vortrag über ›Ethische Grundlagen internationaler Politik am Beispiel Afrika‹. In diesem, noch vor seiner ersten Afrikareise gehaltenen Vortrag führte er aus: »Keine Frage: In Afrika gibt es große Probleme und tiefe Not. Aber das ist nur die halbe Wahrheit. Ich habe – in allem Elend und aller Not – auch Lebensfreude, Mut und Stolz erfahren, gegen die manche Haltungen in Europa beschämend kleinmütig erscheinen. Ich habe so viele Projekte und Initiativen gesehen, in denen Afrikaner Kreativität beweisen, die ihresgleichen sucht.«[858] Der Dialog zwischen den Religionen und den Kulturen sei wichtig, um den »Frieden in der Welt zu sichern«. Fünf Tage vor seiner ersten Reise nach Afrika formulierte Köhler in Tübingen: »Für mich entscheidet sich die Menschlichkeit unserer Welt am Schicksal Afrikas. Und ich betone noch einmal, dass es eine Frage der Selbstachtung Europas ist, gerade mit Blick auf unsere eigenen Fundamente und Werte, dass wir uns in Afrika ehrlich und großzügig engagieren.«

Dem Afrika-Engagement des Bundespräsidenten steht die Tatsache gegenüber, dass Köhler in den ersten zwei Jahren seiner Amtszeit nur ein einziges Mal in dem Boomkontinent Asien gewesen ist – im April 2005. Es war nur eine kurze Reise. Sie galt Japan, einem Land, zu dem Deutschland traditionell enge Wirtschaftsbeziehungen pflegt. Mit Asien befasste Diplomaten des Auswärtigen Amtes raufen sich deshalb die Haare: Sollte das immer bedeutender werdende Asien nicht ebenfalls in den Fokus des Präsidenten geraten?

Einmischung in die Innenpolitik

Es zeigte sich jedoch bald, dass die eigentliche Herausforderung Horst Köhlers nicht das internationale Parkett ist. Die Innenpolitik holte ihn immer wieder ein. Köhler war in den ersten Amtsmonaten von den Medien immer mehr als Gegenspieler zum damaligen Bundeskanzler Gerhard Schröder hochstilisiert worden. Dabei ähnelten sich beide in gewisser Weise mehr, als ihr parteipolitisches Herkommen nahelegte: Beide arbeiteten sich aus »einfachsten« Verhältnissen »nach oben« und beide sind keine »Philosophenkönige«, sondern entsprechen eher dem Typus eines politischen Machers.

Schon bald nach Köhlers Amtsantritt sollte es zu einer ersten, sehr ernsthaften Verstimmung zwischen dem Bundespräsidenten und Gerhard Schröder kommen: Noch nicht einmal hundert Tage im Amt, musste Köhler feststellen, wie sehr jedes präsidiale Wort auf die Goldwaage gelegt wird. Zudem stieß er bei der SPD und den damals mitregierenden Grünen von Anfang an auf größte Skepsis. Auch von seiner inneren Einstellung her vermochte er kaum die Regierungspolitik zu vertreten, obschon man ihm abnehmen muss, dass er sein Amt überparteilich führen wollte und will.

In einem sehr umfänglichen Interview mit der Zeitschrift ›Focus‹, erschienen im September 2004, sagte er einige wenige Sätze, die im Regierungslager sofort auf erboste Resonanz stießen. Ihm wurde die Frage gestellt: »Müssen wir nicht nach 15 Jahren Einheit so viel Ehrlichkeit aufbringen, den Menschen beispielsweise in Mecklenburg-Vorpommern zu sagen: Dort wird sich nie wieder Industrie ansiedeln?« Köhlers Antwort lautete: »Solche Prognosen kann niemand seriös abgeben. Aber unabhängig davon gab und gibt es nun einmal überall in der Republik große Unterschiede in den Lebensverhältnissen. Das geht von Nord nach Süd wie von West nach Ost. Wer sie einebnen will, zementiert den Subventionsstaat und legt der jungen Generation eine untragbare Schuldenlast auf. Wir müssen wegkommen vom Subventionsstaat. Worauf es ankommt, ist, den Menschen Freiräume für ihre Ideen und Initiativen zu schaffen.«[859] Im weiteren Verlauf stellte Köhler die Zusagen für den Aufbau Ost mit keinem Wort in Frage. Dennoch erklärte der damalige Bundesverkehrsminister Manfred Stolpe, zugleich zuständig für den Aufbau Ost, Köhler rüttele mit solchen Aussagen an der besonderen Förderung für den Osten und ebne einer neuen CDU-Strategie ideologisch den Weg.[860] Auch die ostdeutschen, der CDU angehörenden Ministerpräsidenten äußerten sich reserviert, so zum Beispiel Dieter Althaus: »Die Schere zwischen den alten und den neuen Bundesländern muss geschlossen werden.«[861] Sachsen-Anhalts Ministerpräsident Wolfgang Böhmer (CDU) fügte hinzu:»Das Grundgesetz gibt das Ziel der gleichwertigen Lebensverhältnisse vor, an dem wir festhalten sollten.«[862] Nachdem die Beteiligten das Interview dann aber gelesen hatten, verschwand alsbald auch die Aufregung. Doch die Reaktionen auf dieses Interview waren Köhler sicherlich eine Lehre dafür, dass es bei einem Interview auf jedes Wort, auf jede Nuance ankommt.[863]

Retter des Nationalfeiertags

Unweigerlich geriet der Präsident mit der Bundesregierung aneinander, als Bundesfinanzminister Hans Eichel und Gerhard Schröder der deutschen Öffentlichkeit eine offensichtlich gewagte Idee präsentierten, wie man die deutsche Volkswirtschaft stimulieren könne: Der 3. Oktober sollte nach Meinung der Spitzengenossen Schröder, Eichel und Clement als Regelfeiertag, als Tag der Deutschen Einheit, abgeschafft und als »Nationalfeiertag« auf den jeweils ersten Oktobersonntag gelegt werden. Hintergrund: Da zahlreiche Feiertage kirchlichen Ursprungs sind, die in den Landesgesetzen der 16 Bundesländer als gesetzliche Feiertage niedergelegt sind, kann der Bund an diesen nicht ohne Weiteres rütteln. Deshalb hatten sich die SPD-Politiker ausgerechnet den Nationalfeiertag ausgeguckt. Nicht einmal der 1. Mai als bundesweit gültiger Feiertag könnte vom Bund gestrichen werden, da dieser ebenfalls in einigen Landesgesetzen geregelt ist.

Kompliziert wurde es im speziellen Fall aber, weil die Bundesregierung ausgerechnet über den Nationalfeiertag entscheiden wollte, ohne den Bundespräsidenten als Akteur zunächst überhaupt befragt zu haben. Schröder und Eichel, aber auch der damalige Wirtschaftsminister Wolfgang Clement bedachten bei ihrem Vorstoß nämlich nicht, dass der Bundespräsident bei Fragen der Staatssymbolik aufgrund der bisherigen Staatspraxis ein Mitspracherecht beanspruchen kann. Ein Blick in die Geschichtsbücher hätte ihnen dieses klarmachen können: So gab es zwischen Adenauer und Heuss wegen des Deutschlandliedes einen ausgedehnten Schriftwechsel. Es war Adenauer, der Heuss »im Namen des Kabinetts« bedrängte, endlich die dritte Strophe des Deutschlandliedes, des Gedichtes von August Heinrich Hoffmann von Fallersleben in der Vertonung von Joseph Haydn, als Nationalhymne zuzulassen.[864] Richard von Weizsäcker ergriff fast vier Jahrzehnte später, am 19. August 1991, die Initiative und schrieb unter Verweis auf diesen Briefwechsel an Bundeskanzler Kohl, dass »sich im Laufe der vergangenen Jahrzehnte die 3. Strophe des Liedes mit der Musik von Haydn als Hymne der Bundesrepublik Deutschland im Bewusstsein der Bevölkerung fest verankert« habe. Interessanterweise hatte von Weizsäcker diesen Vorstoß nicht mit Kohl abgestimmt.[865] Er reagierte damit auf die Position des damaligen baden-württembergischen Kultusministers Gerhard Mayer-Vorfelder, der alle drei Strophen des Deutschlandliedes als deutsche Nationalhymne ansah. Kohl, der andererseits immer auf nationalkonservative Strömungen Rücksicht nahm, blieb nichts anderes übrig, als Weizsäcker zuzustimmen: Der Kanzler erklärte am 23. August 1991 postwendend, dass die dritte Strophe die »Nationalhymne der Bundesrepublik Deutschland ist«.[866] Bis zu diesem Zeitpunkt galten zwar alle drei Strophen des Deutschlandliedes als Nationalhymne; durch den

Briefwechsel Adenauer-Heuss war aber festgelegt worden, dass bei öffentlichen Anlässen nur die dritte Strophe »Einigkeit und Recht und Freiheit …« (und eben nicht »Deutschland, Deutschland über alles …«) gesungen werden soll.[867]

Aus diesen beiden Beispielen kann also geschlussfolgert werden, dass bei der Entscheidung über die Staatssymbole in Deutschland nach der Staatspraxis zwingend ein Einvernehmen zwischen der Bundesregierung und dem Bundespräsidenten herbeigeführt werden muss. Dass Köhler ausgerechnet in einer solchen Frage nicht rechtzeitig eingeschaltet wurde, dürfte wohl nicht darauf zurückzuführen sein, dass man Köhler politisch etwa »überrumpeln« wollte. Es zeigt vielmehr, für wie unwichtig Politiker im Allgemeinen und Bundeskanzler im Besonderen das Amt des Bundespräsidenten einschätzen. Das muss den engagierten und sensiblen Horst Köhler besonders gewurmt haben. Eine späte Bestätigung für die geringe Beachtung der Rolle Köhlers ist die Tatsache, dass er in den schnell auf den Markt geworfenen Memoiren ›Entscheidungen‹ des Alt-Kanzlers Schröder mit keinem einzigen Wort erwähnt wird.[868] Gelegentlich wird die Nichtbeachtung in Memoiren als Mittel zur Verärgerung von Kontrahenten eingesetzt.

Zwei Briefe dokumentieren den Zwist zwischen Köhler und Schröder: Am 3. November 2004 teilte Schröder dem Präsidenten am Telefon mit, er habe »entschieden«[869], den Tag der Deutschen Einheit künftig immer auf den ersten Sonntag im Oktober zu legen. Am folgenden Tag kam es zu einem Routinegespräch zwischen Hans Eichel und dem Bundespräsidenten.[870] Am gleichen Tag schickte Köhler dem Bundeskanzler schriftlich, was er gesagt hatte: »Der 3. Oktober als Symbol für die Wiedervereinigung Deutschlands in Frieden und Freiheit ist wichtig für die Zukunft unseres Landes und sollte erhalten bleiben. Ich sehe Ihre Entscheidung mit Sorge. Es können überzeugendere Wege gefunden werden, um auch durch einen zusätzlichen Tag zur Konsolidierung der Staatsfinanzen beizutragen. In dieser Frage sollte ein breiter gesellschaftlicher Konsens hergestellt werden.«[871] Auf diesen »mit freundlichen Grüßen« an den Kanzler übermittelten Brief reagierte dieser noch am selben Tage: »Wir alle wissen, dass es die deutsche Einigung war, die unserer Volkswirtschaft große finanzielle Lasten aufgebürdet hat. Wir dürfen in unseren Bemühungen bei der Vollendung der Einheit nicht nachlassen. Dazu bedarf es aber auch einer nationalen Kraftanstrengung. In diesem Zusammenhang stellt der zusätzlich gewonnene Werktag einen wichtigen Beitrag dar.« Am Schluss des Briefes schwenkte Schröder jedoch ein. Er schrieb Köhler, er habe »großes Verständnis für Ihren Wunsch nach einem breiten gesellschaftlichen Konsens in dieser Frage. Wenn Sie auf überzeugendere Wege hinweisen, will ich mich der Diskussion darüber nicht verschließen.«[872] Dieser letzte Satz ist ungewöhnlich: Schröder forderte Köhler zu inhaltlichen Alternativen auf, die aufzuzeigen eigentlich gar nicht Aufgabe eines Präsidenten ist – zumal nicht aus Sicht einer Bundesregierung. Deshalb verzichtete Schröder im weiteren Verlauf der Debatte auf diese Forderung an Köhler. Ebenso unklar blieb, welche »überzeugenderen Wege« Köhler gemeint hatte, um durch einen zusätzlichen Arbeitstag die deutsche Wirtschaft zu stimulieren. Ob er damit die relativ hohe Zahl von Urlaubstagen in Deutschland gemeint hatte? Dafür wären dann aber die Tarifparteien zuständig.

Dem Einspruch des Bundespräsidenten half nicht nur der Hinweis auf die bisherige Staatspraxis in Fragen der nationalen Symbolik. Die Tatsache, dass die Grünen die Abschaffung des Nationalfeiertags nicht unterstützten, zeigte, dass der Bundespräsident in dieser Frage letztlich im großen Konsens handelte. Selbst in der SPD war einiges Rumoren über die einsame Schröder-Entscheidung zu vernehmen, wovon die Erklärung der Grünen-Fraktionsvorsitzenden Krista Sager und Katrin Göring-Eckardt zeugte: »Wir glauben, dass auch in den Reihen unseres Koalitionspartners viele Verständnis haben werden, wenn wir diesem Vorschlag nicht folgen können.«[873] »Den ganzen Tag über«[874] gab es am 5. November 2004 in dieser Angelegenheit Telefonkonferenzen zwischen dem SPD-Partei- und Fraktionsvorsitzenden Franz Müntefering, dem in Brüssel weilenden Bundeskanzler Schröder und der Grünen-Fraktionsvorsitzenden Sager. Müntefering, der dem Projekt zunächst zugestimmt hatte, zog schließlich die Notbremse.

Der Feiertags-Vorgang führte zu einer ziemlichen Verstimmung zwischen Präsident und Regierung. Rot-Grün wies darauf hin, dass die präsidiale Abwehr gegen die Abschaffung des Nationalfeiertages der ›Frankfurter Allgemeinen‹ und der ›Süddeutschen Zeitung‹ zugetragen worden sei, und deutete das als eine gezielte Indiskretion, die nur aus dem Präsidialamt stammen könne. Dieses wies den Vorwurf jedoch vehement zurück. Auch die Grünen, die inhaltlich mit dem Bundespräsidenten in dieser Frage übereinstimmten, kritisierten Köhler. »Was der gemacht hat, war schon grenzwertig«, empörte sich Krista Sager. Ihrer Meinung nach sei es dem Präsidenten zwar unbenommen, sich zum Nationalfeiertag zu äußern, »aber wie er das gemacht hat, war schon ein ziemliches Reingrätschen in die Tagespolitik«.[875] Allerdings verkannte auch Sager, dass der Bundespräsident die Pflicht besaß, seines Amtes zu walten. Köhler konnte gar nicht anders. Insbesondere bei einem solch unreflektierten und unsensiblen Vorgehen des Bundeskanzlers musste Köhler die Rechte des Bundespräsidenten wahren. Schröder hätte wissen müssen: Im Zusammenhang mit dem Amt des Bundespräsidenten gibt es geschriebene und ungeschriebene Zuständigkeiten. Die bisherige Staatspraxis geht bei Fragen der Symbolsetzung von der Gegenzeichnung der beiden Verfassungsorgane Bundespräsident und Bundeskanzler aus.[876]

Die rasche Kehrtwende der Regierung war ein klarer Punktsieg für Köhler. Die Medien standen voll hinter ihm. In einem Kommentar von Tissy Bruns im Berliner ›Tagesspiegel‹ mit der Überschrift »Instinktlose Gesellen« war zu lesen: »Schröder, Eichel und Clement haben mit dem Feiertagscoup den Eindruck hinterlassen, sie seien Politiker, die sich bloß dem Regiment des Geldes fügen. Der welterfahrene Bundespräsident und der SPD-Chef aus dem Sauerland haben verstanden, wo die Zumutungen Grenzen haben müssen, wenn sie akzeptiert werden sollen.«[877] Auch der ›Stern‹ feierte Köhler: »So früh, so direkt und so öffentlich hat kein Staatsoberhaupt vor Köhler in die operative Arbeit einer Regierung eingegriffen. (…) Horst Köhler hat viel gewagt und viel gewonnen. Sein Sieg macht den ungezähmten Präsidenten mehr denn je zum Vertrauensmann in Zeiten rapiden Vertrauensverlustes.«[878]

Dass Köhler gegenüber der Politik unbequem sein kann, bewies er Ende 2004 auch in einem anderen Fall: Nachdem die Arbeit der Föderalismuskommission, die eine Neuaufteilung der Zuständigkeiten zwischen Bund und Ländern vorbereiten sollte, spektakulär gescheitert war, mischte sich der Bundespräsident ein. Er forderte kurz vor Weihnachten 2004 alle Beteiligten in Bund und Ländern auf, noch vor der regulären Bundestagswahl 2006 einen neuen Anlauf zu versuchen. Er nutzte seinen Antrittsbesuch im Saarland zum Hinweis, dass das Scheitern der Reform »kein Ruhmesblatt für die Politik« sei.[879] Im Januar 2005 empfing er die Kommissionsvorsitzenden Franz Müntefering und Edmund Stoiber zu einem Gespräch in Berlin, um die Chancen zu einem zweiten Anlauf für die dringend benötigte Staatsreform auszuloten.[880] Die Reformkommission aus je 16 Vertretern des Bundestages und des Bundesrates hatte zuvor seit mehr als einem Jahr daran gearbeitet, die verworrenen Gesetzgebungszuständigkeiten und Finanzbeziehungen zwischen Bund und Ländern zu entflechten. Doch trotz zahlreicher Übereinstimmungen kam es dann zu einem überraschenden Aus. Streitpunkt bis zuletzt blieb die Frage, wie viele bildungspolitische Mitwirkungsrechte der Bund bekommen würde. Erst mit der Großen Koalition wurde das Thema wieder aufgegriffen und danach eine umfangreiche Reform verabschiedet. Eine Einigkeit über die Frage der Steuerverteilung und der Finanzbeziehungen zwischen Bund und Ländern wurde indes bisher nicht erzielt.

Auch in der Folgezeit – sowohl während der rot-grünen Regierungszeit als auch während der Großen Koalition – sorgte Köhler dafür, dass er kein bequemer Präsident für die Bundesregierung war. Im Januar 2005 rieb er sich an dem von der rot-grünen Koalition verabschiedeten Luftsicherheitsgesetz, das aus verschiedenen Gründen nicht unumstritten war und ist. Es war wegen der terroristischen Bedrohungen notwendig geworden und sah unter anderem den Einsatz der Bundeswehr im Inneren bzw. zur Abwehr terroristischer Gefahr im Äußeren vor. Der Bundespräsident, der für das Inkrafttreten jedes Gesetz unterzeichnen muss, wählte dann ein Verfahren, das der damalige Bundesinnenminister Schily als »etwas ungewöhnlich« bezeichnete.[881] Köhler unterzeichnete zwar nach monatelangem Zögern, äußerte zugleich aber erhebliche Zweifel an der Verfassungsmäßigkeit des Gesetzes, das im Extremfall den Abschuss von entführten Passagierflugzeugen durch die Bundeswehr ermöglichen sollte. Einerseits fertigte er am 11. Januar 2005 das »Gesetz zur Neuregelung von Luftsicherheitsaufgaben« aus und erteilte den Auftrag zur Verkündung im Bundesgesetzblatt. Zeitgleich aber übermittelte er mit gleichlautenden Briefen an den Bundeskanzler, den Präsidenten des Deutschen Bundestages und den Präsidenten des Bundesrates Zweifel an der Verfassungsmäßigkeit einzelner Vorschriften des Gesetzes.[882] Zu Zeiten der Großen Koalition sollte Köhler noch deutlichere Zeichen setzen. Im Gegensatz zum Luftsicherheitsgesetz, wo er lediglich rechtliche Bedenken kundtat, sollte er sich innerhalb weniger Wochen gleich zwei Mal weigern, ein vom Bundestag verabschiedetes Gesetz zu unterzeichnen (»auszufertigen«): Durch sein Nein zur Privatisierung der Deutschen Flugsicherung am 24. Oktober 2006 und durch seine Ablehnung des Verbraucherinformationsgesetzes am 8. Dezember 2006 griff er zur schärfsten Waffe: Insgesamt erst sechs Mal war es bis dahin zur Unterschriftsverweigerung durch einen Bundespräsidenten gekommen.

Um sich mit der Haltung Köhlers auseinandersetzen zu können, muss man sich mit einigen wichtigen verfassungsrechtlichen Details befassen: Nach Artikel 82 des Grundgesetzes werden die »nach den Vorschriften dieses Grundgesetzes zustande gekommenen Gesetze« vom »Bundespräsidenten nach Gegenzeichnung ausgefertigt und im Bundesgesetzblatt verkündet«. In diesem Zusammenhang ist unter Politikwissenschaftlern und Staatsrechtlern seit langem umstritten, in welchem Umfang der Bundespräsident hier ein Prüfungsrecht hat. Das Bundesverfassungsgericht hat sogar einmal von einem »vorläufigen Prüfungsrecht« des Staatsoberhaupts gesprochen.[883] Der frühere Abteilungsleiter für Inneres im Bundespräsidialamt, Gernot Fritz, kommt zu dem Ergebnis, dass dieses Prüfungsrecht des Präsidenten bei der Ausfertigung von Bundesgesetzen »gemeinhin unterschätzt« werde, »weil sich diese Beteiligung des Bundespräsidenten nahezu immer geräuschlos vollzieht und dadurch die Möglichkeiten, die in der Verfassung angelegt sind, in Vergessenheit geraten können«.[884] Der Bundespräsident darf aber die Bundesgesetze nur ausfertigen, wenn eine Gegenzeichnung durch den Bundeskanzler oder durch ein Mitglied der Bundesregierung vorliegt und wenn ein Bundesgesetz nach den in der Verfassung niedergelegten Verfahrensvorschriften zustande gekommen ist.

In zwei Punkten ist man sich einig: Einen Spielraum für persönlich begründete inhaltliche Vetopositionen hat der Bundespräsident nicht. Unstrittig ist auch, dass der Präsident die Ausfertigung verweigern darf, wenn eine wichtige Verfahrensvorschrift des Grundgesetzes missachtet wurde, ein Gesetz formell also nicht rechtmäßig zustande gekommen ist. Umstritten in der Rechtswissenschaft und in der Praxis überaus bedeutsam ist jedoch, ob das Prüfungsrecht auch die Befugnis des Präsidenten umfasst, die materielle Vereinbarkeit eines Gesetzes mit dem Grundgesetz zu prüfen. Alle Bundespräsidenten seit Lübke haben dies bejaht.[885] In insgesamt sechs Fällen hat ein Bundespräsident ein Gesetz nicht ausgefertigt.[886] Heuss stoppte 1951 das Gesetz zur Durchführung des Art. 108 Abs. 2 des Grundgesetzes, Lübke 1962 das Gesetz gegen den Betriebs- und Belegschaftshandel und Heinemann 1969 das Ingenieurgesetz sowie 1970 das Architektengesetz. Scheel verweigerte 1976 seine Unterschrift des Gesetzes zur Änderung des Wehrpflichtgesetzes und des Zivildienstgesetzes, von Weizsäcker schließlich ließ 1991 das 10. Gesetz zur Änderung des Luftverkehrsgesetzes scheitern.[887] In weiteren Fällen hat das Staatsoberhaupt trotz verfassungsrechtlicher Bedenken unterzeichnet, zugleich aber seine Zweifel in Schreiben an die beteiligten Verfassungsorgane veröffentlicht, wie Köhler das beim Luftsicherheitsgesetz getan hat.[888] Roman Herzog konnte 1994 »die letzten Zweifel« nicht ausräumen, ob eine Änderung des Atomgesetzes zur Sicherung des Einsatzes von Steinkohle zustimmungsbedürftig sei, weshalb er dem damaligen niedersächsischen Ministerpräsidenten Gerhard Schröder, der diese Bedenken geltend gemacht hatte, schrieb, er überlasse die Klärung der verfassungsrechtlichen Fragen gegebenenfalls dem Bundesverfassungsgericht.[889]

Im Zusammenhang mit dem am 1. März 2002 von der Mehrheit des Bundestages beschlossenen Zuwanderungsgesetz, das am 22. März 2002 unter tumultartigen Umständen im Bundesrat behandelt wurde, kam dem Prüfungsrecht des damaligen Präsidenten Rau eine besondere Bedeutung zu: Die Union war der Auffassung, dass durch ein uneinheitliches Abstimmen des Bundeslandes Brandenburg die notwendige Mehrheit verfehlt worden sei, und zweifelte das vom damaligen Bundesratspräsidenten Klaus Wowereit festgestellte Ergebnis an. Der damalige Bundesratsdirektor Georg-Berndt Oschatz notierte für Rau, dass die Stimmabgabe Brandenburgs ungültig sei. Rau entschied sich allerdings anders: »Nach der Kompetenzordnung des Grundgesetzes und nach der Staatspraxis ist der Bundespräsident nur dann berechtigt und verpflichtet, von der Ausfertigung eines Gesetzes abzusehen, wenn er die sichere Überzeugung gewonnen hat, dass zweifelsfrei und offenkundig ein Verfassungsverstoß vorliegt.«[890] Zu dieser Überzeugung war Rau, der sich ausdrücklich auf die Entscheidungen von Karl Carstens zum Staatshaftungsgesetz (1981) und Roman Herzog zum Atomgesetz (1994) bezog, nicht gelangt. Auch Rau sah es allerdings als »wünschenswert« an, wenn das Bundesverfassungsgericht sich dieser Angelegenheit annähme. Das Bedeutsame dieses Vorganges war weniger Raus Unterschrift, sondern die Tatsache, dass er den damaligen Ministerpräsidenten Stolpe und dessen Stellvertreter Schönbohm explizit namentlich rügte und dann fortfuhr: »Ich rüge und ermahne auch alle Übrigen, die zu diesem Ansehensverlust beigetragen haben.« Dieses Rau-Verdikt nahm dann übrigens Stolpe zum Anlass für seinen Rücktritt als Ministerpräsident.

Die rot-grüne Bundesregierung tat sich schwer, Horst Köhler wegen seiner Entscheidung in Sachen Luftsicherheitsgesetz offen zu kritisieren. Innenminister Otto Schily sagte: Man respektiere selbstverständlich die Auffassung des Bundespräsidenten, doch hielten Innen- und Justizministerium sowie das gesamte Kabinett Köhlers Auffassung für falsch, auch seine Empfehlung, es möge doch in Karlsruhe gegen das Gesetz geklagt werden. Schily erklärte in der Öffentlichkeit, er habe »keinerlei Anlass zu Kritik am Herrn Bundespräsidenten. Jeder hat seinen eigenen Stil«.[891] Der innenpolitische Sprecher der Grünen, Volker Beck, formulierte seine Kritik an Köhler allerdings schärfer: Er sei »erstaunt darüber, in welchem Maße der Bundespräsident in tagespolitische Fragen eingreift und andere Verfassungsorgane sogar zu Klagen beim Bundesverfassungsgericht aufruft«.[892]

Schließlich sollte Köhler am Ende rechtliche Genugtuung erhalten: Am 15. Februar 2006 wurden seine Bedenken zum Luftsicherheitsgesetz durch das Bundesverfassungsgericht bestätigt. Mit ihrem Urteil gaben die Karlsruher Richter den Verfassungsbeschwerden der früheren FDP-Politiker Burkhard Hirsch und Gerhart Baum sowie vier weiterer Kläger statt.[893] Aus dem Urteil geht unter anderem klar hervor, dass Flugzeuge nicht abgeschossen werden dürfen, wenn sich an Bord auch unbeteiligte Menschen befinden. Die Passagiere eines entführten Flugzeuges würden sonst als bloße Objekte behandelt, denen der Wert und die Würde abgesprochen seien, die dem Menschen um seiner selbst willen zukommen.

Wurde Köhler noch von der damaligen rot-grünen Koalition wegen seiner Entscheidung zum Luftsicherheitsgesetz heftig kritisiert, so wurde in der Großen Koalition sein präsidiales Nein vom 24. Oktober 2006 zur Privatisierung der Deutschen Flugsicherung (DFS) zumindest nach außen hin respektiert. Der Deutsche Bundestag hatte im April 2006 mit großer Mehrheit beschlossen, 74,9 Prozent der deutschen Flugsicherung an private Investoren zu verkaufen, was mindestens eine Milliarde Euro in die Staatskasse spülen sollte.[894] Köhler schloss sich der verfassungsrechtlichen Überzeugung an, dass es sich bei Fragen der Flugsicherung um eine hoheitliche Tätigkeit des Staates handele. Diese Tätigkeit gehöre in den Bereich der Gefahrenabwehr und lasse sich nicht so ohne Weiteres vom Staat auf private Institutionen übertragen. Die verfassungsrechtlichen Bedenken werden durch einen Blick in Artikel 87d des Grundgesetzes genährt, wo es in Absatz 1 heißt: »Die Luftverkehrsverwaltung wird in bundeseigener Verwaltung geführt.« Köhler spricht deshalb in seiner Entscheidung von einer »evidenten Verfassungswidrigkeit« des Gesetzes zur Neuregelung der Flugsicherung.[895] Die Entscheidung des Bundespräsidenten richtet sich nicht gegen die Privatisierung einer staatlichen Aufgabe, diese könne »jedoch nur nach Maßgabe des geltenden Verfassungsrechts erfolgen«.[896] Obwohl die verfassungsrechtlichen Positionen des Präsidenten gut begründbar sind, versagten im Deutschen Bundestag als Kontrollinstanzen selbst die FDP und die Grünen.[897] Im Übrigen hätten die zustimmenden Fraktionen, oder zumindest einige ihrer Fachleute, vom Bundesverkehrsministerium einmal ganz zu schweigen, sich der Tatsache erinnern können, dass schon 1991 Richard von Weizsäcker sein Veto gegen die Umwandlung der Flugsicherung in eine »Gesellschaft mit beschränkter Haftung (GmbH)« eingelegt hatte.[898] Der damalige Bundespräsident rang sich erst nach einer Änderung des Artikels 87 d des Grundgesetzes zur Zustimmung durch.

Ein politischer Paukenschlag war die Entscheidung Köhlers wenige Wochen später, am 8. Dezember 2006, das Gesetz zur Neuregelung des Rechts der Verbraucherinformation nicht auszufertigen. In gleichlautenden Briefen an die Bundeskanzlerin, an den Präsidenten des Deutschen Bundestages und den Präsidenten des Bundesrates teilte er seine Entscheidung mit. Dieses am 29. Juni 2006 im Deutschen Bundestag und am 22. September 2006 vom Bundesrat verabschiedete Gesetz verstoße gegen eine neue Bestimmung der Föderalismusreform, die am 1. September 2006 in Kraft trat. Die neue Regelung in Satz 7, Absatz 1 des Artikels 84 des Grundgesetzes lautet: »Durch Bundesgesetz dürfen Gemeinden und Gemeindeverbänden Aufgaben nicht übertragen werden.« Zwischen Gesetzentwurf und seiner Verabschiedung lag die Föderalismusreform. Das war nach Köhlers Überzeugung nicht berücksichtigt worden.

Es ging Köhler nicht um die Ziele des Verbraucherinformationsgesetzes, das jedem Bürger einen »voraussetzungslosen« Anspruch auf Information über verbraucherrelevante Daten, die bei Gemeinden und Gemeindeverbänden vorhanden sind, sicherstellen sollte.[899] Hätte im abgelehnten Gesetz jener Halbsatz gefehlt, dass jede Behörde – sei es eine Behörde des Bundes, eines Landes oder »*einer Gemeinde oder eines Gemeindeverbandes*« – den Verbrauchern die notwendigen

Informationen zur Verfügung stellen muss, wäre aus Köhlers Sicht ein Eingreifen nicht notwendig gewesen. Nach seiner Meinung hat es der Gesetzgeber verabsäumt, eine Anpassung des Gesetzes vorzunehmen – denn mit der Reform kann der »Vollzug« des Bundesrechts durch die Kommunen nur noch per Landesgesetz herbeigeführt werden. Kritiker der Entscheidung Köhlers weisen darauf hin, dass auch künftig eine Vielzahl von Bundesgesetzen direkte oder indirekte Auswirkungen auf die Kommunen haben werden. Gleichzeitig wurde bezweifelt, ob mit diesem Gesetz den Kommunen tatsächlich eine neue Aufgabe übertragen werden sollte. Schon bisher mussten im Rahmen der den Kommunen übertragenen Gesundheitsüberwachung und Lebensmittelkontrolle Daten gesammelt werden. Das Wahrnehmen eines entsprechenden Informationsrechts war allerdings nur auf den Kreis »betroffener Bürger« begrenzt. Der Umfang dieses Informationsrechts sollte durch das neue Gesetz ausgeweitet werden.[900]

Die erneute Nicht-Unterzeichnung Köhlers erfuhr in der Bevölkerung – weniger in Kenntnis der konkreten Gesetzesmaterie denn aus einem allgemeinen Unbehagen gegenüber der Großen Koalition heraus – recht breite Zustimmung. Köhler, der für viele nach Etablierung der Großen Koalition letztlich weggetaucht zu sein schien, hatte sich wieder sichtbar gemacht. In den Medien erfuhr Köhler zumeist Lob. Der ›Stern‹-Redakteur Hans-Peter Schütz: »So wie Köhler ist noch kein Bundespräsident parteipolitisch in die Mangel genommen worden. Dabei ist es ein Glücksfall, dass dieser Präsident genau hinschaut, ehe er unterschreibt.«[901] In der ›Financial Times Deutschland‹ wird Köhler als »Der Oppositionsführer« tituliert[902], ›Focus‹-Chefredakteur Helmut Markwort spricht von »Pfuschgesetzen und Dreistigkeiten«, und Köhler sei nicht gewillt »die schlampige Arbeit der Regierung mit seiner Unterschrift zu schützen.«[903] Köhler wird in derselben Zeitschrift als »Gegenkanzler im Bellevue« bezeichnet.[904] In der ›Frankfurter Allgemeinen Zeitung‹ unterstützte Reinhard Müller Köhler: Die Politik habe sich zu sehr an den Ausweg gewöhnt, dass der Gang zum Bundesverfassungsgericht nach Karlsruhe »es schon richten« werde, doch könne »einem Verfassungsorgan nicht zugemutet werden, ein aus seiner Sicht offensichtlich grundgesetzwidriges Gesetz zu unterzeichnen.«[905] Abweichend vom journalistischen »mainstream« schreibt Heribert Prantl in der ›Süddeutschen Zeitung‹: »Wenn Köhler seine Prüfungskompetenz noch weiter ausbaut und Karlsruhe nicht dagegen einschreitet, hätte Deutschland beim Hüten der Verfassung eine Doppelspitze.«[906] Auch Stephan-Andreas Casdorff kritisiert Köhler: Wer die »bisher geltende Selbstbescheidung« eines Präsidenten überwinden wolle, »der muss dann aber dafür eintreten, dass der Präsident künftig vom Volk direkt gewählt wird.«[907]

Köhler erhielt die größte Zustimmung aus dem Kreis der interviewten Staatsrechtslehrer, auch wenn in den juristischen Kommentaren der Umfang des Prüfungsrechts des Präsidenten ziemlich umstritten ist. Die politischen Parteien »sollten froh sein, wenn Köhler genau hinsieht und damit Kompetenzwirrwarr verhütet«, so der Ex-Vizepräsident des Verfassungsgerichts, Ernst Gottfried Mahrenholz.[908] Wenn diese anderer Meinung seien, sollten sie doch gegen den Bundespräsidenten vor dem Bundesverfassungsgericht klagen. Der Verfassungsrechtler Friedrich Schoch, der gleichwohl im Auftrag des Bundespräsidenten ein Gutachten zu dem von Köhler abgelehnten Gesetz zur Flugsicherung verfasste, schwelgte sogar in den Worten: »Aus staatsrechtlicher Sicht ist dieser Bundespräsident ein Glücksfall.«[909] Nach Auffassung des Grundgesetz-Kommentators Gernot Fritz sei das Staatsoberhaupt »keine Zierpflanze im Vorgarten der Republik, sondern mit klaren Kompetenzen ausgestattet«, er habe die Pflicht, die von ihm zu unterzeichnenden Gesetze nach ihrer »Verfassungskonformität zu untersuchen«.[910] Hingegen waren die Kommentare aus der Politikwissenschaft gegenüber Köhler eher skeptisch. Er beschäftige sich »zu viel mit Erbsenzählerei«, meinte der Düsseldorfer Politikwissenschaftler Ulrich von Alemann: »Bundespräsidenten haben aber nicht die Aufgabe, sich um das Klein-Klein im deutschen Gesetzgebungshickhack zu kümmern. Er soll sich mit Fragen von größerer, moralischer Tragweite befassen und dazu Stellung nehmen.«[911] Im Bundesverfassungsgericht sei »auch mehr juristischer Sachverstand versammelt« als im Präsidialamt. Ähnlich kritisch sieht es der Gießener Politikwissenschaftler Claus Leggewie, der – ebenfalls in der links-alternativen ›tageszeitung‹ – nach der Nicht-Unterzeichnung zweier Gesetze bereits einen »Hauch von Weimar« konstatiert, »wenn Horst Köhler zum Sprachrohr von Volks Stimme gegen eine unfähige politische Klasse in Regierung und Parlament stilisiert wird.«[912]

In der politischen Sphäre jubelten diesmal die Grünen, die bis dahin mit zum Teil beißender Kritik an Köhler nicht zurückhielten. Für die Grünen nahm Renate Künast Köhler gegen die Kritik in Schutz, dass er sein Recht zur Prüfung verabschiedeter Gesetze zu weit auslege.[913] Einzig die FDP, die Köhler stets verteidigte, blieb auf ihrer Linie. Der frühere FDP-Fraktionsvorsitzende Wolfgang Gerhardt erklärte: »Ich bin, wie ja wohl auch die Mehrheit der Bevölkerung, mit Horst Köhlers Amtsführung sehr zufrieden.«[914] CDU wie SPD hätten »unflätig auf unseren Bundespräsidenten eingedroschen«, meinte FDP-Chef Westerwelle.[915] Gemeint waren damit die Warnungen des SPD-Fraktionsvorsitzenden Peter Struck, des Parlamentarischen Geschäftsführers der CDU/CSU-Bundestagsfraktion Norbert Röttgen und seines Kollegen von der SPD-Fraktion, Olaf Scholz. »Für die Überprüfung der Verfassungsmäßigkeit gibt es eine Institution, die dazu berufen ist: Das ist das Bundesverfassungsgericht«, erklärte Scholz.[916] Ähnlich Norbert Röttgen: »Jedes Gesetz, das nicht ausgefertigt wird, erreicht das Bundesverfassungsgericht schon gar nicht mehr.«[917] In einem Brief an die SPD-Fraktion äußerte sich Fraktionsvorsitzender Peter Struck wie folgt: »Kommen begründete Bedenken auf, gilt, die Instanz, die letztendlich und abschließend über die Verfassungsmäßigkeit zu entscheiden hat, ist das Bundesverfassungsgericht und niemand sonst. Daraus hat Bundespräsident Rau, z.B. beim Zuwanderungsgesetz, die richtigen Schlüsse gezogen. Daran könnte man sich ein Beispiel nehmen.«[918] Die intensiv befragte Kanzlerin Merkel verteidigte zwar am 11. Dezember 2006 in der Sendung ›Beckmann‹ das Verbraucherinformationsgesetz (»Wir haben uns das sehr gut überlegt und viele Gutachten dazu gehabt«[919]), aber sie unterließ alles, den Präsidenten öffentlich zu kritisieren. Sie befürchtete eine sich verselbständigende Diskussion, die zu einer allgemeinen Solidarisierung mit Köhler führen und ihn immer mehr zum Kronzeugen gegen die Arbeit der Großen Koalition instrumentalisieren könnte. Deshalb ließ sie nicht nur durch den Stellvertretenden Regierungssprecher Thomas Steg erklären, ihr Verhältnis zum Bundespräsidenten sei von »Achtung, Respekt und gegenseitiger Wertschätzung« geprägt, sondern sie wendete sich an dessen Kritiker mit dem Satz: »Öffentliche Belehrungen sollten unterbleiben.«[920] Steg machte den Hinweis, dass ein Gespräch der Kanzlerin mit dem Präsidenten noch »vor Weihnachten« bevorstehe – dies wiederum ärgerte Köhler, der in Hintergrundgesprächen zu verstehen gab, Hinweise auf konkrete Gesprächstermine zwischen Kanzlerin und Präsident seien unüblich. Und er verwies bei dieser Gelegenheit darauf, das Bundespräsidialamt habe die Bundesregierung frühzeitig auf rechtliche Bedenken aufmerksam gemacht, die diese aber offensichtlich auf die leichte Schulter genommen habe.

Das zweifache Veto Köhlers hatte den Effekt, dass auch bei weiteren Gesetzesvorhaben ein Einspruch Köhlers, den man inzwischen in der Regierungszentrale und in den Ministerien als wenig steuerbar einschätzt, öffentlich gefordert wird, etwa beim Streit über die Verteilung der »Harz-IV«-Kosten zwischen Bund und Ländern. So forderte Ex-Bundesverfassungsrichter Hans-Joachim Jentsch in dieser Frage den Bundespräsidenten auf, ebenfalls »besonders genau« hinzuschauen und die Angelegenheit einer »besonders strikten Verfassungsprüfung« zu unterwerfen.[921] Doch entgegen dieser und anderen Forderungen unterschrieb Köhler kurz vor Weihnachten 2006 das Gesetz, das die Unterkunftskosten für Empfänger des Arbeitslosengeldes II zwischen Bund und Ländern regelt.[922] Sicher wird die Bundesregierung bei der Gesetzesformulierung stärker darauf achten, Horst Köhler keinen weiteren Vorwand zur Ablehnung von Gesetzen zu geben.

Die Aufgeregtheit in der politischen Szene Deutschlands über die Zurückweisung zweier Gesetze wurde zusätzlich genährt durch eine Rede Köhlers, die er bei der Vollversammlung des Deutschen Industrie- und Handelskammertages am 22. November 2006 in Bochum gehalten hatte. Auf eine für einen Bundespräsidenten bisher absolut unübliche Weise bezog er in einer zwischen den und innerhalb der

Parteien höchst umstrittenen tagespolitischen Frage Partei und kritisierte heftig den nordrhein-westfälischen Ministerpräsidenten Jürgen Rüttgers. Dieser hatte vorgeschlagen, die Bezugsdauer des »Arbeitslosengeldes I« zugunsten von älteren Arbeitslosen nach Beitragsjahren zu staffeln. Wer mindestens vierzig Jahre eingezahlt hat, solle die Stütze bis zu 24 Monate erhalten. In dieser komplizierten sozialpolitischen Frage, in der die große Mehrheit der Bevölkerung laut Umfragen hinter ihm stand, hatte Rüttgers sich den Zorn der Sozialdemokraten zugezogen, denen er ein wichtiges Thema wegzunehmen schien. »Mit seiner sozialdemokratischen Rhetorik erntet er unter Politikern Kritik und bei den Wählerumfragen Traumquoten«, so Jürgen Zurheide im Bonner ›General-Anzeiger‹.[923] Weite Teile der Union standen zunächst nicht hinter den Überlegungen von Rüttgers. Dann donnerte Köhler in Bochum los: Die Arbeitslosenversicherung sei »kein individueller Sparvertrag«. Weiter: »Der Vorschlag, die Bezugsdauer des Arbeitslosengeldes I nach der Länge der Einzahlungszeit zu staffeln, schwächt das Versicherungsprinzip und damit eine zentrale zivilisatorische und soziale Errungenschaft zur Schaffung von Sicherheit in modernen Gesellschaften. Ich bezweifle, dass so Vertrauen geschaffen werden kann.«[924] Das saß.

Während sich Köhler bei den von ihm abgelehnten Gesetzen auf sein Prüfungsrecht beziehen kann, war seine Einmischung in die Tagespolitik durch seine Bochumer Rede doch ziemlich ungewöhnlich, zumal sie vier Tage vor dem Dresdner CDU-Bundesparteitag (27./28. November 2006) erschallte.[925] Merkel blieb nichts anderes übrig, als sich hinter Rüttgers zu stellen,[926] wodurch der Koalitionsfriede nicht gerade vergrößert wurde. Allerdings erreichte Köhler mit seinen Äußerungen etwas, was für ihn bis dahin nur eine fromme Hoffnung war. Die Sozialdemokraten lobten ihn. »Wo der Präsident recht hat, hat er recht«, so Olaf Scholz.[927] Und Franz Müntefering: »Natürlich darf und mag er sich äußern zu den Sachen, die ihm wichtig sind.«[928] Ähnlich äußerte sich SPD-Fraktionsvorsitzender Struck.[929] Auf einmal ermahnten die Sozialdemokraten die Unionsparteien zu einem »ordentlichen Umgang« mit dem Bundespräsidenten.

Bemerkenswert an diesem Vorgang ist nicht nur die ungewöhnliche Einmischung eines Bundespräsidenten in die Tagespolitik. Er machte jetzt wieder Schlagzeilen. Köhler war spätestens mit Beginn der Großen Koalition in einer für ihn wenig erfreulichen medialen Situation. Durch seine beiden Gesetzesverweigerungen und seine Bochumer Rede hatte er sich unmissverständlich gegenüber der Berliner Politszene und den Medien in Erinnerung gerufen. Zugleich versuchte er durch eine Vielzahl von Hintergrundgesprächen eine Art Charmeoffensive gegenüber den wichtigen Medien des Landes. Die Tatsache, dass ›Der Spiegel‹ die Bochumer Rede Köhlers vorab kannte und auf diese bereits in seiner Ausgabe vom 20. November hinwies[930], bestätigt die gezielte Medienstrategie des Bundespräsidenten mit Hilfe dieser Rede.

Entscheidung gefragt: die Parlamentsauflösung 2005

Während die Entscheidungskompetenz des Bundespräsidenten in Sachen Luftsicherungsgesetz und hinsichtlich der beiden von ihm abgelehnten Gesetze umstritten war, kam Köhler mit seiner Entscheidung für vorgezogene Wahlen zuvor eine eigenständige Rolle zu, die ihn für einige Wochen in den Fokus des öffentlichen politischen Interesses rückte und zeitweilig zu einem der präsentesten Politiker auf den deutschen Bildschirmen machte. In einer Fernsehansprache unmittelbar nach der 20 Uhr-›Tagesschau‹ in der ARD teilte Horst Köhler am 21. Juli 2005 mit, dass er den Bundestag aufgelöst und sich für Neuwahlen am 18. September entschieden habe. Das Land hatte gebannt der Entscheidung des Bundespräsidenten entgegengefiebert, denn theoretisch hätte er auch das Neuwahlbegehren von Bundeskanzler Schröder stoppen können. Die Parlamentsauflösung war sicherlich Köhlers bisher schwierigste politische Entscheidung. Verfassungsrechtlich ging es um Artikel 68 Absatz 1 des Grundgesetzes, in dem es heißt: »Findet ein Antrag des Bundeskanzlers, ihm das Vertrauen auszusprechen, nicht die Zustimmung der Mehrheit der Mitglieder des Bundestages, so kann der Bundespräsident auf Vorschlag des Bundeskanzlers binnen 21 Tagen den Bundestag auflösen.« Köhler konnte also auflösen, musste aber nicht. Wie kam es zu den vorgezogenen Wahlen im Jahre 2005? Und welche Gründe für den Antrag auf einen früheren Wahltermin musste der Bundespräsident bei seiner schwierigen Entscheidung berücksichtigen und prüfen?

Zur Klärung dieser Frage ist die Vorgeschichte wichtig und wie es zu Schröders Neuwahlankündigung am 22. Mai 2005 kam: Eine halbe Stunde nach dem Schließen der Wahllokale in Nordrhein-Westfalen und der Veröffentlichung der ersten Hochrechnungen der Landtagswahlen reagierte der SPD-Partei- und Fraktionsvorsitzende Franz Müntefering mit einer völlig unerwarteten Erklärung auf das für die SPD desaströse Ergebnis in einer Serie von Wahlniederlagen. Er kündigte »Neuwahlen« an. Diese politische Sensation überraschte Freund wie Feind völlig: »Es ist nötig, es ist Zeit, dass in Deutschland die Verhältnisse geklärt werden«, sagte Müntefering. Schröder und er hätten sich verständigt, den SPD-Parteigremien vorzuschlagen, dass im Herbst Bundestagswahlen stattfinden sollen. »Wir wollen klare Verhältnisse.« Schröder solle dann über Jahre im Amt bleiben. »Das streben wir an.«[931]

Schröder und Müntefering hatten sich an diesem Sonntagnachmittag im Kanzleramt beraten. Nur die wenigsten, darunter offensichtlich auch Vizekanzler Joschka Fischer, waren eingeweiht.[932] Schon am Nachmittag war durch die sogenannten »Exit-Polls« – die repräsentative Befragung von Wählern unmittelbar nach ihrer Stimmabgabe – klar geworden, dass die CDU die Landtagswahl in Nordrhein-Westfalen haushoch gewinnen würde und auf ihr seit Jahrzehnten bestes Ergebnis in diesem Bundesland käme, während die SPD stark verlieren würde. Die CDU erzielte 44,8 Prozent und gewann 7,9 Prozentpunkte im Vergleich zur letzten Wahl dazu. Sie war die einzige Partei, die Stimmen gewann, während die SPD 5,7 Prozentpunkte verlor und mit 37,1 Prozent zweistärkste Partei wurde (die FDP erhielt 6,2 Prozent bei einem Verlust von 3,7 Prozentpunkten; die an der Regierung beteiligten Grünen verloren 0,9 Prozentpunkte und überschritten mit 5,7 Prozent die Fünf-Prozent-Hürde nur knapp). Jürgen Rüttgers (CDU) konnte gemeinsam mit der FDP eine Koalition bilden. Für die SPD war die Wahlniederlage in Nordrhein-Westfalen ein psychologischer »GAU«. Jetzt auch noch das Desaster in ihrem »Stammland«! So wurde Nordrhein-Westfalen genannt – obwohl die beiden ersten Ministerpräsidenten, nämlich Karl Arnold und sein Nachfolger Franz Meyers aus den Reihen der CDU gekommen waren. Aber immerhin regierte die SPD das bevölkerungsreichste Bundesland der Bundesrepublik 39 Jahre lang, von 1966 bis 2005. Und Schröder wusste nach dem Votum in Nordrhein-Westfalen, dass er nicht so ohne Weiteres wieder zur politischen Tagesordnung übergehen konnte. Deshalb wollte er durch vorgezogene Bundestagswahlen die »Flucht nach vorne« antreten, wodurch im Übrigen auch Rüttgers' glänzender Wahlsieg in den Schatten gestellt wurde. Die Wahlniederlage der SPD dokumentierte einen weiteren politischen Niedergang der Partei. Die rot-grüne Bundesregierung hatte bis zu diesem Zeitpunkt – trotz ihrer Wiederwahl im Jahr 2002 – nicht mehr genügend Kraft und Reformwillen aufgebracht. Darüber hinaus war das Maß der Gemeinsamkeiten zwischen SPD und Grünen letztlich aufgebraucht.

Nicht nur die meisten Parteifreunde Schröders oder die Oppositionsführerin Merkel waren von dieser Verzweiflungstat des Bundeskanzlers völlig überrascht, sondern auch der Bundespräsident. Schröder hatte Köhler, bevor er und Müntefering an die Öffentlichkeit gingen, nicht eingeweiht. Dies ist umso erstaunlicher, als der Bundespräsident nach der Verfassung im Falle einer vorzeitigen Auflösung des Bundestages eine eigenständige Rolle zu spielen hat und deshalb möglichst frühzeitig informiert werden sollte. Die Nicht-Information des Präsidenten wurde erst etwa eine Woche später bekannt, als Köhler ein Gespräch mit der ›Westdeutschen Allgemeinen Zeitung‹ führte und mehr beiläufig, aber wohl gezielt, erzählte, die Ankündigung des SPD-Chefs Franz Müntefering habe auch ihn überrascht. Er fügte hinzu: »Dass der Bundespräsident in einer so wichtigen Frage überrascht wird, ist schon bemerkenswert.«[933] Zunächst wurde seitens der Bundesregierung suggeriert, der Bundespräsident sei über die Entscheidung des Bundeskanzlers informiert worden. Mehrere Medien verbreiteten diese falsche Meldung in den Tagen danach. Nach der Version von Schröder und Müntefering war es am Wahltag bereits kurz nach 17 Uhr zu einem Gespräch zwischen Schröder und Köhler gekommen. Wohl wegen dieser Behauptung sah sich der Bundespräsident genötigt, durch eine Veröffentlichung in der ›Westdeutschen Allgemeinen Zeitung‹ die Abläufe richtigzustellen. Richtig scheint zu sein, dass es um 18 Uhr den Versuch des damaligen Kanzleramtsministers Frank-Walter Steinmeier gegeben hat, den Staatssekretär im Bundespräsidialamt zu erreichen, was aber nicht sofort gelang. Tatsächlich erfuhr der Bundespräsident erst abends von den Plänen der SPD. Erst kurz vor 20 Uhr sprach Gerhard Schröder persönlich mit Köhler; wenige Minuten später ging Schröder dann auch selber in die Medien; Müntefering hatte das schon vorher getan.[934]

In den folgenden Wochen war der Berliner Politikbetrieb außerordentlich hektisch. Schröder und seine Leute mussten sich ein Verfahren ausdenken, das den Bundespräsidenten zu einem »Ja« zu Neuwahlen bewegen konnte. Zudem wurde der Bundespräsident vor allem aus den Reihen der SPD politisch unter Druck gesetzt. Insbesondere gegenüber Köhlers Pressesprecher Martin Kothé wurde Argwohn geäußert, als Einzelheiten eines Gesprächs zwischen Schröder und Köhler über die geplante Vertrauensfrage bekannt wurden. Demnach soll Schröder dem Präsidenten gegenüber seinen Wunsch nach Neuwahlen damit begründet haben, dass er sich einem »Erpressungspotenzial seiner eigenen Leute ausgesetzt sehe«.[935] Regierungssprecher Béla Anda sprach im Auftrag des Bundeskanzlers von »völlig unerträglichen Angriffen« und bezog sich damit ausführlich auf den stellvertretenden SPD-Fraktionsvorsitzenden Michael Müller. Dieser sagte im ›Handelsblatt‹: »Wir müssen langsam die Auseinandersetzung mit dem Bundespräsidenten suchen.« Köhler, so Müller, »streut so gezielt Informationen, dass die vertrauensvolle Zusammenarbeit gefährdet ist«.[936] Johannnes Kahrs, Sprecher des rechten SPD-Fraktionsflügels, äußerte sich ebenfalls gegenüber dem ›Handelsblatt‹: Wie Horst Köhler angesichts der geplanten Vertrauensfrage von Bundeskanzler Schröder agiere, sei eine »Schmierenkomödie der billigsten Art – aber der Mann ist eben so«.[937] Und auch der stellvertretende SPD-Fraktionsvorsitzende Ludwig Stiegler stimmte mit ein: »Herr Köhler ist der parteipolitischste Bundespräsident, den Deutschland je hatte.«[938]

Schröder selber sah sich schließlich gezwungen, sich hinter Köhler zu stellen. Dies tat er auch aus taktischen Gründen: Die heftigen Angriffe auf Köhler aus der SPD konnten ja nicht das Faktum überspielen, dass Schröder Köhler in der Frage der Auflösung des Bundestages brauchte und es geradezu töricht war, wenn der Bundespräsident durch Kraftausdrücke unter Druck gesetzt wurde. Schröder maßregelte seine Parteigenossen schließlich: »Ich habe volles Vertrauen in die Überparteilichkeit des Herrn Bundespräsidenten. Das gilt auch für die Wahrung der Vertraulichkeit unserer Gespräche. Deshalb erwarte ich von führenden Mitgliedern meiner Partei, die andere Ansichten öffentlich geäußert haben, dies unverzüglich einzustellen. Ich muss zur Kenntnis nehmen, dass es in einer politischen Ausnahmesituation zu unangemessenen Reaktionen und zu ausufernden Spekulationen kommt. Das darf aber nicht dazu führen, dass die Verfassungsorgane beschädigt und die Würde der in ihnen handelnden Personen verletzt wird.«[939] Den SPD-Granden ist offensichtlich erst recht spät eingefallen, dass ohne eine Zustimmung des Bundespräsidenten Neuwahlen nicht möglich waren.

Schröder stellte am 1. Juli 2005 im Deutschen Bundestag die Vertrauensfrage. Er begründete sie damit, dass seit dem Ausgang der Landtagswahl am 22. Mai »negative Auswirkungen für die Handlungsfähigkeit im parlamentarischen Raum unabweisbar« geworden seien.[940] Für Schröder lag demnach nach dem nordrhein-westfälischen Votum »die Frage offen auf dem Tisch, ob bei diesem Wahlausgang eine volle Handlungsfähigkeit für mich und meine Politik noch gegeben war, zumal die Mehrheit für diese Regierung im Deutschen Bundestag von Anfang an denkbar knapp war. Diese Mehrheit hat sich durch den Verlust nicht nachzubesetzender Überhangmandate weiter reduziert und beträgt nur noch drei Stimmen, wenn die sogenannte Kanzlermehrheit erforderlich ist«.[941] Grundvoraussetzung für die Regierungspolitik seien aber, so der damalige Bundeskanzler im Plenum, »Planbarkeit und Verlässlichkeit«, wobei die Bundesregierung auf die »Geschlossenheit der Koalitionsfraktion angewiesen« sei:

»Auch hier sind vermehrt abweichende, jedenfalls die Mehrheit gefährdende Stimmen laut geworden.«[942]

Angela Merkel entgegnete dem Bundeskanzler im Bundestag, die CDU/CSU-Fraktion begrüße Neuwahlen: »Für diesen Schritt zolle ich Ihnen auch persönlich Respekt; denn er ist unumgänglich, um unserem Land monatelange, quälende Auseinandersetzungen aus Gründen rot-grüner Handlungsunfähigkeit zu ersparen.«[943] Sie fügte in jener inzwischen häufig zitierten Rede hinzu: »Unser Land braucht aber auch endlich eine Mehrheit für einen Neuanfang im Deutschen Bundestag, damit wir mit klaren Verhältnissen im Bundestag und im Bundesrat durchregieren können.«[944] Guido Westerwelle erklärte für die FDP, die Bürgerinnen und Bürger hätten durch die Wahlergebnisse die Vertrauensfrage längst beantwortet: »Die Neuwahlen sind aus unserer Sicht verfassungskonform. Sie sind politisch richtig und sie sind die einzige Chance, den gordischen Knoten, der Deutschland fesselt, zu durchschlagen. Unser Land kann sich diese Agonie nicht länger leisten.«[945] Bundesaußenminister Fischer sagte auch für die grüne Fraktion, dass er »die politische Entscheidung unseres Koalitionspartners« billige, wenn der Bundeskanzler »zu der Überzeugung kommt, dass seine Mehrheit in diesen Zeiten nicht mehr voll belastbar ist«.[946] Der grüne Abgeordnete Werner Schulz hingegen, einst mutiger Aktivist in der Bürgerrechtsbewegung der DDR, sah in der Abstimmung »ein inszeniertes, ein absurdes Geschehen. (...) Hier läuft eine fingierte oder, wie die Juristen sagen, eine unechte Vertrauensfrage.«[947] Schröder wolle gar nicht das Vertrauen ausgesprochen bekommen, zumal er selbst verkündet habe, sich der Stimme zu enthalten. Später reichten Schulz und seine SPD-Kollegin Jelena Hoffmann (SPD) vor dem Bundesverfassungsgericht Klage gegen die Entscheidung des Bundespräsidenten zugunsten von Neuwahlen ein.

Natürlich fällt es einem Politiker nie leicht anzuerkennen, dass ihm offensichtlich die Mehrheit abhanden gekommen ist. Die Stimmung in der SPD-Fraktion war keineswegs gelöst, mussten doch manche Mandatsträger um ihre Wiederwahl fürchten. Einige Politikerkarrieren wurden so ein volles Jahr früher beendet als geplant. Bisherige Abweichler in der SPD-Fraktion kündigten an, dass sie Schröder das

Vertrauen aussprechen wollten.[948] So äußerte der SPD-Abgeordnete Rudolf Bindig, der Vorschlag, die SPD-Fraktion möge sich enthalten, sei falsch. Schröder habe sein Vertrauen. »Es ist genug taktiert worden.«[949] Wie schwer es ist, seine Nicht-Unterstützung für Schröder zu begründen, musste Franz Müntefering selber erleben. Ausgerechnet während der Debatte um die Frage der Vertrauensabstimmung erklärte er, »dass wir uns aber einig sind in dem Bewusstsein, dass Gerhard Schröder als Bundeskanzler das Vertrauen der SPD-Bundestagsfraktion hat und dass wir ihn weiter als Bundeskanzler der Bundesrepublik Deutschland haben wollen.«[950] Er fügte sogar hinzu, »es geht heute nicht um Misstrauen«. Damit redete sich Müntefering fast um Kopf und Kragen, lieferte er doch allen pozentiellen Auflösungsgegnern alle Argumente für eine Klage. Denn dem Bundespräsidenten ist es ja letztlich nur möglich, das Parlament aufzulösen, wenn zweifelsfrei feststeht, dass eine aktiv unterstützende Mehrheit für die Politik des Bundeskanzlers im Bundestag nicht mehr vorhanden ist. Müntefings Satz brachte unfreiwillig zum Ausdruck, was viele als eine Inszenierung des Misstrauens ansahen, als eine »unechte Vertrauensfrage«.

Das Abstimmungsergebnis war dann keine Überraschung. Das »Vertrauen« sprachen dem Bundeskanzler bei 595 abgegebenen Stimmen 151 Abgeordnete aus, mit »Nein« stimmten 296. Es gab 148 Enthaltungen. Der Antrag des Bundeskanzlers erreichte also nicht die erforderliche Mehrheit von mindestens 301 »Ja«-Stimmen. Das Ergebnis kam wie folgt zustande: Mit »Ja« stimmten Teile der SPD-Fraktion und auch der Grünen. Allerdings enthielten sich zahlreiche Persönlichkeiten aus dem Bereich der SPD, unter anderem Gerhard Schröder selbst, sowie führende Persönlichkeiten der Grünen, darunter die Minister Joseph Fischer, Renate Künast, Jürgen Trittin sowie der heutige Fraktionsvorsitzende Fritz Kuhn. Dass der Bundeskanzler sich selber nicht das Vertrauen aussprach, sondern sich enthielt, unterstrich für viele die taktischen Momente dieser Vertrauensabstimmung.

Der Bundespräsident hatte laut den Vorschriften des Grundgesetzes nach der Abstimmung im Bundestag 21 Tage, bis zum 22. Juli,

Zeit, um sich zu entscheiden. Er tat sich mit seiner Entscheidung außerordentlich schwer. Der Präsident musste ein zweistufiges Prüfungsverfahren absolvieren. Zunächst hatte er zu prüfen, ob das Auflösungsbegehren überhaupt verfassungskonform war. Bei der zweiten Stufe handelte es sich um die Frage, ob der Präsident eine vorzeitige Auflösung für politisch sinnvoll hielt. Vor allem musste er prüfen, inwieweit dem Bundeskanzler tatsächlich das Vertrauen fehlte oder ob es sich hier nur um ein taktisches Manöver handelte.[951] Deshalb wandte sich der Chef des Präsidialamtes schon vor der Vertrauensfrage an das Bundeskanzleramt und erbat zu Schröders politischer und juristischer Argumentation nähere Erläuterungen.[952] Ähnlich hatte 1983 der damalige Bundespräsident Karl Carstens gehandelt. Das Dossier des Bundeskanzleramts enthielt öffentlich zugängliche Äußerungen von Schröders Kritikern aus den eigenen Reihen. Um den von allen Parteien gewünschten Wahltermin am 18. September 2005, nach dem Ende der Sommerferien, zu ermöglichen, konnte Köhler den Bundestag frühestens am 21. Juli auflösen, da dann laut Grundgesetz innerhalb von sechzig Tagen neu gewählt werden muss.

Im Rahmen seiner schwierigen rechtlichen Prüfung musste der Präsident die bisherigen Präzedenzfälle mit dem nun vorliegenden Fall vergleichen. Viermal war zuvor in der Geschichte der Bundesrepublik Deutschland die Vertrauensfrage gestellt worden:

- Helmut Schmidt benutzte im Februar 1982 das Instrument der Vertrauensfrage, um die parlamentarische Linke der SPD und auch die FDP zu disziplinieren. Er verband die Vertrauensfrage mit einer Abstimmung über ein Beschäftigungsprogramm der Bundesregierung und erhielt aus den Regierungsfraktionen die volle Zustimmung.
- Gerhard Schröder folgte im November 2001 dem Beispiel Schmidts: Damals ging es um eine eigene rot-grüne Mehrheit für die Entsendung deutscher Soldaten vor allem nach Afghanistan zur Unterstützung des Kampfes gegen den internationalen Terrorismus. Hier gab es Widerstand in seiner eigenen Fraktion, auch

bei den Grünen. Durch die Vertrauensfrage erreichte Schröder damals sein Ziel: Acht grüne Gegner des militärischen Einsatzes verabredeten, dass nur die Hälfte von ihnen Schröder das Vertrauen versagen sollte, während die andere Hälfte, mit einer Faust in der Tasche, der Regierung die Mehrheit sicherte.[953]

Zweimal jedoch wurde die Vertrauensabstimmung genutzt, um den Weg für Neuwahlen frei zu machen. Köhler wird sich diese historischen Beispiele genau angesehen haben:

– Im September 1972 stellte Bundeskanzler Willy Brandt seinen Antrag mit dem erklärten Ziel, durch die Ablehnung des Antrags in die Lage versetzt zu werden, dem Bundespräsidenten die Auflösung des Bundestages vorzuschlagen. Im Deutschen Bundestag ging es damals hoch her: Nachdem es 1969 zu einem von Heinemann als »Machtwechsel« bezeichneten Regierungswechsel hin zu einer sozial-liberalen Koalition gekommen war, brauchten die früheren Regierungsparteien CDU und CSU lange Zeit, um ihre ungewohnte Oppositionsrolle innerlich anzunehmen. Die CDU/CSU-Bundestagsfraktion unter Rainer Barzel sah die eigene Partei damals immer noch als »Regierungspartei auf Abruf«. Die CDU/CSU erhielt bei den Bundestagswahlen am 28. September 1969 zwar 46,1 Prozent, doch konnte die SPD mit ihren 42,7 Prozent gemeinsam mit den 5,8 Prozent der FDP die Regierung stellen; die Mehrheit im Parlament war recht dünn und wurde durch Fraktionswechsel immer dünner. Im April 1972 setzte Oppositionsführer Barzel alles auf eine Karte und stellte einen Antrag auf »konstruktives Misstrauensvotum« gegen den Bundeskanzler. »Konstruktiv« muss nach dem Grundgesetz ein Misstrauensvotum deshalb sein, damit nur durch die Wahl eines neuen Regierungschefs der bisherige Kanzler abgelöst werden kann – eine Lehre aus der Weimarer Republik, die unter anderem mit ihren ständig wechselnden Regierungen die Demokratie nicht zu stabilisieren vermocht hatte. Barzels Antrag schien durch eine Reihe von »Überläufern« aus SPD und FDP, die vor allem mit der Ostpolitik Willy Brandts nicht einverstanden waren, durchaus Aussicht auf Erfolg zu haben. Doch er scheiterte wegen zweier Stimmen, die ihm aus dem »eigenen« Lager verweigert wurden. Wie man heute weiß, hatte die ostdeutsche »Staatssicherheit« ihre Hand im Spiel. Zumindest im Falle des Abgeordneten Julius Steiner scheint heute klar zu sein, dass er von der Stasi Geld erhalten hatte. Zunächst konnte Brandt Kanzler bleiben. Nachdem aber beim Votum über den Kanzlerhaushalt die Regierung keine Mehrheit mehr zustande brachte (247 Stimmen dafür, 247 Stimmen dagegen, eine Enthaltung), war die Pattsituation im Bundestag offensichtlich. Der daraufhin folgenden Vertrauensabstimmung blieben die Regierungsmitglieder, sofern sie als Abgeordnete des Bundestages stimmberechtigt gewesen wären, fern, um sicherzustellen, dass die Vertrauensfrage verneint und so der Weg für Neuwahlen eröffnet wurde. Die vorgezogenen Wahlen am 19. November 1972 brachten Willy Brandt und der SPD das bis dahin beste Ergebnis in der Geschichte der Bundesrepublik.

– Der durch einen Koalitionswechsel der FDP am 1. Oktober 1982 ins Kanzleramt gekommene Helmut Kohl vereinbarte als Zugeständnis an den linken Flügel der FDP, zunächst nur für einige Monate gemeinsam die Regierung zu bilden und sich durch vorgezogene Wahlen alsbald dem Wähler zu stellen. Bei der »Vertrauensabstimmung« am 17. Dezember 1982 enthielten sich die Abgeordneten der Regierungsfraktionen. Das Vertrauen wurde also Kohl, wie vorgesehen, versagt. Karl Carstens löste das Parlament am 6. Januar 1983 auf. Das Bundesverfassungsgericht befand die Parlamentsauflösung mit sechs zu zwei Stimmen für rechtens, setzte allerdings für künftige Fälle eine enge Grenze. Diese besteht darin, dass die stetige parlamentarische Unterstützung durch die Mehrheit des Bundestages nicht sicher sein dürfe, dass eine einmalige Ausnahmesituation also nicht ausreiche.

Auch im Falle der Entscheidung Horst Köhlers in Sachen Parlamentsauflösung gab es die unterschiedlichsten Ratschläge. Köhlers Vorvorgänger Roman Herzog sanktionierte die Motivation Schröders: »Der Bundeskanzler verletzt die Verfassung durch eine solche Motivation seines Vertrauensantrags nicht.« Herzog hielt eine »abstrakte Vertrauensfrage«, also eine, die »ohne Verbindung mit irgendeiner politischen Sachfrage« gestellt wird, für legitim.[954] Köhler und Herzog trafen sich am 31. Mai zu einem vertraulichen Gespräch. Der ehemalige Bundesverfassungsrichter Dieter Grimm kam hingegen zu einem völlig anderen Ergebnis: »Der Präsident darf nicht mitspielen. (…) Kommt es unter den gegenwärtigen Umständen zur Abstimmung über eine Vertrauensfrage des Bundeskanzlers (…) und geht dies nur deswegen negativ aus, weil Abgeordnete, die die Politik des Kanzlers unterstützen, ihm nicht das Vertrauen aussprechen, dann fehlt es an den Voraussetzungen des Artikels 68.« Würde Köhler, so Grimm, auf der Grundlage einer solchen Abstimmung den Weg zu Neuwahlen freimachen, gewährte er dem Bundeskanzler etwas, »das die Verfassung ihm versagt«. Er meinte damit das De-facto-Recht der vorzeitigen Parlamentsauflösung.[955] Seiner Überzeugung nach hätte auch Carstens den Bundestag nicht auflösen dürfen, während Grimm im Falle Brandts 1972 eine echte Krise konzedierte. Denn infolge der damaligen Pattsituation habe die Regierung tatsächlich keine Mehrheit mehr gehabt und konnte ihr politisches Programm nicht mehr verwirklichen.[956] Der Verfassungsrechtler Erhard Denninger betonte, der Präsident habe bei seiner Entscheidung ein »erhebliches politisches Ermessen«, »wobei er auch die Einschätzungskompetenz des Bundeskanzlers zu respektieren hat«.[957] Und der frühere Bundesverfassungsgerichtspräsident Ernst Benda ging mit Schröders Strategie hart ins Gericht: »Eine Vertrauensfrage dieser Art zu stellen, entspricht nicht dem Geist des Grundgesetzes. Er ist darauf angewiesen, dass sie von seinen politischen Freunden im Bundestag abgelehnt wird.«[958]

Wenn man den Text der Fernseh- und Rundfunkansprache Köhlers vom 21. Juli 2005 mit der von Karl Carstens am 7. Januar 1983 vergleicht, wird man sehen, dass sie (mit Ausnahme der Zahlen) mit einem identischen Satz beginnen. Beide sagten: »Ich habe heute den [15.] Deutschen Bundestag aufgelöst und Neuwahlen [für den 18. September] angesetzt.« Der nächste Satz von Karl Carstens lautete jedoch: »Alles, was zu dem Thema im Bundestag gesagt worden ist, habe ich sorgfältig geprüft.« Horst Köhler hingegen formulierte: »Unser Land steht vor gewaltigen Aufgaben. Unsere Zukunft und die unserer Kinder steht auf dem Spiel. Millionen von Menschen sind arbeitslos, viele seit Jahren. Die Haushalte des Bundes und der Länder sind in einer nie da gewesenen kritischen Lage. Die bestehende föderale Ordnung ist überholt. Wir haben zu wenig Kinder und wir werden immer älter. Und wir müssen uns im weltweiten, scharfen Wettbewerb behaupten.«[959] Karl Carstens wies eingangs darauf hin, dass er sich mit dem Bundeskanzler, mit den Vorsitzenden aller im Bundestag vertretenen Parteien und mit den Fraktionsvorsitzenden sowie mit den Präsidenten von Bundestag und Bundesrat und mit weiteren Persönlichkeiten beraten hatte. Nachdem alle im Bundestag vertretenen Parteien – wenn auch aus unterschiedlichen Gründen – Neuwahlen für nötig gehalten und auch die Opposition ungeachtet einiger Vorbehalte gegen den eingeschlagenen Weg keine Einwendungen gegen den Wahltermin erhoben hatte, erklärte Carstens: »Zunächst ist es dem Bundespräsidenten nicht möglich festzustellen, aus welchen Gründen der einzelne Abgeordnete dem Bundeskanzler die Zustimmung versagt hat. Ich halte mich an die öffentlich vorgetragenen Begründungen. Danach haben die Koalitionsparteien der neuen Regierung von vorneherein nur eine sachliche und zeitlich begrenzte Unterstützung zugesagt. Sie haben erklärt, sie wollten zunächst den Haushalt nebst einigen dazugehörigen Gesetzen durchbringen, dann aber Neuwahlen herbeiführen.«[960] Damit nahm Carstens auf die offizielle Begründung von Unionsparteien und FDP Bezug, die bei der Koalitionsbildung nur für eine begrenzte Zeit ein Mandat gehabt hätten, um politische Notoperationen vorzunehmen. Der »Vertrauensbonus« sei nach einigen Monaten aufgebraucht. »Das sind Tatsachen, an denen ich nicht vorübergehen kann. Aus ihnen ergibt sich nach meiner Überzeugung, dass eine handlungsfähige parlamentarische Mehrheit zur Unterstützung der Regierungspolitik nicht mehr vorhanden ist.«

Karl Carstens begründete seine Auflösungsentscheidung also ausschließlich juristisch, während Horst Köhler eine politische Begründung an den Anfang seiner Erklärung stellte. Viele Fernsehzuschauer empfanden Köhlers Rede als politische Abrechnung mit der bisherigen Bundesregierung, zumal sie mit dem Satz endete: »Schauen Sie bitte genau hin. Demokratie heißt, die Wahl zu haben zwischen politischen Alternativen. Machen Sie von Ihrem Wahlrecht sorgsam Gebrauch.« Erst nach seiner inhaltlichen Begründung befasste sich Köhler mit den juristischen Aspekten. Er brachte nun zum Ausdruck, dass er die Gründe für den vom Kanzler proklamierten Vertrauensentzug bejahe – und das nicht nur mangels gegenteiligem Beweis.[961] In einer »Gesamtabwägung« kam er »zu dem Ergebnis, dass dem Wohl unseres Volkes mit einer Neuwahl jetzt am besten gedient ist.« Wohlgemerkt: Er begründete seine Auflösung des Bundestages in erster Linie nicht mit den formalen Kriterien, also der Frage, ob eine Mehrheit im Bundestag noch Vertrauen zum Bundeskanzler hatte, sondern er begründete es vor allem mit dem »Wohl unseres Volkes«, das er zu kennen meinte. Allerdings wies der Bundespräsident unter Verweis auf das Bundesverfassungsgericht darauf hin, dass eine Auflösung dann möglich ist, wenn die politischen Kräfteverhältnisse im Bundestag die Handlungsfähigkeit des Bundeskanzlers »so beeinträchtigen oder lähmen, dass er eine von stetiger Zustimmung der Mehrheit getragene Politik nicht sinnvoll verfolgen kann«.[962] Nach der Entscheidung des Bundesverfassungsgerichts aus dem Jahr 1983 habe der Bundespräsident, so Köhler, die Einschätzung des Bundeskanzlers zu beachten, es sei denn, eine andere Einschätzung sei eindeutig vorzuziehen.

Horst Köhler musste sich an dem Urteil des Bundesverfassungsgerichtes vom 16. Februar 1983 orientieren. Gegen die vorzeitige Auflösung des Bundestages hatten damals vier Bundestagsabgeordnete – Karl-Hans Lagershausen (CDU), Friedhelm Rentrop (FDP), Hansheinrich Schmidt (FDP) und Karl Hofmann (SPD) – geklagt. Im »Leitsatz« zum Urteil des Zweiten Senats sprach das Bundesverfassungsgericht von einer »politischen Leitentscheidung, die dem pflichtgemäßen Ermessen des Bundespräsidenten obliegt«.[963] Dies folgt aus dem Wortlaut des Artikels 68 des Grundgesetzes, der davon ausgeht, dass der Bundespräsident den Bundestag auflösen »kann«, also nicht muss. Das Verfassungsgericht legte 1983 Kriterien für eine

vorzeitige Auflösung fest, nach denen eine vorgezogene Wahl keinesfalls dem Belieben eines Kanzlers überlassen ist. Es muss eine Beeinträchtigung oder Lähmung der Handlungsfähigkeit einer Regierung
nachgewiesen werden. Dabei wird dem Bundespräsidenten eine Prüf-
kompetenz zugewiesen.[964] Horst Köhler tat sich mit seiner Entscheidung auch deshalb besonders schwer, weil er diese in dem Bewusstsein
treffen musste, dass Abgeordnete den Weg zum Bundesverfassungsgericht nicht scheuten und dass sich eine negative Entscheidung des
Bundesverfassungsgerichtes gegen ihn, den Bundespräsidenten, als
Beklagten richten würde. Allein dies spricht dafür, dass es sich um eine
souveräne Entscheidung des Bundespräsidenten handelt, da ja weder
die Bundesregierung noch der Bundestag in dieser Frage verklagt werden können, sondern nur der Bundespräsident.

Als Fazit ist festzuhalten: Die Umstände, die zu den vorgezogenen
Neuwahlen führten, hätten den Bundespräsidenten auch dazu bewegen können, dem Begehren des Kanzlers nicht nachzukommen und
den Bundestag nicht aufzulösen. Köhler machte im wahrsten Sinne
des Wortes gute Miene zum bösen Spiel, denn eine prinzipielle und
auf Dauer angelegte Handlungsunfähigkeit der Regierung lag nicht
vor. Bis zuletzt verabschiedete die rot-grüne Regierungskoalition im
Bundestag alle Gesetze mit Mehrheit. Wenn man das Datum des mit
dem Bundespräsidenten nicht abgesprochenen Verkündens von Neuwahlen sieht, wird man sich dem Argument kaum verschließen können, dass es sich hier um einen gelenkten Akt des Bundeskanzlers
handelte. Köhler muss sich darüber im Klaren gewesen sein, dass er
zum Spielball der Fraktionen im Deutschen Bundestag gemacht wurde – sowohl vom Bundeskanzler als auch von der damaligen Opposition. Mit der auch für ihn überraschenden Neuwahlankündigung
über das Fernsehen wurde er faktisch auf das Ziel vorzeitiger Parlamentsauflösung festgelegt. Anschließend wurde vor seinen Augen
die Vertrauensfrage frisiert, die Begründung fingiert und den Koalitionsabgeordneten das passende Stimmverhalten abgetrotzt.[965]

Köhlers Entscheidung stieß auch wegen der Art seines Vortrages
und wegen seiner politischen und weniger juristischen Begründung
in den Medien auf erhebliche Kritik. Der Bonner Staatsrechtler Josef

Isensee beispielsweise erklärte, er habe eine Rüge des Präsidenten wegen der »eindeutig manipulierten Vertrauensfrage« vermisst: »Köhler hat zwar davon gesprochen, dass er Kritik und Besorgnisse respektiere, aber er hat den Eindruck erweckt, als ob das alles sonnenklar sei. Es hat ihn nicht einmal gestört, dass Müntefering ihm das Gegenteil von dem versichert hat, was er im Bundestag erklärt hat.«[966] Insgesamt sagte Isensee zur vorzeitigen Parlamentsauflösung: »Das war politisches Schmierentheater, das aus Widersprüchen und Lügen besteht. Der Bundeskanzler hat das Misstrauen inszeniert. Er hat den Koalitionsfraktionen das Misstrauen erklärt und wirbt gleichzeitig um Vertrauen für die Fortsetzung dieser Politik.«[967] Der Osnabrücker Staatsrechtler Jörn Ipsen hingegen fand die Entscheidung des Bundespräsidenten vertretbar, da sich die von ihm vorgetragenen Argumente »genau an der Entscheidung des Bundesverfassungsgerichtes von 1983« orientierten. Köhler hatte für Ipsen den richtigen und vom Verfassungsgericht vorgegebenen Maßstab gewählt. Entscheidend sei, ob der Kanzler noch eine stetige und verlässliche Basis für seine Politik sehe oder nicht.[968]

Natürlich ist auch zu fragen, was gewesen wäre, wenn Köhler Schröders Auflösungsbegehren widersprochen hätte. Nachträglich kann man sagen, dass er in diesem Fall als »starker Präsident« gegolten hätte, weil er sich nicht an den Wünschen von Regierung und Opposition orientiert hätte. Andererseits hätte er eine bereits im Auflösungsprozess befindliche Regierung zumindest für eine weitere Zeit am Leben gehalten. Möglicherweise wäre der Rücktritt des Bundeskanzlers der nächste Schritt gewesen, dem es ja – wenn seine Begründung mit dem mangelnden Rückhalt in den beiden Regierungsfraktionen stimmte – dann kaum noch möglich gewesen wäre, einen ordentlichen Haushalt vorzulegen. Wäre es im Plenum des Bundestages infolge von Schröders Rücktritt zur Wahl eines Nachfolgers gekommen, hätte dieser bis zum Ende der Legislaturperiode noch ein Jahr im Amt sein können. Es wäre sicher zu einer Agonie der Regierung gekommen. Die vorgezogenen Wahlen hatten übrigens einen Vorteil für Angela Merkel, die andernfalls viel stärker um die Kanzlerkandidatur hätte kämpfen müssen. Die Ankündigung vorgezogener Wahlen erleichterte es ihr ungemein, nicht nur von der CDU, sondern auch von der CSU als Kanzlerkandidatin in einem schnellen Nominierungsprozess aufgestellt zu werden.

Das Bundesverfassungsgericht verkündete am 25. August 2005 die Rechtmäßigkeit der Entscheidung Köhlers. In den Leitsätzen zum Urteil wird zwar betont, die »auflösungsgerichtete Vertrauensfrage« sei nur dann gerechtfertigt, »wenn die Handlungsfähigkeit einer parlamentarisch verankerten Bundesregierung verloren gegangen ist«.[969] Ob eine Regierung politisch noch handlungsfähig ist, »hängt maßgeblich davon ab, welche Ziele sie verfolgt und mit welchen Widerständen sie aus dem parlamentarischen Raum zu rechnen hat. Die Einschätzung der Handlungsfähigkeit hat Prognosecharakter und ist an höchstpersönliche Wahrnehmungen und abwägende Lagebeurteilungen gebunden«. Auch die Tatsache, dass es drei Verfassungsorgane – der Bundeskanzler, der Deutsche Bundestag und der Bundespräsident – jeweils in der Hand haben, »die Auflösung nach ihrer freien politischen Einschätzung zu verhindern«, trage dazu bei, »die Verlässlichkeit der Annahme zu sichern, die Bundesregierung habe ihre parlamentarische Handlungsfähigkeit verloren.«[970] Das Urteil wird zur Folge haben, dass künftig Vertrauensfragen leichter herbeigeführt werden können – und hatte ein Aufatmen bei Horst Köhler bewirkt. Er war der Beschuldigte. Hätte das Verfassungsgericht anders entschieden, hätte Köhler dann nicht zurücktreten müssen?

Seit seiner Erklärung zu den Neuwahlen begann sich das Bild Köhlers in den Medien und teilweise auch in der Öffentlichkeit zu wandeln. Sein Ansehensverlust begann nicht erst, wie manche meinen, mit dem Zustandekommen der Großen Koalition, sondern bereits mit seiner von vielen Millionen Menschen beachteten Rede zur Parlamentsauflösung. Die Art und Weise des Vortrags, vor allem die politische Akzentuierung in dieser Erklärung hat viele befremdet. Man kann sich gut vorstellen, was Köhlers juristische Berater alles tun mussten, damit bestimmte juristische Minimalia in den Text seiner Ansprache hineinkamen. Denn nur so konnte seine Auflösungsentscheidung auch vom Bundesverfassungsgericht akzeptiert werden.

Die Bundestagswahlen 2005 brachten ein Ergebnis, das auch Horst Köhler überraschte. In den ersten Wochen war die Koalitionslage keinesfalls klar. Und schon wieder wurde die verfassungsrechtliche Rolle Horst Köhlers diskutiert, hat der Bundespräsident doch ein Vorschlagsrecht für den zu wählenden Bundeskanzler. Auch diesmal wurde das Grundgesetz fleißig gelesen: Findet beispielsweise der Kanzlerkandidat im ersten Wahlgang keine Mehrheit bei den Mitgliedern des Bundestages, ist das Parlament bei der Wahl eines Bundeskanzlers allerdings nicht mehr an den Vorschlag des Staatsoberhauptes gebunden. Ausweislich des Grundgesetzes muss, wenn eine Kanzlerwahl nicht zustande kommt, ein neuer Wahlgang »unverzüglich« stattfinden, wobei auch mehrere Wahlgänge möglich sind. Artikel 63 des Grundgesetzes legt auch hier die Rolle des Bundespräsidenten fest. Wird der vom Bundespräsidenten Vorgeschlagene nicht gewählt, so kann der Bundestag binnen 14 Tagen nach dem Wahlgang mit mehr als der Hälfte seiner Mitglieder einen Bundeskanzler wählen (»Kanzlermehrheit«). Sollte jedoch eine Wahl innerhalb dieser Frist nicht zustande kommen, findet unverzüglich ein neuer Wahlgang statt, in dem derjenige gewählt ist, der die meisten Stimmen erhält (einfache Mehrheit). Und in einer solchen Situation könnte der Bundespräsident gefordert sein: Vereinigt nämlich der Gewählte die Stimmen einer Bundestagsmehrheit auf sich, so muss der Bundespräsident ihn binnen sieben Tagen nach seiner Wahl ernennen. Erreicht der Gewählte diese Mehrheit nicht, so hat der Bundespräsident binnen sieben Tagen die Alternative, ihn entweder zu ernennen oder den Bundestag aufzulösen. Zu einer solchen Situation kam es jedoch nicht. Es kam vielmehr zu einer Konstellation, die kaum jemand erwartet hatte: der Großen Koalition.

Köhler würdigte am 18. Oktober die scheidende rot-grüne Bundesregierung. Es wies insbesondere darauf hin, »dass zu Beginn der Amtszeit Schröders die Bundeswehr an der Seite von NATO-Partnern ihren ersten Kampfeinsatz hatte, um eine humanitäre Katastrophe im Kosovo zu verhindern. Sieben Jahre der Amtszeit Schröder standen weltweit im Zeichen des Umbruchs«.[971] Er bat den Bundeskanzler, bis zur Ernennung einer Nachfolgerin oder eines Nachfolgers die Geschäfte zu führen. Sechs Wochen nach Aufnahme der Koalitionsverhandlungen trat die neue Bundesregierung dann ihr Amt an. Am 22. November 2005 hielt Köhler eine Ansprache an das Kabinett in Schloss Charlottenburg – das Schloss Bellevue stand für solche Akte damals noch nicht zur Verfügung. Am Vormittag des Tages dieser Ansprache wurde Angela Merkel zur Bundeskanzlerin gewählt. Hierzu Köhler: »Der achte Bundeskanzler der Bundesrepublik Deutschland ist eine Bundeskanzlerin. 56 Jahre nach Gründung der Bundesrepublik und 15 Jahre nach Erlangung der deutschen Einheit steht zum ersten Mal eine Frau an der Spitze der Bundesregierung – eine Frau, die in der DDR groß geworden ist. Ich freue mich über beides.«[972] Köhler betonte aber nicht nur, dass es gut sei, »dass Deutschland wieder eine handlungsfähige Regierung hat«, sondern er schrieb den Mitgliedern des neuen Bundeskabinetts sogleich die Notwendigkeit der Reformpolitik ins Stammbuch: »Ich weiß aus meinen Gesprächen mit Ihnen als Vertretern beider Volksparteien, dass Sie um Ihre patriotische Verantwortung wissen. Lassen Sie sich in Ihrem Handeln immer wieder von dieser Verantwortung leiten.«

Mangelnder Reformimpuls?

Schon während der Koalitionsverhandlungen machte sich Köhler wieder bemerkbar. Angela Merkel war zunächst der Auffassung, dass die zusätzlichen Finanzmittel, die die Koalition für ein Konjunkturprogramm benötigte, und die Schuldenmisere insgesamt nicht mit windigen juristischen Argumenten bemäntelt, sondern offen zugegeben werden sollten: »Wir sagen ganz ehrlich«, erklärte sie, dass »wir im nächsten Jahr keinen verfassungskonformen Haushalt vorlegen können.«[973] Was Merkel als »neue Ehrlichkeit« präsentierte, wurde gleich insbesondere vom FDP-Oppositionspolitiker Westerwelle gegeißelt: »Dass ein Haushalt vorsätzlich als verfassungswidrig angekündigt wird, das ist einmalig in der deutschen Finanzpolitik.« Hier gehe die Große Koalition »mit einer bemerkenswerten Chuzpe über die Verfassung hinweg«.[974] Das Grundgesetz schreibt vor, dass der Staat nicht mehr neue Schulden machen darf, als er an Investitionen plant. Die Regierung darf von diesem Grundsatz nur abweichen, wenn eine »Störung des gesamtwirtschaftlichen Gleichgewichts« abgewendet werden muss. Jedenfalls wurde Merkel kurze Zeit nach ihren offenen Aussagen vorsichtiger, zumal sie auch von Köhler Nachfragen zur Verfassungsmäßigkeit des Haushaltes bekam. Es war vielleicht auch der Intervention des Bundespräsidenten zuzuschreiben, dass zumindest die Wortwahl der neuen Bundesregierung hinsichtlich der Neuverschuldung verfassungskonformer wurde.

Auch wenn man sich vorher andere Hoffnungen gemacht hatte: Seitdem die Große Koalition im Amt ist, hat sich das Verhältnis zwischen der SPD und Bundespräsident Köhler keineswegs entspannt. Der Stellvertretende Vorsitzende der SPD-Bundestagsfraktion Joachim Poß kritisierte beispielsweise im Zweiten Deutschen Fernsehen Köhlers Vorschläge zur Umgestaltung des Sozialstaates: »Man hat den Eindruck, dass manchen da so das ganze Projekt, die sozialstaatliche Ausprägung nicht passt. Wir haben ja auch so eine Koalition der Besserwisser: Vom Bundespräsidenten bis zum Bundesbankpräsidenten. Da werden simple Rezepte gegeben, die uns in der konkreten Wirklichkeit, in der politischen Realität nicht helfen.«[975] Im Mai 2006 berichteten die ›Passauer Neuesten Nachrichten‹ – unter Hinweis auf ein anonym bleibendes Regierungsmitglied –, Köhler sei Gefangener eines engen ökonomischen Denkens, der ständig nur die gleichen, wiederkehrenden Akzente setze: »Wir haben einen Bundespräsidenten, der immer Sparkassendirektor geblieben ist.«[976] »Sparkassendirektor« war Köhler allerdings nie; er war Präsident des Sparkassen- und Giroverbandes (DSGV). Viele Medien begannen, ihn immer mehr »herunterzuschreiben«. Die Zeit der anfänglich »guten Presse« war vorbei. Es fing im Januar 2006 mit einem Kommentar von Gunter Hofmann in der ›Zeit‹ an[977] und setzte sich im März 2006 mit Marc Hujer im ›Spiegel‹[978] fort. Der Chefredakteur des ›Tagesspiegels‹ bezeichnete Köhler sogar als »Rumpelpräsident«[979]: »Das Land braucht mehr Weizsäcker, weniger Lübke. Der Bundespräsident soll Lösungen moderieren, soll ein Makler sein – diese Chance hat er bisher vergeben.« Während die ›Bild-Zeitung‹ den Bundespräsidenten lange Zeit als »Super-Horst«[980] herausputzte (das Hemd aufreißend, um das darunter verborgene Superman-S zum Vorschein zu bringen), meinte der Chefkommentator der ›Bild am Sonntag‹, Helmut Böger, im Frühjahr 2006: »Seit die Große Kuschel-Koalition regiert, irrlichtert Köhler durch die Politik, sucht sein großes Thema. Weil er das bisher nicht gefunden hat, äußert er sich zu diesem und jenem, oft mit unbeholfenen Worten.«[981]

Köhler sagte in der Tat eine Reihe unfreundlicher Worte über die Groß-Koalitionäre. Zu Beginn der Großen Koalition war er mit einer Anspielung auf Angela Merkels Vorgabe der stetigen, aber »kleinen Schritte« noch relativ milde: »Jeder sollte wissen: Je kleiner die Schritte, desto mehr Schritte muss er machen.«[982] Im Zusammenhang mit dem heftig umstrittenen »Antidiskriminierungsgesetz« kritisierte er, die Republik könne sich jetzt nicht erlauben, »neue bürokratische Hemmnisse aufzubauen«.[983] Immer wieder vermisst der Präsident den Reform-Elan bei der Bundesregierung. In einem Interview mit dem Chefredakteur des Deutschlandfunks, Dieter Jepsen-Föge, verkündete er, er messe die Arbeit der Bundesregierung an ihren Erfolgen im Kampf gegen die Arbeitslosigkeit. Er wünschte sich »mehr Fähigkeiten, Kraft, sich auf Prioritäten zu konzentrieren, das heißt, alles das zu machen, was arbeitslosen Menschen Arbeit gibt, vor allen Dingen unseren jungen Menschen eine Perspektive gibt durch mehr Arbeit«.[984] Und über die Entscheidung der Bundesregierung, die Mehrwertsteuer um drei Prozentpunkte zu erhöhen, schimpfte er in der ›Bild-Zeitung‹: »Solche Abläufe verunsichern die Bürger und kosten Vertrauen. Genau das Gegenteil brauchen wir. Politik muss die Bürger ernst nehmen, sonst sägt sie sich selber den Ast ab, auf dem sie sitzt. Ich plädiere für Aufrichtigkeit in der Politik.«[985] Zur Gesundheitsreform sagte er: »[D]ie Bürger haben ein sehr feines Gespür dafür, ob sie an der Nase herumgeführt werden. Sie lassen sich nicht für dumm verkaufen.«[986] Köhler ließ sich zu vielen tagespolitischen Detailfragen vernehmen. Ob das Merkel und Müntefering gefallen hat, darf wohl stark bezweifelt werden.

Doch Köhler setzte bei einem großen ZDF-Sommerinterview mit Peter Hahne noch eins drauf: Die Große Koalition in der jetzigen Form »ist keine Entschuldigung, zum Beispiel die großen Themen nicht entschlossen genug anzupacken«. Er werde »nicht locker lassen, diese Schwerpunkte, die nach meinem Urteil wichtig sind für unser Land, zum Beispiel die Arbeitslosigkeit abzubauen und für unsere Kinder und Enkel Zukunft zu gewinnen, zu benennen«. Er sei nicht Bundespräsident geworden, um nur zu repräsentieren, sondern »im Rahmen meines Amtes mitzuhelfen, dass wir als Land, als Volk vorankommen«. Der Bundespräsident könne nicht »Zuchtmeister der Politik oder des Staates« sein, die »operative Politik« liege in der Hand der Bundesregierung und der Parteien. »Aber wahr ist, dass tatsächlich die Parteien sich zu sehr mit Parteipolitik befassen. Ich glaube nicht, dass unser Volk das auf Dauer so unbedingt gut findet. Deshalb gehört zur Rolle des Bundespräsidenten, dass er die Dinge mit seinem Sachverstand benennt.« Schließlich ergänzte er: »Die, die jetzt die Regierungsverantwortung haben, die Große Koalition, die sollen sich auf die Sachprobleme konzentrieren und nicht schon wieder Ablenkungsmanöver« starten und »Zeit gewinnen und Ressourcen binden in politischen Sandkastenspielen«.[987]

Diese Aussagen waren starker Tobak für die in Berlin Regierenden – und manche erinnern sich an die Parteienschelte des Bundespräsidenten Richard von Weizsäcker. Der Einzige, der sich wieder hundertprozentig hinter Köhler stellte, war Westerwelle: »Ich unterstütze die Kritik des Bundespräsidenten an der Arbeit der Regierung. Wenn schon der Bundespräsident die Regierung zu stärkerer Sachorientierung ermahnen muss, zeigt es, wie ernst die Lage und wie schlecht die Arbeit dieser Koalition ist.«[988] Westerwelle forderte sogar die Kanzlerin auf, die Attacken aus den Reihen der Großen Koalition zu unterbinden. »Bundeskanzlerin Merkel muss ihre Koalitionsabgeordneten zur Ordnung rufen, wenn diese Bundespräsident Köhler beschimpfen und schmähen«, sagte Westerwelle der ›Financial Times Deutschland‹. »Es ist nicht zu viel verlangt, wenn sich die Bundeskanzlerin vor das gemeinsame Staatsoberhaupt stellt.«[989]

Die Kraft der Worte und die Eleganz der Formulierungen – an ihnen wird ein Bundespräsident ganz besonders gemessen. Die Anlässe vieler seiner Reden kann er sich nicht aussuchen. Sie sind etwa durch Gedenktage vorgegeben. Dabei gibt es verschiedene Arten von Reden. So unterscheidet sich ein Grußwort des Bundespräsidenten von seiner Funktion als Hauptredner, wenn er etwa einen Festvortrag hält. Gelegentlich spricht der Bundespräsident nicht, sondern ist nur anwesend. Damit verleiht er einer Konferenz oder Themenstellung besonderes Gewicht. Aus Sicht eines Bundespräsidenten und seiner Mitarbeiter ist es sehr schwer, die Wirkung seiner Reden vorherzusehen. Überhaupt ist es in der Gegenwart bei dem enormen Angebot an Fernsehprogrammen, Hörfunkstationen und Printmedien und beim veränderten Medienverhalten infolge des Internets um ein Vielfaches schwerer, eine Rede gezielt so zu adressieren, dass jeder über sie spricht. Einige der Reden Köhlers ernteten deutliche Zustimmung, andere riefen stärkeren Widerspruch hervor, als dies bei den meisten seiner Vorgänger der Fall war. Diese schafften es besser, durch die Art ihrer Reden, durch die Abstraktheit der Benennung von Problemen nicht den Eindruck zu vermitteln, als griffen sie in die Tagespolitik ein. Sie waren besser dazu in der Lage, konsensual zu reden und dennoch etwas mitzuteilen. Horst Köhler hingegen will die Dinge möglichst konkret benennen, so wie sie aus seiner Sicht nun einmal sind. In seiner Beschreibung der Probleme ist er sicherlich parteiisch – er bringt des Öfteren klare Hinweise auf die aus seinem Blickwinkel vermeintlich richtige Gesamtausrichtung der Reformnotwendigkeiten. Ginge es aber nach ihm, würde er nicht als parteilich gelten. Er will als überparteilich wahrgenommen werden, auch wenn ihm das häufig nicht gelingt. Zu sehr merkt man ihm bei seinen wirtschaftlichen Aussagen die Nähe zu den Unionsparteien an.

Seine erste Rede, die bei vielen Eindruck machte, hielt Horst Köhler etwa zwei Monate vor den nordrhein-westfälischen Landtagswahlen beim Arbeitgeberforum »Wirtschaft und Gesellschaft« am 15. März 2005 in Berlin. Ob es für das Präsidentenimage gut war, mit

Dr. med.
Peter Schreckenberg
Arzt für Kinderheilkunde
53757 St. Augustin-Hangelar
Telefon (02241) 202040
Termine nach Vereinbarung

Kronen-Apotheke
Dieter Milbradt
29. März 2007
53757 St. Augustin-Hangelar
Tel.: 02241/27013

29.3.07

Rp. 5,44 — 0705309

- Nasic Spray Schulkd.

10p

- Infecto Cef 500 Saft

N2

(3x täglich je 1 Meßlöffel
bis beide Flaschen leer sind)

5.47 — 8538897

- Dolormin instant Granulat

10p

für Julian Bäsch,
St. Augustin

einer solchen Rede just beim Arbeitgeberlager zu beginnen, kann bezweifelt werden. Die Rede fand kurz vor einem »Jobgipfel« des Bundeskanzlers mit der Opposition statt und bekam dadurch noch zusätzliches Gewicht. An den Anfang stellte Köhler eine ernüchternde Bilanz der Bundesrepublik: »In Deutschland sind offiziell 5,16 Millionen Menschen arbeitslos. (…) Deutschland ist sich selbst untreu geworden. Wir vernachlässigen schon lange das Erfolgsrezept, das der Bundesrepublik Deutschland nach dem Krieg Zuversicht und Wohlstand, Stabilität und Ansehen gebracht hat. Es gab Zeiten, da sprach noch niemand von Globalisierung, aber der VW Käfer lief in aller Welt – und lief und lief und lief. Damals galt in der Bundesrepublik eine Ordnung, die Leistung ermutigte und sozialen Fortschritt brachte.« Diese Ordnung sei »im Niedergang, weil immer neue Eingriffe sie schleichend zersetzt haben, selbst wenn sie gut gemeint waren«.

In dieser Rede las der Bundespräsident der politischen Klasse in Berlin insgesamt die Leviten, auch wenn seine geistige Nähe zu den wirtschaftspolitischen Vorstellungen der Union und Angela Merkels unverkennbar war. Er kritisierte eigentlich alle: Seit Jahrzehnten fielen Bundes- und Landesregierungen und nicht zuletzt Brüssel immer neue Auflagen und Regulierungen für die Wirtschaft ein. »Wirtschafts- und Sozialverbände haben das Ihre dazu getan, die Tarifpartner schlossen Verträge zu Lasten von Dritten, und die Bürger ließen sich gern immer neue Wohltaten versprechen und Geschenke machen. Deshalb ist die Arbeitslosigkeit über Jahrzehnte immer weiter gestiegen.«[990] Demgegenüber lobte er die Gewerkschaften, die »in den letzten Jahren Lohnzurückhaltung geübt« und damit einen »wichtigen Beitrag zur Verbesserung der Wettbewerbsfähigkeit geleistet« hätten. Die Unternehmer müssten sich »mehr anstrengen«: »An die Spitze kommt man nicht im Schlafwagen. Erfolgreiche Unternehmer suchen den Wettbewerb und wollen auch international die Besten sein. Sie wissen: Innovationen sind ihr Lebens-, ja Überlebenselixier.« Hierzulande gebe es »zu wenig gute Ideen bis zur Marktreife«. Köhler mahnte: »Taktische Reformpausen wegen Wahlterminen oder einen Zickzack-Kurs können wir uns nicht leisten. Der Schlüssel zum Vertrauen der Bürger sind Wahrhaftigkeit und Stetigkeit, Stimmigkeit und Berechenbarkeit der Politik.« Regierung und Opposition stünden in »patriotischer Verantwortung«.

Die Zeitungskommentare waren damals, in der Spätphase von Rot-Grün, zum Teil geradezu euphorisch. So schrieb Uwe Vorkötter in der ›Berliner Zeitung‹: »Spätestens seit gestern ist klar, dass er eine gute Wahl ist. Köhler lässt niemandem die bequeme Ausrede durchgehen, an der Arbeitslosigkeit sei nichts zu ändern. Köhler ist nicht ratlos. Er ist ein kluger Ökonom, er kennt sich aus in der Welt, er ist unabhängig von kleinlichen Partei- und Lobbyinteressen. Es ist nicht schlecht, in diesen Zeiten an der Spitze des Staates einen Mann zu wissen, der weiß, was zu tun ist. Und der nicht kapituliert angesichts dieser Zahl: 5,2 Millionen.«[991] Carl Graf Hohenthal von der ›Welt‹ meinte: »Köhler ist hart an die Grenze dessen gegangen, was ihm verfassungsmäßig zugesagt ist. Doch gerade damit findet er den Beifall der großen Mehrheit der Deutschen. Er hat – unbeabsichtigt vielleicht – die geistig-moralische Führerschaft in Deutschland übernommen.«[992] Und Christoph Schwennicke konzedierte in der ›Süddeutschen Zeitung‹: »Es ist überhaupt eine dürre Sprache mit sehr viel Inhalt, die Horst Köhler seinen Zuhörern an diesem Dienstagvormittag in Berlin zuteil werden lässt.«[993] Köhler habe, so Stefan Reker in der ›Rheinischen Post‹ eine »patriotische Richtungsrede« gehalten: »Damit hat der Präsident eine eigene Richtlinienkompetenz dort wahrgenommen, wo der Kanzler seit dem Durchsetzen der ›Agenda 2010‹ vieles vermissen lässt.«[994]

14 Monate später, am 22. Mai 2006, hielt Köhler – inzwischen unter dem Rubrum der Großen Koalition – eine Rede vor dem Bundeskongress des Deutschen Gewerkschaftsbundes, die fast die gleichen Anfangssätze beinhaltete: »In Deutschland sind offiziell 4,79 Millionen Menschen arbeitslos. Sie werden daher von mir keine Festrede erwarten.«[995] Auch hier forderte er: »Verständigen wir uns auf eine politische Vorfahrtsregel für Arbeit! Was Arbeitsplätze nachhaltig sichert und schafft, das hat Vorrang vor allem anderen, und sei es noch so wünschenswert.« Er sprach sich für eine Senkung der Lohnnebenkosten aus, forderte allgemein mehr Entbürokratisierung und Deregulierung und wies darauf hin, dass Bildung die beste Versicherung

gegen Arbeitslosigkeit sei. Er forderte einen Sozialstaat, der bestmögliche Rahmenbedingungen für Wachstum und Beschäftigung setzen solle. Der Staat müsse sich auf seine Kernaufgaben besinnen. Er lobte die Gewerkschaften, die einen großen Anteil am wirtschaftlichen Aufstieg Deutschlands nach dem Zweiten Weltkrieg gehabt hätten, und nutzte die Gelegenheit, hohe Vorstandsgehälter zu geißeln. Ihm sei bewusst, »wie schwer es ist, Arbeitnehmern Mäßigung und Lohnzurückhaltung zu empfehlen, wenn andere gerade kein Maß mehr zu kennen scheinen. Ganz verquer wird es, wenn immense Vorstandsgehälter mit einem gestiegenen Shareholder-Value begründet werden, der auf Lohnzurückhaltung und Entlassungen beruht.« Er verteidigte die Mitbestimmung, sah aber mit Blick auf die Internationalisierung der Unternehmen Modernisierungsbedarf. Auch bei dieser Rede, der die Gewerkschafter diszipliniert, aber ohne große Freundlichkeit zuhörten, scheute sich Köhler nicht, die aus seiner Sicht nötigen konkreten Reformnotwendigkeiten in Deutschland zu benennen.

Sodann knüpfte Horst Köhler an die von Roman Herzog 1997 begründete und von Johannes Rau fortgesetzte Tradition der »Berliner Rede« an. Während Herzogs berühmte »Ruckrede«, mit der er die Erneuerung Deutschlands anmahnte (»Wir haben kein Erkenntnisproblem, sondern ein Umsetzungsproblem«[996]) im Hotel »Adlon« stattfand, suchte sich sein Nachfolger Rau andere Orte aus: das Haus der Kulturen der Welt (2000), die Staatsbibliothek zu Berlin (2001), das Maxim-Gorki-Theater (2003) und das Schloss Bellevue (2004).[997] Köhler hingegen hielt seine erste »Berliner Rede« in der Kepler-Oberschule in Berlin-Neukölln. Mit der Ortswahl in einem Berliner Problembezirk wollte Köhler Nähe zu den Menschen signalisieren. Seine Rede hielt er unter der Überschrift »Bildung für alle«.[998] Alles in allem fand diese in den Medien eine sehr positive Resonanz, auch wenn Köhler sich nicht scheute, ein soziales »Pflichtjahr« für junge Menschen vorzuschlagen. Dass inzwischen seine Pflichtjahr-Überlegungen Eingang in vorbereitende Entscheidungen der Bundesregierung gefunden haben, kann jedoch nicht vermeldet werden.

Köhlers Rede zum 8. Mai 2005, dem sechzigsten Jahrestag des Endes des Zweiten Weltkriegs, kam eine besondere Bedeutung zu, wurde er doch insbesondere an der berühmten, zwanzig Jahre zuvor von Richard von Weizsäcker gehaltenen Rede gemessen. Was er zu sagen hatte, war wohlabgewogen – und trotzdem wurde die Rede vor allem von der SPD kritisiert. Köhler sagte: »Im Grunde wirkt das Unglück, das Deutschland über die Welt gebracht hat, bis heute fort: Noch immer weinen Söhne und Töchter um Eltern, die damals getötet wurden. Noch immer leiden Menschen unter ihren damaligen Erlebnissen, und noch immer trauern ungezählte Menschen in vielen Ländern um den Verlust ihrer Heimat.«[999] Die Deutschen blickten »mit Schrecken und Scham zurück auf den von Deutschland entfesselten Zweiten Weltkrieg und auf den von Deutschen begonnenen Zivilisationsbruch Holocaust«. Er gedachte der sechs Millionen Juden, die mit »teuflischer Energie« ermordet worden waren, nach Jahren öffentlich sichtbarer Entrechtungen. »Solange es Menschen gibt, wird dieses Grauen jedes fühlende Herz und jeden wachen Sinn bewegen.« Er gedachte aber auch der Sinti und Roma, der Kranken und Menschen mit Behinderung, der politisch Andersdenkenden und der Homosexuellen, die verfolgt und ermordet wurden. Er gedachte ferner der vielen Millionen Menschen, die »darüber hinaus dem deutschen Wüten, vor allem in Polen und in der Sowjetunion, zum Opfer fielen.« Allerdings sagte er auch: »Wir gedenken des Leids der Zivilbevölkerung in allen Ländern. Wir gedenken der in deutscher Gefangenschaft umgekommenen Millionen Soldaten und der Millionen, die zur Zwangsarbeit nach Deutschland verschleppt wurden. Wir gedenken der mehr als eine Million Landsleute, die in fremder Gefangenschaft starben und der Hunderttausend deutscher Mädchen und Frauen, die zur Zwangsarbeit in die Sowjetunion verschleppt wurden. Wir gedenken des Leids der deutschen Flüchtlinge und Vertriebenen, der vergewaltigten Frauen und der Opfer des Bombenkriegs gegen die deutsche Zivilbevölkerung.« Es sei die Verantwortung der Deutschen, die Erinnerung an all dieses Leid und an seine Ursachen wachzuhalten. »Es gibt keinen Schlussstrich.« Deutschland sei nicht nur »äußerlich ein anderes Land als vor sechzig Jahren«, Deutschland habe sich »von seinem Inneren her verändert, und das ist erst recht ein Grund zur Freude und Dankbarkeit«.

Köhler wollte die deutsche Geschichte allerdings nicht auf den Nationalsozialismus reduziert sehen: »Aber wir sehen unser Land in seiner ganzen Geschichte, und darum erkennen wir auch an, an wie viel Gutes wir Deutsche anknüpfen konnten, um über den moralischen Ruin der Jahre 1933 bis 1945 hinauszukommen. Unsere ganze Geschichte bestimmt die Identität unserer Nation. Wer einen Teil davon verdrängen will, der versündigt sich an Deutschland.« Gerade letztere Worte störten offensichtlich. Gernot Erler, Stellvertretender Vorsitzender der SPD-Bundestagsfraktion, hielt Köhler anderntags in ungewöhnlich kritischen Worten vor, sich als Wegbereiter eines neuen konservativen geistigen Umfelds zu profilieren. Köhler sei es nicht geglückt, in die Fußstapfen Weizsäckers zu treten. »Eine Reihe von zustimmungsfähigen Feststellungen und Passagen machen noch keine große Rede.« Köhler, der auch der deutschen Opfer gedachte, habe die Opfer bewusst nebeneinander und gleichgestellt. Zu den Anmerkungen Köhlers über die Geschichte der DDR[1000] sagte Erler süffisant: »Im Kontrast zu dieser Finsternis hat sich in Westdeutschland das Licht der Freiheit ausgebreitet, mit lauter weisen politischen Entscheidungen und mit der Rückverwandlung Deutschlands in eine Kulturnation, die Deutschland bis 1933 gewesen ist.«[1001] Auch die Grünen-Vorsitzende Claudia Roth äußerte Unverständnis: »Ich hätte mir ein bisschen weniger Nationalstolz, ein bisschen mehr europäische Dimension, ein bisschen mehr Bescheidenheit an diesem 8. Mai gewünscht.«[1002] Köhler hätte sich laut Roth mehr auf die Opfer des Nationalsozialismus konzentrieren sollen. Cornelie Sonntag-Wolgast (SPD), Vorsitzende des Innenausschusses des Deutschen Bundestages, kritisierte, Köhler habe »zu viel Selbstsicherheit dieses Landes von heute verbreitet und deutlich zu wenig Warnung und Abkehr gegen den Rechtsextremismus ausgedrückt«.[1003] Kurt Kister sprach in der ›Süddeutschen Zeitung‹ davon, Köhlers Rede sei »so unaufregend wie grundsätzlich richtig« gewesen.[1004] Die Rede habe aber gezeigt, dass Köhler »seit seinem Amtsantritt der Mutmacher« sein will, der nicht müde werde, seinen »Stolz auf unser Land« zu beteuern. »Er übersieht dabei, dass es viele Deutsche gibt, die ihr Heimatland sehr mögen, gleichzeitig aber Nationalstolz für eine Kategorie der

Vergangenheit halten. Für all diese ist es sonderbar, wenn der Bundespräsident nun ausgerechnet auch noch in der Rede zum 8. Mai seinen Stolz auf Deutschland proklamiert.«[1005]

Seit dem Jahr 1970 halten die Bundeskanzler ihre Ansprache an Neujahr und die Präsidenten zu Weihnachten, davor war es umgekehrt gewesen.[1006] Wie tückisch solche Ansprachen sein können, musste dereinst Helmut Kohl feststellen. Als 1986 im Fernsehen »aus Versehen« das Band mit Kohls alter Neujahrsansprache, die bereits ein Jahr zuvor über den Äther gegangen war, gesendet wurde, bemerkte das kaum jemand: Zu ähnlich waren beide Reden. Bei den Aufnahmen zu den Ansprachen wird meist darauf geachtet, ob diese etwa an einem Kaminfeuer stattfinden, um Heimeligkeit zu inszenieren, oder ob die deutsche oder gar zusätzlich die europäische Flagge zu sehen ist. Weihnachtsansprachen haben etwas Weihevolles an sich. Doch was soll ein Bundespräsident sagen? Er darf ja – zumindest in der »besinnlichen Zeit« – nicht nur immer von der Notwendigkeit harter Reformen sprechen. An Weihnachten muss er auch Zuversicht vermitteln, vielleicht auch mit moralischen oder religiösen Anklängen. Aber Köhler konnte von seinem Thema nicht lassen und sprach zu Weihnachten 2005 so: »Jahrzehntelang war Deutschland in Europa an der Spitze. Da wollen wir wieder hin. Das schafft Arbeitslätze und Sicherheit.«[1007] Die Deutschen seien, so Köhler, bereit, »neue Erfahrungen zu sammeln«. »Auf diesem Weg sollten wir die alten Tugenden nicht vergessen. Ein bisschen mehr Ehrlichkeit, Anständigkeit und Redlichkeit im täglichen Umgang können uns wirklich nicht schaden«, sagte der Präsident unvermittelt. Was er dabei gemeint hat, ließ er offen. Wie jeder Weihnachtsredner dachte auch Köhler an die Benachteiligten der Gesellschaft: »Wir wissen, gemeinsam sind wir stark. Wenn wir zusammenstehen, offen für Ideen sind, hart arbeiten, einander zuhören und helfen, dann können wir auch diejenigen von uns wieder in unsere Mitte holen, die am Rand stehen und sich einsam und schlecht fühlen. Unsere Gedanken sind bei ihnen.« Auch im Namen seiner Frau wünschte Köhler »frohe und gesegnete Weihnachten, wo immer Sie sind!«

Künstler, Intellektuelle allgemein, sind immer besonders empfindlich, wenn jemand »aus der Politik« Anregungen für ihr Schaffen gibt. Köhler war so unvorsichtig. Gedenktage und -jahre verpflichten einen Bundespräsidenten dazu, sich auch zu Themen zu äußern, die ihm nicht immer vertraut sind. So musste sich Horst Köhler aus Anlass der Schiller-Matinee im Berliner Ensemble am 17. April 2005 zu Schiller äußern. Dabei bemerkte er, dass Schillers Leben und seine Werke ein Geschenk an die »Kulturnation Deutschland« seien. Als Württemberger wollte Köhler zudem seine besondere Verehrung für Schiller zum Ausdruck bringen. Zunächst begann er vorsichtig: Die »Zeit der Klassikerüberfütterung an den Schulen« sei »Gott sein Dank« endgültig vorbei: »Vielleicht ist den Klassikern am meisten dadurch geschadet worden, dass man sie dazu missbraucht hat, unschuldige Schüler damit zu quälen, die sogenannte ›richtige Interpretation‹ zu liefern.« Aber der Bundespräsident meinte, »so ganz ohne Kenntnis der Klassiker sollte man doch nicht sein Abitur machen«. Der Unterricht müsse allerdings »frisch sein, dass es Freude macht, sich damit zu beschäftigen, ohne falsche Ehrfurcht und Dünkel und ohne Instrumentalisierung!«.[1008] Dann folgten Sätze, die nicht allen Schiller-Kennern gefielen. Es sei gewiss eine Zeit lang einmal notwendig gewesen, die Klassiker zu entstauben und zu problematisieren, aber »das heute immer noch fortzusetzen, erscheint mir der Ausweis einer neuen arroganten Spießigkeit. Ein ganzer ›Tell‹, ein ganzer ›Don Carlos‹! Das ist doch was!« rief der Bundespräsident dem Auditorium zu. »Natürlich stellt uns die hohe Sprache, auch das Pathos Schillers heute vor Schwierigkeiten. Aber soll man ihn deswegen auf kleines Maß reduzieren?« Köhlers Aufforderung, Schiller-Stücke nicht durch Regiewillkür zu verunstalten, traf. »Ich stelle mir vor, dass in der Berliner Nationalgalerie die Bilder von Caspar David Friedrich mit schwarzer Pappe beklebt würden, nur hier und da ließe man zwanzig bis dreißig Quadratzentimeter sichtbar bleiben. Wer würde das akzeptieren?«

Das führte zu einem Ausruf des Ensemble-Intendanten Claus Peymann[1009], der Köhler als einen »anregenden, intelligenten Amateur« bezeichnete und ihm entgegnete: »Wer die Kraft auf der Bühne hat, Schiller oder Shakespeare zu uns zu holen, der darf alles – man darf mit ›Wilhelm Tell‹ alles machen, wenn man es kann.«[1010] Der Chefdramaturg der Berliner Volksbühne, Carl Hegemann, widersprach ebenfalls: Köhlers Vorschlag, den ganzen ›Tell‹ zu spielen, gehe angesichts einer kurzatmigen »Häppchenkultur« zwar in Ordnung, »auch wenn wir aus Erfahrung wissen, dass Leute wie Köhler selbst sich Theater nur selten antun«. Der Kunstbereich scheine, so Hegemann, für Köhler etwas Anachronistisches zu sein. Er quäle sich damit, seinen Nutzen für die Gegenwart zu bestimmen. »Es treibt ihn zu einer Regelkunst, die ihre Normalität in den Mittelpunkt stellt.«[1011] Mit Kunst und Schiller habe das wenig zu tun. Peymann war aber trotzdem gewillt, weiter mit dem Präsidenten zu sprechen. Er liebt Hinweise auf seine zahlreichen Kontakte und Gespräche mit Politikern und sagt: »Ich komme mit dem Bundespräsidenten ganz gut aus. Ab und zu gehen wir zusammen essen, weil Herr Köhler einen Super-Koch in seinem Bellevue hat.«[1012]

Am 23. Mai 2006 musste Köhler ein Grußwort beim Internationalen P.E.N.-Kongress halten und begrüßte über 450 Schriftsteller aus aller Welt. In seiner Rede wies er darauf hin, dass die Freiheit der Literatur »in vielen Ländern der Erde bedroht« ist: »Zensur, Unterdrückung, Folter, Verschleppung, Gefängnis, ja Mord – all das droht immer noch vielen Schriftstellern und Journalisten.«[1013] Welche Despoten der Gegenwart Köhler allerdings konkret meinte, blieb in seiner Rede unklar. Nach der Eröffnungsrede durch den Präsidenten sprach Günter Grass. Der Nobelpreisträger endete mit ein paar Zeilen aus dem ›Kriegslied‹ von Matthias Claudius.[1014] Zuvor beschrieb er die Symbiose von Literatur und Krieg – noch vor seinem späteren Waffen-SS-Geständnis –, wobei er seine Rede zu einer wütenden Attacke gegen den Irak-Krieg, gegen die »kriminell handelnde Großmacht« Amerika nutzte.[1015] Die Offenlegung von Wahrheiten sei auch sein Beruf. »Gleich, ob der Iran, Nordkorea oder Syrien zu Mächten des Bösen ernannt werden, dümmer und deshalb gefährlicher kann Politik nicht sein«, attackierte Grass den freilich nicht anwesenden US-Präsidenten. »Doch alle Welt hört weg und gibt sich ohnmächtig.« Nach diesen heftigen Worten stand der deutsche Bundespräsident auf, ging strahlend auf den Schriftsteller zu und schüttelte ihm kräftig die Hand: »So standen die beiden höchsten Repräsentanten des Landes, das Staatsoberhaupt und der Nobelpreisträger, eine Weile einträchtig nebeneinander und lächelten sich freundlich an.« (Heinrich Wefing)[1016]

Auch ansonsten wurde Köhler im Feuilleton deutscher Zeitungen nicht gerade verwöhnt. Seinen Vorschlag, die Spitzenwerke der Berliner Museen in einer permanenten »Best of Berlin-Show« zu versammeln, hat er nicht mehr wiederholt.[1017] Generell kann man nicht sagen, dass Köhler mit besonderen Initiativen in Sachen Kunst und Kultur aufgefallen wäre. Schillerjahr und P.E.N.-Kongress – solche Ereignisse kommen auf einen Bundespräsidenten automatisch zu. Einzig die Verleihung des Ludwig-Börne-Preises an Wolfgang Büscher am 25. Juli 2006 in der Paulskirche zu Frankfurt am Main ist ein auf Köhler zurückgehender Akzent. Das Werk Büschers liegt in drei Büchern vor: ›Drei Stunden Null‹, ›Berlin-Moskau‹ und ›Deutschland, eine Reise‹. Wenn man Köhlers Laudatio auf Büscher liest, muss man unwillkürlich an den Bundespräsident selbst denken: »Büscher ist kein Ideologe und kein Theoretiker. Wenn er eine Weltanschauung hat, dann kommt sie aus der tatsächlichen Anschauung der Welt. Er umkreist seine Gegenstände – wie gesagt – buchstäblich.«[1018] Und Köhler, der sechs Jahre außerhalb Deutschlands war, staunte immer noch über das Land, das er nun vertrat: »Und vielen Lesern wird es ähnlich ergangen sein wie mir: ›Deutschland, eine Reise‹ hat mir ein Deutschland gezeigt, das mich in seiner Buntheit, seiner Vielgestaltigkeit, seiner Fremdheit auch, in seiner Skurrilität und Liebenswürdigkeit erstaunt und verwundert hat. Was ist das für ein Land, das uns Wolfgang Büscher zeigt? Ist es überhaupt ein Land? Manchmal können einem Zweifel kommen: So unterschiedlich sind die Menschen, so verschieden die Landschaften, so disparat die Erfahrungen, so verwickelt die historischen Bezüge.«[1019] Mit Köhler und Büscher trafen sich zwei Männer in ihren Gefühlswelten und ihren patriotischen Empfindungen.

311

13. Eva Luise Köhler:
Deutschlands Erste Dame

»Frau Köhler tritt an den Schrein heran, legt den heiligen Zweig auf einen vorbereiteten Tisch und klatscht anschließend einmal in die Hände.« Das stand auf Seite 80 im Programm für die Japanreise des Bundespräsidenten und seiner Frau Eva Luise. Sie hielt sich an die Vorgaben, blickte hinauf zum Meiji-Tempel, ging langsam nach vorne und klatschte, nachdem sie den Zweig am Schrein abgelegt hatte. Doch auf einmal tat sie etwas, was im Protokoll nicht vorgeschrieben war: Sie verneigte sich. »Durfte sie das?«, fragten sich die Protokollbeamten. Sie durfte es. Alle konnten aufatmen. In Japan, gerade in einem shintoistischen Heiligtum, kann man sich nie genug verbeugen, war die sich im deutschen Tross der Begleiter durchsetzende Meinung. Der Journalist Hartmut Kühne schrieb hierzu bewundernd: »Eva Luise Köhler hat wieder einmal eine Probe bestanden. Auch der Kaiser von Japan hätte sich nicht besser benehmen können.«[1020]

Traditionell kommt den Ehefrauen der deutschen Bundespräsidenten eine besondere Rolle zu – im Protokoll bei den Staatsbesuchen im Ausland, aber auch im Inland als eine Art »Mutter der Nation«. Eva Luise Köhler scheint für ihre Rolle wie geschaffen, auch wenn sie sich die protokollarischen Feinheiten erst nach und nach erarbeiten musste. Das Protokoll, so hat sie schnell gelernt, kann vieles erleichtern. Aber auch eine Präsidentengattin ist, mehr als es ihr wohl lieb ist, abgeschirmt.

Eva Luise Köhler ist eine ausdrucksstarke Frau, die auf die Mitarbeiter ihres Mannes immer wieder großen Eindruck machte, auch in London und Washington. »Die beiden lieben sich wirklich« – diesen Satz hört man überall. Eva Luise Köhler hatte schon immer ihre eigene Meinung – auch als sie sich für die SPD im schwäbischen Herrenberg und später in Meckenheim bei Bonn engagierte, während ihr

Mann noch viele Jahre parteilos blieb. Köhler weist es zwar zurück, dass seine Frau seine »Beraterin« sei, aber er zeigt sich »dankbar für ihre Meinung«. So offenbarte er 2004 der ›Bild am Sonntag‹: »Ich wäre ja dumm, wenn ich diese oft sehr objektive Stimme nicht hören würde. Und jetzt verrate ich Ihnen doch etwas: Meine Frau hat manchmal mehr Klugheit als ich.«[1021] Eva Luise Köhler sagt: »Zu Hause ist da, wo mein Mann ist.« Und er sagt: »Zu Hause ist da, wo meine Frau ist.«[1022]

Man glaubt gerne, dass es sich hierbei nicht um Floskeln handelt. Horst Köhler erwähnt seine Frau immer wieder in besonders liebevoller Weise. Kurz vor der Bundespräsidentenwahl äußerte er sich im ›Stern‹ zu der Frage, was er denn machen würde, wenn er nicht zum Bundespräsidenten gewählt würde: Dann hätte er endlich Zeit, jene drei Bücher zu schreiben, die ihm schon lange im Kopf herumspuken: »Eines über das Schicksal meiner Mutter, eines über die Liebesgeschichte mit meiner Frau und eines über internationale Finanzpolitik – das über meine Frau natürlich zuerst.«[1023] Manchmal scheint es, als gewinne Horst Köhler mehr innere Sicherheit, sobald seine Frau anwesend ist. Er nimmt sie wahr, erwähnt sie häufig in seinen Reden. Einfühlsam näherte sich Franziska Reich in einem ›Stern‹-Porträt dem Verhältnis der beiden: »Schon als sie auf der ersten Reise ins Land seiner Herkunft reisten, ins heutige Polen, trugen die Köhlers diese schwere Bürde im Gesicht. Er wirkte unsicher, sie schien verloren – und als sie ein wenig hinter ihm lief, suchte er und griff ins Leere und suchte weiter nach ihrer Hand, bis er sie endlich fand. Die Hand des anderen ist das Zuhause für ihn. Für sie. Ein Zuhause in dieser fremden Umgebung.«[1024] So litt sie mit ihm, als seine tränenerstickte Stimme während einer Rede in Israel seine innere Bewegung zeigte. Und als Horst Köhler vor Studenten in Tübingen die Wirtschaft aufforderte, mehr dafür zu tun, dass Frauen Beruf, Kinder und Familie besser unter einen Hut bringen können, schrieb sie rasch »Und Männer!« auf einen Zettel und hielt ihn hoch. Es folgte ein großes Gelächter, weshalb Köhler daraufhin reaktionsschnell sagte: »Ich schließe mich meiner Frau an.«[1025]

Als Horst Köhler noch nicht zum Bundespräsidenten gewählt worden war, versuchte Eva Luise Köhler, sich durch einen Blick ins Grundgesetz schlauzumachen, was denn eigentlich die Rolle einer Präsidentengattin sei. Sie kam schnell zu dem Befund, dass diese Rolle eigentlich gar nicht vorgesehen ist. »Eigentlich gibt es mich gar nicht«, stellte Eva Luise Köhler in sachlichem Ton fest. »Jedenfalls nicht amtlich.«[1026] Auch ihre Vorgängerinnen mussten sich in die Rolle als »First Lady« erst einfinden:

Elisabeth Eleonore Anna Justine (»Elly«) Heuss-Knapp, geborene Knapp, geboren am 25. Januar 1881 im damals zu Deutschland gehörenden Straßburg, konnte nicht einmal drei Jahre First Lady der Bundesrepublik Deutschland sein: Sie verstarb am 19. Juli 1952 in Stuttgart. Die Tochter des Nationalökonomen Georg Friedrich Knapp hatte als 18-Jährige 1899 ihr Lehrerinnenexamen abgelegt. Ab 1905 studierte sie Volkswirtschaftslehre in Freiburg und Berlin. Sie engagierte sich stark in der evangelischen Kirche. Während der Zeit des Nationalsozialismus erhielt sie Redeverbot. 1950 wurde sie für die FDP/DVP Landtagsabgeordnete in Baden-Württemberg und gründete das später nach ihr benannte Deutsche Müttergenesungswerk (heute: Elly-Heuss-Knapp-Stiftung Deutsches Müttergenesungswerk).

Die am 9. Mai 1885 im Sauerland geborene und am 3. Mai 1981 in Bonn verstorbene *Wilhelmine Lübke* war Studienrätin. Wilhelmine und Heinrich Lübke heirateten 1929. Die Ehe blieb kinderlos. Sie war sprachgewandt (Englisch, Französisch, Spanisch, Italienisch sowie Russisch) und galt als starke Persönlichkeit. Wie auch alle anderen Präsidentengattinnen nach ihr übernahm sie den Vorsitz des Müttergenesungswerkes. Sie wirkte ferner mit im Kuratorium der Deutschen Altershilfe (Wilhelmine-Lübke-Stiftung e. V.), in der Aktion Gemeinsinn und bei UNICEF.

Die 1896 in Bremen geborene *Hilda Heinemann* (sie verstarb am 5. Mai 1979) war Tochter eines Kaufmanns. Sie studierte in München und Marburg Religionswissenschaften, Geschichte und Deutsch, um Lehrerin zu werden, übte diesen Beruf allerdings nie aus. 1926 bestand sie ihr Examen und heiratete Gustav Heinemann. Das Paar hatte vier Kinder, darunter die Theologin Uta Ranke-Heinemann. Wie ihr Mann war sie während des Nationalsozialismus Mitglied der Bekennenden Kirche. Sie war die Großmutter von Christina Rau, geborene Delius, der Ehefrau des achten Bundespräsidenten Johannes Rau. Sie war nicht nur Schirmherrin des Müttergenesungswerks, sondern übernahm auch die Schirmherrschaften bei Amnesty International und beim Deutschen Frauenring. 1970 gründete sie die Hilda-Heinemann-Stiftung, die sich um die Eingliederung Erwachsener mit kognitiver Behinderung in das Arbeitsleben kümmert.

Die am 31. Dezember 1932 in Köln geborene *Mildred Scheel* (verstorben am 13. Mai 1985 in Bonn) war Ärztin. Sie arbeitete in einem Sanatorium, wo sie 1967 auch Walter Scheel kennenlernte, der sich dort von einer Nierenoperation erholte. Sie gründete 1974 die Deutsche Krebshilfe e. V. Selbst auf Staatsbesuchen betätigte sie sich mit großem Engagement für die Krebshilfe. Tragischerweise erkrankte sie selbst an Krebs und erlag diesem Leiden 1985.

Die am 18. Juni 1923 in Bielefeld geborene *Veronica Carstens* war Ärztin, während der Tätigkeit ihres Mannes im Außenministerium war sie Mitbegründerin des Frauen- und Familiendienstes im Auswärtigen Amt. Als Ehefrau des Bundespräsidenten wurde sie Schirmherrin der Deutschen Multiple-Sklerose-Gesellschaft, von UNICEF Deutschland und des Müttergenesungswerkes sowie Vorsitzende der Deutschen Altershilfe.

Die am 17. Mai 1932 in Essen geborene *Marianne Freifrau von Weizsäcker*, geborene von Kretschmann, engagierte sich ebenfalls in vielen sozialen Feldern. Sie war zehn Jahre lang Schirmherrin des Bundesverbandes der Elternkreise drogengefährdeter und -abhängiger Jugendlicher; ferner rief sie die Stiftung Integrationshilfe für ehemals Drogenabhängige e. V. ins Leben. Sie war Kuratoriumsmitglied des Berliner Johannes-Stifts, des Vereins der Freunde der preußischen Schlösser und Gärten sowie ab 1988 der nationalen Aids-Stiftung.

Die am 26. Oktober 1936 in München geborene und am 19. Juni 2000 in München verstorbene *Christiane Herzog*, deren Vater evangelischer Pfarrer war, war Lehrerin. Bevor ihr Mann Bundespräsident wurde, war sie Vizepräsidentin des Christlichen Jugenddorfwerks. 1986 gründete sie den Förderverein Mukoviszidose-Hilfe e. V., den sie 1997 in die Christiane-Herzog-Stiftung für Mukosvizidose-Kranke umwandelte. Ferner war sie Schirmherrin des Deutschen Komitees für UNICEF und des Deutschen Müttergenesungswerkes.

Die am 30. Oktober 1956 in Bielefeld geborene *Christina Rau* ist Tochter eines Fabrikanten der Textilindustrie, ihre Mutter Christa Delius ist Tochter des früheren Bundespräsidenten Gustav Heinemann. Christina Rau studierte Politikwissenschaft und heiratete am 9. August 1982 mit fast 26 Jahren den um 25 Jahre älteren Johannes Rau, damals nordrhein-westfälischer Ministerpräsident. Sie übernahm von ihrer Vorgängerin verschiedene Schirmherrschaften (UNICEF Deutschland, das Müttergenesungswerk, ferner den Bundesverband der Organtransplantierten und das Jugend-Rotkreuz).

Soziales Engagement

Im August 2004 wurde Eva Luise Köhler Schirmherrin des Deutschen Komitees für UNICEF, im September 2004 der Elly-Heuss-Knapp-Stiftung Deutsches Müttergenesungswerk. Im November 2004 wurde sie Mitglied des Kuratoriums der Deutschen Aids-Stiftung und im gleichen Monat Mitglied der Jury zur Verleihung des Hanse-Merkur-Preises. Ferner wurde sie im März 2005 Schirmherrin der Karlshöhe Ludwigsburg, einer diakonischen Einrichtung, die ihr schon seit Jugendtagen bekannt ist. Im Juni 2005 wurde sie Ehrenvorsitzende des

Deutschen Fördervereins der Freunde des Scheba-Medical-Centers Tel Hashomer e. V. Tel Hashomer hat seinen Sitz in Tel Aviv. Sie übernahm gemeinsam mit Lothar Späth den Vorsitz über die Deutsche Kinder- und Jugendstiftung. Ein besonderes Anliegen ist ihr der Verein ACHSE (Allianz chronisch seltener Erkrankungen). Diese Aufgabe übernahm sie im März 2005.[1027] Zu den Krankheiten, mit denen sich ACHSE befasst, gehört beispielsweise die Mukoviszidose. Eva Luise Köhler: »Diese Krankheit ist erst durch das Engagement von Frau Herzog in unseren Wortschatz gelangt. Es gibt aber auch seltene Muskelerkrankungen, bei denen sich Muskeln immer weiter zurückbilden. Oder seltene Augen- oder Hautkrankheiten. Und so unterschiedlich die Krankheiten auch sind, viele Probleme haben Menschen mit seltenen Erkrankungen gemeinsam. Zum Beispiel einen oft langen und dornigen Weg zur Diagnose, weil schlicht das Wissen über die Krankheit fehlt. Außerdem gibt es häufig keine geeigneten Arzneimittel oder Therapien. Das alles führt dazu, dass sich die Menschen mit ihrer Krankheit alleingelassen fühlen.«[1028] Auf die Frage, ob sie durch ihre Tochter einen »ganz anderen Bezug« zu diesen Krankheiten hat, antwortete die Frau des Bundespräsidenten: »Sicher hilft es mir, die Betroffenen zu verstehen, wenn sie mir von ihrer Situation erzählen.«[1029] Durch das Schicksal ihrer Tochter könne sie verstehen, »was in den Betroffenen vorgeht. Menschen mit seltenen Erkrankungen und ihre Angehörigen machen meist ähnliche Erfahrungen. Sie müssen sich die Situation so vorstellen: Ihr Kind kommt auf die Welt und ist scheinbar gesund. Aber dann bemerken Sie, dass etwas nicht stimmt«.[1030]

Im Westflügel des Schlosses Bellevue, wo sich einst die Wohnräume von Roman Herzog und seiner Frau Christiane befanden, sind die Büroräume der Präsidentengattin untergebracht: rosé die Wände, apricotfarben die Vorhänge.[1031] Anderthalb Mitarbeiterstellen und eine Sekretärin stehen ihr zur Verfügung. Auf der Homepage des Bundespräsidenten heißt es zu Eva Luise Köhler: »Sie möchte aber nicht zuletzt auch konkrete Hilfe leisten, wann immer das möglich ist. Die große Anzahl von Briefen, die Eva Luise Köhler täglich erhält, zeigt, dass viele Bürger in der Frau des Bundespräsidenten eine Person ihres Vertrauens sehen, an die sie sich mit ihren Sorgen wenden können.«[1032] Der ›BZ am Sonntag‹ sagte sie: »Ohne Auswärtstermine beginnt der Tag um neun Uhr in meinem Büro mit der Post. Im Schnitt erhalte ich täglich zehn Briefe, die ich lese und beantworte.«[1033] Ihr Engagement ist vielfältig: Ob sie die Waldhofschule in Templin – dort wuchs übrigens Angela Merkel auf – oder die Spezialambulanz des Universitätsklinikums in Mannheim besucht, Taufpatin der Rosenneuzüchtung »Rubinchen« wird, in Interviews, beispielsweise mit der ›Esslinger Zeitung‹, den Wert der Erziehungsarbeit betont oder in der Frankfurter Paulskirche die Auszeichnung »Junior-Botschafter des Jahres« für UNICEF übernimmt – alles muss sorgsam vorbereitet werden.

Privatleben

Privates verrät Eva Luise Köhler nur ungern – und wenn doch, dann eher Unspektakuläres: dass sie zwei- bis dreimal in der Woche morgens in aller Frühe mit ihrem Mann zum Fitnessstudio geht – übrigens erwarb das Ehepaar Köhler am 2. November 2006 gemeinsam das Deutsche Sportabzeichen –, dass ihnen überhaupt wichtig ist, genug Zeit zum Frühstück zu haben[1034], dass sie kaum noch ins Kino kommt – beispielsweise sah sich das Ehepaar bis zum Juni 2005 als letzten Film ›Gegen die Wand‹ an –,[1035] dass sie seit ihrer Rückkehr nach Deutschland in einem Kirchenchor singt und dass sie zu Weihnachten 2005 selbst gebacken hat: »In diesem Jahr habe ich Ausstecher gemacht, also Sonne, Mond und Sterne aus einfachem Teig. Ich vermute, es ist die schlichteste Form des Weihnachtsplätzchens.«[1036] Zu Weihnachten sagt sie: »Für mich ist die Geburt Jesu der Grund, Weihnachten zu feiern. Ganz einfach.«[1037] Viel Freizeit haben die Köhlers nicht. Wandern und Chorsingen gehören sicherlich dazu, aber Eva Luise Köhler sagt auch: »Wir tanzen gerne. Das heißt aber nicht, dass wir das auch oft tun. Beim Sport und beim Musizieren kann ich am besten ausspannen.«[1038] Offensichtlich würden die Köhlers auch gerne einen Hund haben, doch praktische Gründe verbieten dies:

»Wir hätten gern wieder einen Hund und haben uns auch schon im Tierheim umgeschaut. Aber das Tier hat auch ein Recht darauf, dass die Zeit da ist, um sich mit ihm zu beschäftigen. Wenn ich ehrlich bin: Dazu fehlt uns die Zeit. Also haben wir das Thema zurückgestellt und freuen uns über die Hunde der Spaziergänger.«[1039]

Wenn Horst Köhler und seine Frau in den Urlaub fahren, können sie es kaum unbemerkt tun, zumal Horst Köhler die Devise ausgegeben hat, Deutsche sollten gelegentlich auch in Deutschland Urlaub machen – und dies auch für sich selbst gelten lässt. Wenn die Köhlers zum Großen Arber wandern, dem »König des Bayrischen Waldes«, 1.456 m hoch, sind die Medienleute immer dabei. Im Juli 2005 machten die Köhlers eine Woche lang im kleinen Bayernwald-Luftkurort Lam in einem Vier-Sterne-Hotel Urlaub. Siebzig Fernsehleute, Radiojournalisten und Zeitungsreporter warteten am Bergwachthaus auf den Bundespräsidenten, als sich die Köhlers nach den aufregenden Tagen in Berlin (Verkündung der vorgezogenen Wahlen) und nach der ›Tristan‹-Premiere in Bayreuth auf den Weg nach Lam gemacht hatten.[1040]

Es bleibt nicht aus, dass sich die bunten Blätter für die Mode der First Lady interessieren. Der ›Bild am Sonntag‹ verriet Eva Luise Köhler: »Ich mag klassische Schnitte, ein Modefreak bin ich nicht. Trotzdem gehe ich gerne mal einkaufen und bummeln.«[1041] Die Berliner »Prominentendesignerin« Anna von Griesheim bescheinigt der Präsidentengattin: »Sie ist eine sehr elegante Erscheinung mit toller Figur, eine Frau von zeitloser Schönheit. Bei ihr denke ich sofort an die klassische Pariserin: Zurückhaltend, stilvoll und sehr geschmackvoll.« Und auch der »Hauptstadtfriseur« Udo Walz durfte unmittelbar nach der Wahl Horst Köhlers zum Bundespräsidenten mit seiner Prognose nicht fehlen: »Mir gefällt nicht nur ihre Frisur – halblang ist bei ihrem herzförmigen Gesicht optimal. Sie ist eine perfekte Lady – gut frisiert, schick angezogen. Ich glaube, sie könnte ein modisches Leitbild wie Jackie Kennedy werden.«[1042]

14. Im Volk beliebt, in der Politik nie angekommen: Thesen zu Horst Köhler

»Unsere Zukunft und die unserer Kinder stehen auf dem Spiel.« Horst Köhlers Begründung für vorgezogene Wahlen gipfelte in diesem Satz. Seine Beschreibung der Lage Deutschlands klang so düster wie manche Wagner-Oper. Angela Merkel dürften diese Worte gefallen haben. In Gerhard Schröders Ohren mussten Köhlers Worte wie Staatsohrfeigen klingen, waren sie doch eine präsidiale Abrechnung mit der Lage von Staat, Wirtschaft und Gesellschaft. Köhlers Fernsehauftritt sollte den Abschied von Rot-Grün und danach eine neue bürgerliche Regierung einläuten. Aber dann kam es anders.

Was ist das für ein Mensch, der Symbol für die bürgerliche Wende sein sollte und nun wie ein politischer Solitär der Großen Koalition ein wenig ratlos gegenübersteht? Horst Köhler ist wahrlich nicht in die Wiege gelegt worden, eines Tages das protokollarisch höchste Amt in der Bundesrepublik Deutschland zu übernehmen. Jetzt ist dieser letztlich scheue Mann zu einem öffentlichen Menschen geworden. Mit 82 Prozent führt Horst Köhler im Januar 2007 die Sympathiewerte der politischen Persönlichkeiten in der Bundesrepublik Deutschland an.[1043] Selbst diejenigen, die mit ihm längere Zeit intensiv zusammengearbeitet haben, wissen wenig über ihn. Was ist das Geheimnis seines Aufstiegs? Was charakterisiert ihn und seine Politik?

These 1:
Horst Köhler ist der erste Präsident, der dazu gemacht wurde.

Horst Köhler wird häufig als ein »Seiteneinsteiger« der Politik bezeichnet. Dieser Begriff ist unscharf. Genau betrachtet ist Horst Köhler ein »Seitenhineingenommener«, der von Angela Merkel gesucht und entdeckt wurde. Sie wünschte sich eine überzeugende Persönlichkeit, die zum Signal für eine bürgerliche Wende taugte. Für alle Bundespräsidenten gilt, dass sie, mit Ausnahme vielleicht von Richard von Weizsäcker, ein Stück weit dazu von anderen gemacht wurden. Aber Köhler als Präsident ist vollständig das Produkt des Handelns Dritter (Merkel/Westerwelle). So begeisterte sich FDP-Chef Westerwelle rasch für den CDU-Mann mit FDP-Profil. Köhlers Wahl sollte das Signal für eine politische Zeitenwende sein. Der »bürgerliche« Horst Köhler sollte der Vorbote einer »bürgerlichen« Regierung sein – ähnlich wie dies umgekehrt bei der Wahl Gustav Heinemanns und Walter Scheels der Fall für sozial-liberale Koalitionen gewesen war. Deshalb schien die Besetzung dieses Postens mit Köhler nahezu ideal.

Alle Vorgänger Köhlers hatten sich mehr oder minder offen um das Amt beworben, auch wenn sie in der Regel klugerweise hinzufügten, um ein solches Amt bewerbe man sich nicht. Horst Köhler merkt man an, dass er nie Politiker gewesen ist, obwohl er sein gesamtes Berufsleben mit politischen Aufgaben verbrachte. Mit diesem Nicht-Politiker-Sein kokettiert er ganz offen. Den ›Stern‹-Journalisten Hans-Peter Schütz ließ er wissen: »Ich komme nicht aus dem politischen Establishment. Das ist richtig, und das ist auch eine Schwäche (…) Aber es macht auch unabhängig.«[1044] Er glaubt damit, einen Trumpf auszuspielen und merkt nicht, dass er – in fast schon herzerwärmender Naivität – ein beträchtliches Defizit offen legt. Denn Politik ist ja das Synonym für die Gesamtschau der Dinge und für ihre Wirkmechanismen. In beiden Bereichen ist er unsicher. Auch wenn er schon seit seiner Zeit als Staatssekretär auf viele Staatsmänner und -frauen traf, kennt er selber die Ränke in der Politik nur vom Hörensagen durch seine einstigen Chefs Stoltenberg und Waigel und aus der Lektüre der ›Frankfurter Allgemeinen Zeitung‹. Die Welt der Politik und der Parteien blieb ihm fremd. Allein die Welt der Finanzdiplomatie hat sich ihm erschlossen. Horst Köhler spricht über die politische Kaste in Berlin, als würde er selber nicht dazugehören, etwa in der ›Bild-Zeitung‹: »Und die Politiker sollten sich überlegen, wie sie wieder mehr Kontakt zu den Bürgern bekommen. Vor allem darf Regierungspolitik nicht vorwiegend Parteipolitik sein. Die Bürger wissen, dass die Zeiten Veränderungen verlangen – und Anstrengungen.«[1045] Wohlgemerkt, er sagt »die Politiker«, nicht »wir Politiker«. Von den Parteien spricht er fast so, als hätte er sich nicht einmal durch eine Parteimitgliedschaft zu einer davon bekannt. Als er Kandidat für das Bundespräsidentenamt geworden war, nannte er es für den Fall seiner Wahl einen Vorteil, dass er »nicht aus dem politischen Establishment« komme.[1046] Und das war vermutlich nicht nur ein taktisch dahingesagter Satz. Überhaupt lässt er gelegentlich auch wissen, dass er sich gar nicht beworben hat.[1047]

Fast scheint es so, als habe Köhler Selbstzweifel, ob er wirklich »oben« angekommen ist. Gerne versucht er, ein Mann zu sein, der sich mit dem Volk gegen die Oberen verbündet. Das, so meint er vermutlich, ist er seiner einfachen Herkunft schuldig. Er versucht den Schulterschluss nicht mit den Mächtigen, sondern mit den Regierten. »Die Menschen machen mir Mut, und das freut mich. Und auf dieser Basis glaube ich auch, dass ich mit dazu beitrage, den Menschen wiederum meinerseits Mut zu machen.«[1048] Im Verhältnis zur »politischen Klasse« jedenfalls tut er sich sichtbar schwer. Aber beim Volk kommt er gut an, jedenfalls bei 86 Prozent der Unions-Anhänger und bei 75 Prozent der SPD-Wähler.[1049] Zur Politikerkaste will er jedenfalls nicht gehören. Er sucht das Bündnis mit dem Volk – gegen die Etablierten in der Politik. Sicher ist es übertrieben, schon von einem »Hauch von Weimar« zu sprechen, wie das Claus Leggewie tut.[1050] Doch es gibt in der Bevölkerung eine Tendenz für einen starken Mann, der nur noch Deutsche kennt und keine Parteien. Köhlers Popularität kommt zugute, dass viele in ihm Volkes Stimme gegen »die da oben« verkörpert sehen, viele wollen populistische Ressentiments bedient sehen. Dessen wird sich aber Köhler bewusst sein.

Einer der Gründe für sein Fremdeln mit der Politik ist, dass er selber nie Erfahrungen mit einem politischen Mandat gemacht hat, nicht einmal auf lokaler Ebene oder innerhalb der Studentenschaft. Mitglied einer politischen Partei, der CDU, wurde er im Dezember 1981 erst im Alter von 38 Jahren. Damals war er Mitarbeiter des schleswig-holsteinischen Ministerpräsidenten Gerhard Stoltenberg.

Der Parteieintritt hatte sicher auch etwas mit seinen weiteren Karriereüberlegungen zu tun. Die politische Realität eines Ortsverbandes oder einer Kreispartei hat er jedenfalls nie selber mitbekommen, allenfalls gelegentlich als Redner. Ein Erlebnis scheint ihn besonders geprägt zu haben, als er einmal bei der »Jungen Union« einen Vortrag hielt: »Dort habe ich mich gewundert, wie taktisch einige der jungen Leute schon dachten, während ich die Inhalte betonte. Heute weiß ich, dass man beides braucht, um gute Politik durchzusetzen.«[1051]

Selbst die harten und polarisierenden Zeiten der 68er-Studentenrevolte bewogen ihn nicht, sich auf der einen oder der anderen Seite zu engagieren. Streng genommen scheint er in jenen Zeiten des politischen Umbruchs politisch eher indifferent gewesen zu sein. Er stammte zwar aus einem Elternhaus, in dem CDU gewählt worden war. Aus seinem Flüchtlingsmilieu wollte er jedoch ausbrechen. Der Studentenrevolte ist er ausgewichen. Er gehörte in seinen anfänglichen Berufsjahren innerlich weder zur CDU noch zur SPD. Sein – übrigens auch stark interessengeleitetes – Engagement im Kampf gegen eine Mülldeponie oder seine nicht sonderlich intensive Mitwirkung in einem Verein zur Förderung eines Dritte-Welt-Ladens in Herrenberg dürften auch zeitgeistigen Charakters gewesen sein.

In jenen Jahren war er letztlich ein Mann ohne politische Eigenschaften. Auch als er in Tübingen in einem Wirtschaftsforschungsinstitut arbeitete, galt er politisch als nicht festgelegt oder besonders profiliert – übrigens auch noch nicht, als er in Bonn im Bundeswirtschaftsministerium die Stelle eines Hilfsreferenten antrat. Sein Minister war damals Otto Graf Lambsdorff. Wäre er beispielsweise ein paar Jahre Mitarbeiter des sozialdemokratischen Wirtschaftsministers Karl Schiller geworden, hätte er dann nicht auch bei der SPD landen können? Sobald er Karriere machte, war er so sehr von der »großen Politik« absorbiert, dass er die Nähe zur »praktischen Politik« an der Basis kaum noch erfahren konnte oder wollte.

Köhler war als Staatssekretär ein geradliniger, konsequenter Verhandler. Seine »protestantische« Aufrichtigkeit macht es ihm schwer, mit Entscheidungen anderer zu leben, wenn er diese als »faule Kompromisse« empfindet. Hinzu kommt, dass die Konsensbildung in einer Demokratie komplex ist und die politische Materie immer undurchschaubarer und spezieller wird. In der Politik ist die Sachkompetenz eines Politikers nur ein Teilelement seines Wirkens. Dessen Fähigkeit, endlose Gremiensitzungen durchzustehen, ist genauso entscheidend wie die für Politiker besonders wichtige Meinungsbildung durch Medien. Köhler hat all dies selber nie erfahren. Er leidet unter politischen Zwängen, die seinem sachbezogenen, technokratischen Ansatz zuwiderlaufen. Das macht seine Stärke, sein hohes Ansehen in der Bevölkerung aus, weil viele so unpolitisch, so parteienskeptisch denken wie er.

Er hat die Probleme vieler Seiteneinsteiger in der Politik, von denen viele deshalb scheiterten, weil ihre Effizienzmaßstäbe nicht mit dem schwerfälligen Prozess permanenter Überzeugungs- und Gremienarbeit mit (aus ihrer Sicht) häufig wenig kompetenten Politikern zusammenpassen. Der Prozess der Meinungsbildung in der Politik unterscheidet sich von der Verwaltung, der administrativen Welt, weil dort Hierarchien eine andere Bedeutung haben. Ein noch so bedeutsam wirkender Bundeskanzler oder eine Bundeskanzlerin müssen, gerade bei knappen Mehrheiten, Rücksichten auf Minderheiten in den eigenen Parteien und Fraktionen nehmen. Selbst wenn bei den Seiteneinsteigern eine besondere inhaltliche Kompetenz gegeben ist – deshalb und wegen ihres häufig klingenden Namens werden sie ja geholt –, so sind doch meistens ihre Amtszeiten als Minister sehr viel kürzer, als sie selber erträumten. Beispiele solcher Kurz-Karrieren als Minister gibt es viele: von Werner Maihofer (FDP) bis Ursula Lehr (CDU), von Rupert Scholz (CDU) bis Ralf Dahrendorf (FDP). Vielen von ihnen hatten die Mechanismen der Politik mit dem Aufbau von Netzwerken und dem Schmieden von Bündnissen zuvor in ihrer beruflichen Erfahrung nicht kennengelernt. Interessanterweise gibt es in der SPD kaum Seiteneinsteiger. Vielleicht kann man zu Zeiten der sozial-liberalen Koalition den Bildungsminister Hans Leussink oder unter Gerhard Schröder den Wirtschaftsminister Werner Müller nennen. Das frühere CDU-Mitglied Jost Stollmann, Gerhard Schröders Antwort auf die technologische Revolution, brach noch vor der Regierungsbildung öffentlich 1998 ein und hängte seine Ministerambitionen an den Nagel. Als Willy Brandt die parteilose promovierte Amerikanistin Margaritha Mathiopoulos zur Sprecherin seiner Partei machen wollte, führte das sogar zu seinem Sturz als SPD-Vorsitzender.

Köhlers politische Erfahrungswelt ist eine obrigkeitlich-exekutive. Er hat die Politik immer aus einer Schnittstelle zwischen Verwaltung und Politik heraus kennengelernt, sieht man einmal von seiner kurzen Lobbytätigkeit für die Sparkassen ab. Aber auch hier war er letztlich Teil des »Kohl'schen Machtsystems«, weil er den Euro im Bereich der öffentlich-rechtlichen Banken durchzusetzen half und gelegentlich für Helmut Kohl in Sondermissionen unterwegs war. In die reale Lebenswirklichkeit eines Politikers, zu dessen Überlebensfähigkeit das Eingehen vielfältiger Kompromisse gehört, hat er wenig inneren Zugang. In seinem letztlich antipolitischen Ansatz hatte er während seiner Beamtentätigkeit im Finanzministerium immer wieder auf die Politik geschimpft: Würden doch die Politiker den Vorschlägen stärker folgen, dann wäre es mit unserem Land besser bestellt. Diese Einstellung mag Angela Merkel gefallen haben, die ja selber keine Politikerin mit festen christlich-demokratischen Wurzeln ist, sondern die als »Physikerin der Macht« eher an pragmatischen Lösungen der Gegenwartsprobleme interessiert ist – wie Horst Köhler. Insofern sind sich Köhler und Merkel geistig wie stilistisch nahe, während sich im Verhältnis Weizsäcker-Kohl eine stilistisch maximale Distanz entwickelt hatte.

Köhler ist kein Taktiker. Das ist Stärke und Schwäche zugleich. Er sagt, was er denkt. Und er ist dünnhäutig; vielleicht will er durch sein temperamentvolles Auftreten seine innere Unsicherheit überspielen. Er reibt sich auch wund an den Strukturen der Politik. Am sichtbarsten wurden Köhlers Entscheidungsnöte, als er über die vorgezogenen Bundestagswahlen zu entscheiden hatte. Ihm war klar, was die Bundespolitik ihm da zugemutet hat: Der damalige Bundeskanzler Gerhard Schröder hatte vorab sogar das Datum der vorgezogenen Wahl in einer Weise verkündet, als ob es den Bundespräsidenten mit seinem im Grundgesetz verankerten Prüfrecht gar nicht gäbe. Köhler wusste, dass er zum Spielball der Politik wurde – auch der Oppositionsführerin Angela Merkel, die im Deutschen Bundestag ebenfalls für schnelle, vorgezogene Wahlen plädierte, da die Kanzlerschaft winkte. Dass das Bundesverfassungsgericht hohe Hürden für eine Neuwahl im Zusammenhang mit der Entscheidung des damaligen Bundespräsidenten Karl Carstens 1983 errichtet hatte, wurde von der Politik 2005 weitgehend verdrängt. Man merkte dem Nicht-Juristen Köhler an, wie schwer er sich als Hüter der Verfassung mit seiner Entscheidung tat – und dem Nicht-Politiker, dass er die Wahlkampfatmosphäre nicht gewohnt war. Letztendlich hat er die Neuwahlentscheidung aus tiefer Überzeugung herbeigeführt.

These 2:
Horst Köhler ist kein Geschichtsdeuter, er hat keine eigenen Visionen. Er ist ein in der Sache engagierter Technokrat geblieben.

Horst Köhlers Problem ist die ökonomische Engführung seines Weltbildes. Deshalb kann er beim Thema Globalisierung zwar die Fragen benennen, doch seine Antworten verlieren sich im Unverbindlichen, wirken merkwürdig blass. Köhlers Welt ist die der Finanzpolitik. Zu seinem großen Lebensthema ist die Bewältigung der Globalisierung geworden. Er spricht die Globalisierung verantwortungsvoll an, aber Visionen zu ihrer Bewältigung sind nicht seine Sache. Der Fixierung auf diese lange Jahre unterschätzte Thematik verdankte er zum Teil auch seinen Aufstieg. Ein weiterer wichtiger Grund für Horst Köhlers Erfolg liegt in seinem legendären Fleiß und seiner rastlosen Hingabe für die ihm übertragenen Aufgaben. Allen, die mit ihm schon frühzeitig zu tun hatten, fiel auf, mit welcher ungeheuren Energie er sich den ihm anvertrauten Themenfeldern widmet. Seinen Aufstieg verdankt er aber auch der Tatsache, dass er sich frühzeitig fachlich einen Namen zu machen begann – und der Sache wegen zum Widerspruch bereit war. Er war nirgendwo ein bequemer Mitarbeiter. Man musste sich mit seinen gelegentlich querliegenden Argumenten auseinandersetzen. Das hat ihm bei Kohl sogar manche Pluspunkte gebracht.

Köhler unterstrich seine Kompetenz – während seiner Zeit als Beamter im Bundesfinanzministerium – gerne mit dem Satz »Ich als

Ökonom …«. Damit grenzte er sich von der großen Zahl der Juristen in den Abteilungen ab, denen er indirekt Kompetenz in den von ihm vertretenen Fragen absprach. Ein Geheimnis seines Erfolges besteht darin, dass er in Deutschland zu den ganz wenigen gehörte, die sich frühzeitig im Rahmen der sich entwickelnden Globalisierung ein enormes Fachwissen der internationalen Finanz- und Haushaltsfragen aneignen konnten. Diejenigen, die sich mit ihm fachlich messen konnten und in der Öffentlichkeit Bekanntheit erlangten, waren – ausgenommen die Führungspersönlichkeiten in der Deutschen Bundesbank – spärlich. Dazu gehörte sicherlich sein dann später zur Deutschen Bundesbank gewechselter Vorgänger Hans Tietmeyer.

Köhlers Aufstieg kam zugute, dass Deutschland hinsichtlich seiner internationalen Rolle doch recht provinziell agierte und kaum eine auch sprachlich kompetente, welterfahrene, außen- und finanzpolitisch versierte Elite aufweisen konnte. Köhler schaffte es trotz seiner mangelnden Sprachkenntnisse, sich schon frühzeitig das Image des quasi Unersetzbaren zuzulegen. Er gehörte, zumal in seiner Staatssekretärszeit, zu den wenigen seiner »Kaste«, die in der Öffentlichkeit über einen gewissen Bekanntheitsgrad verfügten. Das Mitteilungsbedürfnis war bei ihm viel stärker ausgeprägt als bei den meisten seiner Staatssekretärskollegen, die mehr im Hintergrund, im Stillen wirkten. Allerdings handelte es sich bei der »Sherpa«-Funktion um ein besonderes Amt, das von so eindrucksvollen Persönlichkeiten wie Pöhl, Tietmeyer, Haller, Stark, Koch-Weser und heute Bernd Pfaffenbach ausgefüllt wurde. In dieser Eigenschaft waren sie auch für die Medien interessant. Seinen besonderen Ruf verdankte Köhler der Tatsache, dass er als »Sherpa« des Bundeskanzlers Kohl die großen internationalen Gipfeltreffen der sogenannten »G7«-Staaten vorbereitete. Für Köhler war es zudem ein Glücksfall, dass er mit Theo Waigel einen Chef als Bundesfinanzminister hatte, der ihm eine eigene Profilierung ermöglichte. Bei Köhler beeindruckte immer, mit welcher Leidenschaft er seine Überzeugungen vortrug. Auch beim Internationalen Währungsfonds spricht man heute noch von der »Leidenschaft«, mit der er seine Ziele vertrat.

Köhler ist ein in der Sache engagierter Fachmann geblieben. Er sieht überall Sachzwänge und verzweifelt deshalb häufig an den langwierigen politischen Entscheidungsprozessen. Sein Arbeitsfleiß, der sich fast ausschließlich auf praktische Fragen der Ökonomie richtete, erlaubte es Köhler offensichtlich nicht, so etwas wie eine ausgereifte politische Philosophie über das Ökonomische hinaus zu entwickeln. Sein Hang zum Perfektionismus und seine geringe Bereitschaft, Aufgaben anderen zu übertragen, ließen ihm auch kaum Zeit dazu. Aber deshalb bleiben die meisten seiner Reden außerhalb des Generalthemas der Wirtschafts- und Finanzpolitik so wirkungslos.

Wie Angela Merkel, so ist auch Köhler kein Geschichtsdeuter. Es ist manchmal nicht einmal klar, wo er eigentlich politisch steht. Auch hier gibt er Rätsel auf. 1972 hat er Willy Brandt und die SPD gewählt. Vielleicht stand er dabei auch unter dem Einfluss seiner Frau, die sich damals in der SPD zu engagieren begann. In seinen Ämtern forderte er immer ein »Gesamtkonzept« und vermittelte damit den Eindruck, dass er pragmatische, nicht einer klaren Linie folgenden Einzelschritte ablehnte. Köhler ist letztlich keine strategisch denkende und agierende Persönlichkeit, sondern ein Suchender.

Nach seinen Anfängen in der Grundsatzabteilung des Bundeswirtschaftsministeriums fühlt sich Köhler heute noch in besonderer Weise den Grundsätzen der Sozialen Marktwirtschaft verpflichtet. Als Managing Director des Internationalen Währungsfonds bedauerte er in seinen in Deutschland gehaltenen Reden, wie wenig die ordnungspolitischen Vorstellungen von Ludwig Erhard oder Alfred Müller-Armack auf internationaler Ebene bekannt seien. Trotz zahlreicher Reden hat sich Köhler aber nicht in besonderer Weise als Theoretiker der Sozialen Marktwirtschaft hervorgetan. Dass er sich in seinen Ämtern durch übertriebenen wirtschaftspolitischen Dogmatismus ausgezeichnet habe, wird man ihm auch kaum unterstellen können. Hätte für einen früheren Mitarbeiter der Grundsatzabteilung des Bundeswirtschaftsministeriums eher eine Neigung für die Privatisierung der Sparkassen nahegelegen, konnte er sich doch mit Verve – und mit guten Gründen – als Sparkassenpräsident für deren (inzwischen weitgehend entfallene) Privilegierung einsetzen. In seiner

Eigenschaft als Managing Director des IMF wurde er in Sachen »Stabilitätspakt« gerne von Hans Eichel im Deutschen Bundestag zitiert. Und beim Internationalen Währungsfonds, der für die Stabilität der internationalen Finanzmärkte zu sorgen hat, nahm er sich des Gedankens der Entwicklungspolitik in einer Weise an, die ihn keinesfalls als knallharten Marktliberalen erkennen ließ.

Solange Köhler Mahner gegen die Politik von Rot-Grün war, hat er die Erwartungen Merkels erfüllt. Doch er blieb Dauer-Mahner auch nach der Wende gegenüber der von ihm so wenig geliebten Großen Koalition. Köhler entwickelte sich immer mehr zum einsamen Rufer in der bundesdeutschen Politik. Das wird mit einer pessimistischen Weltsicht identifiziert, selbst wenn es in der Sache richtig ist. Die Kassandra-Rolle hat ihre Tücken. Köhlers Aufforderungen zu mehr Optimismus klingen krampfhaft.

Mit der Benennung eines über die Ökonomie hinaus gehenden Menschenbildes tut sich Deutschlands oberster Bürger schwer. Seine Betrachtungen zur Geschichte wirken uninspiriert. So fällt auf, wie schwer sich Köhler tut, den Nationalsozialismus zu deuten oder sich etwa durch einen dort höchst willkommenen Besuch in seinem Geburtsort Skierbieszów in Polen zur Geschichte seiner Familie zu bekennen und damit einen symbolischen Akt der Aussöhnung zwischen Polen und Deutschen zu vollziehen. Seine Betrachtungen zu Gott und der Welt, auch zum Menschenbild, bleiben blass und konturlos. Auch wenn regelmäßiger Kirchgang bei ihm nicht zu verzeichnen ist, so ist er doch – hier stark durch seine Mutter geprägt – ein Traditionsprotestant, der die hohen kirchlichen Feiertage achtet.

These 3:
Köhlers Energie speist sich aus seinen frühen jugendlichen Erfahrungen als Flüchtlingsjunge einer bäuerlichen Familie und später eines Arbeiterhaushalts. Sein hart erkämpfter Aufstieg hat ihn geprägt.

Klassenkameraden erinnern sich, der junge Horst habe ihnen gegenüber erläutert, er wolle als Arbeiterkind später etwas für »seinen Stand« tun; er wurde aber kein Gewerkschaftsfunktionär. Als Einziger in seiner Familie machte er Abitur und studierte. Er wollte aufsteigen, immer weiter nach »oben«. Sein Schicksal und seine Erfahrungen als Flüchtlingsjunge, sein Wissen um Not und Armut, prägen ihn bis heute. Gerade das dürfte sein besonderes Afrika-Engagement mit begründen. Aber es scheint so, als wolle er – wie fast alle Aufsteiger – nicht ständig mit seiner Herkunft konfrontiert werden.

Der rasante Aufstieg Köhlers ist ein besonders gutes Beispiel für die Durchlässigkeit der deutschen Gesellschaft. Aber auch andere »Aufsteiger« – wie die Berufspolitiker Gerhard Schröder und Joseph Fischer, der Rennfahrer Michael Schumacher und der Fußballer Rudolf (»Rudi«) Assauer oder der Wirtschaftslobbyist Hans-Olaf Henkel – dürften berichten können, wie schwer es ist, »ganz oben« anzukommen. Im Gegensatz zu Schröder bedarf Köhler gleichwohl nicht der Statussymbole wie »Cohiba« und »Brioni«. Köhlers Sparsamkeit zeigte sich auch darin, dass er selbst als gut verdienender IMF-Boss gelegentlich im Zug zweiter Klasse fuhr, wenn er die Reise selbst bezahlen musste. So unprätentiös Präsident Köhler wirkt, er scheint doch langsam von der besonderen Würde seines hohen Staatsamtes eingefangen. Hugo Müller-Vogg, der Köhler in einem Gesprächsbuch ausführlich interviewen durfte, sieht in ihm heute einen »abgeschirmten und fast unzugänglichen Regenten«.[1052] Der Berliner ARD-Hauptstadtkorrespondent Werner Sonne wollte Köhler für einen Auftritt im »Frühstücksfernsehen« gewinnen und wurde mit einer überraschenden Begründung der Absage konfrontiert. Zum Abschluss der Fußball-Weltmeisterschaft sollte sich der Präsident zu diesem für Deutschland wichtigen Ereignis äußern. In jener Woche eilten in aller Frühe Laura Bush, Frank-Walter Steinmeier und Kofi Annan ins Hauptstadtstudio. Doch der Präsident sagte ab.[1053] Das Bemerkenswerte war nicht die Absage, sondern die durch den Präsidentensprecher gegebene Begründung: Die britische Queen würde so etwas schließlich auch nicht machen. Ist ein Bürgerpräsident einer Demokratie mit der britischen Queen zu vergleichen, musste sich Sonne fragen.

Köhler war wegen seiner Herkunft und der erzwungenen Sparsamkeit sehr viel aufstiegsorientierter als viele seiner »postmaterialistisch« gesinnten Alterskameraden. Er war allerdings nie ein guter Schüler, woraus er hätte Selbstbewusstsein schöpfen können. Aber sein sportliches Können zeigte ihm, dass man mit Zähigkeit weiterkommen konnte. Gerade sein aufstiegsorientiertes Verhalten, das nach seinem Studium sehr stark durch das Milieu des schwäbischen Mittelstandes geprägt war, beeinflusst ihn in einer heute gelegentlich altmodisch anmutenden Weise. Denn sein Auftreten entspricht fast zwangsläufig dem, was Ende der 70er-Jahre von Oskar Lafontaine in einer Auseinandersetzung mit Helmut Schmidt als »Sekundärtugenden« bezeichnet wurde: Fleiß, Ausdauer, Disziplin. Vielleicht verstehen sich Köhler und Schmidt auch deshalb so gut. Der Altkanzler hat ja schon frühzeitig Köhler für die Washingtoner Aufgabe empfohlen. Köhler wollte nie mehr nach »unten« zurückfallen. Statussicherung ist Aufsteigern immer besonders wichtig. Köhler kam es bei aller rhetorischen Betonung seiner Risikofreude immer auf die Sicherheit des Berufes und die finanzielle Ausstattung an – eine der entscheidenden Gründe, warum er die schwäbische Gemütlichkeit in Tübingen und Herrenberg verließ, um in Bonn Beamter zu werden.

Köhlers Vita dürfte den Kanzler Kohl, der sein Vertrauen stark von der Analyse von familiärer Herkunft und Lebensschicksalen abhängig machte, eher beeindruckt haben, auch das Schicksal von Köhlers Tochter. Das bestätigte letztlich Köhler selbst, als er als Bundespräsident bei einem Abendessen aus Anlass des 75. Geburtstages von Helmut Kohl vor einer erlauchten Schar von – von Kohl ausgesuchten – Weggefährten des Altkanzlers im »Bellevue« eine Tischrede zu Ehren seines einstigen Chefs hielt: Helmut Kohl wisse, was Anteilnahme ist. »Ich werde nicht vergessen, wie Sie sich in für mich persönlich schwieriger Zeit immer wieder danach erkundigten, wie es meiner Familie ging. Sie schauten nicht auf die Uhr und hörten zu. Erst dann ging es an die gemeinsame Arbeit – und dabei hatten wir wahrlich Arbeit genug.«[1054]

These 4:
Horst Köhler ist ein Patriot und Perfektionist. Dabei ist er ein scheuer, im tiefsten Kern unsicherer Mann geblieben. Durch seinen Hang zum Perfektionismus will er das überspielen.

Köhler ist eine aufrichtige, pflichtbewusste, ehrliche Person. Darin unterscheidet er sich von manchem Berufspolitiker. Das manchmal »altmodisch« Wirkende eines Horst Köhler zeigt sich darin, dass seine wesentlichen Grundeinsichten über das Leben aus einer Zeit vor der 68er-Revolte zu stammen scheinen. Er selbst war weder Anhänger noch Gegner dieser Bewegung, hat sich weder aus einem unterstützenden Pro noch einem wirklichen engagierten Contra heraus prägen lassen. Seine Sätze zu Ehe und Familie, zu Moral wirken apodiktisch, die empirische Situation des Landes nicht immer berücksichtigend. Er sagt: »Man kann die 68er nicht für alle Fehlentwicklungen verantwortlich machen, denn sie haben viele richtige Anstöße gegeben – beispielsweise bei der Liberalisierung des Rechtsstaats, dem Umweltschutz. Aber vieles, was wichtig ist, wurde seither auch untergraben: Familie, Werte, Zusammenhalt. Es ist zu viel Beliebigkeit.«[1055]

Dass er sich offen zu den Zehn Geboten bekennt, macht ihn schon für einige verdächtig. Dass er seine Rede auf der Bundesversammlung mit dem Satz »Gott segne unser Land!« beendete, hat bei den Kirchen Freude ausgelöst, so beim Ratsvorsitzenden der Evangelischen Kirche in Deutschland, Bischof Huber – weil dieser Satz zeige, dass trotz aller Bemühungen um das Wohlergehen des Landes etwas »unverzichtbar bleibe«, während die frühere FDP-Politikerin Hildegard Hamm-Brücher meinte: »Das nationale Bekenntnis an den lieben Gott zu adressieren, ist mir peinlich.«[1056] Wenn Horst Köhler zu Patriotismus auffordert, unterscheidet er sich deutlich von einem seiner Vorgänger, nämlich Heinemann, der sagte, er liebe nicht sein Land, sondern seine Frau. Köhlers Patriotismus wird sicher von der überwiegenden Mehrheit der deutschen Bevölkerung geteilt, wohl aber kaum von linksorientierten Intellektuellen, mit denen sich Köhler sowieso schwertut. Man kann überhaupt sagen, dass sich der beruflich welterfahrene

Köhler im tiefsten Kern nicht als »Weltbürger«, sondern als »Deutscher« versteht – vielleicht aus der langfristig wirkenden Erfahrung seiner aus Bessarabien stammenden Familie heraus, deren Deutschtum als Minderheit gefährdet war. Vor allem dürfte der lange Auslandsaufenthalt Köhlers Blick für die eigene nationale Identität geschärft haben.

Wenn sich Köhler zu Grundfragen der Demokratie äußert, klingt das merkwürdig unsicher. Einerseits zeigt er sich für eine Ergänzung der parlamentarischen Demokratie durch mehr direktdemokratische Elemente offen. Andererseits weist er auf Gefahren hin. Das klingt dann so: »Ich denke, Deutschland kann sich eine Diskussion über mehr Elemente der direkten Demokratie zutrauen.«[1057] Gleichzeitig befürchtet er, Anhänger von Plebisziten könnten diese als »Manöver« nutzen, welche »das Vertrauen in die langfristige Stabilität der Demokratie« untergraben. Dann bestätigt er wieder, dass er »im Prinzip« für das Instrument von Referenda sei, schränkt aber gleich ein: »Ich bin dafür, dass man offen diskutiert. Dabei will ich jedoch sichergestellt sehen, dass das Volk auch wirklich weiß, worüber es entscheidet, bevor es an die Urnen gerufen wird. Hierüber habe ich noch nicht genug gehört.«[1058] Welche Ansicht vertritt der Präsident nun in dieser grundsätzlichen Frage?[1059]

Horst Köhler verlangt von seinen Mitarbeitern enorm viel, verschont sie selbst an Wochenenden nicht mit Arbeit. Aber niemand konnte ihm vorwerfen, lediglich anderen Arbeit zu übertragen und dann auf den Golfplatz zu gehen. Er schonte sich selber nie. Es gibt Menschen, denen nicht nur große Ungeduld angeboren ist, sondern darüber hinaus die zeitweilige Unfähigkeit zur Selbstbeherrschung: Köhler kann aufbrausend, sogar menschlich verletzend sein. Im Anschluss aber kann er gegenüber dem soeben noch heftig Kritisierten sehr charmant sein. Vielleicht fehlt ihm sogar die soziale Kompetenz zu erkennen, wie verletzend er tatsächlich oft ist. Es gibt Momente, in denen sich Köhler augenscheinlich nicht völlig unter Kontrolle hat. Dabei richten sich die Attacken möglicherweise insoweit sogar gegen sich selbst, als er in jenen Sekunden Einsicht in die eigene Unvollkommenheit erhält. Sein Hang zum Perfektionismus lässt ihn zudem gelegentlich das, was wichtig oder was weniger wichtig ist, nicht so ohne Weiteres auseinanderhalten. So sollen seine Reden etwas von diesem Perfektionismus ausstrahlen, gleichgültig, welche Bedeutung die jeweilige Rede hat. Die Tatsache, dass diese Reden ständig bis zur letzten Minute immer wieder überarbeitet werden, bestätigt letztlich jene Unsicherheit. Aber jeder, der mit ihm zu tun hat, bestätigt die Offenheit und Ehrlichkeit seiner Argumentation.

These 5:
Als Bundespräsident steht Horst Köhler oberhalb jeder Hierarchie. Früher war er eingebaut in stützenden Hierarchien, ohne sie verliert er sich.

Im Gegensatz zu seinen früheren Positionen hat er jetzt keine Berufungsinstanz mehr neben oder über sich. Köhlers »starke Zeit« war seine Staatssekretärsphase, die zugleich eine Umbruchszeit deutscher Politik war. Köhler war Bestandteil einer Hierarchie, die ihn zugleich stützte. Seine damalige starke Stellung verdankte er der Tatsache, dass er »das Letzte« aus den ihm unterstellten Abteilungen herausholte und dass er eine gute Fähigkeit entwickelt hatte, die Vorgaben seines Ministers beziehungsweise des Bundeskanzlers zu erspüren und entsprechende Vorschläge zu entwickeln. Dies tat er, auch mit gelegentlichem Widerspruchsgeist, jedenfalls beherzt. Er wirkte durch seine Sachargumente überzeugend. Aber er war nicht Letztentscheider. Selbst beim Sparkassen- und Giroverband, wo er sich »Präsident« nennen konnte, war er zu seinem eigenen Schmerz in ein weites Geflecht unterschiedlicher Strömungen und Positionen eingebunden. Bei der Osteuropabank und beim Währungsfonds in Washington war er zwar formal die »Nummer eins«, jedoch auch hier durch kollektiv wirkende Organe eingebunden. Ein dreimal wöchentlich tagendes Exekutivdirektorium hat seine IMF-Politik stark festgelegt. Er hatte Initiativrechte, doch letztlich war er in seiner Funktion nur Vorbereiter und Umsetzer, ein angestellter Manager. Der politische Einfluss der USA und der Repräsentanten der G7-Staaten im IMF engte seinen Bewegungsspielraum enorm ein. Als Bundespräsident hingegen hat er niemanden mehr »über sich«. Offensichtlich wurde das bei seiner Entscheidung über die vorgezogenen Bundestagswahlen. Hier konnte er sich bestenfalls auf sein Gewissen berufen. Spitzenpositionen machen einsam.

Letztlich fühlte er sich in allen seinen Spitzenpositionen einsam. Diese Einsamkeit wird noch gesteigert durch die protokollarischen Abläufe, die sich von der Monarchie in die Praxis des deutschen Staatsoberhaupts hinübergerettet haben. Einen großen Freundeskreis konnte Köhler beim selbst auferlegten Dauerstress gar nicht pflegen. Halt war ihm in erster Linie seine Familie. Bei allem Charme, den er entwickeln kann, pflegt er doch eine große persönliche Distanz, die Kumpelhaftigkeit eines Gerhard Schröder ist ihm fremd. Auch Köhler hatte seine Netzwerke entwickelt, diese waren jedoch professioneller, nicht freundschaftlicher Art. Köhler kann zwar geradezu jungenhaft werden, wenn er beim Besuch einer Schule spontan einen kleinen Jungen zu einer Tischtennispartie einlädt. Aber zu Freundschaften blieb ihm kaum Zeit. Die Einsamkeit im Schloss Bellevue wird noch dadurch gesteigert, dass Köhler sechs Jahre außerhalb Deutschlands verbrachte, was zwangsläufig zusätzlich Kontakte abreißen ließ und – herausgelöst aus einer kontinuierlichen Kenntnis der innenpolitischen Entwicklungen in Deutschland – Einschätzungsprobleme zur politischen Lage zur Folge haben musste. Symptomatisch hierfür war seine Frage »Wie ist die Stimmung in Deutschland?«, als ihn ›Stern‹-Reporter noch in Washington am Ende seiner IMF-Amtszeit besuchten[1060] – Fragen eines Mannes, der sich erst wieder in der deutschen Politik zurechtfinden musste. Viele, die Köhler »aus alten Zeiten« kennen und mit ihm gut zusammenarbeiteten, hatten ihm beim Amtsantritt Rat angeboten, den er aber nicht einholte.

These 6:

Ein Bundespräsident hat wenig formale »Macht«. Als symbolische Figur repräsentiert er gleichsam als Erinnerung an einen Monarchen die Spitze des Staates, wirkt vor allem durch seine Reden und ist zugleich in den Staatsgeschäften oberster Notar der Nation.

Köhler ist alles andere als ein Philosoph. Er war und ist ein Pragmatiker. Seine Reden wirken häufig hölzern. Das macht seine Worte so flüchtig. Köhler entspricht nicht dem Bild eines Staatsoberhauptes als Bildungsbürger. Er ist mehr ein Mann der harten Fakten denn kühner philosophischer Gedanken, die zum Nachdenken anregen. Die Welt der Gegenwart eines vereinten Deutschland ist allerdings »pragmatischer« geworden. Die Sehnsüchte nach intellektueller Vergangenheits- und Gegenwartsbewältigung richten sich weniger an die Politik. Die große moralische Idee fehlt. Die Politisierung der Deutschen war in den Zeiten des Ost-West-Konflikts und vor allem nach der 68er-Revolte sehr viel stärker. Man tut dem gegenwärtigen Bundespräsidenten ein Stück weit Unrecht, wenn man ihn stets an der berühmten Rede Richard von Weizsäckers zum 8. Mai 1985 misst. An das kunstvoll formulierte Normativ-Abstrakte von Weizsäckers wird auch jeder andere Redner schwer herankommen. Aber von Weizsäcker hielt diese Rede auch in einer anderen Zeit. Vierzig Jahre nach Kriegsende bestand in einer ganz anderen Weise eine Orientierungsnotwendigkeit, sich gerade mit den Tiefen der deutschen Geschichte zu befassen. Viele interpretierten die Rede von Weizsäckers als so etwas wie eine Abschlussdeutung der jüngeren deutschen Geschichte, der neue Aspekte heute kaum noch hinzuzufügen sind.

Der Bundespräsident hat wenig formale Macht – die durch seine Entscheidung herbeigeführte Neuwahl ist eine der seltenen Ausnahmen von der Regel. Er begleitet nicht die Regierenden, er unterbricht sie durch seine Reden. Seine im Inland gehaltenen Reden geben ihm mehr Freiheit zur eigenen Interpretation. In konstitutionellen Monarchien ist das anders. So verliest beispielsweise die britische Queen – und das unter großem Pomp – Erklärungen zur Arbeit »ihrer Regierung«, doch wird ihr jedes Wort vom Premierminister aufgeschrieben. Übrigens gibt es in Großbritannien die Übung, dass sich Queen und Premierminister einmal die Woche zu einem absolut vertraulichen Gespräch treffen. Monarchen stören jedoch nicht, sie tragen zur Rationalität einer Demokratie einen historisch und emotional aufgeladenen Traditionalismus bei. Und Monarchen haben keinen auf Kurzfristigkeit angelegten Profilierungsdruck, während jeder Bundespräsident seinem Amt eine unverwechselbare Note zu geben versucht. Monarchen denken in Jahrhunderten, Bundespräsidenten im Fünf-Jahre-Turnus. Verfassungsrechtlich umstritten ist in Deutschland, wie weit sich ein Bundespräsident inhaltlich von einer Regierung entfernen darf; seine amtlichen Akte benötigen nicht ohne Grund die Gegenzeichnung des Bundeskanzlers oder eines zuständigen Fachministers. Seine Reden zur Außenpolitik sind eigentlich eng mit der Bundesregierung abzustimmen, schließlich obliegt ihm als Staatsoberhaupt die Außenvertretung.

Köhler war mit einem anspruchsvollen Programm angetreten: Reform, Reform, Reform – so lautete seine Mahnung an die Politik. »Notfalls unbequem« wolle er sein, hat er immer wieder verkündet. Nur ein »Sahnehäubchen« offizieller Politik wolle er nicht werden. Aber er wirkt auch nicht wie ein Ersatz-Philosophenkönig, sondern eher wie der Vorstandsvorsitzende einer großen Aktiengesellschaft, die sich verzweifelt bemüht, nicht aus dem DAX herauszufallen. Das zeigt sich auch darin, wie er sich in die Innenpolitik einmischt.

Was Merkel von Köhler gewollt hatte, war die Verhinderung Schäubles. Das war für sie das Wesentliche. Nüchtern kalkuliert war Köhler für Merkel gegenüber der FDP zudem leichter durchsetzbar. Köhlers Chancen, sofort im ersten Wahlgang gewählt zu werden, waren weitaus höher als diejenigen Schäubles, der wegen der Annahme einer Spende das Parlament belogen hatte. Als Jurist und Voll-Politiker hätte sich sicher Schäuble mit dem Bundespräsidentenamt leichter getan als der Nationalökonom und Nicht-Politiker Köhler. Hätte Schäuble sich in der Frage der Parlamentsauflösung genauso entschieden wie Köhler? Merkel wollte mit Hilfe der Wahl zum Bundespräsidenten eine bürgerliche Koalition aus Union und FDP faktisch schon vor der Bundestagswahl zimmern.

Da Köhler durch ein CDU/CSU/FDP-Wahlbündnis ins Amt gekommen ist, war er von Anfang an in der rot-grünen Koalition der Schröder-Regierung als Gegner empfunden worden. Interessant ist, dass er auch in der Großen Koalition ein Fremdkörper geblieben ist. Seine Entscheidung für die vorgezogene Wahl war auch stark von seinem Wunsch nach einer schwarz-gelben Koalition geprägt. Die ins

Amt gekommene Große Koalition passte Köhler, der entschiedene Reformen insbesondere auf dem Feld der Arbeitsmarkt-, Sozial- und Finanzpolitik für notwendig hält, nicht. Sie hat ihn mehrere Monate lang »sprachlos« werden lassen. Nachdem seine Wahl in der Bundesversammlung eine grundsätzliche Kurskorrektur deutscher Politik symbolisieren sollte, fand diese nicht statt – und Köhler wirkt heute manchmal so, als hätten ihn die von ihm so nicht gewollten politischen Verhältnisse überholt. Seine grundsätzliche Kritik an der Arbeit der Großen Koalition trug letztlich zu diesem Bild bei.

Solange die rot-grüne Bundesregierung sich noch im Amt, aber im Abwind befand und selbst eine eher linksliberale Presse auf Schröders Regierung kaum noch einen Pfifferling gab, war Horst Köhler so etwas wie der personifizierte, bürgerliche Sonnenaufgang, der viel internationale und vor allem wirtschaftspolitische Erfahrung einbringen konnte. Das bewirkte in den ersten Amtsmonaten eine prinzipiell freundliche Berichterstattung über den damals noch neuen Präsidenten, der – auch im Kontrast zu seinem Vorgänger – dem Amt eine größere inhaltliche Kompetenz geben wollte und der die in weiten Teilen der Gesellschaft verankerte Forderung nach Reformen symbolisierte. Insoweit wurde er hochstilisiert und fast schon mystifiziert. Doch der Alltag ereilte ihn und es fehlte – und vor allem seit seiner Rede zur Ankündigung von Neuwahlen – der alte Gegner, Rot-Grün. Die erwartete Ergänzung, die Koalition aus Union und FDP, die ihn ins Amt hievte, blieb aus. Mit dem politischen Ansatz der Großen Koalition konnte er wenig anfangen. So wurde er zu einem Störfaktor, auch für seine einstige Förderin Merkel, die ihm die herbe Kritik an der Großen Koalition übel nimmt.

Die Kritik Köhlers an der Großen Koalition (»politische Sandkastenspiele«) wurde in der Bundesregierung intern mit harschen Worten aufgenommen. Offiziell geschah das, was eine öffentliche Debatte immer beendet. Seine Worte wurden von Merkel als »Ermunterung und Ermutigung« heruntergespielt.[1061] Auch wenn der Präsident viel Unterstützung aus der Bevölkerung erhält, im Berliner Politikbetrieb gilt er als irrelevant.

Köhler sagt zwar, er könne »natürlich nicht der Zuchtmeister sein der Politik oder des Staates«, trotzdem wolle er »mit großem Ernst und Engagement« auf Probleme hinweisen. »Denn ich bin nicht Bundespräsident geworden, um nur zu repräsentieren, sondern im Rahmen meines Amtes mitzuhelfen, dass wir als Land, als Volk vorankommen.«[1062] Er steht aber wie ein »Kaiser ohne Kleider« da, weil ihm die politischen Beziehungen fehlen: Er ist nirgendwo politisch wirklich verankert. Die Kanzlerin hat ihn gegen rüpelhafte Angriffe aus der SPD, von der er als »Sparkassendirektor« oder als »Besserwisser«[1063] bezeichnet wurde, nicht in Schutz genommen. Einzig Westerwelle hielt ihm die Stange. Das ist zu wenig. Deshalb verpufften seine Reden im politischen Off der Republik.

Köhler ist der Politik und ihm die Politik ferngeblieben. Seine Ankündigung, »unbequem« zu sein, zeigt sich in einem kräftigen rhetorischen Einmischen in die Tagespolitik. Dies hat zwar jeder Vorgänger von Zeit zu Zeit getan, die meisten Bundespräsidenten waren jedoch aus den jeweiligen Regierungskoalitionen hervorgegangen und konnten sich somit stärker mit deren Politik identifizieren. Wegen ihrer faktischen Verankerung in einer der Parteien – auch wenn sie formal die Mitgliedschaft ruhen ließen – konnte sich insbesondere die jeweilige Herkunftspartei nicht offen vom Präsidenten distanzieren. »Koalition lässt sich von Köhler nichts sagen«, lauten heute die Überschriften nach entsprechenden Reden des Präsidenten.[1064]

Nur ein einziges Mal hatte Köhler bislang wirklich »Macht«, nämlich als ihm die Auflösung des Bundestags angetragen wurde. Die historische Chance, Nein zu sagen, hat er nicht genutzt. Rechtlich hätte er alle Gründe hierfür gehabt. Seinem beherzten Einsatz war es aber zu verdanken, dass Gerhard Schröder den 3. Oktober nicht als Nationalfeiertag abgeschafft hat. Das lag in Köhlers Kompetenz, der bei den Symbolen des Staates das eindeutige Prä hat. Und da war er von Schröder übergangen worden. Zudem konnte er das Gesetz über die Privatisierung der Flugsicherung verhindern.

Köhlers Rollensuche zeigte sich in seinem Versuch, die Staatspraxis zu Gunsten seines Amtes zu ändern, indem er bei zwei Gesetzen (Privatisierung der Flugsicherung und Verbraucherinformationsgesetz) im Oktober und im Dezember 2006 sein präsidiales Nein einlegte.

Seine Amtsvorgänger waren diesbezüglich sehr viel zurückhaltender. In der Staatsrechtslehre ist umstritten, wie weit die Prüfrechte eines Bundespräsidenten gehen; letztlich unstrittig ist, dass ein Präsident einem Gesetz die Zustimmung verweigern kann und vielleicht sogar muss, wenn die Verfassungswidrigkeit offensichtlich ist. Köhler will in der Grauzone das ihm möglich Erscheinende kraftvoll ertasten. Zu Beginn seiner Amtszeit – während der rot-grünen Koalition – hat Köhler hingegen ein Gesetz unterschrieben (Luftsicherheitsgesetz), das nach seiner Überzeugung verfassungswidrig war. Er machte damals seine Bedenken öffentlich, was einer Aufforderung gleichkam, beim Bundesverfassungsgericht zu klagen. Die Kläger – und damit letztlich auch Köhler – bekamen Recht. Mit einer Unterschriftsverweigerung dem Gesetzgeber gegenüber – Bundestag wie Bundesrat – sollte ein Bundespräsident doch recht sparsam sein. Denn nach Wortlaut und Geist des Grundgesetzes ist das Bundesverfassungsgericht diejenige Instanz im Staate, die die materielle Frage der Verfassungsgemäßheit eines Gesetzes zu überprüfen und darüber zu entscheiden hat.

Eine allzu starke Neigung eines Präsidenten, Gesetzen die Unterschrift zu verweigern, würde zu einer Einschränkung der Rechte des Bundesverfassungsgerichts führen. Außerdem kann der Bundespräsident nur einem Gesetz in Gänze zustimmen oder es ablehnen, während das Bundesverfassungsgericht auch einzelne Bestimmungen eines Gesetzes als mit der Verfassung nicht vereinbar erklären kann. Sicherlich könnte der Deutsche Bundestag durch eine Organklage klären lassen, ob der Bundespräsident dazu berechtigt war, beiden Gesetzen die Zustimmung zu verweigern. Doch so weit wird es nicht kommen, zumal das einem Misstrauensvotum dem Bundespräsidenten gegenüber gleichkäme. Dieser Fall ist noch nicht vorgekommen. Er würde sicher zu einer Krise der obersten Verfassungsorgane führen.

Wie sehr Köhler die Staatspraxis zu ändern sucht, sieht man auch an einem weiteren Beispiel, seinem Vorstoß für eine deutsche Beteiligung an der Nah-Ost-Friedenstruppe. Dies führte denn auch zu Ärger in den Fraktionen von CDU/CSU und SPD.[1065] »Ich denke, da können wir uns nicht entziehen«, hatte Köhler am 14. August 2006 in Berlin erklärt.[1066] Gleichwohl mahnte er, eine Entsendung deutscher Soldaten dürfe »keine einsame Entscheidung« der Politik sein.[1067] Eigentlich hätte sich Köhler für eine solche Festlegung in einer wichtigen Frage der Außenpolitik zumindest der Zustimmung der Bundeskanzlerin versichern müssen, da zumindest die Gefahr bestand, dass der Verhandlungsspielraum der Bundesregierung eingeschränkt werden könnte. Der Bundespräsident ist kein Vertreter der Bundesregierung, sondern ein eigenständig legitimiertes Verfassungsorgan. Doch: Der Bundespräsident vertritt nach Artikel 59 des Grundgesetzes den Bund völkerrechtlich. Deshalb ist er nicht befugt, durch bindende Erklärungen die Außenpolitik der Bundesregierung zu unterlaufen.[1068] Anders verhält es sich mit der Innenpolitik: Hier ist er nicht verpflichtet, die Meinung der Bundesregierung zu übernehmen, auch wenn es einem Gebot der Klugheit entspricht, auf die demokratisch legitimierte Mehrheitsbildung in einem Parlament zu reagieren.

Bei der Unterzeichnung von Gesetzen muss Köhler in der Rolle eines Staatsnotars mitwirken, er kann einem Ja oder Nein nicht ausweichen. Eine andere Qualität haben hingegen seine frei gewählten Eingriffe in die Tagespolitik, bei denen sich ein Präsident gemeinhin Zurückhaltung auferlegt. Schon bei der Erhöhung der Mehrwertsteuer um drei Prozentpunkte mischte sich Köhler mit dem Hinweis ein: Wenn schon eine Mehrwertsteuererhöhung, dann solle diese zur Senkung der Lohnnebenkosten verwendet werden. Eine noch intensivere Einmischung waren Köhlers heftige Angriffe gegen die Überlegungen Rüttgers' vom November 2006, wenige Tage vor dem CDU-Bundesparteitag in Dresden. Seine Kritik an Rüttgers dokumentierte, dass Köhler das politische Geschehen mitbestimmen will. Während man das Zurückweisen von zwei Gesetzen noch als Teil seiner Prüfpflicht interpretieren kann, ist eine Einmischung in einer so tagesaktuellen Frage wie der Verlängerung des Arbeitslosengeldes doch mehr als problematisch. Die Rüttgers-Initiative war umstritten, innerhalb seiner Partei, innerhalb der Koalition, aber selbst innerhalb der SPD und bei den Gewerkschaften. Wer als Präsident wenige Tage vor einem Parteitag so unmittelbar und direkt Partei bezieht, kann keine integrierende Rolle spielen. Aufgabe eines Präsidenten ist nach herkömmlichem Verständnis, in den grundsätzlichen Aspekten der Politik und des Zusammenhalts einer demokratisch verfassten Gesellschaft »Orientierung« zu vermitteln, nicht in den Parteienstreit einzugreifen, auch nicht in eine innerparteiliche Auseinandersetzung. Köhler sollte einmal selber die Homepage seines Amtes anklicken, heißt es doch dort: »So entspricht es guter Übung, dass sich das Staatsoberhaupt mit öffentlichen Äußerungen zu tagespolitischen Fragen zurückhält, die parteipolitisch umstritten sind.«[1069]

Köhlers Nicht-Unterzeichnen des Verbraucherinformationsgesetzes und sein intensives Einmischen in die Tagespolitik ist der Versuch, in der Berliner Republik doch noch eine eigene Rolle zu finden. Zum einen ist Köhler inhaltlich angetrieben, den Reformunwillen in der Politik, die Erstarrung der gesellschaftlichen Strukturen zu überwinden. Das macht ihn zum Rastlosen. Dagegen will er unermüdlich ankämpfen. Das ist seine inhaltliche Mission. Zum anderen schleicht sich bei ihm eine tiefe Enttäuschung über die politischen Erfahrungen ein, die er auf dem Berliner Parkett machen musste – auch mit seiner Entdeckerin Angela Merkel. Er, der in Hintergrundgesprächen mit Journalisten freimütig erklärt, er habe das Präsidentenamt gerne »aus Eitelkeit und Pflicht« übernommen, zeigt sich gleichzeitig enttäuscht über den Mangel an Respekt seinem Amt gegenüber. Dies mache ihn »traurig« und löse bei ihm eine »gewisse Ratlosigkeit« aus. Köhler ist ein zorniger Präsident. Er hat inzwischen selbst erkannt: »Da kommt einer, der stört nur.« Deshalb will er ausloten, was ein Präsident alles kann und darf – und er wird es genießen, wenn sich wichtige Vertreter der politischen Klasse über ihn aufregen.

Tagespolitische Forderungen zu erheben, die völlig wirkungslos bleiben, zeigt nur die Ohnmacht. Köhler scheint sich in einer lutherischen »Hier-stehe-ich-und-kann-nicht-anders«-Rolle zu gefallen. Er hat etwas Überzeugungstäterhaftes an sich. Seine Schwester Ursula Bauer charakterisierte ihn in einer Antwort auf die Frage, ob sich ihr »Lieblingsbruder« durch das Bundespräsidentenamt verändern werde, spontan: »Er wird sich nie verändern. Als Mensch wird er sich nicht verändern und immer so bleiben, wie er ist.«[1070]

These 7:

Köhlers Wiederwahl 2009 scheint sicher. Zu ihm gibt es derzeit aufgrund der politischen Gesamtkonstellation keine Alternative. Nur wenn er den stillen Rückzug vorzieht, weil er merkt, dass er von der Politik durch eine unsichtbare Glaswand getrennt ist, käme im Jahre 2009 ein neuer Bundespräsident.

Köhler sucht die Koalition mit der Bevölkerung. Das ist ihm gelungen. Aber für seine Wiederwahl ist das nicht entscheidend. Die nächste Bundesversammlung zur Wahl des Bundespräsidenten findet im Mai 2009 statt, ein halbes Jahr vor der Bundestagswahl. Köhler dürfte erneut als Kandidat aufgestellt werden, weil andere Lösungen blockiert sind. Deshalb das Paradoxon: Keiner in der politischen Top-Ebene, vielleicht mit Ausnahme von Westerwelle, hält ihn wirklich für geeignet, und trotzdem wird er wiedergewählt. Welche Argumente sprechen für diese These?

– Entscheidend sind die Mehrheitsverhältnisse in der künftigen Bundesversammlung, die zur Hälfte aus den Bundestagsabgeordneten besteht und zur anderen Hälfte von den Landtagen beschickt wird. Doch schon heute zeichnet sich ab, dass die Mehrheitsverhältnisse in der Bundesversammlung 2009 denen der Bundesversammlung 2004 entsprechen. Die Mitglieder der nächsten Bundesversammlung stehen weitgehend fest, aber nicht so weit, dass der Wahlausgang klar vorhergesagt werden könnte: 614 Bundestagsabgeordnete gehören der Bundesversammlung an; eine Verdoppelung der Gesamtmitgliederzahl ergibt sich aus der gleichen Zahl der von den Landtagen zu wählenden Mitglieder, so dass mit 1.228 Mitgliedern zu rechnen ist. In folgenden Bundesländern finden bis zur Bundesversammlung noch Wahlen statt: Bremen (2007), Bayern (2008), Hessen (2008), Niedersachsen (2008) und Hamburg (2009). Sicher werden sich hierdurch Verschiebungen ergeben. Nach dem Stand vom 18. September 2006[1071] gehörten insgesamt 531 Mitglieder zur Union (davon 305 aus den Ländern), 419 zur SPD (davon 197 aus den Ländern), 97 zur FDP (davon 36 aus den

Ländern), 91 zu den Grünen (davon 40 aus den Ländern) und 85 zur Linken (davon 31 aus den Ländern). 5 Mandatträger gehörten rechtsextremen Parteien an. Nach gegenwärtigem Stand wäre eine Mehrheit gegen die Union nur schwer möglich. Freilich kann sich das ändern, zumal in einem dritten Wahlgang derjenige gewählt wird, der die meisten Stimmen auf sich vereinigt.[1072]

– Die FDP, die bislang Köhler als einzige Partei und Fraktion in der Öffentlichkeit massiv unterstützte, wird vermutlich diese Linie fortsetzen. Zu einem Kandidatenwechsel wäre sie nur bereit, wenn eine FDP-Persönlichkeit Chancen hätte. Der SPD fehlt für ein solches Angebot die Mehrheit, zumal sich ihr natürlicher Koalitionspartner Die Grünen damit sehr schwer täte.

– Die Wiederwahl Köhlers gibt den Unionsparteien die Chance, ein neues CDU/CSU/FDP-Signal zu setzen und damit ihre Wunschkoalition für die folgenden Bundestagswahlen zu markieren. Auch für die FDP ist die Union trotz einiger »Lockerungsübungen« der natürliche Regierungspartner.

– Hat ein aus den Reihen der SPD kommender Kandidat Chancen? Trotz der Großen Koalition gibt es für die Union keinen Grund, Köhler für einen SPD-Kandidaten zu opfern. Im Lichte der Mehrheitsverhältnisse in der Bundesversammlung wird die SPD sorgsam prüfen müssen, ob sie nicht durch eine Zustimmung zum ungeliebten Köhler aus der Verlegenheit einer qualvollen Kandidatenkür befreit wird. Bisher hat die SPD in allen Fällen (Heuss, Lübke, von Weizsäcker), in denen ein Kandidat zur Wiederwahl anstand, mitgezogen. Im Übrigen: Welche sozialdemokratische Persönlichkeit wird schon in eine Niederlage hineinlaufen wollen?

Die Bedingungen für die Wiederwahl sind im Übrigen unabhängig vom Fortbestand der Großen Koalition, da sie allein von den Mehrheitsverhältnissen in der Bundesversammlung bestimmt werden. Ist Angela Merkel von Köhler, der ihrer raffinierten Strategie und Härte das Amt des Bundespräsidenten verdankt, enttäuscht? Immerhin hat er sich nicht als öffentlicher Lobredner der Regierungspolitik betätigt. Angela Merkel dürfte gar nichts anderes übrig bleiben, als an Köhler festzuhalten. Ein herzliches Verhältnis zwischen beiden ist nicht mehr festzustellen, zu tief nagen die Wunden der Enttäuschung an Köhler, der sich von Merkel eine stärkere Kooperation erhofft haben dürfte; aber fallen lassen kann sie ihn auch nicht. Er kritisiert zwar zuweilen die Bundesregierung, aber regelmäßig wegen des von ihm als zu langsam konstatierten Reformtempos. Mit dieser Kritik dürfte er vielleicht in stillschweigender Übereinstimmung mit der Regierungschefin handeln. Die Wiederwahl Köhlers wäre aus Sicht Merkels auch ein Signal für die Stabilität der Kanzlerschaft Merkels, sei es nun im Rahmen einer Großen Koalition oder einer von ihr mittelfristig angestrebten Koalition mit den Liberalen.

Angela Merkel weiß, dass der Bundespräsident trotz struktureller Machtlosigkeit in einigen Situationen eine wichtige, ja auch für ihr Schicksal entscheidende Rolle spielen kann. Sollte Köhler – letztlich enttäuscht vom Politikbetrieb – eine Wiederwahl ausschlagen, wäre jede Lösung schwierig. Merkel würde alles daran setzen, eine Persönlichkeit ihres Vertrauens ins »Bellevue« zu schicken. Doch Köhlers Ehrgeiz wird ihn im Amt halten. Schließlich kann er hier – und nur hier – seinen Lebenstraum leben.

Anhang

Danksagung

Eine Biographie über eine politische Persönlichkeit zu schreiben, deren Lebenswerk noch nicht abgeschlossen ist, ist eine große Herausforderung – umso mehr, wenn kein oder kaum Zugang zu Archivmaterial besteht. Mehrere Archive haben mich unterstützt, vor allem das Bundesarchiv, das Politische Archiv des Auswärtigen Amtes, das Sächsische Staatsarchiv sowie die Stadtarchive von Weinsberg, Backnang und vor allem Ludwigsburg. Zu nennen sind ferner die National Archives in Washington, D.C., sowie die Pressearchive des Deutschen Bundestages und der Konrad-Adenauer-Stiftung. Besondere kollegiale Unterstützung erhielt ich von dem Leiter des Museums von Zamość, Andrzej Urbanski, und dem Leiter des Heimatmuseums der Bessarabiendeutschen, Ingo Rüdiger Isert.

Der Autor ist allen zu Dank verpflichtet, die am Zustandekommen dieses Werks beteiligt waren, so den 138 Interviewpartnern, die in oft mehrstündigen Gesprächen viele Informationen lieferten. Frau Ursula Bauer, der Schwester des Bundespräsidenten, danke ich für ein ausführliches Interview, auch den beiden Staatssekretären des Bundespräsidenten sowie seinem Pressesprecher Martin Kothé.

Für zahlreiche Hinweise und Unterstützung in der Sichtung umfänglichen Materials danke ich meinen Mitarbeitern Axel Birkenkämper M.A., Matthias Kirch M.A. und Christian Wopen sowie Benedikt Wintgens M.A. und Professor Dr. Matthias Horst. Ferner danke ich Joachim Jessen von der Literary Art Agency Thomas Schlück, der für dieses Werk einen besonders leistungsstarken Verlag gewinnen konnte. Meiner Lektorin Dr. Andrea Wörle danke ich für ihre stete Anteilnahme und Inspiration.

Gerd Langguth, Bonn/Berlin, März 2007

Anmerkungen

[1] Interview des Verf. mit der Klassenkameradin Edith Breder am 10. April 2006; siehe auch Bestätigung hierfür durch die frühere Klassenkameradin Irmgard Reinhardts, geb. Emmerich (Leipziger Volkszeitung, 6. April 2004).

[2] Bild-Zeitung, 5. März 2004 (»Horst ... Wer?«).

[3] Horst Köhler, Offen will ich sein – und notfalls unbequem. Ein Gespräch mit Hugo Müller-Vogg, Hamburg 2004 (künftig zitiert als: Horst Köhler, Offen will ich sein). S. 77.

[4] In dieser Zeit war der Verfasser Leiter der Vertretung der EG-Kommission in der Bundesrepublik Deutschland.

[5] Horst Köhler, Offen will ich sein, S. 44.

[6] Frankfurter Allgemeine Zeitung, 5. März 2004; zit. nach: Ortfried Kotzian, Mysterium der Herkunft, in: FAZ, 30. April 2004 (zit.: »Mysterium«). Von dieser inkorrekten Information elektrisiert, richtete daraufhin ein Internetauftritt von Siebenbürger Sachsen schon ein Diskussionsforum unter dem Titel »Ist unser nächster Bundespräsident ein Siebenbürger?« ein; vgl. o. V., Mysterium von Horst Köhlers Herkunft, in: Siebenbürgische Zeitung Online, 15. Mai 2004 [im Internet abrufbar unter: http://www.siebenbuerger.de/sbz/sbz/news/1084572382,749,. html (23. Februar 2006).

[7] Christian Neef, Die Lebenden und die Toten, in: Der Spiegel 14/2006, S. 122–126.

[8] Ihr wurde die östlich des Dnjestr gelegene Moldauische Autonome Sozialistische Sowjetrepublik zugeschlagen. Der Süden und ein Teil des Nordens Bessarabiens ging an die Ukrainische Sozialistische Sowjetrepublik.

[9] Vgl. Christoph von Marschall, Von Bessarabien nach Bellevue, in: Der Tagesspiegel, 28. Juni 2004 [im Internet abrufbar unter: http://archiv.tagesspiegel.de/drucken.php?link=archiv/28.06.2004/1210471.asp (7. Juni 2006)].

[10] Veröffentlicht in: Ingo Rüdiger Isert, Württembergische Auswanderung nach Bessarabien unter dem Zaren Alexander I., in: Haus der Heimat des Landes Baden-Württemberg (Hrsg.), Zar Alexander I. von Russland und das Königreich Württemberg. Familienbande, Staatspolitik und Auswanderung vor 200 Jahren, Stuttgart 2006.

[11] Ebenda.

[12] Ebenda.

[13] Horst Köhler, Offen will ich sein, S. 17.

[14] Auskunft von Ingo Rüdiger Isert, Bundesvorsitzender des Bessarabiendeutschen

Vereins und Leiter des Heimatmuseums der Deutschen aus Bessarabien in Stuttgart, im Gespräch mit dem Verf. am 4. Mai 2006. Der Verf. verdankt dem Heimatmuseum der Bessarabiendeutschen vielfältige Hinweise. In diesem Museum werden die Spuren der Bessarabiendeutschen akribisch gesammelt. In diesem durch Bessarabiendeutsche weitgehend selbst finanzierten, aufgebauten und zugleich beachtlichen Museum, das das Leben der Bessarabiendeutschen vielfältig dokumentiert, wird auch genealogische Forschung betrieben.

[15] Vgl. Ortfried Kotzian, Die Umsiedler. Die Deutschen aus West-Wolhynien, Galizien, der Bukowina, Bessarabien, der Dobrudscha und in der Karpatenukraine, München 2005, S. 76–79 (zit.: »Umsiedler«).

[16] Der Begriff »Grundwirt« war in der damaligen Zeit im Pfälzischen nicht üblich. Der damals in der Pfalz übliche Begriff war »Ackerer« (für Bauer); Auskunft durch den Historiker Volker Rödel, E-Mail an den Verfasser vom 2. November 2006). Der Begriff »Grundwirt« wurde jedoch in Galizien verwendet.

[17] Roland Paul, Auswanderung aus Obermoschel vom 18. bis zum 20. Jahrhundert, in: Rainer Schlundt u. a. (Hrsg.), 650 Jahre Stadt Obermoschel 1349.1999. Beiträge zur Geschichte und Gegenwart, Otterbach 1999.

[18] Siehe hierzu: Volker Rödel, Neuer Zugang zu Geschichtsquellen über die Reichsgrafschaft Falkenstein in voderösterreichischer Zeit, in: Pfälzer Heimat 57 (2006), S. 66–72, hier S. 70.

[19] Vgl. Hugo Häfner, 125 Jahre Ryschkanowka, in: Heimatkalender 1990, S. 187–194, S. 187.

[20] Die Jahreszahlen variieren, je nach Quelle, zwischen 1860 und 1865.

[21] Vgl. Hugo Häfner, a. a. O., – ähnlich Arnulf Baumann, Der Bundespräsident stammt aus Bessarabien [im Internet abrufbar unter: http://www.ev-ostkirchen.de/Bessarabien2.html (22. Februar 2006)].

[22] Vgl. Hugo Häfner, a. a. O.

[23] Zur Entwicklung von Ryschkanowka siehe: Hugo Häfner, a. a. O.

[24] Vgl. Arnulf Baumann, a. a. O.

[25] Diejenigen, die das letztere Schicksal teilten, mussten die Landesgrenzen innerhalb von 24 Stunden verlassen; ähnlich berichtet dies: Ingo Rüdiger Isert, Galiziendeutsche in Bessarabien, in: Ingo Rüdiger Isert (Hrsg.): Museum und Archiv. Heft 5. Beiträge zur bessarabiendeutschen Geschichte und Kultur, Stuttgart 2004, S. 66 f. Ein etwas anderer Tenor ist jedoch – zumindest hinsichtlich der direkt aus Deutschland stammenden Siedler – bei Ortfried Kotzian nachzulesen; vgl. Ortfried Kotzian, Umsiedler, S. 222.

[26] Vgl. Heinrich Heichert, Scholtoi, ein ehemaliges deutsches Dorf im bessarabischen Norden, in: Heimatkalender 1986, herausgegeben vom Hilfskomitee der evangelisch-lutherischen Kirche aus Bessarabien e. V., Hannover, S. 97–99, S. 98.

[27] So der amerikanische Diplomat George F. Kennan; zit. nach: Wolfgang J. Mommsen: Der Erste Weltkrieg. Anfang vom Ende des bürgerlichen Zeitalters, Bonn 2004, S. 8.

28 Vgl. Bundesministerium für Vertriebene, Flüchtlinge und Kriegsgeschädigte 1954–
   1961 (Hrsg.): Das Schicksal der Deutschen in Rumänien, München 2004, S. 11 E.

29 Vgl. Ortfried Kotzian, Umsiedler, S. 222.

30 Siehe: Ingo Rüdiger Isert (Hrsg.), Museum und Archiv, Jahresheft 1996 des Heimatmuseums der Deutschen aus Bessarabien, Suttgart, S. 59; siehe auch: Mariana
   Hausleitner, Deutsche und Juden in Bessarabien 1814–1941. Zur Minderheiten-
   politik Russlands und Großrumäniens, München 2005, S. 141.

31 Zur Entwicklung bei den »Volksdeutschen« in Bessarabien siehe die ausführlichen
   Darlegungen bei: Mariana Hausleitner, a. a. O., S. 141 ff.

32 Vgl. o. V., Die deutschen ev.-luth. Gemeinden im Norden Bessarabiens: Neu-
   Strimba, Ryschkanowka und Alt-Scholtoi, in: Deutsche Zeitung Bessarabiens
   7. Mai 1921; sowie Ortfried Kotzian, Mysterium der Herkunft, in: Frankfurter Allgemeine Zeitung, 30. April 2006.

33 Um der bedrohlichen Lebenslage im Norden Bessarabiens ein wenig entgegen-
   zutreten, kam es auch zu Hilfeleistungen (beispielsweise durch Geldspenden) seitens der Bessarabiendeutschen aus dem Süden, die die Kriegswirren offenbar besser überstanden hatten; vgl. o. V., Ein Dank aus dem Norden Bessarabiens, in:
   Deutsche Zeitung Bessarabiens, 4. Juni 1921.

34 So die Angabe auf dem »Fragebogen zur sippenkundigen Aufnahme des Rußland-
   deutschtums«, Forschungsstelle des Russlanddeutschtums, Stuttgart o. J.

35 Vgl. Hugo Häfner, a. a. O., S. 194.

36 Interview des Verf. mit Edwin Kelm am 23. März 2006; ähnlich Ingo Rüdiger Isert,
   Interview des Verf.

37 Vgl. Hugo Häfner, a. a. O., S. 189 (Liste B. Die 1918 und später zugezogenen Familien).

38 Wo Gudias liegt, konnte nicht genau festgestellt werden. Die Meldekarte der Stadt
   Backnang, wo sich die Familie Köhler 1953 für kurze Zeit aufhielt, weist auf »Koda-
   Jujului Krs. Ackermann/Bessarabien« als Geburtsort Eduard Köhlers hin. In den
   Unterlagen zur Einbürgerung Eduard Köhlers bei der »Durchschleusung« am
   16. April 1941 wurde der Ort »Koada Jazului« genannt. Dieser Hinweis ist insoweit verwirrend, als der Kreis Ackermann im Süden Bessarabiens lag und keinerlei Informationen vorliegen, dass sich dort die Familie Köhler jemals überhaupt
   aufgehalten hat.

39 So die Angabe auf dem »Fragebogen zur sippenkundigen Aufnahme des Rußland-
   deutschtums«, a. a. O., o. D.

40 Edwin Kelm, a. a. O.

41 Horst Köhler, Offen will ich sein, S. 45; die Richtigkeit dieser Ortsangabe dürfte
   wegen der Entfernung zu bezweifeln sein; möglicherweise handelt es sich bei dieser größeren Stadt um Chişinau, wo sie auch geheiratet haben.

42 Ingo Rüdiger Isert, Interview des Verf.

43 Laut »Umsiedlungsliste lt. Vereinbarung mit der Regierung der UdSSR«, Nr. 59
   vom 5. Oktober 1940 ist Eduard in Ryschkanowka geboren, Kotzian weist darauf

hin, dass das 1930 geborene Kind der Köhlers in Komandu zur Welt kam; vgl. Ortfried Kotzian, Mysterium.

44 Dieser Begriff wurde von den Einbürgerungsbehörden gebraucht (siehe dazu die Ausführungen unter »Hitler-Stalin-Pakt: Bessarabiendeutsche ›heim ins Reich‹«).

45 Vgl. Hugo Häfner, a. a. O., S. 192.

46 Vgl. Heinrich Layh, Die Gemeinde Scholtoi, in: Heimatkalender der Bessarabiendeutschen 1966, S. 44–48, S. 46. Edwin Kelm verweist allgemein auf den schwäbischen Pietismus (Interview des Verf.).

47 Vgl. die Karten von Ryschkanowka im Heimatmuseum der Bessarabiendeutschen in Stuttgart.

48 83 Prozent aller Bessarabiendeutschen waren selbstständige Landwirte; vgl. Ortfried Kotzian, »Ziemlich viel deutsche Geschichte«, in: Abendzeitung (AZ, München), 1. April 2005.

49 Ingo Rüdiger Isert, Interview des Verf.

50 Horst Köhler, Offen will ich sein, S. 46.

51 Edwin Kelm, Interview des Verf.

52 Horst Köhler, Offen will ich sein, S. 46.

53 Interview des Verf. mit Ursula Bauer, geb. Köhler, am 11. Juli 2006.

54 Horst Köhler, Offen will ich sein, S. 46.

55 Horst Köhler, Offen will ich sein, S. 59.

56 Vgl. Ortfried Kotzian, Umsiedler, S. 232.

57 Siehe hierzu ausführlich: Mariana Hausleitner, a. a. O., S. 149 ff.

58 Vgl. ebenda.

59 Bericht des Vortragenden Legationsrats Landmann über die Ergebnisse seiner Informationsreise nach Rumänien, eingegangen im Auswärtigen Amt am 28. August 1937, Politisches Archiv des Auswärtigen Amts, Kult A, Akten, Förderung des Deutschtums in Rumänien, R 60/195.

60 Die Aufgabe des Deutschen Volksrates für Bessarabien war »die Leitung des gesamten deutschen Volkes in Bessarabien zur Wahrung und Förderung aller seiner völkischen, kulturellen, wirtschaftlichen und politischen Rechte und Ziele der Bessarabischen Deutschen Volksgemeinschaft« (siehe Satzung der »Bessarabischen Deutschen Volksgemeinschaft«).

61 Dabei wurde ein Adolf Köhler, von 1928 bis 1934 Mitglied des Presbyteriums der örtlichen Gemeinde, zum Kassierer ernannt (vgl. Hugo Häfner, a. a. O., S. 190 f.). Hier handelt es sich mit ziemlicher Sicherheit um einen Onkel des heutigen Bundespräsidenten. Dafür spricht auch, dass die Einwohnerzahl Ryschkanowkas relativ klein war.

62 Horst Köhler, Offen will ich sein, S. 59.

63 Zit. nach: Lorenz Wolf-Doettinchem/Andreas Hoidn-Borchers, Barackenkind im Schloss Bellevue, in: Der Stern, 19. Mai 2004.

64 Vgl. ebenda.

65 Vgl. Marie-Luise Recker, Die Außenpolitik des Dritten Reiches, München 1990, S. 5 sowie 59; siehe ferner: Joachim Fest, Hitler. Eine Biographie, Berlin 2006, S. 303 ff.

66 Vgl. hierzu Heinrich August Winkler, Der lange Weg nach Westen II. Deutsche Geschichte 1933–1990, Bonn 2004, S. 67–70.

67 Vgl. Czesław Madajczyk, Deutsche Besatzungspolitik in Polen, in der UdSSR und in den Ländern Südosteuropas, in: Karl-Dietrich Bracher/Manfred Funke/Hans-Adolf Jacobsen (Hrsg.), Deutschland 1933–1945. Neue Studien zur nationalsozialistischen Herrschaft, 2. Auflage, Bonn 1993, S. 426–439, S. 428 (zit.: »Deutsche Besatzungspolitik«).

68 Gerhard Schreiber, Deutsche Politik und Kriegführung 1939 bis 1945, in: Karl-Dietrich Bracher/Manfred Funke/Hans-Adolf Jacobsen (Hrsg.), Deutschland 1933–1945. Neue Studien zur nationalsozialistischen Herrschaft, Bonn 1992, S. 333–356, S. 341.

69 Vgl. ebenda.

70 Zit. nach: Bundesministerium für Vertriebene, Flüchtlinge und Kriegsgeschädigte 1954–1961 (Hrsg.), a. a. O., S. 41 E.

71 Zit. nach: ebenda.

72 Vgl. Ortfried Kotzian, Umsiedler, S. 216.

73 Zit. nach: Bundesministerium für Vertriebene, Flüchtlinge und Kriegsgeschädigte 1954–1961 (Hrsg.), a. a. O., S. 42 E.

74 Vgl. Gertrud Knopp-Rüb: Die Umsiedlung der Bessarabiendeutschen, in: Landsmannschaft der Bessarabiendeutschen (Hrsg.): Festschrift zur Jubiläumsfeier »Unsere Umsiedlung vor 50 Jahren« beim Bundestreffen auf dem Killesberg in Stuttgart am 14. Oktober 1990, Stuttgart 1990, S. 15–18, S. 15; es gibt auch hier unterschiedliche Angaben. So nennt Kotzian beispielsweise den 26. Juni 1940 als den Tag, an dem die ersten sowjetischen Truppen einmarschierten; vgl. Ortfried Kotzian, Mythos, a. a. O.

75 siehe ausführlich hierzu: Dirk Jachomowski, Die Umsiedlung der Bessarabien-, Bukowina- und Dobrudschadeutschen. Von der Volksgruppe in Rumänien zur »Siedlungsbrücke« an der Reichsgrenze, München 1984, S. 64 ff.

76 Die Vereinbarung ist abgedruckt in: Bundesministerium für Vertriebene, Flüchtlinge und Kriegsgeschädigte 1954–1961 (Hrsg.), a. a. O., S. 134 E-145 E.

77 Vgl. ebenda, S. 134 E.

78 Werner Mayer, Die Umsiedlung der Deutschen aus Rumänien 1940–1944. Dokumentar-Bericht über die Umsiedlung der Deutschen aus Bessarabien von Werner Mayer, in: Konstantin Mayer, Der Weg aus der Steppe 1940. Die Auswanderung aus Deutschland ab 1763. Die Umsiedlung im Oktober 1940 und die Eingliederung der Deutschen aus Bessarabien in der Bundesrepublik Deutschland, 2. Auflage, Ludwigsburg 1986, S. 108–114, S. 112, zit. nach Ortfried Kotzian, Umsiedler, S. 236.

79 Richard Baumgärtner: Einbürgerung, in: Richard Heer, Die alte und die neue Heimat der Bessarabien-Deutschen – Eine Dokumentation 1920–1980, Bietigheim-Bissingen O. J., S. 556–562, S. 556.

80 Richard Baumgärtner: Auf der Donau. Heim ins Reich, in: Richard Heer, Die alte und die neue Heimat der Bessarabien-Deutschen – Eine Dokumentation 1920–1980, Bietigheim-Bissingen O. J., S. 555.

81 Gertrud Knopp-Rüb berichtet davon, dass der letzte Treck der Bessarabiendeutschen die Pruth-Brücke am 22. Oktober 1940 überquert hat; vgl. Gertrud Knopp-Rüb, a. a. O., S. 20.

82 Edwin Kelm, Interview des Verf.

83 Ute Schmidt, Die Deutschen aus Bessarabien, Köln 2003, S. 150–153; Mariana Hausleitner, a. a. O., S. 171.

84 Eine ausführliche Beschreibung über die hieran beteiligten Stellen, den Verlauf und die angewandten Kriterien findet sich bei: Helmut Wolfgang Hack, Schleusung der Umsiedler aus Rumänien 1940/41 unter besonderer Berücksichtigung der Rassemusterung, in: Kaindl-Archiv 53/54/2003/2004, S. 48–73.

85 EWZ-Karteikarte, Durchschleusungsnummer 462153; Umsiedlungsnummer: Ki6/16/84/23.

86 Adolf Hitler am 17. Oktober 1941 im Führerhauptquartier, zit. nach: Heinrich August Winkler, a. a. O., S. 87.

87 Ausführlich zu den Planungen: Bruno Wasser, Himmlers Raumplanung im Osten. Der Generalplan Ost in Polen. 1940–1994, Basel (u. a.) 1993.

88 Vgl. Gerhard Schreiber, a. a. O., S. 344.

89 Vgl. Czesław Madajczyk, Deutsche Besatzungspolitik, S. 434.

90 Einwandererzentralstelle, Kommission IV, Erfahrungsbericht Kreis Zamość, 16. Oktober 1943, Dokument, Bundesarchiv, BArch R 69/931; s. auch: Vermerk der Kommission IV vom 9. September 1943, BArch 69/923.

91 Dokument, Bundesarchiv, BArch R 69/931.

92 Der Verf. ist dem Leiter des Museums der Stadt Zamość und des Kreises, Andrzej Urbanski, zu besonderem Dank verbunden, der in vielfältiger Weise Auskunft gab und den Besuch des Verf. in Skierbieszów vorbereitete.

93 Czesław Madajczyk (Hrsg.), Zamojszczyzna – Sonderlaboratorium SS, Ludowa (u. a.) 1977 (zit.: »Sonderlaboratorium«); ähnlich der Korrespondent der ›Süddeutschen Zeitung‹ in Warschau, Thomas Urban, der von einem »SS-Sonderlaboratorium Zamość« spricht; Thomas Urban, Der Verlust. Die Vertreibung der Deutschen und Polen im 20. Jahrhundert, München 2006, S. 69.

94 Odilo Globocnik, dem Himmler die Aufsicht über die Vernichtungslager Majdanek und Bełżec übertrug, wurde nach dem Zweiten Weltkrieg von britischen Truppen in einer Berghütte in den österreichischen Alpen aufgespürt. In der Haft nahm er sich mit Gift das Leben; vgl. Thomas Urban, a. a. O., S. 70.

95 So die Aufzeichnungen des Untersturmführers W. Gradmann; zit. nach: Czesław Madajczyk (Hrsg.), Sonderlaboratorium, S. 54.

96 Vgl. Elzbieta Poludnik, Erinnerung wichtiger als Entschuldigung, in: Rzeczpospolita 18. Mai 2004; [gleichzeitig in deutscher Übersetzung im Internet abrufbar unter: http://gplanost.x-berg.de/erinnerung.htm (22. Februar 2006)].

97 Aktenbestände des Bundesarchivs, BArch R069/000132, Vermerk Stabsführung, Planung, 17. Februar 1942.

98 Aktenbestände des Bundesarchivs, BArch R 69/931, Vermerk der Kommission IV, EWZ, 16. Oktober 1943.

99 In diesem Zusammenhang sehr aufschlussreich ist ein Schreiben Globocniks; abgedruckt in: Czesław Madajczyk (Hrsg.), Sonderlaboratorium, S. 141–144.

100 Dies geht aus einem Schreiben des SS-Gruppenführers Müller an Himmler hervor; abgedruckt in: ebenda, S. 152 f.

101 Anlage Nr. 28, Bericht über eine Inspektionsreise des Gouverneurs des Distrikts Warschau, Dr. Ludwig Fischer, im Kreis Zamość, 9. bis 10. Mai 1943, Lublin, in: Czesław Madajczyk (Hrsg.), Vom Generalplan Ost zum Generalsiedlungsplan, München u. a. 1994, S. 508–511, S. 510; siehe auch: Ortfried Kotzian, Umsiedler, S. 240.

102 Einsatzbefehl des SS-Gruppenführers und Generalleutnants der Polizei, Odilo Globocnik, Einsatzbefehl für die Ansiedlung im Kreise Zamość, 22. November 1942, Dokument, Bundesarchiv, BArch R 49/3533.

103 Christoph von Marschall, Das Nest des Präsidenten; [im Internet abrufbar unter: http://gplanost.x-berg.de/das_nest_des_praesidenten.htm (22. Februar 2006)] (zit.: »Nest«).

104 Vgl. o. V., »Aktion Zamość«, [im Internet abrufbar unter: http://www.clubalpha60.de/alpha-press/2003–01/aktionsamosc.htm (22. Februar 2006)].

105 Der Einsatzbefehl des SS-Gruppenführers und Generalleutnants der Polizei, Odilo Globocnik, vom 22. November 1942 sah bereits den 24. November 1942 vor, Einsatzbefehl für die Ansiedlung im Kreise Zamość, 22. November 1942, Dokument, Bundesarchiv, BArch R 49/3533.

106 Zit. nach: Thomas Urban, a. a. O., S. 73.

107 Einsatzbefehl des SS-Gruppenführers und Generalleutnants der Polizei, Odilo Globocnik, Einsatzbefehl für die Ansiedlung im Kreise Zamość, 22. November 1942, Dokument, Bundesarchiv, BArch R 49/3533.

108 Anlage Nr. 25, Arbeitsanweisung von Obersturmbannführer Hermann Krumey, Leiter der Umwandererzentralstelle, für die Verteilung der Ausgesiedelten im Kreis Zamość, 21. November 1942, in: Czesław Madajczyk (Hrsg.), Vom Generalplan Ost zum Generalsiedlungsplan, München u. a. 1994, S. 493–495, S. 493.

109 Christoph von Marschall, Nest.

110 Vgl. ebenda.

111 Vgl. Elzbieta Poludnik, a. a. O.

112 Vgl. Czesław Madajczyk, Einführung, in: Czesław Madajczyk (Hrsg.), Sonderlaboratorium, S. 12–19, S. 14.

113 Dokument, Bundesarchiv, BArch R 69/931, Gemeindeabschlussbericht); siehe auch: Anlage Nr. 28, Bericht über eine Inspektionsreise des Gouverneurs des Distrikts Warschau, Dr. Ludwig Fischer, im Kreis Zamość, 9. bis 10. Mai 1943, Lublin,

in: Czesław Madajczyk (Hrsg.), Vom Generalplan Ost zum Generalsiedlungsplan, München u. a. 1994, S. 508–511, S. 510.

[114] Vgl. Elzbieta Poludnik, a. a. O.

[115] Dokument, Bundesarchiv, BArch R 49/621, Aufgliederung der im Kreis Zamość angesetzten Umsiedler nach Volksgruppen, Stand vom 1.1.1943.

[116] Interview mit Horst Köhler, in: Der Spiegel, 8. März 2004 (»Arg in der Nabelschau«).

[117] Interview des Verf. mit Zofia Kropornicka am 20. April 2006.

[118] Zit. nach: Christoph von Marschall, Nest.

[119] Vgl. Elzbieta Poludnik, a. a. O.

[120] Zit. nach: Christoph von Marschall, Nest.

[121] Zit. nach: Elzbieta Poludnik, a. a. O.

[122] Vgl. o. V., Die »Aussiedlung« der Bewohner von Skierbieszów [im Internet abrufbar unter: www.lernen-aus-der-geschichte.de/… (22. Februar 2006)].

[123] Zit. nach: Elzbieta Poludnik, a. a. O.

[124] Vgl. Christoph von Marschall, Nest.

[125] Vgl. Elzbieta Poludnik, a. a. O.

[126] Vgl. Christoph von Marschall, Nest.

[127] Vgl. Lorenz Wolf-Doettinchem/ Andreas Hoidn-Borchers, a. a. O.

[128] Dokument, abgedruckt in: Czesław Madajczyk (Hrsg.), Sonderlaboratorium, S. 416.

[129] Dokument, Bundesarchiv, BArch R 1702/8233.

[130] Dokument Nr. 222, abgedruckt in: Czesław Madajczyk (Hrsg.), Sonderlaboratorium, S. 472.

[131] Interview mit Horst Köhler, in: Das Parlament, 3. Mai 2004 (»Die Deutschen haben zu wenig Vertrauen in sich selbst«).

[132] Vgl. Ortfried Kotzian, Mythos; sowie Ute Schmidt, Die Deutschen aus Bessarabien. Eine Minderheit aus Südosteuropa (1814 bis heute), 3. Auflage, Köln (u. a.) 2006, S. 252.

[133] Ursula Bauer, Interview des Verf.

[134] Interview mit Horst Köhler, in: Der Spiegel, 8. März 2004 (»Arg in der Nabelschau«).

[135] Zit. nach: Elzbieta Poludnik, a. a. O.

[136] Interview des Verf. mit Janina Smusz in Skierbieszów am 20. April 2006.

[137] Interview des Verf. mit Boleslaw Muda in Skierbieszów am 20. April 2006.

[138] Vgl. Gerhard Gnauck, Hoffnung auf den Köhler-Effekt, in: Die Welt, 27. Mai 2004.

[139] Vgl. Thomas Kasper, Geburtsort Horst Köhlers drückt die Daumen [im Internet abrufbar unter: www.mdr.de/windrose/archiv/1393801.html (22. Februar 2006)].

[140] Interview des Verf. mit Jan Kropornicki in Skierbieszów am 20. April 2006.

[141] Zofia Kropornicka, Interview des Verf.

[142] Zit. nach Elzbieta Poludnik, Erinnerung wichtiger als Entschuldigung, in: Rzeczpospolita, 18. Mai 2004.

[143] Interview des Verf. mit Zygmunt Weclawik in Skierbieszów am 20. April 2006.

[144] Janina Smusz, Interview des Verf.

[145] Zit. nach: Gerhard Gnauck, a. a. O.

[146] www.bundespraesident.de

[147] www.markkleeberg.de.

[148] Stefan Donth, Geschichte und Politik in Sachsen, Bd. 15 – Vertriebene und Flüchtlinge in Sachsen 1945 bis 1952, Köln 2000.

[149] Siehe zur Stadtgeschichte Markkleebergs: www.markkleeberg.de.

[150] Interview des Verf. mit Peter Taubenheim am 16. März 2006; Taubenheim hat als
»Hobbyhistoriker« eine umfängliche Stadtgeschichte Markkleebergs geschrieben.

[151] Der Versuch, die Selbstständigkeit Markkleebergs 1999 im Rahmen der sächsischen Gemeindegebietsreform zu beenden, scheiterte an dem gerichtlich ausge-
tragenen Widerstand der Markkleeberger.

[152] Interview des Verf. mit Oberbürgermeister Bernd Klose am 20. März 2006.

[153] Unterlagen im Sächsischen Staatsarchiv, Staatsarchiv Leipzig.

[154] Gespräch des Verf. mit Reinhold Hänsel am 20. März 2006.

[155] Vater Kees war als sächsischer Oberpostmeister Pächter in den Jahren 1692 bis
1694 und von 1696 bis 1705. Dessen Sohn führte 1705 bis 1712, dem Jahr seiner
Verstaatlichung, das Postwesen weiter. Er war es auch, der das Rittergut Zöbigker
1714 kaufte und insgesamt als Leipziger Ratsbaumeister in Markkleeberg eine
emsige Bautätigkeit entfaltete.

[156] Zit. nach: Peter Taubenheim, Interview des Verf. mit Peter Taubenheim am
16. März 2006.

[157] Siehe hierzu die Ausführungen in diesem Kapitel zu:»Gängelung durch die SED,
der Verrat einer geschlachteten Sau und die Flucht in den Westen«.

[158] Die folgenden Hinweise stammen aus: Horst Köhler, Offen will ich sein, S. 48 ff.;
ferner: Bild am Sonntag, 28. März 2004; ferner: Meldeblätter des Lagers Weinsberg und der Städte Backnang und Ludwigsburg.

[159] Die folgenden Geburtsdaten sind dem Stammblatt der Familie Eduard Köhler
(Nr. 462153) im Zusammenhang mit ihrer»Durchschleusung« in Herzogenburg
entnommen; siehe auch: Umsiedlungsliste Nr. 59 lt. Vereinbarung mit der Regierung der U. d. S. S. R., 5. Oktober 1940.

[160] Horst Köhler, Offen will ich sein, S. 48.

[161] Ebenfalls Ortfried Kotzian, Mysterium.

[162] Ursula Bauer, Interview des Verf.

[163] Horst Köhler, Offen will ich sein, S. 51; auch die Süddeutsche Zeitung berichtet,
dass Otto Köhler »Sozialhilfeempfänger« sei (Stefan Klein, Reden, um etwas zu
sagen, in: Süddeutsche Zeitung, 26. März 2004; ähnlich berichtete er dies dem
›Stern‹: Lorenz Wolf-Doettinchem/ Andreas Hoidn-Borchers, a. a. O.

[164] Horst Köhler, Offen will ich sein, S. 48.

[165] Bild am Sonntag, 28. März 2004.

[166] Horst Köhler, Offen will ich sein, S. 44.

[167] Markkleeberger Stadt Nachrichten, Nr. 4., April 2004.

[168] Interview des Verf. mit der Klassenkameradin Edith Breder am 10. April 2006.

[169] Interview des Verf. mit dem Klassenkameraden Gerz Herbst am 20. März 2006.

[170] Interview des Verf. mit dem Klassenkameraden Hans Kaacksteen am 20. März 2006.

[171] Gerz Herbst, Interview des Verf.

[172] Edith Breder, Interview des Verf.

[173] Leipziger Volkszeitung, 9. März 2004.

[174] Zit. nach: ebenda.

[175] Ebenda.

[176] Gerz Herbst, Interview des Verf.

[177] Horst Köhler, Offen will ich sein, S. 48.

[178] Reinhold Hänsel, Interview des Verf.

[179] Ebenda.

[180] Ebenda.

[181] Horst Köhler, Offen will ich sein, S. 52.

[182] Süddeutsche Zeitung, 12. Januar 1950 (zit. nach: www.uni-magdeburg.de/uni-archiv/chronik/jahre_brd/1950/01.htm).

[183] Siehe hierzu: Jens Schöne, Die Landwirtschaft der DDR 1945–1990, Erfurt 2005.

[184] Gemäß der landwirtschaftlichen Betriebszählung des Jahres 1939 hatten auf dem Gebiet der späteren DDR 9.050 Betriebe mit einer Wirtschaftsfläche von 100 oder mehr Hektar bestanden. Damit stellten sie 1,5 Prozent aller Betriebe. Sie verfügten über 45,4 Prozent der Wirtschafts- und 28,3 Prozent der landwirtschaftlichen Nutzfläche. Zehn Jahre später hat sich das Bild grundlegend gewandelt. Nur noch 1.979 Betriebe mit mehr als 100 Hektar Wirtschaftsfläche bestanden, 7.079 von zumeist in Privatbesitz befindlichen Betrieben waren damals bereits im Rahmen der Bodenreform enteignet worden (»Junkerland in Bauernhand«). (Zahlen nach Jens Schöne, a. a. O., S. 12).

[185] Ebenda.

[186] Ebenda.

[187] Lorenz Wolf-Doettinchem/ Andreas Hoidn-Borchers, a. a. O.

[188] Ebenda.

[189] Siehe Super Illu, Nr. 13/2004; siehe auch: Horst Köhler, Offen will ich sein, S. 53.

[190] Horst Köhler, Offen will ich sein, S. 54.

[191] Flüchtlingsstatistik, nach Angaben der Erinnerungsstätte Notaufnahmelager Berlin-Marienfelde (http://enm-berlin.de/download/Fluechtlingssituation1953/ 6. Juni 2006).

[192] Telefonische Auskunft durch Helge Heidemeyer, Kommission für Geschichte des Parlamentarismus und der politischen Parteien, 27. Oktober 2006.

[193] Interview mit Horst Köhler, in: Das Parlament, 3. Mai 2004 (»Die Deutschen haben zu wenig Vertrauen in sich selbst«).

[194] Siehe: Leipziger Volkszeitung, 6. April 2004.

195 Siehe Markkleeberger Stadt Nachrichten, Mai 2004.

196 Bunte, 15. April 2006.

197 Interview mit Tagesspiegel, 14. März 2004 (»Was ist noch typisch deutsch, Herr Köhler?«).

198 Ebenda.

199 Telefonische Auskunft von Dr. Liebig, Stadtarchiv Weinsberg, vom 6. Dezember 2006; siehe auch: Joachim Kinzinger, Neun Tage lebte Horst Köhler in Baracke 29, in: Heilbronner Stimme, 22. Mai 2004.

200 Backnanger Kreiszeitung, 12. März 2004.

201 Interview mit Horst Köhler, in: Der Tagesspiegel, 14. März 2004 (Interview: »Was ist noch typisch deutsch, Herr Köhler?«).

202 Der Tagesspiegel, 14. März 2004; siehe auch: Backnanger Kreiszeitung, 1. Juni 2005.

203 Reinhard Fiedler, Köhler sieht seine alte Unterkunft nicht, in: Backnanger Kreiszeitung, 26. Mai 2006.

204 Handschriftlicher Eintrag im Meldebogen der Stadt Ludwigsburg, Archiv der Stadt Ludwigsburg.

205 Albert Sting, Geschichte der Stadt Ludwigsburg, Band III – Von 1945 bis zum Schloßjubiläum 2004, Ludwigsburg 2005, S. 58.

206 Interview mit Horst Köhler, in: Das Parlament, 3. Mai 2004 (»Die Deutschen haben zu wenig Vertrauen in sich selbst«); siehe auch: Tagesspiegel, 14. März 2004.

207 Interview mit Horst Köhler, in: Das Parlament, 3. Mai 2004 (»Die Deutschen haben zu wenig Vertrauen in sich selbst«).

208 Telefonat des Verf. mit Ursula Bauer am 7. Juni 2006; der Klassenkamerad Wolfgang Micheler erinnert sich, dass Köhler in der Arsenalkaserne lebte (Interview des Verf. mit Wolfgang Micheler am 5. Mai 2006), was aber wohl darauf zurückzuführen ist, dass Horst Köhler häufig auch in dieser Kaserne anzutreffen war.

209 Telefonat des Verf. mit Ursula Bauer, 7. Juni 2006.

210 In dieser Statistik sind nicht die »Flüchtlinge aus der Sowjetzone« in den Lagern Arsenalkaserne und Jägerhofkaserne enthalten (Stadtverwaltung Ludwigsburg (Hrsg.), Ludwigsburger Statistik 1953, Stadtarchiv Ludwigsburg.

211 Interview des Verf. mit Dieter Mühleck am 22. März 2006.

212 Interview mit Ursula Bauer, Landesschau, Südwestrundfunk (SWR), 25. Mai 2004.

213 Ebenda.

214 Stefan Klein, Reden, um etwas zu sagen, in: Süddeutsche Zeitung, 26. März 2004.

215 Der Tagesspiegel, 14. März 2004 (Interview: »Was ist noch typisch deutsch, Herr Köhler?«).

216 Ebenda.

217 Sascha Schmierer, Ein guter Kumpel: der Schüler Köhler, in: Stuttgarter Nachrichten, 15. März 2000; abgedruckt im Jahrbuch des Mörike-Gymnasiums Ludwigsburg (MGL) 2003/2004, S. 25.

[218] Interview mit Ursula Bauer, Landesschau, Südwestrundfunk (SWR), 25. Mai 2004.

[219] Stefan Klein, Süddeutsche Zeitung, a. a. O.

[220] Interview des Verf. mit Hans-Ulrich Schwab am 5. Mai 2006.

[221] Wolfgang Micheler, Interview des Verf.

[222] Grußwort von Horst Köhler anlässlich der Schillermatinee im Berliner Ensemble am 17. April 2005.

[223] Sascha Schmierer, Ein guter Kumpel: der Schüler Köhler, in: Stuttgarter Nachrichten, 15. März 2000.

[224] Interview mit der Schülerzeitung »Nameless«, Jahrgang 2000, abgedruckt im Jahrbuch 2003/2004 des Mörike-Gymnasium Ludwigsburg, S. 21. Das Interview führten die damaligen Schülerinnen Simone Münz, Celine Durer und der damalige Schüler Andreas Föll.

[225] Interview des Verf. mit Rolf Uhlmann am 18. April 2006.

[226] Interview des Verf. mit Hans-Ulrich Schwab am 5. Mai 2006.

[227] Ebenda.

[228] Interview des Verf. mit Frank-Meinhart Stephan am 22. März 2006.

[229] Ebenda.

[230] Ebenda.

[231] Wolfgang Micheler, Interview des Verf.

[232] Interview mit Ursula Bauer, Landesschau, Südwestrundfunk (SWR), 25. Mai 2004.

[233] Interview des Verf. mit dem früheren Physiklehrer Heinz Frey am 4. Mai 2006.

[234] Stefan Klein, Reden, um etwas zu sagen, in: Süddeutsche Zeitung, 26. März 2004; ähnlich im Interview des Verf. mit Wolfgang Frank am 5. Mai 2006.

[235] Schülerzeitung »Nameless«, a. a. O.; siehe auch: Stuttgarter Zeitung, Mäßiger Schüler, witziger Onkel, 5. März 2004.

[236] Interview des Verf. mit Helmut Haag am 22. März 2006.

[237] Ebenda.

[238] Interview des Verf. mit Joachim Raff am 22. März 2006.

[239] Interview des Verf. mit Rolf Motzer am 22. März 2006.

[240] Frank-Meinhart Stephan, Interview des Verf.

[241] Hans-Ulrich Schwab, Interview des Verf.

[242] Ebenda.

[243] Interview mit Horst Köhler, in: Das Parlament, 3. Mai 2004 (»Die Deutschen haben zu wenig Vertrauen in sich selbst«).

[244] Hans-Ulrich Schwab, Interview des Verf.

[245] Ebenda.

[246] Frank-Meinhart Stephan, Interview des Verf.

[247] Wolfgang Micheler, Interview des Verf.

[248] Interview des Verf. mit Oberstudienrat Alfred Waldenmaier, ehemals Direktor des Mörike-Gymnasiums, heute Direktor des Ernst-Sigle-Gymnasiums in Kornwestheim, am 23. März 2006.

249 Helmut Marcon/ Heinrich Strecker (Hrsg.), 200 Jahre Wirtschafts- und Staatswissenschaften an der Eberhard-Karls-Universität Tübingen. Leben und Werk der Professoren, Stuttgart 2004, S. 1030.

250 Horst Köhler, Offen will ich sein, S. 84.

251 Alle Informationen aus der Münsinger Zeit Köhlers stammen aus: Joachim Lenk, Von der Schneeschuhkompanie zum Panzerbataillon, Münsingen 2004, S. 113. Dieses Buch entstand aus Anlass der Auflösung des Standortes Münsingen.

252 Ebenda.

253 Interview des Verf. mit Eberhard Meyer-König am 26. September 2006.

254 Ebenda.

255 Horst Köhler, Offen will ich sein, S. 84.

256 Frank-Meinhart Stephan, Interview des Verf.

257 Michael Seiffert, Leiter der Presse- und Öffentlichkeitsarbeit der Eberhard-Karls-Universität, Mitteilung an den Verfasser vom 13. September 2006.

258 Horst Köhler, Offen will ich sein, S. 85.

259 Hans-Joachim Lang, Horst Köhler in der Pole Position, in: Schwäbisches Tagblatt, 5. März. 2004; Köhler erzählte einer Reporterin, dass er wegen der miserablen Verbindung so manches Mal zu Fuß nach Hause gelaufen sei.

260 Interview des Verf. mit Dieter Presti am 24. September 2006.

261 Ludwigsburger Kreiszeitung, 13. Juni 1966.

262 Interview mit Dieter Spöri am 14. März 2006.

263 Der SDS war ursprünglich ein Studentenverband in geistig-politischer Nähe zur SPD, entfernte sich aber immer mehr von ihr. Die SPD fasste 1961 einen Unvereinbarkeitsbeschluss gleichzeitiger Mitgliedschaft in SPD und SDS (ausführlich in: Willy Albrecht, Der Sozialistische Deutsche Studentenbund (SDS), Bonn 1994, S. 310 ff.; siehe auch: Gerd Langguth, Protestbewegung, Köln 1983, S. 36 ff.)

264 Interview des Verf. mit Albrecht Unger am 23. September 2006.

265 Horst Köhler, Offen will ich sein, S. 85.

266 Ebenda, S. 86.

267 Interview mit Horst Köhler, in: Der Spiegel, 8. März 2004 (»Arg in der Nabelschau«).

268 Horst Köhler, Offen will ich sein, S. 85 f.

269 Ebenda.

270 Interview des Verf. mit Armin Wirsing am 23. September 2006

271 wikipedia.org/wiki/Verbindung_Normannia (abgerufen am 8. September 2006).

272 Mitteilung von Sten Rieper, Archivwart der Normannia Tübingen vom 19. September 2006.

273 Armin Wirsing, Interview des Verf.

274 Interview des Verf. mit Alfred Casper am 26. September 2006.

275 Interview des Verf. mit Wolfgang Clauss am 24. September 2006.

276 Horst Köhler, Offen will ich sein, S. 91.

277 So heißt es in einer vom International Monetary Fund verbreiteten Presseerklä-

rung, Köhler habe die Doktorwürde (»doctorate«) in Volkswirtschaft und Politische Wissenschaft erlangt; Erklärung zu dem Informellen »Board Meeting« des IMF am 14. März 2000 (www.imf.org/external/np/ed/md/2000/hk.htm).

278 Katja Gelinsky, Eva Köhler (Portrait), Frankfurter Allgemeine Zeitung, 24. Mai 2004; siehe auch: Katja Gelinsky, Alles unter ihrem Schirm, Frankfurter Allgemeine Zeitung, 27. April 2004.

279 Ursula Salentin, Neun Wege in die Präsidentenvilla, Freiburg 2006, S. 233.

280 Interview mit Eva Luise Köhler in: Bunte, 18. März 2004 (»Die neue First Lady – sie übt schon«).

281 Katja Gelinsky, Alles unter ihrem Schirm, a. a. O.

282 Ursula Salentin, Neun Wege in die Präsidentenvilla, a. a. O., S. 234.

283 Interview mit Horst Köhler, »Ums Geld kümmert sich meine Frau«, in: Bild-Zeitung, 28. Mai 2004.

284 zit. nach: Katja Gelinsky, Alles unter ihrem Schirm, a. a. O.

285 Interview mit Eva Luise Köhler in: Bunte, 18. März 2004 (»Die neue First Lady – sie übt schon«)

286 Wolfgang Micheler, Interview des Verf.

287 Zit. nach Katja Gelinsky, Alles unter ihrem Schirm, a. a. O.

288 Interview mit Eva Luise Köhler in: Bunte, 18. März 2004 (»Die neue First Lady – sie übt schon«).

289 Interview mit Horst Köhler, »Ums Geld kümmert sich meine Frau«, in: Bild-Zeitung, 28. Mai 2004.

290 Interview mit Eva Luise Köhler in: Bunte, 18. März 2004 (»Die neue First Lady – sie übt schon«).

291 Ebenda.

292 Katja Gelinsky, Alles unter ihrem Schirm, a. a. O.

293 Interview des Verf. mit Paul Binder, SPD-Kommunalpolitiker, am 5. Mai 2006.

294 Der Leserbrief wurde auch von Hans Bühler unterzeichnet; Gäubote, 28. August 1975.

295 Brief von Paul Binder an den Verfasser, Juli 2006.

296 Siehe z. B.: Interview von Horst Köhler mit Bild am Sonntag, 8. August 2004 (»Manchmal ist meine Frau klüger als ich«).

297 Mitteilung von Birgit Ullrich, Institut für Angewandte Wirtschaftsforschung, Tübingen, vom 15. September 2006; auch die weiteren Hinweise auf die Forschungsaktivitäten Köhlers während seiner IAW-Zeit sind dieser Information entnommen.

298 Das Gutachten im Auftrag des Arbeits- und Sozialministeriums Baden-Württemberg wurde als Nr. 2 in der Reihe »Forschungsberichte aus dem Institut für Angewandte Wirtschaftsforschung veröffentlicht: Siegfried Bullinger/Peter Huber/Horst Köhler/Alfred E. Ott/ Adolf Wagner, Die volkswirtschaftliche Bedeutung der Beschäftigung ausländischer Arbeitnehmer in Baden-Württemberg, Tübingen 1972.

299 Institut für Angewandte Wirtschaftsforschung Tübingen (Hrsg.), Forschungsbericht Nr. 7 in der Serie A, Qualitative Auswirkungen des technischen Wandels auf die Arbeitskräfte in Baden-Württemberg, Tübingen 1974.

300 In diesem Forschungsprojekt wurde das Problem der technologiebedingten Arbeitslosigkeit behandelt. Das Ergebnis der Untersuchung legte Köhler der DFG unter dem Titel »Der Einfluss des technischen Fortschritts auf die Tätigkeits- und Qualifikationsstruktur der Erwerbstätigen in der Industrie« vor. Sie ist als wesentlicher Bestandteil seiner späteren Dissertation anzusehen (Mitteilung Birgit Ullrich). Darüber hinaus erstellte Köhler im Herbst 1975 im Rahmen eines größeren Forschungsprojektes zur Vorausschätzung des Angebots und des Bedarfs an Hochschulabsolventen in Baden-Württemberg bis 1990 im Auftrag des Kultusministeriums Baden-Württemberg den Teilbereich »Private Wirtschaft« (Gutachten »Projektionen des Bedarfs an erwerbstätigen Akademikern in der Privaten Wirtschaft bis 1990«). Ferner veröffentlichte er in den IAW-Mitteilungen 3/1995, S. 4–8, einen knappen Beitrag zum Thema »Europäische Währungspolitik vor wichtigen Weichenstellungen«.

301 Horst Köhler, Freisetzung von Arbeit durch technischen Fortschritt, in: Institut für Angewandte Wirtschaftsforschung Tübingen (Hrsg.), Forschungsbericht Nr. 17 in der Serie A, Tübingen 1977.

302 Ebenda, S. III.

303 Ebenda, S. 141 f.

304 Ebenda, S. 142.

305 Ebenda, S. 72.

306 Ebenda, S. 142.

307 Gutachten für den Verfasser durch Jürgen Hardt, Wuppertal, 16. Juli 2006; zu ähnlichen Ergebnissen kommt Raoul Löbbert, Von Automaten gefeuert, in: Rheinischer Merkur, 25. März 2004.

308 Köhler, Dissertation, S. 41 f.

309 Jürgen Hardt, a. a. O.

310 Interview des Verf. mit Adolf Wagner am 31. März 2006.

311 Horst Köhler, Offen will ich sein, S. 92.

312 Interview des Verf. mit Günther Munz am 5. Mai 2006.

313 Ebenda.

314 Interview des Verf. mit Wilfried Ensinger am 5. Mai 2006.

315 http://www.stuttgarter-nachrichten.de/stn/page/detail.php/1175922 (14. Juni 2006).

316 Interview des Verf. mit Paul Binder am 5. Mai 2006.

317 Siehe hierzu auch: Christhard Henning, Horst Köhler: Anführer im Kampf um die Schweinegrube, Stuttgarter Zeitung, 19. Mai 2004.

318 Horst Köhler, Offen will ich sein, S. 90.

319 Wilfried Ensinger, Interview des Verf.

320 Horst Köhler, Offen will ich sein, S. 93.

321 Horst Köhler, Offen will ich sein, S. 93.

322 Ursula Salentin, Neun Wege in die Präsidentenvilla, Freiburg 2006, S 237.

323 Interview des Verf. mit Sigrid Selz am 10. Mai 2006.

324 Ebenda.

325 Interview des Verf. mit Jochen Grünhage am 7. Juli 2006.

326 Sein Bundestagsmandat als Abgeordneter des Wahlkreises Eckernförde gab Stoltenberg auf.

327 Horst Köhler, Offen will ich sein, S. 95.

328 Interview mit Jörn Alwes, seinerzeit Büroleiter von Stoltenberg in Kiel, später in Bonn, am 21. Juni 2006.

329 Interview mit Georg Poetzsch-Heffter, Staatssekretär und Chef der Staatskanzlei unter Gerhard Stoltenberg, am 21. Juni 2006.

330 Ebenda.

331 Jörn Alwes, Interview des Verf.

332 Lorenz Wolf-Doettinchem/ Andreas Hoidn-Borchers, a. a. O.

333 Kieler Nachrichten, 24. Juli 2006 (»Ein Präsident zum Anfassen«).

334 Georg Poetzsch-Heffter, Interview des Verf.

335 Jörn Alwes, Interview des Verf.

336 Mit Wirkung zum 1. Februar 1983 wurde er sogar zum Ministerialrat (Besoldungsstufe A16) ernannt.»Herr Dr. Köhler wird mit Wirkung vom 1. Februar 1983 zum Ministerialrat ernannt. Die Aushändigung der Urkunde soll möglichst im November erfolgen«, heißt es in einem entsprechenden Vermerk des damaligen Chefs der Staatskanzlei, Georg Poetzsch-Heffter.

337 Köhlers Planstelle konnte deshalb in Kiel monatelang nicht besetzt werden. Eine »Versetzung« nach Bonn hätte demgegenüber bedeutet, dass er alle beamtenrechtlichen Brücken in den Norden abgebrochen hätte.

338 Horst Köhler, Vorwort, in: Wolfgang Börnsen (Bönstrup), Fels oder Brandung? Gerhard Stoltenberg – Der verkannte Visionär, St. Augustin 2004, S. 9.

339 Kieler Nachrichten, 6. Dezember 2001.

340 Horst Köhler, Offen will ich sein, S. 96.

341 Interview des Verf. mit Ingemarie Röhrig am 19. Juni 2006.

342 Köhler hatte als Büroleiter die Besoldungsstufe eines Ministerialrats nach A 16 erklommen.

343 Waigel hatte den Kreuther Trennungsbeschluss im oberbayerischen Wildbad Kreuth und damit auch das Entstehen von CSU-Landesverbänden außerhalb des weiß-blauen Freistaats bekämpft. Der von Strauß herbeigeführte CSU-Trennungsbeschluss hielt zwar nicht lange, aber es wurde weiterhin bei passenden Gelegenheiten von München nach Bonn scharf geschossen.

344 Frankfurter Allgemeine Zeitung, 27. November 1989.

345 Interview des Verf. mit Hans Tietmeyer am 27. März 2006.

346 Helmut Kohl, Ich wollte Deutschlands Einheit, dargestellt von Kai Diekmann und Ralf Georg Reuth, Berlin 1996.

[347] Helmut Kohl, Erinnerungen 1982–1990, München 2005.

[348] Tom Weingärtner, Geradlinig. Loyal und sachkundig, in: Der Tagesspiegel, 5. Juli 1992; Hans-Christoph Noack, Der Mann im Hintergrund, Neue Zeit, 10. Dezember 1991; noch wenige Monate vorher hatte Köhler Stoltenberg überzeugen können, dass die Besteuerungslücke bei Kapitalerträgen geschlossen werden müsse.

[349] Interview mit Eva Luise Köhler in: Bunte, 18. März 2004.

[350] Horst Köhler, Offen will ich sein, S. 73.

[351] Ebenda, S. 72.

[352] Ebenda, S. 23.

[353] Ebenda, S. 71 f.

[354] General-Anzeiger Bonn, 6. November 2006 (»Prominenten-Brautpaar kam im Golf«)

[355] Das Bundesverfassungsgericht entschied in einem für die Frage des Wiedervereinigungsgebotes höchst wichtigem Urteil des Zweiten Senats vom 31. Juli 1973 auf die mündliche Verhandlung vom 19. Juni 1973 zwar, dass der sogenannte »Grundlagenvertrag« mit dem Grundgesetz vereinbar ist. Insofern wurde eine Klage der Bayerischen Staatsregierung zurückgewiesen, zugleich wurde aber das Rechtsinstitut der einen deutschen Staatsbürgerschaft festgeschrieben: »Der Status des Deutschen im Sinne des Grundgesetzes, der die in diesem Grundgesetz statuierte deutsche Staatsangehörigkeit besitzt, darf durch keine Maßnahme, die der Bundesrepublik Deutschland zuzurechnen ist, gemindert oder verkürzt werden. Das folgt aus der mit dem Status des Staatsangehörigen verbundenen Schutzpflicht des Heimatstaates. Dazu gehört insbesondere, dass ein Deutscher, wann immer er in den Schutzbereich der staatlichen Ordnung der Bundesrepublik Deutschland gelangt – solange er nicht darauf verzichtet –, einen Anspruch darauf hat, nach dem Recht der Bundesrepublik Deutschland vor deren Gerichten sein Recht zu suchen. Deshalb hat das Bundesverfassungsgericht auch gegenüber Urteilen von Gerichten der Deutschen Demokratischen Republik, die kein Ausland ist, den ordre public durchgreifen lassen (BVerfGE 11, 150 [160 f.]). Die weiteren Konsequenzen können hier auf sich beruhen. Jedenfalls: Müsste der Vertrag dahin verstanden werden, dass die Bürger der Deutschen Demokratischen Republik im Geltungsbereich des Grundgesetzes nicht mehr als Deutsche im Sinne des Art. 16 und des Art. 116 Abs. 1 GG behandelt werden dürften, so stünde er eindeutig im Widerspruch zum Grundgesetz. Der Vertrag bedarf daher, um verfassungskonform zu sein, der Auslegung, dass die Deutsche Demokratische Republik auch in dieser Beziehung nach dem Inkrafttreten des Vertrags für die Bundesrepublik Deutschland nicht Ausland geworden ist. Der Vertrag bedarf weiter der Auslegung, dass – unbeschadet jeder Regelung des Staatsangehörigkeitsrechts in der Deutschen Demokratischen Republik – die Bundesrepublik Deutschland jeden Bürger der Deutschen Demokratischen Republik, der in den Schutzbereich der Bundesrepublik und ihrer Verfassung gerät, gemäß Art. 116 Abs. 1 und 16 GG als Deutschen wie jeden Bürger der Bundesrepublik behandelt. Er genießt deshalb,

soweit er in den Geltungsbereich des Grundgesetzes gerät, auch den vollen Schutz der Gerichte der Bundesrepublik und alle Garantien der Grundrechte des Grundgesetzes, einschließlich des Grundrechts aus Art. 14 GG. Jede Verkürzung des verfassungsrechtlichen Schutzes, den das Grundgesetz gewährt, durch den Vertrag oder eine Vereinbarung zur Ausfüllung des Vertrags, wäre grundgesetzwidrig.« (Urteil des Zweiten Senats vom 31. Juli 1973 auf die mündliche Verhandlung vom 19. Juni 1973 – 2 BvF 1/73).

356 In der Kabinettssitzung vom 10. Januar 1990 berichtete Bundesinnenminister Wolfgang Schäuble, dass im Jahre 1989 mehr als 720.000 Menschen in die Bundesrepublik Deutschland gekommen seien, darunter 343.854 Übersiedler aus der DDR; seit dem 1. Januar 1990 wurden bereits über 20.000 Aus- und Übersiedler gezählt; vgl. Horst Teltschik, 329 Tage. Innenansichten der Einigung, Berlin 1991, S. 103.

357 Siehe ausführlich zum Zustandekommen dieses Zehn-Punkte-Programmes: ebenda, S. 42 ff.

358 Auch Gorbatschow war – gelinde ausgedrückt – empört, nicht informiert worden zu sein; hatte ihm doch Kohl zuvor bei wichtigen Fragen vorherige Konsultationen zugesichert. Dies bekam Außenminister Hans-Dietrich Genscher bei seinem nächsten Moskau-Besuch deutlich zu spüren (»Es sollte meine unerfreulichste Begegnung mit dem Generalsekretär werden, in dem ich als erster einen Mann erkannt hatte, der mit seiner Politik die Welt verändern würde.« (Hans-Dietrich Genscher, Erinnerungen, Berlin 1995, S. 683) Allerdings war nach einiger Zeit das Eis gebrochen, nachdem Gorbatschow Genscher vorgehalten hatte: »Herr Genscher, Sie sind ja auch nicht konsultiert worden!« (Interview des Verf. mit Hans Blech am 15. Juni 2006).

359 Siehe Dokument Nr. 96, Gespräch des Bundesministers Seiters mit dem Staatsratsvorsitzenden Krenz und Ministerpräsident Modrow, Berlin (Ost), 20. November 1989, in: Dokumente zur Deutschlandpolitik. Deutsche Einheit – Sonderedition aus den Akten des Bundeskanzleramtes 1989/90, bearbeitet von Hanns Jürgen Küsters und Daniel Hofmann, München 1998, S. 550 ff.

360 Dieter Grosser, Das Wagnis der Währungs-, Wirtschafts- und Sozialunion, Stuttgart 1998, S. 134.

361 Siehe Dokument Nr. 84, Schreiben des Bundesministers Waigel an Bundeskanzler Kohl, Bonn, 10. November 1989, in: Dokumente zur Deutschlandpolitik, a. a. O., S. 510 f.

362 Ebenda, S. 511.

363 Siehe ausführlicher: Dieter Grosser, a. a. O., S. 277 ff.

364 Siehe: Horst Köhler, Alle zogen mit, in: Theo Waigel/ Manfred Schell (Hrsg.), Tage, die Deutschland und die Welt veränderten, München 1994, S. 121 ff.

365 Dieser Vermerk ist Teil des Beitrages von Horst Köhler, in: ebenda.

366 Ebenda, S. 124.

367 Horst Köhler, Offen will ich sein, S. 103.

368 Interview des Verf. mit Walter Siegert am 6. September 2006.

369 Interview des Verf. mit Lothar de Maizière am 21. September 2006.

370 Dieter Grosser, a. a. O., S. 211.

371 Siehe hierzu ausführlich: Dieter Grosser, a. a. O.

372 Interview des Verf. mit Peter Klemm am 13. Juni 2006.

373 Interview mit Horst Köhler, in: Die Zeit, 16. Juni 1995 (»Ich kann den Verdruss verstehen«).

374 Grosser, a. a. O., S. 69.

375 Horst Köhler, Offen will ich sein, S. 102.

376 Ebenda.

377 Interview mit Horst Köhler, in: Die Zeit, 16. Juni 1995.

378 Ebenda.

379 Ebenda.

380 Brief von Walter Romberg an den Verfasser vom 6. Oktober 2006.

381 Dieter Grosser, a. a. O., S. 159; siehe auch: Horst Köhler, Alle zogen mit, a. a. O.; S. 118.

382 Sarrazin war einst Büroleiter des Finanzministers Hans Matthöfer (SPD), war als Leiter des Referats »Nationale Währungsfragen« mit der Vorbereitung der deutsch-deutschen Währungsunion beschäftigt, wurde im Finanzministerium Unterabteilungsleiter und befasste sich mit Fragen der später entstehenden Treuhandanstalt, bekleidete dann den Posten des Staatssekretärs des Finanzministeriums in Rheinland-Pfalz. Später wurde er Finanzsenator des Landes Berlin.

383 Siehe hierzu auch: Dieter Grosser, a. a. O., S. 159; siehe auch: Horst Köhler, Alle zogen mit, a. a. O., S. 118.

384 Interview des Verf. mit Thilo Sarrazin, 15. März 2006.

385 Horst Köhler, Offen will ich sein, S. 126.

386 Interview mit Horst Köhler, in: Die Zeit, 16. Juni 1996 (»Ich kann den Verdruss verstehen«).

387 Horst Köhler, Offen will ich sein, S. 103.

388 dpa-Meldung, 19. März 1991.

389 dpa-Meldung, 19. März 1991.

390 Interview mit Horst Köhler, in: Der Spiegel, 1. Februar 1993 (»Stabilität um jeden Preis?«).

391 Wilfried Herz, Der unauffällige Querdenker, in: Die Zeit, 24. Januar 1992.

392 Interview mit Horst Köhler, in: Der Spiegel, 1. Februar 1993 (»Stabilität um jeden Preis?«).

393 Das EWS stellte vor dem Inkrafttreten der Europäischen Währungsunion ein System fester, aber flexibler Währungskurse zwischen den EG-Mitgliedstaaten dar, das in den achtziger Jahren dazu beitrug, Währungsschwankungen zu begrenzen und Anreize zur Stabilitätspolitik bot.

394 Interview mit Horst Köhler in: Der Spiegel, 1. Februar 1993 (»Stabilität um jeden Preis?«).

[395] Frankfurter Allgemeine Zeitung, 2. Februar 1993.

[396] Zit. nach: Hans Tietmeyer, Erinnerungen an die Vertragsverhandlungen, in: Waigel/Schell, a. a. O., S. 57.

[397] Dokument Nr. 239, Schreiben des Bundesbankpräsidenten Pöhl an Bundeskanzler Kohl, Frankfurt (Main), 30. März 1990, in: Dokumente zur Deutschlandpolitik, a. a. O., S. 1003. Damit war eine formale Trennung zwischen einem Mitglied des Vorstands (Dezernenten) und der Beratung der Bundesregierung verbunden – wobei Pöhl noch darauf hinwies, er begrüße diese Lösung »im Interesse einer engen Koordination zwischen Bundesregierung und Bundesbank«.

[398] Grosser, a. a. O., S. 255; Interview des Verf. mit Theo Waigel am 4. Mai 2006.

[399] Ausführliche Informationen zum »Delors-Plan« finden sich z. B. in: Hans Tietmeyer, Herausforderung Euro – Wie es zum Euro kam und was er für Deutschlands Zukunft bedeutet, München-Wien 2005, S. 121 ff.

[400] Hans-Dietrich Genscher, Erinnerungen, Berlin 1995, S. 387 f.

[401] Den Dänen wurden Sonderregelungen zugestanden, um eine »Brücke« für eine zweite Volksabstimmung zu ermöglichen.

[402] BVerfG E 89, 155.

[403] Joachim Bitterlich, Das Europa der Zukunft, Düsseldorf 2004, S. 23.

[404] Horst Köhler, Offen will ich sein, S. 105.

[405] Bestätigt wird dies durch Hans Tietmeyer, Herausforderung Euro, a. a. O., S. 130.

[406] Interview mit Horst Köhler, in: Der Spiegel, 6. April 1992 (»Stabilität oder mehr Inflation?«).

[407] Wilhelm Schönfelder in: Wilhelm Schönfelder/ Elke Thiel (Hrsg.), Ein Markt – Eine Währung. Die Verhandlungen zur Europäischen Wirtschafts- und Währungsunion, Baden-Baden, 1994, S. 120

[408] Interview mit Jürgen Trumpf, 18. April 2006.

[409] Interview des Verf. mit Horst Teltschik am 9. März 2006.

[410] Kenneth Dyson/ Kevin Featherstone, The Road to Maastricht. Negotiating Economic and Monetary Union, New York 1999, S. 46.

[411] Hans Tietmeyer, Herausforderung Euro, a. a. O., S. 162.

[412] Kenneth Dyson/ Kevin Featherstone, a. a. O., S. 234.

[413] Siehe hierzu u. a.: Colette Mazzucelli, France and Germany at Maastricht: politics and negotiations to create the European Union, Oxford 1999.

[414] Horst Köhler, Offen will ich sein, S. 106.

[415] Interview mit Horst Köhler, in: Der Stern, 23. April 1998 (»Der Euro allein ist für Europa zu wenig«).

[416] Interview mit Horst Köhler, in: ZDF-Spezial: Euro konkret, 23. April 1998.

[417] Interview von Horst Köhler, in: Die Welt, 11. März 1997 (»Verschiebung kann kein Tabu sein«).

[418] Horst Köhler, »Sie machen es sich zu einfach« – Antwort auf Helmut Schmidts Kritik an Hans Tietmeyer: Die Bundesbank wird gern zum Sündenbock gemacht, in: Die Zeit, 29. November 1996.

[419] Interview mit Horst Köhler, in: Der Spiegel, 1. April 1996 (»Eine historische Zäsur«).

[420] Ebenda.

[421] Siehe hierzu ausführlicher: Gerd Langguth, Suche nach Sicherheiten – Ein Psychogramm der Deutschen, Stuttgart 1994, S. 147 ff.

[422] Siehe hierzu: Vernon A. Walters, Die Vereinigung war voraussehbar – Hinter den Kulissen eines entscheidenden Jahres, Berlin 1994; ferner: Gerd Langguth, Die deutsche Frage und die Europäische Gemeinschaft, in: Karl Dietrich Bracher/ Manfred Funke/ Hans-Peter Schwarz (Herausgeber), Deutschland zwischen Krieg und Frieden, Bonn 1990, S. 246 ff.; ferner: Ders. (Herausgeber), Berlin. Vom Brennpunkt der Teilung zur Brücke der Einheit, Köln 1990.

[423] Siehe hierzu ausführlicher u. a.: Manfred Görtemaker, Der Weg zur Einheit, Informationen zur politischen Bildung, Bonn, Heft 250.

[424] Ausführlich hierzu: Horst Teltschik, a. a. O., S. 324 ff.

[425] Dokument Nr. 398, Vorlage des Ministerialdirektors Teltschik an Bundeskanzler Kohl, Bonn, 27. August 1990, in: Dokumente zur Deutschlandpolitik, a. a. O., S. 1499.

[426] Siehe ausführlich hierzu: Werner Weidenfeld, Außenpolitik für die deutsche Einheit. Die Entscheidungsjahre 1989/90, Stuttgart 1998, S. 222 ff.

[427] Ebenda., S. 529 ff. ·

[428] Interview des Verf. mit Klaus Blech am 15. Juni 2006.

[429] Dokument Nr. 399, Vorlage des Vortragenden Legationsrates I Kaestner an Ministerialdirektor Teltschik, Bonn, 27. August 1990, in: Dokumente zur Deutschlandpolitik, a. a. O., S. 1501.

[430] Horst Köhler, Offen will ich sein, S. 135.

[431] Horst Köhler, Offen will ich sein, S. 135 f.

[432] Hans-Dietrich Genscher, a. a. O., S. 684.

[433] Wolfgang Seibel, Verwaltete Illusionen. Die Privatisierung der DDR-Wirtschaft durch die Treuhandanstalt und ihre Nachfolger 1990–2000, Frankfurt 2005, S. 9.

[434] Birgit Breuel (Hrsg.), Treuhand intern – Tagebuch, Frankfurt am Main 1993, S. 407.

[435] Sein Nachfolger in dieser Eigenschaft wurde Köhlers heutiger Staatssekretär Gert Haller.

[436] Interview des Verf. mit Norman van Scherpenberg, ehemaliger Generalbevollmächtigter der Treuhandanstalt, am 26. September 2006.

[437] Siehe hierzu: Eckart John von Freyend, Regional- und Lokalinteressen im Privatisierungsprozess, in: Birgit Breuel/ Michael C. Burda (Hrsg.), Ohne historisches Vorbild. Die Treuhandanstalt 1990 bis 1994. Eine kritische Würdigung, Berlin 2005, S. 132 ff.

[438] Theo Waigel, Die finanzpolitischen Rahmenbedingungen des Treuhandmodells, in: Birgit Breuel/ Michael C. Burda (Hrsg.), a. a. O., S. 63.

439 Diese wurde bereits in DDR-Zeiten unter Ministerpräsident Hans Modrow kurz vor der letzten Volkskammerwahl am 1. März 1990 im Ministerrat beschlossenen (Peter Christ/Ralf Neubauer, Kolonie im eigenen Land. Die Treuhand, Bonn und die Wirtschaftskatastrophe der fünf neuen Länder, Reinbek 1993, S. 116).

440 Zur Arbeit der Treuhandanstalt siehe generell: Wolfgang Seibel, a. a. O.; Michael Jürgs, Die Treuhändler, München 1998.

441 Die Deutsche Bundesbank hatte vorgeschlagen, nach einer Anhebung der Löhne und Gehälter in der Zeit bis zur Währungsumstellung im Verhältnis 2:1 umzustellen.

442 Wolfgang Seibel, a. a. O., S. 27.

443 Siehe hierzu: ebenda.

444 Ebenda, S. 28.

445 Michael Jürgs, a. a. O., S. 262.

446 Interview mit Horst Köhler und Helmut Schmidt, in: Die Zeit, 18. März 2005 (»Deutschland vom Pessimismus befreien«).

447 Interview des Verf. mit Birgit Breuel am 26. September 2006; sie fügte noch hinzu: »Zusammen mit John von Freyend als Team: beide waren richtig gut!« John von Freyend war der für die Treuhandanstalt zuständige Abteilungsleiter im Bundesfinanzministerium.

448 Interview des Verf. mit Jens Odewald am 8. November 2006.

449 In diesem Schreiben vom 9. Oktober an Rohwedder heißt es unter anderem: »(...) bestätige ich Ihnen, dass die Bundesregierung sich der ihr obliegenden Anstaltslast gegenüber der Treuhandanstalt bewusst ist. Dies bedeutet, dass die Bundesrepublik Deutschland die wirtschaftliche Basis der Treuhandanstalt sichern, sie für die gesamte Dauer ihres Bestehens funktionsfähig halten und in Falle finanzieller Schwierigkeiten durch Zuführung liquider Mittel oder in anderer geeigneter Weise in die Lage versetzen wird, fällige Verbindlichkeiten fristgerecht zu erfüllen. Dieses Schreiben kann Ihren derzeitigen und künftigen Gläubigern bei Bedarf zur Kenntnis gebracht werden.« (zit. nach: Michael Jürgs, a. a. O., S. 180.).

450 Michael Jürgs, a. a. O., S. 262. Laut Peter Christ/ Ralf Neubauer, a. a. O., war dieses Treffen gleichwohl am 23. Januar 1991 (S. 130). Das Köhler-Zitat wird ebenfalls bei Peter Christ/Ralf Neubauer, a. a. O. erwähnt (S. 130); Insider der Treuhandanstalt können sich jedoch an dieses Zitat nicht erinnern, auch wird der Termin dieser Präsidialsitzung in Frage gestellt.

451 Peter Christ/ Ralf Neubauer, a. a. O., S. 130.

452 Ebenda, S. 131.

453 In einem vertraulich gehaltenen Vermerk vom 5. März 1991 der für die Treuhand zuständigen Unterabteilung VIII B des Bundesfinanzministeriums hieß es unter der Überschrift »Ausgangslage«: »Gegenwärtig zeichnet sich die Gefahr ab, dass bei einem rein betriebswirtschaftlichen Vorgehen der Treuhandanstalt lediglich rund zwanzig Prozent der industriellen Arbeitsplätze im Beitrittsgebiet – das wären 700.000 von ehemals 3,4 Millionen Arbeitsplätzen der Industrie – überleben.

Eine weitgehende Deindustrialisierung des Beitrittsgebiets wäre in sozialer, ökonomischer und politischer Hinsicht nicht akzeptabel.«(zit. nach: Peter Christ/Ralf Neubauer, a. a. O., S. 131).

454   Zit. nach Angela Merkel, Zum Geleit, in: Birgit Breuel/ Michael C. Burda (Hrsg.), Ohne historisches Vorbild. Die Treuhandanstalt 1990 bis 1994. Eine kritische Würdigung, Berlin 2005, S. 8.

455   Ein Beispiel hierfür ist die Frage von Geschäftsführerbezügen einschließlich von Tantiemenregelungen (siehe: Wolfgang Seibel, a. a. O., S. 205).

456   Ebenda, S. 239.

457   Zit. nach: Jürgs, a. a. O., S. 289.

458   Ebenda, S. 288.

459   Ebenda, S. 289.

460   Wolfgang Seibel, a. a. O., S. 321.

461   Wilfried Herz, Der unauffällige Querdenker, in: Die Zeit, 24. Januar 1992.

462   Tom Weingärtner, Geradlinig, loyal und sachkundig, in: Der Tagesspiegel, 5. Juli 1992; siehe auch: Interview mit Horst Köhler durch Wilfried Herz, in: Die Zeit, 26. Juli 1991 (»Der Westen muss Farbe bekennen«).

463   Heinz Murmann, Ein Arbeitswütiger im Zentrum der Macht, in: Kölner Stadtanzeiger, 18. März 1992; siehe auch die auszugsweise Dokumentation der Rede im Handelsblatt, 10. März 1992.

464   Die vollständige Rede ist abgedruckt in den »BMF-Finanznachrichten«), herausgegeben vom Bundesministerium der Finanzen, Nr. 24/92 vom 6. März 1992.

465   Süddeutsche Zeitung, 9. Juli 1991.

466   Die Welt, 28. Juni 1991 (»RAF plant Mord an Waigel«).

467   Wilfried Herz, Mann im Hintergrund, in: Wirtschaftswoche, 26. Oktober 1990; siehe auch: Wilfried Herz, Der unauffällige Querdenker, in: Die Zeit, 24. Januar 1992.

468   Frankfurter Allgemeine Zeitung, 16. Juli 1993.

469   Hallers Vater, der Finanzwissenschaftler Professor Heinz Haller, nahm an der Feier teil. Er war rund zwanzig Jahre vorher vom damaligen Finanzminister Alex Möller für eine begrenzte Zeit zur Vorbereitung einer Steuerreform als Staatssekretär in das Bundesfinanzministerium geholt worden (Frankfurter Allgemeine Zeitung, 16. Juli 1993).

470   Peter J. Velte, Der neue Sherpa heißt Gert Haller, in: General-Anzeiger, Bonn, 15. Juli 1993.

471   Rede von Staatssekretär Dr. Horst Köhler anlässlich der Verabschiedung von Dr. h. c. Helmut Geiger und der Amtseinführung als Präsident des Deutschen Sparkassen- und Giroverbandes am 14. Juli 1993 in Bonn, Redemanuskript.

472   Siehe: Presse-Information, Deutsche Bank, Caio Koch-Weser kommt zur Deutschen Bank, 23. Januar 2006.

473   Rede von Bundeskanzler Dr. Helmut Kohl vor dem Sparkassenverband in Bonn am 14. Juli 1993, Redemanuskript.

474   Der Tagesspiegel, 6. Oktober 1992.

475 Siehe: Wilfried Herz, Mann im Hintergrund, in: Wirtschaftswoche, 26. Oktober 1990 [vgl. S. 127 dieses Buches]

476 Siehe u. a.: Horst Köhler, Offen will ich sein, S. 74.

477 Interview des Verf. mit Rolf-E. Breuer am 4. Oktober 2006.

478 Frankfurter Allgemeine Zeitung, 11. Mai 1998.

479 Interview mit Horst Köhler, in: Der Spiegel, 1. Februar 1993 (»Stabilität um jeden Preis?«).

480 Süddeutsche Zeitung, 25. Juli 1992.

481 Interview des Verf. mit Uwe Jens Jasper am 8. September 2006.

482 Interview des Verf. mit Rolf Schaberg am 8. Juni 2006.

483 Ebenda.

484 Miethke stand insgesamt 25 Jahre an der Spitze des nördlichsten der elf Regionalverbände der Sparkassenorganisation (Börsenzeitung, 25. Februar 2005); s. auch: Erich Maletzke, Mann des Geldes und ein Freund der Kultur, in: Flensburger Tageblatt, 26./27. Februar 2005.

485 Interview des Verf. mit Jürgen Miethke am 21. Juni 2006.

486 Ebenda.

487 Deutscher Sparkassen- und Giroverband Bonn, 44. Mitgliederversammlung am 10. Dezember 1992 in Bonn, Niederschrift, Tagesordnungspunkt 5. Neuwahl des Vorsitzenden des Vorstandes.

488 Ebenda.

489 Interview mit Horst Köhler, in: Wirtschaftswoche, 28. Mai 1998 (»Neues Bewusstsein«).

490 Auskunft durch Volker Knauer, Konzernpressestelle der Deutschen Bahn AG, in einer E-Mail an den Verfasser am 6. November 2006.

491 Deutsche Bahn (Hrsg.), Geschäftsbericht 1998, S. 5.

492 Interview des Verf. mit Friedrich Homann am 15. März 2006.

493 Da die Kreissparkassen den Kommunen gehören, können sie insoweit nicht pleitegehen, weil die Kommunen die sogenannte Gewährträgerhaftung haben.

494 Interview des Verf. mit Hans-Henning Becker-Birck am 30. März 2006.

495 Interview des Verf. mit Gustav Adolf Schröder am 27. April 2006.

496 Interview des Verf. mit Holger Bernd am 8. März 2006.

497 Horst Köhler, Deutsche Sparkassenorganisation: Verantwortung in Gesellschaft und Region, in: Sparkasse 6/95, S. 253 ff.

498 Ebenda, S. 260.

499 Ebenda, S. 257.

500 Siehe auch: Horst Köhler, Sparkassen tragen Verantwortung in Gesellschaft und Region, in: Kommunalwirtschaft, Heft 12, 1994, S. 504 ff.

501 Lediglich Thüringen gehört nicht zum OSGV (gemeinsamer Landesverband mit Hessen).

502 Interview mit Horst Köhler, in: Die Zeit, 18. Februar 1994 (»Ein Verkauf nährt nur Illusionen«).

503 Interview mit Horst Köhler, in: Süddeutsche Zeitung, 27. April 1998 (»Köhler grundsätzlich gegen vertikale Fusion«).

504 Ebenda.

505 Interview mit Horst Köhler in: Frankfurter Rundschau, 16. Februar 1994 (»Privatisierung der Sparkassen würde Standort Deutschland schwächen«).

506 Interview mit Horst Köhler, in: Die Zeit, 18. Februar 1994 (»Ein Verkauf nährt nur Illusionen«).

507 Ebenda.

508 Ebenda.

509 Interview mit Horst Köhler, in: Bild am Sonntag, 1. Mai 1994 (»Banken sind nur am Gewinn orientiert«).

510 Die Zeit, 5. März 1998.

511 Zur Geschichte des Schlosses Neuhardenberg siehe ausführlich: Stiftung Schloss Neuhardenberg, Schloss Neuhardenberg. Ein märkisches Kleinod im Brennglas der Geschichte, 2004.

512 Hier ging es vor allem um die Eigenkapitalausstattung. Die Privatbanken zogen gegen die Anerkennung des Vermögens der Wohnungsbauförderungsanstalt des Landes Nordrhein-Westfalen als Eigenmittel der Westdeutschen Landesbank Girozentrale Düsseldorf zu Felde. Die Eingliederung der Wohnungsbauförderungsanstalt betrachteten die Privatbanken als eine Verzerrung des Wettbewerbs. Für die Sparkassen lag deshalb in diesem Thema viel Zündstoff, weil die Kommission zugleich die Frage stellte, ob die Gewährträgerhaftung für die Sparkassen und das Regionalprinzip mit dem Wettbewerb auf den Finanzmärkten in Einklang zu bringen sind.

513 Thomas Läufer (Hrsg.), Vertrag von Amsterdam, Bonn 1999, S. 328.

514 Wolfgang Proissl, Beinhart und lässig. Horst Köhler wird Chef der Osteuropabank, in: Die Zeit, 6. August 1998.

515 Erklärung zu öffentlich-rechtlichen Kreditinstituten in Deutschland, in: Vertrag von Amsterdam, a. a. O., Dokument 37, S. 328.

516 Siehe hierzu: Karel van Miert, Markt, Macht, Wettbewerb. Meine Erfahrungen als Kommissar in Brüssel, Stuttgart 2000.

517 Ebenda, S. 279.

518 Zit. nach: Frankfurter Allgemeine Zeitung, 26. Oktober 1996.

519 Heute: Deutscher Industrie und Handelskammertag (DIHK).

520 Süddeutsche Zeitung, 26. Januar 1998.

521 Horst Wardenbach/ Tilman Gerwien, Der Sherpa will Konzernstratege werden, in: Die Welt, 6. Dezember 1993; Interview mit Horst Köhler, in: Stuttgarter Zeitung, 26. November 1993 (»Wir müssen energisch die Kosten drücken«).

522 dpa-Meldung, 20. Januar 1998.

523 Süddeutsche Zeitung, 9. Mai 1994.

524 Süddeutsche Zeitung, 16. Mai 1998.

525 Horst Köhler, Offen will ich sein, S. 110.

526   Frankfurter Allgemeine Zeitung, 26. Mai 1998.

527   The Financial Times, 12. August 1998.

528   Ebenda.

529   Siehe ausführlicher hierzu: Gerd Langguth, Das Innenleben der Macht, München 2001.

530   Die nach dem Zweiten Weltkrieg auf Veranlassung von Charles de Gaulle gegründete und direkt dem französischen Premierminister unterstehende Verwaltungshochschule ENA nimmt in Frankreich eine Sonderstellung ein. Das Konzept für die Eliteschule war von de Gaulle 1945 aus England importiert worden.

531   Jean Claude Trichet bekannte in einem Interview mit ›Cicero‹, dass er mit 20 Jahren Mitglied der Sozialistischen Einheitspartei PSU, der Partei von Pierre Mendès France und Michel Rocard, war. »Meine ersten politischen Einflüsse kamen von links.« Auf wirtschaftlichem Gebiet habe ihn später das Linksbündnis enttäuscht. »Kulturell bin ich von der ›modernen‹ Linken und Mendès France geprägt, wirtschaftlich von der Bewegung der ›gemäßigten‹ Rechten. Besonders als direkter Mitarbeiter von zwei Staatsmännern der rechten Mitte, Valéry Giscard d'Estaing und Edouard Balladur.« (Interview mit Jean Claude Trichet, in: Cicero, 28. April 2005 »Geld ist wie Jazz«).

532   Interview des Verf. mit Joachim Bitterlich am 23. August 2006.

533   Siehe hierzu ausführlich: Jean Quatremer/Thomas Klaus, Ces hommes qui ont fait l'Euro, Paris 1999.

534   Telefonat des Verf. mit Joachim Bitterlich am 24. Juli 2006.

535   Frankfurter Allgemeine Zeitung, 28. September 1995.

536   Ebenda, 15. Mai 1998.

537   Klaus C. Engelen, Köhler könnte in vier Jahren Nachfolger von IWF-Chef Camdessus werden, in: Handelsblatt, 18. Mai 1998.

538   Zit. nach Handelsblatt, 18. Mai 1998.

539   Frankfurter Allgemeine Zeitung, 23. Mai 1998.

540   Klaus C. Engelen, a. a. O.

541   Horst Köhler, Offen will ich sein, S. 111.

542   Wolfgang Proissl, a. a. O.

543   Zu den Aufgaben der Bank siehe ausführlicher: Horst Köhler/Steven Fries, Zehn Jahre Transformation in Osteuropa. Zukünftige Herausforderungen und die Rolle der Europäischen Bank für Wiederaufbau und Entwicklung, in: Osteuropa, 2000, S. 3 ff.

544   Peter A. Fischer, »Eine Krise wie 1998 wird nicht mehr passieren«. Russlands oberster Bankenaufseher über bittere Lehren und erzielte Erfolge, in: Neue Zürcher Zeitung, 22./23. April 2006.

545   Frankfurter Allgemeine Zeitung, 25. April 2001; siehe auch: Neue Zürcher Zeitung, 24. April 2001.

546   Interview mit Horst Köhler, in: Süddeutsche Zeitung, 19. August 1998.

547 Interview mit Horst Köhler, in: Frankfurter Allgemeine Zeitung, 14. April 1999 (»Eine Marktwirtschaft mit russischem Antlitz ist wünschenswert«).

548 Interview mit Horst Köhler, in: Focus, 6. September 1999 (»Russland nicht fallen lassen«).

549 Interview des Verf. mit Josué Tanaka am 12. April 2006.

550 Interview mit Allain Pilloux am 12. April 2006.

551 Interview mit Gavin Anderson am 12. April 2006.

552 Interview mit Kazuya Murakami am 12. April 2006.

553 Interview des Verf. mit Nigel Carter am 12. April 2006.

554 Interview des Verf. mit Jill Williams am 12. April 2006.

555 Interview des Verf. mit Gerd Saupe am 12. April 2006.

556 The Daily Telegraph, 9. März 2000; siehe auch Kommentar zum Wechsel von Köhler: »A one-Horst race for the IMF helm«; in derselben Ausgabe des ›Daily Telegraph‹.

557 Interview mit Horst Köhler, in: Der Tagesspiegel, 29. September 2002 (»Ich bin erst mal unter die Dusche, das macht einen klaren Kopf«).

558 Interview mit Horst Köhler, in: Der Tagesspiegel, 17. Januar 2000 (»Der Transformationsprozess ist keine Einbahnstraße«).

559 Interview des Verf. mit Bernd Esdar, Assistant Secretary, Secretary's Department, IMF, am 31. Juli 2006 in Washington.

560 Carola Kaps, Washington hält sich in der »Frage Köhler« bedeckt, in: Frankfurter Allgemeine Zeitung, 9. März 2000.

561 Interview des Verf. mit John Kornblum am 28. Juni 2006.

562 Siehe hierzu auch: Carola Kaps. Washington hält sich in der »Frage Köhler« bedeckt, in: Frankfurter Allgemeine Zeitung, 9. März 2000.

563 Angeblich hat er ihn einst promoviert (Heribert Dieter, Wer stoppt Stanley Fischer?, in: Freitag, 14. April 2000). Die Freundschaft zwischen beiden wird durch Michael Naumann bestätigt (Michael Naumann, Caio Koch-Weser und die Heuchler, in: Die Zeit, 23. Februar 2006; ferner: Frankfurter Allgemeine Zeitung, 15. März 2000).

564 Michael Naumann, a.a.O.; ferner: Frankfurter Allgemeine Zeitung, 15. März 2000.

565 Ebenda.

566 Andreas Falke, Die deutsch-amerikanischen Wirtschaftsbeziehungen, in: Siegmar Schmidt/ Gunther Hellmann/ Reinhard Wolf (Hrsg.), Handbuch zur deutschen Außenpolitik, Wiesbaden 2006.

567 dpa-Meldung, 14. März 2000.

568 Siehe auch: Mark Atkinson, Clinton bows to pressure over top IMF job, in: The Guardian, 14. März 2000.

569 Interview des Verf. mit Hans Eichel am 6. September 2006.

570 Michael Schiessl, Macher mit Vision, in: Der Spiegel, 13. Mai 2002.

571 dpa-Meldung, 7. März 2000.

572 Ed Crooks/ Brian Groom/ Ralph Atkins, Berlin presses Blair over IMF choice, in: Financial Times, 10. März 2000.

573 Financial Times (Kommentar), The right head fort he IMF, in: Financial Times, 9. März 2000.

574 Ed Crooks, Germany's euro hero, in: Financial Times, 11. März 2000.

575 Mark Atkinson/Mark Milner, EU doubts Schröders's IMF nominee, in: The Guardian, 9. März 2000.

576 The Economist, 9. Mai 2000.

577 dpa-Meldung, 13. März 2000.

578 Frankfurter Allgemeine Zeitung, 15. März 2000.

579 Stephen Fidler, Europe may lose monopoly of IMF leadership post, in: The Financial Times, 15. März 2000.

580 International Monetary Fund, Press Conference, 17. März 2000. Transcript (www.imf.org/external/np/tr/2000/tr000317.htm).

581 Interview des Verf. mit Hans Eichel am 6. September 2006.

582 Joseph Kahn, Germans Cleared to Head I. M. F. as Rivals Bow Out, in: New York Times, 17. März 2000.

583 International Monetary Fund, Press Conference, 17. März 2000, Transcript. (www.imf.org/external/np/tr/2000/tr000317.htm).

584 Bereits am 14. März konnte die gewöhnlich exzellent informierte ›Financial Times‹ davon berichten, dass die USA Köhler unterstützten; siehe: Stephen Fidler, Peter Norman, Brian Groom, US backs Germany's Köhler to lead IMF, in: Financial Times, 14. März 2000.

585 ARD-Mittagsmagazin, 14. März 2000.

586 Ebenda.

587 CDU-Bundesgeschäftsstelle (Hrsg.), Pressemitteilung, 23. März 2000.

588 dpa-Meldung, 24. März 2000.

589 Ebenda.

590 Ebenda.

591 Ebenda.

592 Frankfurter Allgemeine Zeitung, 24. März 2000 (»Köhler einstimmig zum IWF-Generaldirektor gewählt«); siehe auch: Mark Atkinson, IMF bruised by succession battle as Kohler steps up, in: The Guardian, 24. März 2000.

593 Später plädierte Horst Köhler, nachdem er sein Amt beim IWF aufgegeben hat, für eine Neuordnung der Machtverhältnisse im IWF. Die Stimmrechte der armen Länder müssten gestärkt werden. Insgesamt spiegelten sich das Gewicht zahlreiche Volkswirtschaften im IMF nicht mehr angemessen wider, sagte Köhler in einem Gespräch mit dem »IMF-Survey«. So müssten auch die Europäer »letztlich darüber entscheiden, ob sie nur noch einen einzigen Direktor für die EU-Mitglieder in das Gremium entsenden wollen. Ein solcher Schritt stünde aber im Einklang mit der größeren politischen Integration Europas.«(Zitiert nach: Frankfurter Allgemeine Zeitung, 27. August 2004).

594 John Kornblum. Interview des Verf.

595 dpa-Meldung, 14. März 2000.

596 Hugo Young, Another fine mess, courtesy of European diplomace, in: The Guardian, 14. März 2000.

597 Ed Crooks, Germany's euro hero, in: Financial Times, 11. März 2000.

598 Hugo Young, Another fine mess, courtesy of European diplomace, in: The Guardian, 14. März 2000.

599 Philip Stephens, A high price for a lame duck, in: Financial Times, 17. März 2000.

600 Ebenda.

601 Stephen Fidler und Robert Graham, Gun fight at the IMF corral, in: Financial Times, 17. März 2000.

602 Stephen Fidler, Europe may loose monopoly of IMF leadership post, in: Financial Times, 15. März 2000.

603 Siehe hierzu: Horst Köhler, Wende eines Feuerlöschers, in: Rheinischer Merkur, 10. April 2003.

604 Siehe hierzu: Leo Van Houtven, Governance of the IMF. Decision Making, Institutional Oversight, Transparency, and Accountability, Pamphlet Series Nr. 3 (hrsg. vom IMF), 2002; siehe ferner: International Monetary Fund (Hrsg.), Annual Report 2005, Washington 2005.

605 www.imf.org/external/np/sec/memdir/eds.htm (IMF Executive Directors and Voting Power).

606 Frankfurter Allgemeine Zeitung, 15. März 2000.

607 Pressemitteilung des IWF, Nr. 1/22, 8 Mai 2001 (»First Deputy Managing Director Stanley Fischer to Leave IMF Later in 2001«).

608 Martin Halusa, Der Super-Ökonom der Weltwirtschaft nimmt seinen Hut, in: Die Welt, 10. Mai 2001.

609 BBC News, 8. Mai 2001 (http://news.bbc.co.uk/1/business/1320255.stm).

610 Frankfurter Allgemeine Zeitung, 22. Februar 2003 (»Horst Köhler 60 Jahre«).

611 Horst Köhler, Dinner in Honor of Stanley Fischer, 29. August 2001. Pressemitteilung (http://www.imf.org/external/np/speeches/2001/082901.htm).

612 Zu ihrem Lebenslauf siehe: Uwe Mummert, Anne O. Krueger – Freihandel als Schlüssel zur Entwicklung, Rent-seeking als Hindernis, in: E+Z – Entwicklung und Zusammenarbeit, Nr. 9, September 2001, S. 268 ff.

613 Siehe u. a.: Joseph Stiglitz, Die Schatten der Globalisierung, Berlin 2002; Axel Dreher, Verursacht der IWF Moral Hazard? Ein kritischer Literaturüberblick, Jahrbuch für Wirtschaftswissenschaften 54, 3, Göttingen, 2003, S. 268–287.

614 Mummert, a. a. O.; s. auch: The Economist, 14. Juni 2001 (»Köhler's new crew«).

615 Interview des Verf. mit Anne Krueger am 1. August 2006 in Washington.

616 Marc Hujer, Herr der Bürokraten, in: Süddeutsche Zeitung, 20. April 2002.

617 Interview des Verf. mit Michael Mussa am 1. August 2006.

618 The Economist, 10. Mai 2001.

619 Ulrich Schäfer, Ein Mann des klaren Wortes, in: Süddeutsche Zeitung, 20. September 2003; auch der weitere Ablauf dieses Pressegesprächs ist diesem Artikel entnommen.

620 Ulrich Schäfer, Ein Mann des klaren Wortes, in: Süddeutsche Zeitung, 20. September 2003.

621 Financial Times, Kommentar, 2. Juni 2000.

622 Marc Hujer, Herr der Bürokraten, a. a. O.

623 Ed Crooks/ Alan Beattie, Global warning, in: Financial Times, 17. Mai 2000.

624 Jörg Eigendorf, Integrer Starrkopf, in: Die Welt, 5. März 2004.

625 IMF, Redemanuskript, 2. April 2001 (www.internationalmonetaryfund.org/external/np/speeches/20).

626 Robert Anderson, Polica halt violent march on conference centre, in: Financial Times, 27. September 2000.

627 www.imf.org/external/np/speeches/2000/092600.htm; die Rede wurde am 26. September 2000 gehalten.

628 Hans Küng, Projekt Weltethos, München 1992; ders.: Wozu Weltethos, Freiburg 2002.

629 Interview des Verf. mit Hans Peter Lankes sowie Roger Nord am 31. Juli 2006.

630 Roger Nord, Interview des Verf.

631 »Oxford Committee for Famine Relief« ist ein Zusammenschluss von Hilfsorganisationen vor gegen Hungersnot und Armut.

632 Zit. nach: Michael Schiessl, Macher mit Vision, in: der Spiegel, 13. Mai 2002.

633 Roger Nord, Interview des Verf.

634 Zum »Innenleben« des IMF siehe: Paul Blustein, The Chastening: Inside the Crisis That Rocked the Global Financial System and Humbled the IMF, Oxford 2001.

635 dpa-Meldung, 24. März 2000.

636 Siehe hierzu u. a.: Peter De Thier, Der IWF trägt deutlich Köhlers Handschrift, in: Börsen-Zeitung, 9. März 2004.

637 Internationaler Währungsfonds (IWF) steht für die englische Bezeichnung IMF.

638 Interview mit Horst Köhler, in: Die Zeit, 22. März 2001 (»Panik hilft niemandem«).

639 Frankfurter Allgemeine Zeitung, 3. Februar 2006.

640 Interview des Verf. mit Gerd Häusler am 31. August 2006.

641 Siehe hierzu ausführlich: Anne O. Krueger, A New Approach To Sovereign Debt Restructuring, International Monetary Fund, Washington 2002.

642 Interview mit Manfred J. M. Neumann, in: Handelsblatt, 27. September 2002 (»Der Währungsfonds soll sich auf seine ursprünglichen Aufgaben konzentrieren«).

643 Thomas Fischermann, Am langen Arm Amerikas, in: Die Zeit, 10. April 2003.

644 Interview mit Horst Köhler, in: Die Zeit, 25. September 2003 (»Miteinander oder gar nicht«).

645 Neue Zürcher Zeitung, 25. September 2003.

646 Die Collective Action Clauses würden im Insolvenzfall eine Umschuldung von Staatsanleihen erlauben, falls sich dafür eine qualifizierte Mehrheit ausspricht. Gleichwohl entscheiden über die Verwendung solcher Klauseln in Obligationen Gläubiger und Schuldner, weshalb sie dem Einflussbereich des IMF entzogen sind (Neue Zürcher Zeitung, 25. September 2003).

647 Neue Zürcher Zeitung, 25. September 2003. Dieses Instrument war seit seiner Einführung 1999 nie angewandt worden. Für eine Prolongation wäre eine Mehrheit von 85 Prozent notwendig gewesen.

648 Claus Tigges, In der Kritik, Frankfurter Allgemeine Zeitung, 5. Februar 2002.

649 Zit. nach: Die Zeit, 24. Januar 2002 (Frage des Journalisten Wilfried Herz im Interview mit Horst Köhler).

650 Zit. nach: Claus Tigges, Der Internationale Währungsfonds hält Kurs und verärgert die Argentinier, in: Frankfurter Allgemeine Zeitung, 14. Juni 2002.

651 Interview mit Horst Köhler, in: Die Zeit, 24. Januar 2002 (»Wir helfen gerne«).

652 Ebenda.

653 Claus Tigges, Der Internationale Währungsfonds hält Kurs und verärgert die Argentinier, in: Frankfurter Allgemeine Zeitung, 14. Juni 2002.

654 Siehe in diesem Zusammenhang: Statement of Allan H. Meltzer on the Report of the International Financial Institution Advisory Commission, Senate Committee on Banking, Housing, and Urban Affairs, March 9, 2000.

655 Peter De Thier, Der IWF trägt deutlich Köhlers Handschrift, in: Börsen-Zeitung, 9. März 2004.

656 Frankfurter Allgemeine Zeitung, 22. Februar 2003 (»Horst Köhler 60 Jahre«).

657 Siehe hierzu Finanzgruppe Deutscher Sparkassen und Giroverband, Fakten, Analysen, Positionen, Neuordnung des deutschen Bankenmarktes, 15. Dezember 2003.

658 Jan Dams/ Anja Struve/ Cornelia Wolber, Fingerzeig aus Washington, in: Die Welt, 5. November 2003.

659 International Monetary Fund, Germany's Three-Pillar Banking System. Cross-County Perspectives in Europe (Verfasser: Allan Brunner, Jörg Decressin, Daniel Hardy und Beata Kudela), Occasional Paper Nr. 233, Washington, D. C., 2004, S. 30.

660 Ebenda.

661 Pressemitteilung, Finanzgruppe Deutscher Sparkassen- und Giroverband, 22. September 2003.

662 Pressemitteilung, Finanzgruppe Deutscher Sparkassen- und Giroverband, 4. November 2003.

663 Interview mit Horst Köhler, in: Die Zeit, 22. März 2001 (»Panik hilft niemandem«).

664 Frankfurter Rundschau, 4. Februar 2002.

665 Zit. nach: Handelsblatt, 4. Februar 2002.

666 Interview mit Horst Köhler, in: Der Spiegel, 5. November 2001 (»Macht eure Märkte auf«).

[667] Interview mit Horst Köhler, in: Die Zeit, 25. September 2003 (»Miteinander oder gar nicht«).

[668] Zit. nach: Rede des Bundesministers der Finanzen, Hans Eichel, zum Haushaltsgesetz 2004 vor dem Deutschen Bundestag am 25. November 2003 in Berlin, in: Bulletin der Bundesregierung. Nr. 102–1 vom 25. November 2003, S. 4.

[669] Interview des Verf. mit Hans Eichel am 6. September 2006.

[670] Lorenz Wolf-Doettinchem/ Andreas Hoidn-Borchers, a. a. O.

[671] Mit Köhler zusammen hielt seine Antrittsvorlesung als Honorarprofessor der Stuttgarter »Senior Partner« von McKinsey, Wilhelm Rall, der über »Unternehmensstrategie für den globalen Wettbewerb« sprach.

[672] Christoph Ziedler, Für Horst Köhler gehört der Protest zum Alltag, in: Stuttgarter Zeitung, 17. Oktober 2003.

[673] Ebenda.

[674] Horst Köhler, Orientierungen für eine bessere Globalisierung, Tübinger Diskussionsbeitrag Nr. 271, November 2003, Wirtschaftwissenschaftliches Seminar, Tübingen.

[675] Brief des Dekans der Wirtschaftswissenschaftlichen Fakultät der Eberhard-Karls-Universität Tübingen, Joachim Grammig, an den Verf., 30. Oktober 2006.

[676] Jasper hatte sogar frühzeitig Köhler als DSGV-Präsidenten ins Gespräch gebracht.

[677] Brief von Dekan Grammig, a. a. O.

[678] Norbert Kloten, Laudatio für Dr. Horst Köhler aus Anlass der Verleihung der Würde eines Honorarprofessors durch die Eberhard-Karls-Universität Tübingen am 16. Oktober 2003, Manuskript, S. 1 f.

[679] Interview des Verf. mit Adolf Wagner; siehe auch Mails von Adolf Wagner an den Verf., 22. November 2006; ferner 20. Dezember 2006

[680] Wolff war Kaufmännisches Vorstandsmitglied der Verbundnetz GAS AG und Honorarprofessor der Betriebswirtschaftslehre mit Ausrichtung Internationales Management.

[681] Interview des Verf. mit Peter Gutjahr-Löser, 17. November 2006. Ausführlich wurde über die Abhaltung von Blockseminaren diskutiert. Köhler hätte dann von London aus gelegentlich einfliegen müssen.

[682] Auch in diesem Fall muss der personalpolitisch enge Zusammenhang zwischen der Osteuropabank und dem IMF gesehen werden, was sich wiederum in der komplizierten Berufung Ratos zeigt. Frankreich unternahm nämlich den Versuch, den Chef der Osteuropabank, Jean Lemmierre, nach Washington zu schicken. Nachdem sich im April 2004 dann aber doch der französische Finanzminister Nicolas Sarkozy für eine Vertragsverlängerung von Lemmiere ausgesprochen hatte, war der Weg für Rodrigo Rato frei (Frankfurter Allgemeine Zeitung, 20. April 2004).

[683] International Monetary Fund, By-Laws Rules and Regulations, 9. Ausgabe, Mai 2003 (Section 14 – Terms of Service), S. 7.

[684] Horst Köhler, Offen will ich sein, S. 110.

[685] Interview mit Karlheinz Bischofberger, ehemaliger deutscher Exekutivdirektor, am 31. August 2006.

[686] Interview des Verf. mit Hans Eichel am 6. September 2006.

[687] Horst Köhler, Offen will ich sein, S. 134.

[688] Interview des Verf. mit Willy Kiekens am 2. August 2006.

[689] Articles of Agreement of the International Monetary Fund, zuletzt bestätigt vom Board of Governors in der Resolution Nr. 45–3. 28. Juni 1990.

[690] Horst Köhler, Offen will ich sein, S. 43.

[691] Wilfried Herz, Die Zeit, 11. März 2004.

[692] Köhler selber spricht vom Jahr 1982. In diesem Jahr war aber Stoltenberg erst wenige Wochen nach dem Amtsantritt der Regierung Kohl Finanzminister; siehe: Köhler a. a. O., S. 80; Telefonat des Verf. mit Reinhard Roy, 2. September 2006.

[693] Lorenz Wolf-Doettinchem/ Andreas Hoidn-Borchers, a. a. O.

[694] Horst Köhler, Offen will ich sein, S. 80.

[695] Niederschrift, 12. Bundesversammlung der Bundesrepublik Deutschland, Berlin, Sonntag, den 23. Mai 2004, S. 5 f.

[696] Ebenda.

[697] Siehe hierzu: Hans-Jürgen Leersch, Liberale rettet Köhler die Mehrheit, in: Die Welt, 26. Mai 2004; Henning Krumrey, Zoff hinter den Kulissen, in: Focus, 29. Mai 2004. Die SPD-Obfrau der Bundestagsschriftführer, Lydia Westrich, sprach von »falschen Behauptungen«: Dass erst die Forderung der FDP-Abgeordneten Claudia Winterstein das Versehen bei der Sortierung der Stimmkarten nach Voten für die beiden Kandidaten aufgedeckt habe, »entspricht nicht den Tatsachen«. Es sei von vornherein eine mindestens zweimalige Kontrolle und Auszählung der Stimmkarten vereinbart gewesen, erklärte Lydia Westrich (Hans-Jürgen Leersch, Panne bei der Präsidentenwahl bleibt umstritten, in: Die Welt, 2. Juni 2004).

[698] Interview mit Guido Westerwelle, in: Der Spiegel, 24. Dezember 2005 (»David gegen Goliath«).

[699] Ebenda.

[700] Zur Kandidatenwerdung Köhlers siehe ebenso: Gerd Langguth, Angela Merkel, München 2005, S. 255 ff.

[701] Hajo Schumacher, Die zwölf Gesetze der Macht, München 2006, S. 135.

[702] Stephan Haselberger, Schäubles Kampagne, in: Die Welt, 4. Oktober 2003.

[703] Interview mit Edmund Stoiber, in: Der Spiegel, 23. September 2003 (»Die Union wird nicht blockieren«).

[704] Ebenda.

[705] Bunte, 24. Februar 2004.

[706] Bild-Zeitung, 10. Februar 2004.

[707] Frankfurter Allgemeine Zeitung, 26. Februar 2004.

[708] Horst Köhler, Offen will ich sein, Seite 134.

[709] Interview mit Horst Köhler, in: Der Spiegel, 8. März 2004 (»Arg in der Nabelschau«).

[710] Interview mit Horst Köhler, in: Der Spiegel, 8. März 2004 (»Arg in der Nabelschau«).

[711] Auch das Altersargument hielt Vogel nicht von seinen Überlegungen zur Bundespräsidentenkandidatur ab: Als Staatsoberhaupt wäre er im fünften Präsidentenjahr 77 Jahre alt gewesen.

[712] dpa-Meldung, 4. März 2004.

[713] Zit. nach Susanne Höll, Union schlägt Schäuble vor, in: Süddeutsche Zeitung, 28. Februar 2004.

[714] Interview des Verf. am 20. Dezember 2006.

[715] Ebenda.

[716] Ebenda; siehe auch: T. Kröter/V. Gaserow/R. Meng, Westerwelle sondiert bei Rot-Grün, in: Frankfurter Rundschau, 3. März 2004.

[717] Ebenda.

[718] Katharina Ugowski, Was verrät das Lächeln von Merkel und Schäuble? In: Bild, 20. Februar 2004.

[719] Interview mit Wolfgang Gerhardt, in: Der Tagesspiegel, 7. März 2004 (»Wer ist Horst Köhler, Herr Gerhardt?«).

[720] Handelsblatt, 3. März 2004.

[721] Frankfurter Allgemeine Zeitung, 4. März 2004 (»Schäuble abgelehnt«).

[722] T. Kröter/V. Gaserow/R. Meng, Westerwelle sondiert bei Rot-Grün, in: Frankfurter Rundschau, 3. März 2004; Interview des Verf. mit Guido Westerwelle.

[723] Focus, 8. März 2004 (»Staats-Theater«).

[724] Handelsblatt, 3. März 2004.

[725] T. Kröter/V. Gaserow/R. Meng, Westerwelle sondiert bei Rot-Grün, in: Frankfurter Rundschau, 3. März 2004; Interview des Verf. mit Guido Westerwelle.

[726] Siehe zu diesem Treffen: Peter Carstens/ Karl Feldmeyer, Das undiskrete Treffen, Frankfurter Allgemeine Zeitung, 4. März 2004.

[727] Siehe hierzu: Günter Bannas, Merkels Rücksicht ist Schröder fremd, in: Frankfurter Allgemeine Zeitung, 5. März 2004.

[728] Siehe hierzu: Frankfurter Allgemeine Zeitung, 4. März 2004 (»Schäuble abgelehnt«). -

[729] dpa-Meldung, 4. März 2004.

[730] Rüdiger Scheidges, Merkels Coup nach Mitternacht, in: Handelsblatt, 5. März 2004.

[731] Frankfurter Allgemeine Zeitung, 5. März 2004 (»Union und FDP: Horst Köhler, ›Signal für eine bürgerliche Alternative‹«).

[732] Interview des Verf. mit Gesine Schwan, 19. April 2006.

[733] Bei den Grünen wurden die Proteste der Bundestagsabgeordneten Claudia Roth und des nordrhein-westfälischen Landesvorsitzenden Frithjof Schmidt als Einzelstimmen bewertet (Frankfurter Allgemeine Zeitung, 8. März 2004).

[734] Interview mit Eva Luise Köhler, in: Bunte, 18. März 2004 (»Die neue First Lady – sie übt schon«).

[735] Günter Bannas, Merkels Rücksicht ist Schröder fremd, in: Frankfurter Allgemeine Zeitung, 5. März 2004.

[736] Im Parteirat der Grünen, der am 8. März zusammentrat, hatte der linke Flügel (Claudia Roth, Jürgen Trittin, Bärbel Höhn und Volker Beck) Bedenken zum Nominierungsverfahren geäußert, was Parteichef Reinhard Bütikofer nicht daran hinderte, von »sehr einhelliger Unterstützung« Schwans als Ergebnis dieser Diskussion zu sprechen (Die Welt, 9. März 2004). Faktisch hatte Gerhard Schröder die Grünen in dieser Personalfrage überfahren (siehe: Hans Monath, Das Dilemma der Bessergewählten, in: Der Tagesspiegel, 9. März 2004).

[737] Gerhard Schröder, Entscheidungen. Mein Leben in der Politik, Hamburg 2006, S. 375.

[738] Siehe: Der Spiegel, 8. März 2004 (»Der Herr der Zahlen«).

[739] Zit. nach: Frankfurter Allgemeine Zeitung, 6. März 2004 (»Ich habe die Nominierung gerne angenommen«).

[740] Zit. nach: Tilman Gerwien, Kluger Kopf mit Turmfrisur, in: Der Stern, 13. Mai 2004; Interview des Verf. mit Gesine Schwan, a. a. O.

[741] Interview mit Gerhard Spörl, 17. März 2006.

[742] Bild-Zeitung, 8. März 2004 (»Willkommen in Deutschland, Herr Köhler!«).

[743] Horst Köhler, Offen will ich sein, S. 134.

[744] Interview mit Guido Westerwelle, in: Der Spiegel, 24. Dezember 2005 (»David gegen Goliath«).

[745] Der Spiegel, 8. März 2004.

[746] In: Die Zeit, 18. März 2004 (»Deutschland vom Pessimismus befreien. Ökonomie, Moral und die Möglichkeiten der Politik: Ein ZEIT-Gespräch zwischen Horst Köhler und Helmut Schmidt«).

[747] Helmut Schmidt, Endlich einmal reiche Auswahl. Zwei gute Kandidaten für das höchste Staatsamt, in: Die Zeit, 6. Mai 2004.

[748] Jürgen Habermas, Die Wahl ist frei bis zum Schluss, in: Die Zeit, 13. Mai 2004.

[749] Ebenda.

[750] Interview mit Richard von Weizsäcker, in: Focus, 8. März 2004 (»Meisterliche Fehlleistung«).

[751] Hamburger Abendblatt, 18. März 2004 (»Geißler nimmt Köhler aufs Korn«).

[752] Interview mit Horst Köhler, in: Der Tagesspiegel, 14. März 2004 (»Was ist noch typisch deutsch, Herr Köhler?«).

[753] Christian Geyer, Seine Führung, in: Frankfurter Allgemeine Zeitung, 18. März 2004.

[754] dpa-Meldung vom 14. März 2004.

[755] Zit. nach: Andreas Rinke, Sorge um »Heitmann-Faktor«, in: Handelsblatt, 15. März 2004; siehe ferner: Der Tagesspiegel, 14. März 2004 (»Köhler: Wir müssen besser werden«); M. S. Lambeck, Horst Köhler für Merkel als Kanzlerin, in: Bild am Sonntag, 14. März 2004; Frankfurter Allgemeine Sonntagszeitung, 14. März 2004.

756 Thomas Schmid, Butterfahrt nach Bellevue, in: Frankfurter Allgemeine Sonntags-zeitung, 14. März 2004.

757 Siehe hierzu: Rüdiger Scheidges, Gefährliche Verbindungen, Handelsblatt, 18. März 2004: Hans-Jürgen Leersch, CSU will trotz Ärger über CDU für Köhler stimmen, in: Die Welt, 18. März 2004.

758 Die Welt, 15. März 2004 (»Köhler entfacht neuen Unionsstreit um die K-Frage«).

759 Frankfurter Allgemeine Zeitung, 11. März 2004 (»SPD ›verwundert‹ über Köhler«).

760 Interview mit Horst Köhler, in: Bild, 10. März 2004 (»Exklusiv – Horst Köhler spricht in Bild«).

761 Holger Schmale, Spiel über die Bande, 18. März 2004.

762 Frankfurter Allgemeine Zeitung, 26. April 2004 (»Köhler: Schwerwiegende Feh-ler im Irak«).

763 Frankfurter Allgemeine Zeitung, 27. April 2004 (»Regierung lehnt Köhlers ›Wort-gebrauch‹ ab«).

764 Interview mit Horst Köhler, in: Stuttgarter Zeitung, 30. März 2004 (»Die Deut-schen sollen sich auf ihre Wurzeln besinnen«).

765 Helmut Böger, Schlechter Stil, gute Wahl, in: Bild am Sonntag, 7. März 2004.

766 Der Tagesspiegel, 8. März 2004 (»Gesine Schwan will keine Zählkandidatin sein«).

767 Sie wurde von der SPD-Bundesgeschäftsstelle in ihrer Kandidatur unterstützt mit Hilfe eines recht schlagkräftigen kleinen Teams, dem angehörten: der zeitweilige SPD-Bundesgeschäftsführer Franz-Josef Lersch-Mense, Gerhard Schröders Büro-leiter im Willy-Brandt-Haus, Guido Schmitz, Karsten Brosda von der SPD-Pres-sestelle sowie Thymian Bussemer, persönlicher Referent von Gesine Schwan (für den Zeitraum des Wahlkampfes von der Universität beurlaubt).

768 Gloria Fürstin von Thurn und Taxis habe sie gewählt, erklärte Schwan in einem »Bunte«-Interview. Auf den Hinweis »Auch Fürstin Gloria von Thurn und Taxis mag Sie sehr …« antwortete Schwan: »Und hat mich sogar gewählt, wie sie mir nachher erzählte. Wir hatten uns zwei Wochen zuvor bei einem Dinner in Mün-chen getroffen und uns auf Anhieb verstanden. Ich komme sehr gut mit starken Frauen aus.« (Interview mit Gesine Schwan, in: Bunte, 3. Juni 2004).

769 Veröffentlicht in: Politik – Informationsdienst der SPD, Nr. 3, August 1987.

770 Gesine Schwan, Ein Januskopf – Gefahren und Chancen, in: Frankfurter Allge-meine Zeitung, 23. September 1987.

771 Gesine Schwan, Die SPD und die westliche Freiheit, in: Die Neue Gesellschaft, 30. Jahrgang 1983, Heft 10, S. 929.

772 Ebenda, S. 931.

773 Ebenda, S. 932.

774 Ebenda, S. 933

775 Rudolf Großkopff, »Ihre Sündenliste war wirklich lang genug«. Warum Gesine Schwan die Grundwerte-Kommission der SPD verlassen muss, in: Hannoversche Allgemeine Zeitung, 27. September 1984; siehe auch: Peter Philipps, Kritiker raus, in: Die Welt, 21. September 1984.

776 Siehe die Würdigung Gesine Schwans durch Peter Glotz zu ihrer Präsidentschafts-
kandidatur: Peter Glotz, Schröders »Beste«, in: Rheinischer Merkur, 18. März 2004.

777 Tilman Gerwien, a. a. O.

778 Interview mit Gesine Schwan in: Die Welt, 13. März 2004 (»Politik muss mehr
sein als Ökonomie«).

779 Focus Fragebogen, Gesine Schwan vom 5. April 2004, Horst Köhler vom 10. April
2004.

780 Niederschrift, 12. Bundesversammlung der Bundesrepublik Deutschland, Berlin,
Sonntag, den 23. Mai 2004, S. 6.

781 Siehe: Michael Jochum, Funktion und Wirkung symbolischer Akte, in: Eberhard
Jäckel/Horst Möller/Hermann Rudolph, Von Heuss bis Herzog, Stuttgart 1999,
S. 177 ff.

782 Zur verfassungsrechtlichen Stellung des Bundespräsidenten siehe u. a.: Jürgen
Hartmann/ Udo Kempf, Staatsoberhäupter in westlichen Demokratien, Opladen 1989; Joachim Jens Hesse/Thomas Ellwein, Das Regierungssystem der
Bundesrepublik Deutschland, Bd. I, Opladen 1992; Werner J. Patzelt, Der Bundespräsident, in: Oscar W. Gabriel/Everhard Holtmann (Hrsg.), Handbuch Politisches System der Bundesrepublik Deutschland, München 1999; S. 229–243;
Heinz Rausch, Der Bundespräsident, München 1979; Franz Spath, Das Bundespräsidialamt, Düsseldorf 1990; Klaus Stern, Der Bundespräsident, in: Ders.:
Das Staatsrecht der Bundesrepublik Deutschland, Bd. II., S. 187–266, München
1980.

783 Zit. nach Markus Gehrlein, Wir brauchen keinen Bundespräsidenten, in: Süddeutsche Zeitung, 8. November 2006.

784 Markus Gehrlein a. a. O. Der Autor dieses Zeitungsbeitrages ist seit 2003 Richter
am Bundesgerichtshof.

785 Einen schönen Überblick über die Rolle der jeweiligen Bundespräsidenten siehe:
Günther Scholz/ Martin E. Süskind, Die Bundespräsidenten. Von Theodor Heuss
bis Horst Köhler, Stuttgart 2004.

786 Bundeshaushaltsplan 2006, Einzelplan 01.

787 Die Zurverfügungstellung dieser Ressourcen ergibt sich nicht aus dem Gesetz,
wohl aber aus dem vom Deutschen Bundestag jährlich verabschiedeten Haushaltsplan des Bundes. Auch ehemaligen Bundeskanzlern stehen diese Strukturen
zur Verfügung.

788 Gesetz über die Ruhebezüge des Bundespräsidenten (BGBl I 1953, 406, 17. Juni
1953).

789 Hans Peter Mensing (Bearbeiter), Theodor Heuss, Konrad Adenauer – Unserem
Vaterland zugute. Der Briefwechsel 1948–1963, München 1992, S. 311; siehe zum
Verhältnis Adenauer-Heuss auch: Hans Peter Mensing (Bearbeiter), Adenauer –
Heuss. Unter vier Augen. Gespräche aus den Gründerjahren 1949–1959, Berlin
1997.

790 Hans-Peter Schwarz, Adenauer. Der Staatsmann: 1952–1967, Stuttgart 1991,

S. 502 ff.; siehe auch: Henning Köhler, Adenauer. Eine politische Biographie, Berlin 1994, S. 1025 ff.

[791] Rudolf Morsey, Heinrich Lübke. Eine politische Biographie, Paderborn 1996.

[792] Rudolf Morsey, Heinrich Lübke, Eine politische Biographie, Paderborn 1996., S. 208 ff.; siehe auch: Jochen Staadt, Die Lübke-Legende. Wie ein Bundespräsident zum »KZ-Baumeister« wurde – Teil I, in: Zeitschrift des Forschungsverbundes SED-Staat (ZdF) 18 (2005).

[793] Joachim Braun, Der unbequeme Präsident, Karlsruhe 1972.

[794] Siehe hierzu ausführlich: Hans-Peter Schwarz, Adenauer. Der Aufstieg: 1876–1952, Stuttgart 1986, S. 770 ff.; siehe auch: Horst Köhler, Offen will ich sein, S. 630 ff.

[795] Wolfgang Jäger, Die Bundespräsidenten, in: Aus Politik und Zeitgeschichte, B 16–17, 1989, S. 39.

[796] Walter Scheel, Theodor Heuss und sein Amt. Zum 90. Geburtstag des ersten Bundespräsidenten, in: Frankfurter Rundschau, 31. Januar 1974.

[797] Walter Scheel nutze die Europäische Integration als Argument für zusätzliche Kompetenzen für den Bundespräsidenten: »Der deutsche Bundespräsident wird ein Präsident in Europa sein. Er wird sein Rüstzeug nicht mehr allein im geistigen Raum des deutschsprachigen Mitteleuropa suchen können, in dem Theodor Heuss unumschränkt heimisch war. Er wird ein politischer Präsident sein. Es ist ja die Aufgabe des europäischen Staatsmannes unserer Tage, seine Mitbürger in einen neuen Gemeinschaftsbereich hineinzuführen, in dem er sich von einem Teil überkommener nationaler Ordnungsvorstellungen lösen muss. Der Egoismus der Institutionen macht den Regierungen und Parlamenten diese Aufgabe schwer. Denn mit dem Übergang zur Europäischen Union beschneiden sie ja ihre eigenen Kompetenzen. Eher wird hier das Staatsoberhaupt als Einzelpersönlichkeit Führung und Inspiration bieten können.« (ebenda).

[798] Zu Karl Carstens Überzeugungen siehe u. a.: Karl Carstens, Vom Geist der Freiheit. Betrachtungen über Deutschland aus christlicher Verantwortung, Stuttgart 1989; Ders., Zusammenleben in Freiheit. Reden und Schriften, Heidelberg 1979.

[799] Günther Scholz/ Martin E. Süskind, a. a. O., S. 312.

[800] Am einfühlsamsten hat ihn sein früherer Sprecher beschrieben: Friedbert Pflüger, Richard von Weizsäcker. Ein Portrait aus der Nähe, München 1993.

[801] Interview mit Richard von Weizsäcker, in: Gunter Hofmann und Manfred A. Perger, »Wo bleibt der politische Wille des Volkes?«, Die Zeit, 19. Juni 1992.

[802] Ebenda.

[803] Helmut Kohl, Erinnerungen 1982–1990, München 2005, S. 929.

[804] Zur politischen Position Roman Herzogs siehe u. a.: Kai Diekmann/Ulrich Reitz/ Wolfgang Stock, Roman Herzog – Der neue Bundespräsident im Gespräch, Bergisch Gladbach 1994; Manfred Bissinger/Hans-Ulrich Jörges, Der unbequeme Präsident – Roman Herzog im Gespräch mit Manfred Bissinger und Hans-Ulrich Jörges, Hamburg 1995; Stefan Reker, Roman Herzog, Berlin 1995; Werner Filmer/ Heribert Schwan, Roman Herzog – Die Biographie, München 1996.

805 Siehe u. a.: Presse- und Informationsamt der Bundesregierung (Hrsg.), Johannes Rau. Berliner Reden, Berlin 2004; Evelyn Roll/Johannes Rau, Weil der Mensch ein Mensch ist …: Johannes Rau im Gespräch mit Evelyn Roll, Berlin 2004.

806 Siehe hierzu: Jörg Schönbohm, Schönbohm antwortet Rau, in: Die Welt, 26. Juni 2002; Interview mit Manfred Stolpe, in: Die Welt, 26. Juni 2002 (»Manfred Stolpe: ›Es war eine väterliche Rüge‹«); Gerd Langguth, Wen Rau nicht gerügt hat, in: Die Welt, 24. Juni 2002; Georg Paul Hefty, Die Rüge des Präsidenten, in: Frankfurter Allgemeine Zeitung, 21. Juni 2002; Kurt Kister, Rau gibt ein Beispiel, in: Süddeutsche Zeitung, 21. Juni 2002.

807 Ulrich Paul, Der neue Bundespräsident zieht nach Dahlem, in: Berliner Zeitung, 10. März 2004.

808 dpa-Meldung, 30. Juni 2004.

809 Siehe ausführlicher: Peter Füsslein, Ausgestaltung und Entwicklung des Viermächte-Abkommens bis zum Herbst 1989, in: Gerd Langguth (Hrsg.), Berlin – vom Brennpunkt der Teilung zur Brücke der Einheit, Köln 1990, S. 107 ff.

810 Interview des Verf. mit Richard von Weizsäcker, 28. September 2006.

811 Franziska von Mutius, Köhler zieht in die Dienstvilla des Bundeskanzlers, in: Die Welt, 1. Juni 2004; ferner: Eva Dorothée Schmid, Ohne Pool, in: Berliner Zeitung, 30. Juni 2004.

812 Schreiben des Sprechers des Bundespräsidenten Martin Kothé an den Verfasser, 22. August 2006.

813 ARD-Morgenmagazin, 1. Juli 2004; Interviewer war Werner Sonne, der ebenfalls an diesem Tag seine Aufgabe als Hauptstadtkorrespondent aufgenommen hatte.

814 Alle Zitate dieser Rede aus: Ansprache von Bundespräsident Prof. Dr. Horst Köhler in der Gemeinsamen Sitzung von Bundestag und Bundesrat, 11. Juli 2004, in: Bulletin der Bundesregierung, 65–4, 1. Juli 2004.

815 Siehe auch: Frankfurter Allgemeine Zeitung, 2. Juli 2004 (»Köhler: Ich bin sicher, wir werden es schaffen«).

816 Johann Michael Möller, Der fröhliche Präsident, 2. Juli 2004.

817 Stephan-Andreas Casdorff, Der neue Präsident. So wirklich wie möglich, in: Der Tagesspiegel, 2. Juli 2004.

818 Heribert Prantl, Der schelmische Präsident, in: Süddeutsche Zeitung, 2. Juli 2004.

819 Frankfurter Allgemeine Zeitung, 2. Juli 2004 (»Mutmacher«).

820 Richard Meng, Köhlers Maßstab, in: Frankfurter Rundschau, 2. Juli 2004.

821 Thorkit Treichel, Der abgeschirmte Präsident, in: Berliner Zeitung, 5. Juli 2004.

822 Ebenda.

823 Annette Kögel/Lars von Törne, Das Volk am Präsidententisch, in: Der Tagesspiegel, 3. Juli 2004.

824 Interview mit Horst Köhler, »Einen Masterplan hat vielleicht der liebe Gott«, in: Die Welt, 10. Juli 2004.

825 Brief des Sprechers des Bundespräsidenten, Martin Kothé, an den Verfasser, 22. August 2006.

826 Offiziell sind im Haushalt des Bundespräsidialamtes mehr Stellen ausgewiesen, da dem Amt auch die Geschäftsstelle der Bund-Länder-Kommission für Bildungsplanung und Forschungsförderung angegliedert ist. Zum Haushalt gehören auch die Mitarbeiter der Büros der noch lebenden ehemaligen Bundespräsidenten.

827 Mitteilung von Herbert Karbach, Politisches Archiv des Auswärtigen Amtes, an den Verfasser, 26. Oktober 2006.

828 Siehe hierzu: Interview mit Michael Jansen, »Unsere Arbeit prägt das Deutschlandbild«, in: Der Tagesspiegel, 11. Juni 2004.

829 Zum Lebenslauf siehe: Frankfurter Allgemeine Zeitung, 2. Juni 2004 (»Jansen führt Bundespräsidialamt«); Die Welt, 3. Juni 2004 (»Nicht nur Lob für Köhlers erste Personalwahl«). Siehe auch: Heribert Klein, »In heikler Mission«, Frankfurter Allgemeine Zeitung, 22. September 2000.

830 Nikolaus Blome, Köhler sucht nach seinen Instrumenten, in: Die Welt, 2. Juli 2004.

831 Handelsblatt, 15. Dezember 2005 (»Köhler holt Gert Haller in seinen Stab«).

832 Der 2004 Verstorbene war von 1967 bis zu seiner Emeritierung im Jahre 1981 Ordinarius an der Universität Zürich.

833 Neue Zürcher Zeitung, 21. August 2006 (»Frondienst für Deutschland«).

834 Brief des Sprechers des Bundespräsidenten Martin Kothé an den Verfasser, 22. August 2006.

835 Ebenda.

836 Frankfurter Allgemeine Zeitung, 2. Juni 2004.

837 Norbert Wallet, Prophet des Machtwechsels, in: Bonner Rundschau, 30. Juni 2004.

838 Stand: 21. Juli 2006, Brief des Sprechers des Bundespräsidenten Martin Kothé vom 22. August 2006 an den Verfasser.

839 Christoph Schwennicke, Das Echo der richtigen Töne, in: Süddeutsche Zeitung, 4. Februar 2005.

840 Ebenda.

841 Ansprache von Bundespräsident Horst Köhler vor der Knesset am 2. Februar 2005 in Jerusalem, in: Bulletin der Bundesregierung, Nr. 09–1 vom 2. Februar 2005.

842 Christoph Schwennicke, Das Echo der richtigen Töne, a. a. O.

843 Ebenda.

844 Handelsblatt, (»Wie Weizsäcker«), 3. Februar 2005.

845 Norbert Jessen, Er lässt sich vom Protokoll nicht bremsen, in: Die Welt, 4. Februar 2005.

846 Interview mit Horst Köhler, in: General-Anzeiger Bonn, 8. November 2005 (»Ein Land auf der Suche«). Köhlers Liebe zu Afrika ist auch einem Gespräch von Henning Mankell mit dem Bundespräsidenten zu entnehmen (Der Stern, 7. Dezember 2006).

847 Zitiert nach C. Link, Der Lehrmeister geht an die Grenzen der Höflichkeit, in: Frankfurter Rundschau, 13. Dezember 2004.

848 Hans Christoph Buch, Roter Teppich in eine finstere Welt, in: Frankfurter Allgemeine Zeitung, 27. Dezember 2004.

849 Ebenda.

850 Arne Perras, Köhlers Afrika, in: Süddeutsche Zeitung, 6. April 2006.

851 Ebenda.

852 Die Welt, 4. April 2006.

853 Zitiert nach: Staatsbesuch in Mosambik, Madagaskar und Botswana vom 2. bis 13. April 2006, Rede von Bundespräsident Horst Köhler beim Staatsbankett am 3. April 2006 in Maputo, in: Bulletin der Bundesregierung, Nr. 39–1 vom 10. April 2006.

854 Frankfurter Allgemeine Zeitung, 7. April 2006 (Köhler in Madagaskar).

855 Zitiert nach: Tischrede des Bundespräsidenten Horst Köhler beim Staatsbankett am 6. April 2006 in Antananarivo, in: Bulletin der Bundesregierung, Nr. 39–2 vom 10. April 2006.

856 Wolfgang Drechsler, Köhler lobt ein Wirtschaftswunderland, in: Handelsblatt, 12. April 2006.

857 Tischrede von Bundespräsident Horst Köhler beim Staatsbankett am 10 April 2006 in Gaborone, in: Bulletin der Bundesregierung, Nr. 39–3 vom 10. April 2006.

858 Pressemiteilung, Bundespräsidialamt, »Was gehen uns andere an«, Rede von Bundespräsident Horst Köhler auf Einladung der Stiftung »Weltethos« an der Universität Tübingen, 1. Dezember 2004.

859 Interview mit Horst Köhler, »Einmischen statt Abwenden«, in: Focus, 13. September 2004.

860 Die Welt, 13. September 2004, (»Stolpe-Ministerium kritisiert Köhler«).

861 Ebenda.

862 Ebenda.

863 Zur Reaktion in den Medien siehe unter anderem: Martin S. Lambeck/Ulrich Deupmann, Gleicher Wohlstand für alle Deutschen unmöglich?, in: Bild am Sonntag, 12. September 2004; Frank Kässner, Köhler hat recht, in: Die Welt, 13. September 2004; Stephan Hebel, Halbe Wahrheiten, in: Frankfurter Rundschau, 13. September 2004; Alexander Dibelius, Warum Horst Köhler Recht hat, in: Handelsblatt, 20. September 2004. Kurt Kister in der ›Süddeutschen Zeitung‹ analysierte, zwischen Köhlers Zeilen »lesen nun alle Diskutanten das, was sie selbst dort vermuten, weil es in ihr Weltbild passt«. In einer Mischung aus Ängsten, Enttäuschung und Verschwörungstheorien werde Köhler als der schwäbische Sparkassenpräsident gesehen, der den Osten nicht versteht und in allem in erster Linie ein wirtschaftliches Problem sehe. Hier knüpfen nun jene Köhler-Skeptiker an, die den Bundespräsidenten schon deswegen nicht gewogen seien, weil er in einem »unappetitlichen Prozess als Kandidat der zweiten Wahl von Angela Merkel erfunden und von Guido Westerwelle durchgesetzt wurde«. Und weiter: »Bei der

relativ einheitlichen Köhler-Kritik vor allem aus dem im weitesten Sinne rot-grünen Lager schwingt auch ein Triumphierendes: Wir – haben – es – euch – doch – gleich – gesagt. Hinzu kommt die Neigung, sonderbares politisches Verhalten von Menschen, zumal Ostdeutschen, erst einmal verstehen und erklären zu wollen, gerne auch mit eigenen ›westlichen Fehlern‹, bevor man es, in aller Regel, vorsichtig be- oder gar verurteilt.« (Kurt Kister, Köhlers Wahrheiten, in: Süddeutsche Zeitung, 14. September 2004). Möglicherweise meinte Kister damit auch seinen eigenen Redaktionskollegen Heribert Prantl, der am Vortag in seiner Zeitung zur Aufgabe des Bundespräsidenten geschrieben hatte: »Er soll zusammenführen, nicht spalten.« (Heribert Prantl, Reservat Ostdeutschland, in: Süddeutsche Zeitung, 13. September 2004).

864 Adenauer hatte am 18. April 1950 in Berlin zum ersten Mal die dritte Strophe des Deutschlandliedes angestimmt. Am darauf folgenden Tag widersprach das Bundespräsidialamt:»Die Bestimmung einer Nationalhymne gehört nach dem deutschen Staatsrecht als Teil des Organisationsgebietes zum Prärogativ des Bundespräsidenten.« Im April 1952 bekräftigte Adenauer sein Ersuchen an den Bundespräsidenten. Heuss antwortete am 2. Mai 1952:»Ich habe den Traditionalismus und sein Beharrungsvermögen unterschätzt.« (zit. nach: Georg Paul Hefty, Der Präsident gibt den Ausschlag, in: Frankfurter Allgemeine Zeitung, 6. November 2004).

865 Interview des Verf. mit Richard von Weizsäcker am 28. September 2006.

866 Zit. nach Georg Paul Hefty, Der Präsident gibt den Ausschlag, a. a. O.

867 Am 6. Mai 1952 wies das Bundespräsidialamt darauf hin, dass als Nationalhymne alle Strophen des Deutschlandliedes anerkannt seien, auch wenn die Bundesregierung bei»staatlichen Veranstaltungen« den Vortrag auf die dritte Strophe beschränkt wissen wollte (zit. nach: Georg Paul Hefty, a. a. O.).

868 Gerhard Schröder, a. a. O.

869 Matthias Nass, Der Hüter der Verfassung, in: Die Zeit, 2. Juni 2005.

870 Hans Eichel, Interview des Verf.; siehe auch: Christian Reiermann, Verstärkte Beobachtung, in: Welt am Sonntag, 14. November 2004.

871 Frankfurter Allgemeine Zeitung, 6. November 2004.

872 Ebenda.

873 Zit. nach: Frankfurter Allgemeine Zeitung, 6. November 2004 (»Rückzieher der Regierung«).

874 Ebenda.

875 Christian Reiermann, a. a. O.

876 Siehe hierzu ausführlich: Gernot Fritz, Kommentar zu Artikel 54 des Grundgesetzes, in: Rudolf Dolzer/ Klaus Vogel/ Karin Graßhof (Hrsg.), Bonner Kommentar zum Grundgesetz, 95. Lieferung, Februar 2001, S. 20 f.

877 Tissy Bruns, Instinktlose Gesellen, in: Der Tagesspiegel, 6. November 2004.

878 Der Stern, 11. November 2004 (»Präsident besiegt Kanzler«).

879 Zitiert nach: Handelsblatt, 20. Dezember 2004.

880 Hans-Jürgen Leersch, Köhler gibt Föderalismusreform neuen Impuls, in: Die Welt, 12. Januar 2005.

881 Reinhard Müller, Die Zweifel des Präsidenten, in: Frankfurter Allgemeine Zeitung, 17. Januar 2005.

882 Presseerklärung des Bundespräsidenten vom 12. Januar 2005 (www.bundespräsident.de/Journalistenservice/Pressemitteilung).

883 Reinhard Müller, Mehr als ein Staatsnotar, in: Frankfurter Allgemeine Zeitung, 25. Mai 2004.

884 Gernot Fritz, Kommentar zu Artikel 54 des Grundgesetzes, Bonner Kommentar, S. 38.

885 Ebenda, S. 40.

886 Reinhard Müller, Die Zweifel des Präsidenten, a. a. O.

887 Gernot Fritz, Kommentar zu Artikel 54 des Grundgesetzes, Bonner Kommentar, S. 48.

888 Zu Köhlers Entscheidung: Das Luftsicherheitsgesetz entstand vor dem Hintergrund der terroristischen Anschläge vom 11. September 2001 in den USA und einem Luftzwischenfall, der sich am 5. Januar 2003 über Frankfurt ereignete. Köhler teilte seine »erheblichen Zweifel« mit, ob Paragraph 14 Absatz 3 dieses Luftsicherheitsgesetzes mit dem grundrechtlich garantierten Recht auf Leben und der Unantastbarkeit der Menschenwürde (Artikel 2, Abs. 2 in Verbindung mit Artikel 1, Abs.1 des Grundgesetzes) vereinbar war. In letzter Konsequenz hätte dieser Paragraph den Abschuss eines Flugzeuges erlaubt, das das Leben außerhalb des Flugzeuges befindlicher Menschen bedroht. Im Falle eines terroristischen Angriffs wie am 11. September 2001 in Amerika wären, bei einem Abschuss, möglicherweise auch Unbeteiligte getötet worden. Damit wäre Leben zugunsten anderen Lebens geopfert worden. Weiterhin war sich der Bundespräsident unsicher, ob Paragraph 13 dieses Gesetzes, der den Einsatz der Bundeswehr im Innern im Rahmen der Amtshilfe vorsieht, mit dem Grundgesetz vereinbar sei. Denn die Bundeswehr dürfe, so Köhler, außer im Verteidigungsfall nach Artikel 87a Absatz 2 des Grundgesetzes nur in den vom Grundgesetz ausdrücklich zugelassenen Fällen eingreifen. Die Tatsache, dass er trotzdem dieses Gesetz ausfertigte, begründete Köhler mit der Gesamtkonzeption des Gesetzes einerseits und den Befugnissen des Bundespräsidenten andererseits. »Denn anders als das Bundesverfassungsgericht, das einzelne Vorschriften eines Gesetzes für unwirksam erklären kann, bin ich nicht befugt, ein mir zur Ausfertigung vorgelegtes Gesetz nur teilweise in Kraft zu setzen.« Die nicht kritisierten Teile des Gesetzes hielt er hingegen wegen der terroristischen Bedrohungslage für dringend erforderlich. Und er fügte hinzu: »Zugleich mache ich mit dieser Entscheidung den Weg frei für eine verfassungsgerichtliche Überprüfung, die jeder Betroffene auch unter Hinweis auf die von mir aufgezeigten Bedenken durch das Bundesverfassungsgericht vornehmen lassen kann.« (www.bundespraesident.de/Journalistenservice/Pressemitteilungen).

889 Reinhard Müller, a. a. O.

890 Erklärung von Bundespräsident Johannes Rau zur Ausfertigung des Zuwanderungsgesetzes am 20. Juni 2002 in Berlin, in: Bulletin der Bundesregierung, Nr. 55–1 vom 21. Juni 2002.

891 Frankfurter Allgemeine Zeitung, 13. Januar 2005 (»Köhler empfiehlt Verfassungsklage gegen das Luftsicherheitsgesetz«).

892 Ebenda.

893 Urteil des Bundesverfassungsgerichts siehe Pressemitteilung Nr. 11/206 vom 15. Februar 2006 zum Urteil vom 15. Februar 2006 – 1 BvR 357/05.

894 Daniela Kuhr, Zweifel an privater Flugsicherung wachsen, in: Süddeutsche Zeitung, 3. August 2006.

895 Presseerklärung, Bundespräsidialamt, Bundespräsident Horst Köhler fertigt Gesetz zur Neuregelung der Flugsicherung nicht aus, 24. Oktober 2006.

896 Ebenda; Köhler monierte insbesondere »die Unvereinbarkeit einer kapitalprivatisierten Flugsicherungsorganisation mit dem Erfordernis der bundeseigenen Verwaltung, die sich aus dem Flugsicherungsgesetz unmittelbar ergebende zeitliche Befristung der vorgesehenen Steuerungs- und Kontrollrechte des Bundes sowie die geringen gesellschaftsrechtlichen Einflussmöglichkeiten aufgrund einer Minderheitsbeteiligung«.

897 Dies führte in der Frankfurter Allgemeinen Zeitung zu dem Kommentar: »Dass nur die Linksfraktion sich nicht blenden ließ von glänzenden Privatisierungserlösen, ist eine Blamage für alle anderen.« (»Blamage«, Frankfurter Allgemeine Zeitung, 25. Oktober 2006).

898 Die Deutsche Flugsicherung GmbH (DFS) ist bereits seit 1993 ein privatrechtlich organisiertes Unternehmen, das allerdings zu hundert Prozent dem Staat gehört.

899 Siehe hierzu: Bundespräsident Horst Köhler fertigt Gesetz zur Neuregelung des Rechts der Verbraucherinformation nicht aus, Pressemitteilung, Bundespräsidialamt, 8. Dezember 2006.

900 Siehe hierzu: Heribert Prantl, Der Bundespräsident als Verfassungsrichter, in: Süddeutsche Zeitung, 11. Dezember 2006.

901 Hans-Peter Schütz, Rote Karte für politische Rudelbildung, in: www.stern.de, 14. Dezember 2006.

902 Peter Ehrlich, Der Oppositionsführer, Financial Times Deutschland, 12. Dezember 2006.

903 Helmut Markwort, Pfuschgesetze und Dreistigkeiten, in: Focus, 18. Dezember 2006.

904 Henning Krumrey/Rainer Pörtner, Gegenkanzler im Bellevue, 18. Dezember 2006.

905 Reinhard Müller, Er ist Teil des Gesetzesverfahrens, in: Frankfurter Allgemeine Zeitung, 14. Dezember 2006.

906 Heribert Prantl, Der Bundespräsident als Verfassungsrichter, in: Süddeutsche Zeitung, 11. Dezember 2006.

[907] Stephan-Andreas Casdorff, Lahm ist er nicht, in: Der Tagesspiegel, 15. Dezember 2006.

[908] Fünf Fragen an: Ernst Gottfried Mehrenholz: »Dann sollen sie gegen Köhler klagen«, in: Handelsblatt, 14. Dezember 2006.

[909] Thorsten Jungholt, Niedergang der Gesetzgebungskultur, in: Die Welt, 19. Dezember 2006.

[910] Gernot Fritz, Der Herr des Verfahrens, in: Kölner Stadt-Anzeiger, 18. Dezember 2006; ähnlich: Ders.: Störfall der Regierenden, in: Rheinischer Merkur, 21. Dezember 2006.

[911] Interview mit Ulrich von Alemann, in: Tageszeitung, 14. Dezember 2006 (»Horst Köhler betreibt zu viel Erbsenzählerei«).

[912] Claus Leggewie, Ein Hauch von Weimar, in: Tageszeitung, 18. Dezember 2006.

[913] Peter Blechschmidt, Kritik an der Qualität der Gesetzgebung, in: Süddeutsche Zeitung, 18. Dezember 2006.

[914] Interview mit Wolfgang Gerhardt (»Solche Gesetze sind eine Dummheit«), in: Der Tagesspiegel, 17. Dezember 2006.

[915] Guido Westerwelle, Was die Große Koalition diese Woche wieder falsch gemacht hat, in: Bild-Zeitung, 15. Dezember 2006.

[916] S. Hebestreit, Scharfe Rüge für Köhler, in: Frankfurter Rundschau, 14. Dezember 2006; siehe auch: Frankfurter Allgemeine Zeitung (»Belehrungen sollen unterbleiben«), 14. Dezember 2006.

[917] Zit. nach: Reinhard Müller, Er ist Teil des Gesetzesverfahrens, in: Frankfurter Allgemeine Zeitung, 14. Dezember 2006.

[918] Zit. nach: Frankfurter Allgemeine Zeitung, 13. Dezember 2006 (»Verärgerung in der Koalition über Köhler«).

[919] Transkript, Sendung ›Beckmann‹, 11. Dezember 2006, 22.45 Uhr.

[920] Zit. nach: Frankfurter Allgemeine Zeitung, 14. Dezember 2006 (»Belehrungen sollen unterbleiben«).

[921] Handelsblatt, 8./9./10. Dezember 2006 (»Köhlers Signatur bleibt ungewiss«).

[922] Frankfurter Allgemeine Zeitung, 23. Dezember 2006 (»Köhler fertigt Hartz-Gesetz aus«).

[923] Jürgen Zurheide, Ein bisschen Rau, ein bisschen Kohl, in: General-Anzeiger Bonn, 24. November 2006.

[924] Bundespräsidialamt, Pressemitteilung, Ansprache bei der Vollversammlung des Deutschen Industrie- und Handelskammertages, 22. November 2006.

[925] Siehe zur Wirkung der Rede Köhlers: Daniel Friedrich Sturm, Köhlers deutliche Worte, in: Die Welt, 23. November 2006; ferner: Matthias Krupa, Rüttgers' Club, in: Die Zeit, 23. November 2006.

[926] M. Bergius/E. Auth, CDU sucht soziales Profil, in: Frankfurter Rundschau, 25. November 2006.

[927] Frankfurter Allgemeine Zeitung, 24. November 2006 (Kopfschütteln über Köhler).

[928] Ebenda.

929 Frankfurter Allgemeine Zeitung, 25. November 2006 (»Weiter Debatte über Köhler«).

930 Köhler mahnt Union: Kurs halten, in: Der Spiegel, 20. November 2006.

931 Zitiert nach: Günter Bannas, Die Überraschung, in: Frankfurter Allgemeine Zeitung, 23. Mai 2005.

932 Siehe hierzu: Gerhard Schröder, a. a. O., S. 375.

933 Westdeutsche Allgemeine Zeitung, 30. Mai 2005 (»Köhler von Neuwahl-Idee überrascht«).

934 Guido Heinen, Neuwahlen: Der Kanzler informierte Köhler nicht vorab, in: Die Welt, 31. Mai 2005.

935 Christoph Schwennicke, Ein Jahr auf Bewährung, in: Süddeutsche Zeitung, 18. Juni 2005.

936 Handelsblatt, 8. Juni 2005 (»SPD-Linke startet frontalen Angriff auf Bundespräsident Köhler«).

937 Handelsblatt, 9. Juni 2005 (»SPD verschärft Angriff auf Bundespräsident Köhler«).

938 Ebenda.

939 Zitiert nach: Handelsblatt, 10. Juni 2005.

940 Plenarprotokoll, 185. Sitzung, Deutscher Bundestag, 15. Wahlperiode, 1. Juli 2005, Plenarprotokoll 15/185, S. 17465.

941 Ebenda, S. 17467.

942 Ebenda, S. 17467.

943 Ebenda, S. 17469.

944 Ebenda, S. 17471.

945 Ebenda, S. 17475.

946 Plenarprotokoll, 185. Sitzung, Deutscher Bundestag, a. a. O., S. 17477.

947 Ebenda, S. 17483

948 Frankfurter Allgemeine Zeitung, 29. Juni 2005 (»Abweichler in der SPD-Fraktion wollen Schröder das Vertrauen aussprechen«).

949 Ebenda.

950 Plenarprotokoll, 185. Sitzung, Deutscher Bundestag, a. a. O., Seite 17474.

951 Der Bundespräsident muss sich demnach nicht zwingend der Position des Bundeskanzlers anschließen. Andererseits heißt es auch: »Der Bundespräsident kann bei der Prüfung, ob der Antrag und der Vorschlag des Bundeskanzlers nach Artikel 68 GG mit der Verfassung vereinbar sind, andere Maßstäbe nicht anlegen; er hat insoweit die Einschätzungs- und Beurteilungskompetenz des Bundeskanzlers zu beachten. Kommt der Bundeskanzler zu der Auffassung, dass seine politischen Gestaltungsmöglichkeiten bei den gegebenen politischen Kräfteverhältnissen im Rahmen des parlamentarischen Regierungssystems erschöpft sind, so kann der Bundespräsident nicht seine eigene Beurteilung der politischen Gegebenheiten an die Stelle der Auffassung des Bundeskanzlers setzen.« Allerdings bleibe hiervon unberührt, dass der Bundespräsident, nachdem er die Verfassungsmäßig-

keit der vorangehenden Akte von Bundeskanzler und Bundestag bejaht hat, im Rahmen seines Ermessens die Lage selbstständig zu beurteilen hat, also ohne Bindung an die Einschätzung und Beurteilung des Bundeskanzlers und ohne inhaltliche Bindung an die Abstimmung des Bundestages und den Auflösungsvorschlag des Bundeskanzlers. Die »Ermessensentscheidung« von Carstens, den Deutschen Bundestag aufzulösen, »lässt Verfassungsverletzungen ebenfalls nicht erkennen.«

952 Neue Zürcher Zeitung. 13. Juli 2005.

953 Majid Sattar, Präzedenzfälle, in: Frankfurter Allgemeine Zeitung, 1. Juli 2005.

954 Zitiert nach: Rheinische Post, 13. Juni 2005, (»Herzog rät Köhler zur Wahl«).

955 Dieter Grimm, Der Präsident darf nicht mitspielen, in: Frankfurter Allgemeine Zeitung, 8. Juni 2005.

956 Interview mit Dieter Grimm, Die Auflösung des Bundestages ist nicht gerechtfertigt, in: Die Welt, 11. Juni 2005. Siehe auch Interview mit Dieter Grimm, Das Grundgesetz gibt den Weg für Neuwahlen nicht frei, in: Süddeutsche Zeitung, 8. August 2005.

957 Interview mit Erhard Denninger, Der Präsident hat erhebliches Ermessen, in: Frankfurter Rundschau, 4. Juni 2005.

958 Interview mit Ernst Benda, Wider das Grundgesetz, in: Süddeutsche Zeitung, 24. Mai 2005.

959 Ansprache von Bundespräsident Horst Köhler über Hörfunk und Fernsehen zu seiner Entscheidung über die Auflösung des 15. Deutschen Bundestages und zu Neuwahlen für den 18. September am 21. Juli 2005, in: Bulletin der Bundesregierung, Nr. 65–1 vom 21. Juli 2005; siehe auch: Frankfurter Allgemeine Zeitung, 23. Juli 2005, Die Fernsehansprache des Bundespräsidenten.

960 Siehe Bulletin der Bundesregierung, 10. Januar 1983.

961 Siehe hierzu: Robert Leicht, Von wegen Notstandsrhetorik, in: Die Zeit, 28. Juli 2005.

962 Ansprache von Bundespräsident Horst Köhler über Hörfunk und Fernsehen zu seiner Entscheidung über die Auflösung des 15. Deutschen Bundestages und zu Neuwahlen für den 18. September am 21. Juli 2005, in: Bulletin der Bundesregierung, Nr. 65–1 vom 21. Juli 2005.

963 BVerfG, 2 BvE 1/83 vom 16. Februar 1983, Absatz-Nr. (1–365).

964 In den Leitsätzen des Urteils des 2. Senats vom 16. Februar 1983 heißt es: Der Bundeskanzler, der ein Verfahren nach Artikel 68 des Grundgesetzes anstrebt, »soll dieses Verfahren nur anstrengen dürfen, wenn es politisch für ihn nicht mehr gewährleistet ist, mit den im Bundestag bestehenden Kräfteverhältnissen weiter zu regieren. Die politischen Kräfteverhältnisse im Bundestag müssen seine Handlungsfähigkeit so beeinträchtigen oder lähmen, dass er eine vom stetigen Vertrauen der Mehrheit getragene Politik nicht sinnvoll zu verfolgen vermag.« Einschränkend weist das Verfassungsgericht in seinen Leitsätzen darauf hin, dass »besondere Schwierigkeiten der in der laufenden Legislaturperiode sich stellenden

Aufgaben« eine Auflösung nicht rechtfertigen. Schließlich heißt es, der Bundespräsident hat »andere Maßstäbe« als der Bundeskanzler nicht anzulegen und »Insoweit die Einschätzungskompetenz und Beurteilungskompetenz des Bundeskanzlers zu beachten, wenn nicht eine andere, die Auflösung verwehrende Einschätzung der politischen Lage der Einschätzung des Bundeskanzlers eindeutig vorzuziehen ist.« (BVerfG, 2 BvE 1/83 vom 16. Februar 1983, Absatz-Nr. (1–365)).

[965] Siehe Gernot Fritz, Gute Miene zu bösem Spiel, in: Kölner Stadt-Anzeiger, 19. Juli 2005.

[966] Interview mit Josef Isensee, Unvermeidliche Entscheidung, in: Kölner Stadt-Anzeiger, 23. Juli 2005.

[967] Ebenda.

[968] Interview mit Jörn Ipsen, Unvermeidliche Entscheidung, in: Kölner Stadt-Anzeiger, 23. Juli 2005.

[969] BVerG, 2 BvE 4/05 vom 25. August 2005, Absatz-Nr. (1–243).

[970] Ebenda.

[971] Ansprache von Bundespräsident Horst Köhler zur Würdigung der Arbeit der scheidenden Bundesregierung. Bulletin der Bundesregierung, Nr. 91–1, 22. November 2005.

[972] Pressemitteilung, Bundespräsidialamt, 22. November 2005.

[973] Zit. nach: Der Spiegel, 21. November 2005 (»Handeln im Sinne der Verfassung«).

[974] Interview mit Guido Westerwelle, »Sozialdemokratische Gesamtkonzeption«, in: Süddeutsche Zeitung, 14. November 2005.

[975] Zit. nach: Frankfurter Allgemeine Zeitung, 21. Juni 2006.

[976] Zit. nach: Hans Monath, Harsche Töne, in: Der Tagesspiegel, 22. Juni 2006; siehe auch: Süddeutsche Zeitung, 20. Mai 2006.

[977] Gunter Hofmann, Mission ohne Zwischentöne, 5. Januar 2006.

[978] Marc Hujer, Der verrutschte Präsident, in: Der Spiegel, 6. März 2006.

[979] Stephan-Andreas Casdorff, Der Rumpelpräsident, in: Der Tagesspiegel, 1. Juli 2006.

[980] So die ›Bild-Zeitung‹ am 16. März 2005: Super-Horst teilt aus.

[981] Helmut Böger, Horst Köhler – der unfertige Präsident, in: Bild am Sonntag, 26. März 2006.

[982] dpa-Meldung, 28. Dezember 2005 (bezieht sich auf ein Stern-Interview).

[983] Zit. nach: Hans Monath, Harsche Töne, in: Der Tagesspiegel, 22. Juni 2006.

[984] Interview mit Horst Köhler: Bundespräsident Köhler mahnt zu weiteren Reformen, Deutschlandfunk, Interview der Woche, 18. Juni 2006.

[985] Interview mit Horst Köhler, Ich bin stolz auf dieses Land, in: Bild-Zeitung, 5. Juli 2006.

[986] Ebenda.

[987] www.bundespräsident.de/Reden-und-Interviews.

[988] Zitiert nach: Frankfurter Allgemeine Zeitung, 18. Juli 2006, (»Lob und Tadel für Köhlers Kritik an der Koalition«).

989 Financial Times Deutschland, 26. Juli 2006.

990 Zitiert nach: Pressemitteilung, Bundespräsidialamt, 15. März 2005.

991 Uwe Vorkötter, Erhard und Köhler, in: Berliner Zeitung, 16. März 2005.

992 Carl Graf Hohenthal, Großer Auftritt, in: Die Welt, 16. März 2005.

993 Christoph Schwennicke, Ein Prediger wird die Wüste wässern, in: Süddeutsche Zeitung, 16. März 2005.

994 Stephan Reker, Köhlers Richtungsrede, in: Rheinische Post, 16. März 2005.

995 Rede von Horst Köhler auf dem Bundeskongress des Deutschen Gewerkschaftsbundes am 22. Mai 2006 in Berlin, Freiheit und Teilhabe, in: Bulletin der Bundesregierung, Nr. 52–1, 24. Mai 2006; die folgenden Zitate stammen aus dieser Rede.

996 Roman Herzog, Berliner Rede 1997 (www.bundespraesident.de/Reden-und-Interviews/Berliner-Reden).

997 Sogenannte »Berliner Reden« hielten auf Einladung Raus auch der finnische Staatspräsident Marti Ahtisaari (1998) und UNO-Generalsekretär Kofi Annan (1999); im Jahre 2002 verzichtete Rau wegen des Bundestagswahlkampfes auf eine Berliner Rede.

998 Bildung für alle, Berliner Rede 2006 von Bundespräsident Horst Köhler am 21. September 2006, Pressemitteilung.

999 Zitiert nach: Pressemitteilung Bundespräsidialamt, Begabung zur Freiheit, Rede von Bundespräsident Horst Köhler bei der Gedenkveranstaltung im Plenarsaal des Deutschen Bundestages zum 60. Jahrestag des Endes des Zweiten Weltkrieges in Europa am 8. Mai 2005.

1000 Köhler sagte unter anderem, dass der anfängliche Idealismus vieler in der DDR betrogen wurde: »Die SED schaltete die Gesellschaft gleich. Das Leben wurde uniformiert und bald auch militarisiert. Die DDR schottete sich gegen den Westen ab und verbot alles, was die parteiamtliche Linie bedrohte. Immer mehr Bauern, Handwerker, Unternehmer und Wissenschaftler verließen das Land, weil sie dort für sich keine Zukunft sahen. Die Liste der Künstler und Intellektuellen, die in der DDR das bessere Deutschland zu finden gehofft hatten und sich dann enttäuscht von ihr abwandten, wurde Jahr für Jahr länger. Ostdeutschland verlor immer mehr Lebenskraft und Kreativität an die Bundesrepublik, und das trug zu deren Blüte erheblich bei. Die DDR dagegen wusste sich nur mit Mauern und Stacheldraht zu behelfen. Auch das hat sie nicht retten können.«

1001 dpa-Meldung, 9. Mai 2005.

1002 Ebenda.

1003 Ebenda.

1004 Kurt Kister, Köhler, Das Volksgewissen, in: Süddeutsche Zeitung, 9. Mai 2005.

1005 Ebenda.

1006 Gregor Schiegel, Macht der Langweile, in: Süddeutsche Zeitung, 30. Dezember 2005.

1007 Weihnachtsansprache 2005 von Bundespräsident Horst Köhler, Pressemitteilung, 24. Dezember 2005.

1008 Zitiert nach: Grußwort von Bundespräsident Horst Köhler auf der Schiller-Matinee im Berliner Ensemble am 17. April 2005 in Berlin, in: Bulletin der Bundesregierung, Nr. 31–2 vom 17. April 2005.

1009 Claus Peymann hat sich als Regisseur und Intendant und als Angehöriger der 68er-Generation immer wieder in politische Debatten eingemischt. Er leitete unter anderem das Burgtheater in Wien und die Württembergischen Staatstheater in Stuttgart und ist seit 1999 für das Berliner Ensemble verantwortlich.

1010 dpa-Meldung, 18. April 2005; siehe auch: Gustav Seibt, Mehr als 30 cm Tell, in: Süddeutsche Zeitung, 18. April 2005.

1011 Carl Hegemann fuhr fort: »Das Theater dient sodann der Aneignung grundlegender Fähigkeiten wie selbständigem Denken, klarem Sprechen und der Einsicht in die Kostbarkeit von Anmut und Würde. Alles wunderbar. Aber mit Kunst hat es nichts und mit Schiller wenig zu tun. Das ist eher der eigentlich sozialdemokratische Versuch, Kunst zu instrumentalisieren. Schiller hat gerade das nicht gewollt. Für ihn ist der Ursprung des Theaters ›ein allgemeiner, unwiderstehlicher Drang nach dem Neuen und Außerordentlichen, ein Verlangen, sich in einem leidenschaftlichen Zustande zu fühlen.‹ Die Theaterdichter haben diesem Drang nachgegeben, indem sie ihre Vorgänger umkodierten und zerstückelten. Sie wollten keine Verwalter der Vergangenheit sein, sie wollten Innovationspotenziale schaffen.« Dass der »oberste Wirtschaftsförderer« Köhler zu diesem Thema der Kunst schweige, sei angesichts der Stagnation unserer Gesellschaft »ein historischer Fehler«. Er glaubt nicht, dass Kunst zu den Fragen der Gegenwart etwas Neues beitragen kann. Das ist Schiller gegenüber wenig freundlich. Wenn Köhler die Kultur für den Standort Deutschland fruchtbar machen wolle, sollte er sich auf solche Seiten Schillers besinnen, der ein »Revolutionär« war. »Wer ihn ernst nimmt, kann ihn nicht historisieren. Köhler leistet einen klammheimlichen Beitrag zur Schiller-Vernichtung. Für künftige kulturpolitische Auftritte sollte er sich einen weniger kleinmütigen Ghostwriter suchen ...« (Carl Hegemann, Wer hat Angst vor Horst Köhler? Wir nicht!, in: Die Zeit, 21. April 2005).

1012 Interview mit Claus Peymann, Ich bin zu 100 Prozent schizophren, in: Die Welt, 26. Mai 2006.

1013 Grußwort des Bundespräsidenten Horst Köhler beim Internationalen P.E.N.-Kongress am 23. Mai 2006 in Berlin, Pressemitteilung, Bundespräsidialamt.

1014 Die Schilderung dieses Vorganges beruht auf Informationen in dem Beitrag: Heinrich Wefing, ’s ist Krieg! Grass und Köhler eröffnen den P.E.N.-Kongress in Berlin, in: Frankfurter Allgemeine Zeitung, 24. Mai 2006.

1015 Zum Antiamerikanismus deutscher Intellektueller, darunter auch Grass, siehe: Axel Birkenkämper, Gegen Bush oder Amerika? Die transatlantischen Beziehungen und das deutsche Amerikabild, Bonn 2006.

1016 Heinrich Wefing, ’s ist Krieg!, a. a. O.

1017 Siehe Frankfurter Allgemeine Zeitung, 18. April 2005 (»Köhler schillert«).

1018 Pressemitteilung, Bundespräsidialamt, Laudatio von Bundespräsident Horst

Köhler zur Verleihung des Ludwig-Börne-Preises 2006 an Wolfgang Büscher am Sonntag, dem 25. Juli 2006, in der Paulskirche zu Frankfurt am Main.

[1019] Ebenda.

[1020] Hartmut Kühne, Erste Frau macht Staat, in: Rheinischer Merkur, 19. Mai 2005.

[1021] Interview mit Horst Köhler, Manchmal ist meine Frau klüger als ich, in: Bild am Sonntag, 8. August 2004.

[1022] Zitiert nach Ingar Grise, Eva Köhler, die neue First Lady, in: Die Welt, 24. Mai 2004.

[1023] Lorenz Wolf-Doettinchem/Andreas Hoiden-Borchers, a. a. O.

[1024] Franziska Reich, Köhlers scheue Königin, in: Der Stern, 24. Februar 2005.

[1025] Lorenz Wolf-Doettinchem/Andreas Hoiden-Borchers, a. a. O.

[1026] Zitiert nach Katja Gelinsky, Eva Köhler. Für Gerechtigkeit, in: Frankfurter Allgemeine Zeitung, 24. Mai 2004.

[1027] Siehe Interview mit Eva Luise Köhler, Deutschland Radio Kultur, 8. Juli 2005.

[1028] Interview mit Eva Luise Köhler, Esslinger Zeitung, 26. Juni 2006.

[1029] Ebenda.

[1030] Interview mit Eva Luise Köhler, in: Bunte, 9. Juni 2005 (»Die First Lady der Herzen«).

[1031] Siehe hierzu Silke Lambeck, Die Gattin, in: Berliner Zeitung, 25. März 2006.

[1032] www.bundespraesident.de [→ Eva-Luise-Köhler → Aufgaben]

[1033] Interview mit Eva Luise Köhler, in: BZ am Sonntag, 2. Mai 2006.

[1034] Interview mit Eva Luise Köhler, in: Bunte, 9. Juni 2005 (»Die First Lady der Herzen«).

[1035] Ebenda.

[1036] Interview mit Eva Luise Köhler, Wir wünschen uns einfach Zeit füreinander, in: Berliner Zeitung, 16. Dezember 2005.

[1037] Ebenda.

[1038] Interview mit Eva Luise Köhler, in: Nordwest-Zeitung, 20. Dezember 2005.

[1039] Interview mit Eva Luise Köhler, in: Bunte, 9. Juni 2005 (»Die First Lady der Herzen«).

[1040] Siehe hierzu Rolf Thym, Der Berg ruft, der Präsident antwortet, in: Süddeutsche Zeitung, 28. Juli 2005.

[1041] J. Fischer/B. Krämer, Eva Köhlers Geheimnis, in: Bild am Sonntag, 30. Mai 2004.

[1042] Bild am Sonntag, 30. Mai 2004.

[1043] Umfrage von Infratest dimap im Auftrag der ARD-Tagesthemen: www.infratest-dimap.de/?id=16#ue2 (22. Januar 2007)

[1044] Hans Peter Schütz, Die Suche nach Lösungen kann nicht gehen ohne Streit, in: Der Stern, Nr. 52, S. 68.

[1045] Interview mit Horst Köhler, Ich bin stolz auf dieses Land, in Bild-Zeitung, 5. Juli 2006.

[1046] Zit. nach: Süddeutsche Zeitung, 8. März 2004 (»Köhler lobt Schröders Reform-Agenda«).

[1047] Horst Köhler, Offen will ich sein, S. 28.

1048 Interview mit Horst Köhler, Interview der Woche, Deutschlandfunk, 18. Juni 2006 (»Bundespräsident Köhler mahnt zu weiteren Reformen«).

1049 Umfrage von infratest dimap im Auftrag der Welt: siehe Daniel Friedrich Sturm, Der unerhörte Präsident, in: Die Welt, 20. September 2006. Nach dieser Umfrage verteilen sich die weiteren Werte wie folgt: FDP-Anhänger: 78 Prozent; Grüne: 69 Prozent; Linkspartei: 48 Prozent.

1050 Claus Leggewie, Ein Hauch von Weimar, in: Tageszeitung, 18. Dezember 2006.

1051 Horst Köhler, Offen will ich sein, S. 98.

1052 Hugo Müller-Vogg, Bundespräsident Köhler – allein im »Reformhaus«, in: Bild-Zeitung, 25. Juli 2006.

1053 Interview des Verf. mit Werner Sonne, 10. November 2006.

1054 Tischrede von Bundespräsident Horst Köhler beim Abendessen zu Ehren von Bundeskanzler a. D. Helmut Kohl am 8. Februar 2006 in Berlin, in: Bulletin der Bundesregierung, Nr. 14–1 vom 8. Februar 2006.

1055 Interview mit Horst Köhler, in: Focus, 13. September 2004 (»Einmischen statt abwenden«).

1056 Zit. nach: Westdeutsche Allgemeine Zeitung, 26. Mai 2004 (»Kirchen freuen sich über Horst Köhler«).

1057 Interview mit Horst Köhler, in: Focus, 13. September 2004 (»Einmischen statt abwenden«).

1058 Ebenda.

1059 Auch in seiner Rede anlässlich des 50. Jahrestages der Volksabstimmung über das Saarstatut erklärte der Präsident: »Unser Grundgesetz kennt Volksentscheide bisher nur in Zusammenhang mit der Neugliederung des Bundesgebiets – gewiss auch ein bedenkenswertes Thema, aber gewiss nicht das einzige, bei dem die Bürger ein direktes Mitspracherecht verdienen. Darum plädiere ich dafür, auf Landes-, Bundes- und europäischer Ebene über mehr Elemente direkter Demokratie nachzudenken, wenn sich die Gelegenheit dafür bietet – und die dringend nötige Föderalismusreform ist eine davon.« (Pressemitteilung, Bundespräsidialamt, Ansprache von Bundespräsident Horst Köhler anlässlich es 50. Jahrestages der Volksabstimmung über das Saarstatut am 23. Oktober 2005 in Saarbrücken).

1060 Lorenz-Wolf-Doettinchem/ Andreas Hoidn-Borchers, a. a. O.

1061 Die Welt, 18. Juli 2006 (»Merkel fühlt sich durch Köhlers Standpauke ermutigt«).

1062 So in einem Interview mit dem ZDF, zit. nach: Frankfurter Allgemeine Zeitung, 17. Juli 2006.

1063 Siehe hierzu: Neue Zürcher Zeitung, 26. Juli 2006 (»Köhler im Konflikt mit der großen Koalition«).

1064 So beispielsweise: Der Tagesspiegel, 23. Mai 2006.

1065 Stefan Reker, Ärger in der Koalition über Köhlers Vorstoß, in: Rheinische Post, 16. August 2006.

1066 Zit. nach: Frankfurter Allgemeine Zeitung, 15. August 2006 (»Köhler: Wir können uns nicht entziehen«).

[1067] Ebenda.

[1068] Siehe ausführlicher: Gernot Fritz, Kommentar zu Artikel 54 des Grundgesetzes, Bonner Kommentar, S. 56.

[1069] www.bundespraesident.de/ (→ Amt und Funktion → Verfassungsrechtliche Grundlagen), 29. Dezember 2006.

[1070] Interview mit Ursula Bauer, Landesschau, Südwestrundfunk (SWR), 25. Mai 2004.

[1071] Siehe Statistik ›Mitglieder zur Bundesversammlung unter Zugrundelegung der deutschen Bevölkerung am 31. Dezember 2005‹, Statistisches Bundesamt (IV W/ 31499990-OS02/02).

[1072] Aus Bayern kommen 92 Mitglieder, die von den Landtagen zu wählen sind (davon 64 bisher von der CSU); aus Bremen 5, aus Hamburg 12, aus Hessen 44 (davon bisher CDU: 23), und aus Niedersachsen 61 (davon CDU: 31). Nur wenn es zu erdrutschartigen Veränderungen im Wahlverhalten kommt, kann der derzeitige statistische Vorsprung der Union gefährdet sein.

Personenregister

Müller, Michael 284
Müller, Peter 212
Müller, Reinhard 276
Müller, Werner 130, 324
Müller, Wilhelm 30
Müller-Armack, Alfred 328
Müller-Vogg, Hugo 116, 330
Müntefering, Franz 171, 210, 268, 270, 280, 282 ff., 287, 295, 300
Münz, Simone 358
Munz, Günther 74 f.
Murakami, Kazuya 161
Mussa, Michael 178 f., 185

N

Naumann, Michael 167, 373
Neubauer, Franz 148
Neuber, Friedhelm 135
Neumann, Manfred J. M. 184
Neumeyer, Martin 211
Nixon, Richard 244
Nord, Roger 182
Noyer, Christian 156

O

Odewald, Jens 120
Orwell, George 53
Oschatz, Georg-Berndt 273
Ott, Alfred E. 61, 71 ff., 77, 193
Otto, Werner 180

P

Patten, Chris 198
Pechstein, Claudia 224
Perez, Schimon 260
Peymann, Claus 310, 395
Pfaffenbach, Bernd 327
Pflüger, Friedbert 383
Pieck, Wilhelm 7, 41
Pierer, Heinrich von 206
Pietsch, Eduard 79
Pilloux, Allain 160

Pöhl, Karl Otto 101 f., 104, 327, 365
Poetzsch-Heffter, Georg 84, 362
Pohmer, Dieter 61
Polze, Werner 101
Popper, Karl 192
Poß, Joachim 299
Poullain, Ludwig 134
Prantl, Heribert 248, 277, 387

Q

Quennet-Thielen, Cornelia 256

R

Raczkiewicz, Władysław 32
Raff, Joachim 54
Ranke-Heinemann, Uta 241, 315
Rato y Figarede, Rodrigo 180, 184, 194, 378
Rau, Christina 315
Rau, Johannes 8, 202, 204 f., 207 f., 223, 229, 233, 236, 240 ff., 252, 273, 278, 305, 315 f., 394
Reagan, Ronald 244
Reckers, Hans 86, 184
Regling, Klaus 184
Reich, Franziska 313
Reich, Jens 240
Reinhardts, Irmgard, geb. Emmerich 347
Reiniger, Peter 161
Reker, Stefan 304
Renger, Annemarie 237
Rentrop, Friedhelm 293
Renz, Thomas Maria 51
Rexrodt, Günter 140
Ribbentrop, Joachim von 19
Riethmüller, Thomas 58
Rinser, Luise 238
Rivlin, Reuven 260
Röhrig, Ingemarie 88
Röttgen, Norbert 278
Rogoff, Kenneth 179

410

Bildnachweis